KB215978

에베소서 강해

에베소서 강해

발행일 _ 1판 1쇄 2021년 6월 15일
지은이 _ 안용식
발행인 _ 설봉식
편집인 _ 송우진
책임편집 _ 전영욱
기획/편집 _ 강영아 장주한
디자인 _ 권미경 하수진
홍보/마케팅 _ 이우섭
행정지원 _ 조미정 이상욱 김효진

펴낸곳 _ 도서출판 사랑마루
서울시 강남구 테헤란로64길 17(대치동)

대표전화 TEL (02) 3459-1051~2/ FAX (02) 3459-1070
홈페이지 http://www.eholynet.org, http://www.ibcm.kr
등록 2011년 1월 17일 등록번호/ 제2011-000013호
ISBN 979-11-90459-11-2 03230
가격 18,000원

SERMON BOOK SERISE

에베소서 강해

하나님의 뜻대로 사는 사람

안용식 목사 저

사랑마루
SARANGMARU

들어가는 글

하나님의 강력하신 인도하심 속에 2010년 3월 4일, 83년 된 김해제일교회에 제17대 담임목사로 부임하게 되었습니다. 교회 목표를 "건강한 교회, 행복한 성도"로 정하고, 목회에 임하게 되었습니다. 김해제일교회는 그동안 부흥해 왔지만 공간의 제약이 많았습니다. 예배실은 좋았으나, 교육시설, 친교 공간, 사무실 등 많이 부족했습니다. 그리하여 2012년 12월 9일 제85년차 사무총회에서 제4차 성전 건축을 결의하였습니다. 설계와 업체선정 등을 마치고, 2016년 6월 12일 제4차 새 성전 기공 감사예배를 드리게 되었습니다.

외형적인 성전을 지으면서, 내적으로 교회 공동체를 새롭게 회복하려 할 때, 교회론을 말해주는 에베소서의 말씀이 필요하다고 여기게 되었습니다. 그리하여 그 동안 연구하고 신학교에서 강의하던 자료들을 설교로 정리하여 2016년 9월 4일부터 2017년 8월 6일까지 32번에 걸쳐 강해 설교를 하게 되었습니다. 우리 김해제일교회는 제4차 새 성전을 완성하고 2018년 7월 8일 새 성전에 입당하여 감사예배를 드리고, 8월 15일에는 새 성전 봉헌 및 임직식을 거행했습니다. 새 성전에서 성도님들은 감사와 기쁨으로 행복한 신앙생활을 하고 있습니다. 그러면서 에베소서 강해를 책으로 출간해 줄 것을 요청해 주셨습니다. 성전 건축 후, 긴축 재정을 집행하면서도 책을 낼 수 있도록 배려해주신 김해제일교회 당회에 감사드립니다. 원고를 타이핑하고 정리하여 출간하도록 도와주신 한창대 목사를 비롯한 부교역자들에게 감사드립니다. 출간을 위해 배려하고 수고해 주신 총회본부 교육국의 송우진 국장님과 전영욱 팀장님께도 감사드립니다.

특히 함께 신학을 공부하고, 목회의 반려자로 온 힘을 다해 성도를 섬길 뿐 아니라, 남편의 설교를 귀 기울여듣고 고언을 아끼지 않는 아내 채미원 사모에게 고마운 마음을 전합니다. 이 책의 독자 여러분들이 행복한 신앙생활을 하실 수 있기를 간절히 기도합니다. 임마누엘!

만장대가 올려다 보이는
새성전 목양실에서
2021년 6월
안용식 목사

목차

간략한 에베소서 소개

에베소서는 복음과 그 의미를 간결하게 소개하고, 교회 공동체와 성도의 삶을 이해하는데 중요한 책입니다. "하나님이 원하시는 성도는 어떤 사람인가?", "믿음이라고 하는 것은 무엇인가?", "예수 믿는다는 것은 무엇이며, 예수 믿는 사람들의 공동체인 하나님의 교회의 이상적인 모습은 무엇인가?"등을 말해주고 있습니다.

사도바울은 제2차 전도여행 때에 에베소에 들렀습니다(행 18:19-21). 그리고 제3차 전도여행 시에 석 달간 머물면서 에베소에 교회를 세웠습니다(행 19:1-8). 그리고 두란노서원에서 2년 동안 날마다 하나님의 말씀을 강론하였습니다(행 19:9-10). 에베소는 아시아 지방의 수도였습니다. 상업과 산업이 번창했고 동방무역의 중심이 되는 항구도시였습니다. 그곳에는 유명한 여신 아데미의 신전이 있었습니다(행 19:27). 그곳의 대부분의 교인들은 이방인이었고, 유대인은 소수에 불과했습니다(행 18:19, 19:8).

에베소서는 사도 바울의 옥중서신의 첫 번째 것으로, 주후 61년-62년경에 로마의 옥중에서 쓴 것으로 봅니다. 에베소서는 교회의 어떤 특별한 요구사항 때문에 쓰인 것 같지는 않습니다. 오히려 개종자들과 그리스도를 따르는 자들에 대한 바울의 깊은 사랑의 표시로서 믿음 안에서 굳게 서서 그리스도 안에서 하늘의 특권을 얻을 수 있도록 권면한 것입니다. 특별히 이방지역에서 그것도 아데미 여신의 거대한 신전 그늘 밑에 살면서 매일 신전의 웅장한 외양을 보고, 그들의 장엄한 제사 의식을 목격하며 사는 에베소의 그리스도인들에게 교회를 보여주고 있습니다. 그리스도께서는 그가 교회의 모퉁이 돌이 되시며, 사도들은 그 건물의 터가 되며, 그와 그리스도를 따르는 사람들이 바로 그 건물의 한 부분을 이룬다는 우주적이며, 웅장한 교회론을 보여 준 것입니다. 이같이 우주적인 교회는 그리스도를 중심으로 한 통일된 하나의 교회를 보여준 것입니다. 그 당시 에베소를 중심한 아시아와 교회들은 일반적으로 유대인과 이방인이 함께 있었으므로 늘 분열될 위기를 내포하고 있었습니다. 이러한 사실을 알고 있었던 바울은 그가 깨달은 놀라운 비밀, 즉 그리스도 안에서 이방인과 유대인이 하나가 되어 한 몸(한 교회)을 이룬다는 것을 가르쳐 주려는데 이 서신의 목적이 있습니다.

에베소서는 서신들 중의 여왕이라 할 정도로 그 내용이나 문체나 신학이 풍성하고 충만한 서신으로 교회론이 주제입니다. 에베소서의 내용은 크게 두 부분으로 나누어집니다. 첫째 부분 1-3장은 교회론으로서 그리스도의 몸으로서의 교회(1장), 거룩한 성전으로서의 교회(2장), 비밀로서의 교회(3장)를 논하고 있습니다. 둘째 부분 4-6장은 주의 몸 된 교회의 지체로서 그리스도인들이 어떻게 살아야 할 것인가의 실천적인 생활을 논합니다. 즉 새로운 존재로서의 그리스도인의 생활(4장), 신부로서의 그리스도인의 생활(5장), 그리고 군인으로서의 그리스도인의 생활(6장)을 논하고 있습니다.

에베소서에는 하나님의 우주적 계획을 말씀하고 있습니다. “하늘에 있는 것이나 땅에 있는 것이 다 그리스도 안에서 통일되게 하려 하심이라”(1:10). 그 하나님은 “우리 가운데서 역사하시는 능력대로 우리가 구하거나 생각하는 모든 것이 더 넘치도록 능히 하실 이”(3:20)이십니다. 그 하나님의 능력 안에서, 우리 삶의 모든 분야가 그리스도 안에서 그리스도를 통하여 진정 하나 되는 역사가 있게 되기를 바랍니다.

하나님의 뜻대로 사는 사람

에베소서 1장 1~2절

에베소서는 복음과 그 의미를 간결하게 소개하고, 교회공동체와 성도의 삶을 이해하는 데 가장 중요한 책입니다. 오늘 본문은 사도 바울이 에베소 교인들에게 편지하면서 자신을 소개하며 인사하는 부분입니다. 여기서 우리 성도는(서신을 쓰는 사도이든, 서신을 받는 교인이든) 어떤 사람이며, 어떤 축복이 있는지 찾아볼 수 있습니다. 성도는 하나님의 뜻대로 사는 사람입니다.

1. 하나님으로부터 부름 받았다는 확신이 있어야 합니다.

가. 하나님은 주권으로부터 시작됩니다.

나. 자신은 사도와 종이라고 선언합니다.

다. 하나님의 뜻대로 된 것입니다.

2. 예수 믿는 사람의 정체성이 있어야 합니다.

가. 예수 믿는 사람은 성도입니다.

① 구별된 사람

② 하나님으로부터 부름 받은 사람

③ 하나님의 백성답게 사는 사람

나. 예수 믿는 사람은 신실한 자들입니다.

① 하나님께 대하여 신실한 믿음을 가진 사람입니다.

② 이웃에게 믿을 만한 사람입니다.

다. 예수 믿는 사람은 그리스도 안에(in Christ)있는 사람입니다.

① 그리스도와 연합했다는 말입니다.

② 그리스도 안에서 살려고 애쓰는 사람입니다.

3. 그리스도 안에 있는 사람이 받는 축복을 알아야 합니다.

가. 은혜

나. 평강

우리를 위하여 십자가에 못 박혀 죽으시고, 부활하신 예수 그리스도를 통해 하나님이 베풀어주시는 은혜와 평강이 우리의 삶과 가정과 교회 위에 충만하시기를 바랍니다. 여러분은 진실로 성자요, 신실한 사람이요, 그리스도 안에 있는 사람이 되시기 바랍니다. 나아가 여러분이 주님 앞에 서는 날까지 "나는 하나님께로부터 부름 받았다.", "나는 하나님의 사람이다."라는 확신을 가지고 삶의 현장에서 수고하시기 바랍니다.

에베소서 강해1

하나님의 뜻대로 사는 사람

에베소서 1장 1~2절

에베소서는 복음과 그 의미를 간결하게 소개하고 교회 공동체와 성도의 삶을 이해하는 데 가장 중요한 책입니다. '사람은 본래 어떤 존재이며, 하나님께서는 그를 어떻게 구원하시는가? 하나님이 원하시는 성도는 어떤 사람인가? 믿음이라 하는 것은 무엇인가?' 등의 질문에 대해서 답을 주고 있습니다.

오늘 본문은 바울이 에베소 교인들에게 편지하면서 자신을 예수님의 사도라고 소개하면서 은혜와 평강이 있기를 기원하고 있습니다. 여기 인사 부분에서 우리는 편지를 쓰는 사도이며 편지를 받는 교인인 성도는 어떤 사람이며, 어떤 축복이 있는지 찾아 볼 수 있습니다. 성도는 하나님의 뜻대로 사는 사람입니다.

1. 하나님으로부터 부름 받았다는 확신이 있어야 합니다.

가. 바울은 자신을 에베소 교회에 소개하면서 하나님으로 그 인사를 시작합니다.

1절 상 "하나님의 뜻으로 말미암아 예수님의 사도된 바울은…"

① 사도 바울은 그의 첫 출발과 그의 존재의미를 "나"에게 두는 것이 아니라 하나님께 두고 있습니다. 하나님의 주권으로부터 시작합니다.

② 바울이 쓴 편지들의 서두에는 이와 비슷한 말들이 계속 되는 것을 볼 수 있습니다.

로마서 1:1절에 보면 "예수님 그리스도의 종 바울은 사도로 부르심을 받아 하나님의 복음을 위하며 택정함을 입었으니"라고 고백합니다.

고린도전서 1:1절에 보면 "하나님의 뜻을 따라 예수 그리스도의 사도로 부르심을 입은 바울"이라고 기록되어 있습니다.

갈라디아서 1:1절에 보면 "사람에게서 난 것도 아니요, 사람으로 말미암은 것도 아니요, 오직 예수 그리스도와 및 죽은 자 가운데서 예수님을 살리신 하나님 아버지께로 말미암아 사도된 바울"이라고 되어 있습니다. 바울은 기타 다른 편지들에서도 "나의 나 된 것은 하나님의 은혜"라고 말합니다.

나. 바울은 자신을 "예수 그리스도의 종"이라고 선언합니다.

그리고 "사도"라고 말합니다. 그런데 사도와 종이 된 것은 스스로 되고 싶어서 된 것이 아닙니다. 하나님이 그렇게 하도록 시켜서 되었다고 말합니다.

다. "내가 하고 싶어서 된 것이 아니라, 하나님으로 말미암아, 하나님의 뜻대로, 하나님의 부르심을 받아서 된 것이다. 그래서 이렇게 편지하는 것이며, 전도하는 것이며, 사역하는 것이다."라고 말하는 것을 볼 수 있습니다.

이것이 신앙의 첫 출발입니다. 신앙은 나에게서 출발하는 것이 아니라 하나님에게서부터 출발합니다. 내가 주님을 찾아 온 것이 아니요, 주님이 먼저 나를 찾아오셨습니다. 내가 먼저 주님을 사랑한 것이 아니요, 주님이 먼저 나를 사랑하셨습니다. 내가 먼저 주님을 택한 것이 아니요, 주님이 먼저 나를 택하셨습니다.

그래서 바울은 "만일 주님이 나를 택하셨다면, 주님이 나를 사랑하신다면, 누가 우리를 송사하리요, 누가 우리를 괴롭히며, 누가 우리를 죽이리요?"라고 말합니다. "주님이 나를 불러 주셨다면, 주님이 나를 선택하셨다면, 사망아 너는 이기는 것이 어디 있고, 저의 쓰는 것이 어디 있으며 주음이 무엇이 무서우냐?" 외칩니다. 이것이 사도 바울의 신앙입니다.

왜 많은 사람들의 신앙이 흔들립니까? 바로 이 확신이 없기 때문입니다. 왜 많은 사람들이 그렇게 좌절하고 절망합니까? 왜 하나님의 은혜를 받지 못합니까? 바로 이 확신이 없기 때문입니다. 이 확신이 얼마나 중요한지 모릅니다.

"이 교회를 하나님이 주셨다."는 성도 한 사람 한 사람의 확신에서부터 교회는 굳건히 세워져 나갑니다. "하나님이 나를 부르셨다."는 확신에서부터 비롯됩니다. 그러므로 확신이 필요합니다.

내가 살고 있는 이유에 대한 확신이 필요합니다. 직장이나, 가정이나, 개인적으로나, 국가적으로나, 하나님이 나로 하여금 오늘 이 시대의 사명을 감당하도록 부르셨다는 부르심의 확신이 필요합니다. 바울 사도의 사역은 이 확신에서부터 시작되는 것을 볼 수 있습니다. 그래서 그는 감옥에 있을 때에도, 돌에 맞아 죽을 뻔할 때에도, 강도의 위험과 도적의 위험과 사십에 하나 감한 매를 다섯 번이나 맞고, 굶주리고, 마음의 사형선고를 받는 등 기막힌 실존적 고민에 빠졌을 때에도 결코 의심하지 않았습니다.

그러기에 바울은 죽는 순간까지 하나님께 충성할 수 있었고, 결과적으로 그의 헌신과 충성으로 전 유럽이 뒤집어졌습니다. 성도 여러분, 여러분에게 이 확신이 있으시길 바랍니다.

2. 예수 믿는 사람의 정체성이 있어야 합니다.

바울이 에베소에 있는 성도들을 향해 쓰는 표현을 살펴보려고 합니다. 1절 하 "바울은 에베소에 있는 성도들과 예수 그리스도 안에 있는 신실한 자들에게 편지 하노니" 바울은 이 표현을 통해 예수님을 믿는 사람이 누구인지, 교회 나와 예수님을 믿는 사람은 도대체 어떤 사람인지를 3가지로 요약해서 말하고 있습니다.

가. 예수 믿는 사람은 성도(saints)입니다.

만일 누가 여러분에게 "여러분, 성도시죠?"라고 물으면 별로 갈등이 없습니다. 그렇다고 대답합니다. 그런데 "여러분은 성자이십니까?"라고 물어보면 갈등이 생깁니다. 그러면, "나는 예수님은 믿지만, 성자는 아닌 것 같다."라고 대답합니다. 성자라고 하면 조금 두렵습니다. 그러나 우리말 성경에서 바울이 예수님을 믿는 사람들을 성도라고 하든지, 성자라고 하든지 간에 영어로는 "saints"입니다.

오늘날 교회가 세상에 빛을 발하지 못하는 것은 이 생각이 없기 때문입니다. 예수님을 믿는 우리나 믿지 않는 사람들이나 별로 차이가 없습니다. 주일날 교회 와서 예배하고, 헌금하고, 성가대나 교사로 봉사하고, 여전도회 활동도 하는 등의 정도 이외에는 안 믿는 사람들과 별로 차이가 없습니다. 똑같이 세상적이고, 똑같이 물질적이고, 세상 사람이 하는 대로 똑같이 따라 합니다. 믿는 사람이라고 다를 게 하나도 없습니다.

이것이 오늘날 우리의 영적 수준이요, 도덕적 수준입니다. 그런데, 성경은 "믿는 사람은 성도다, 성자다, saints이다"라고 합니다.

① 성경에서 말하고 있는 "성도"라는 뜻은 구별된 사람입니다. "성도"라는 말은 헬라어로"하기오스(αγιος)"입니다. "하기오스"는 그 사람의 도덕적 깨끗함이나 윤리적 순결함을 의미하는 것이 아닙니다. 하나님께 구별된 사람들이란 말입니다.

② 구약에서 "하나님의 백성"이라고 말할 때, 이는 선택된 민족, 구별된 민족이라는 의미입니다. 이스라엘 민족이 세상 민족보다 윤리적으로 더 깨끗한 것은 아니었습니다. 그러나 이스라엘 민족에게서 귀한 것은 자신들은 선택된 민족이라는 선민사상이 있다는 것입니다. "우리는 구별된 사람이다."라는 것입니다.

물론 그것은 나중에 부작용을 일으켜 바리새인을 만들었고 율법주의자까지 만들었습니다. 하지만 그 선민사상을 잘못 사용했기 때문에 거기에 대한 나쁜 결과가 생긴 것이지, 기본적인 뜻은 굉장히 좋은 것입니다. 그들의 가슴속, 마음속, 생각 속에는 "우리는 하나님께 구별된 사람"이라는 의식이 항상 있었습니다. "우리는 하나님으로부터 부름 받은 사람이다."라는 확신이 있었습니다.

그러므로 우리의 기본적인 신앙고백은 "나는 세상에 속한 사람이 아니라, 하늘나라에 속한 사람이다. 나의 시민권은 땅에 있지 않고 하늘에 있다. 나의 생명은 하나님의 생명책에 기록되어 있다. 나의 소속은 마귀가 아니라 하나님이다. 나는 거룩한 하나님의 자녀이다."라고 하는 것입니다.

여러분, 여러분은 하나님의 백성입니까? 하나님으로부터 부름을 받았습니까? 하나님의 의해 구별되어졌습니까? 여러분의 생명은 하나님의 생명책에 기록되어 있습니까? 지금 죽어도 천국에 가실 수 있습니까? 여러분의 영혼은 마귀에게 속하지 않고 하나님께 속해 있습니까? 이런 생각들이 여러분 속에 있으신지요? 이것이 구별된 백성의 생각의 출발입니다.

제가 여기서 율법 주의적으로 우리만 구원받았다는 독단적이고 위선적인 생각을 말하려는 것이 아닙니다. "성도(하기오스 αγιος)"라는 본래의 뜻이 바로 "구별된 사람"이라는 데서부터 비롯된 것이기 때문입니다.

오늘날 교회는 많이 변해갑니다. 교회와 세상이 다른 것이 없어졌습니다. 믿는 사람과 안 믿는 사람의 차이가 없어졌습니다. 그러니,

세상이 교회를 봐도 감동을 받지 않습니다. 어디서부터 이런 일들이 생겼습니까? "나는 성도다, 나는 구별된 사람이다."라는 생각이 없기 때문입니다. "나는 하나님의 사람이다."라는 생각이 없습니다. "나는 하나님으로부터 온 사람이다. 나는 하나님께 속한 사람이다."라는 생각이 없습니다. "나는 죄인이고, 완전한 사람은 아니다. 그러나 나는 하나님의 사람이다. 내가 이래 뵈어도 예수님을 믿는 사람이다. 내 안에 하나님의 생명이 있다."는 생각이 희미해 졌습니다. 세상과 똑같이 되었습니다. "성도"라고 말할 때 우리는 이러한 의식부터 가져야 합니다.

③ 그러면 나는 하나님으로부터 부름 받았다는 것만으로 만족합니까? 그렇지 않습니다. "성도"라는 말에는 또 다른 중요한 뜻이 있습니다. 하나님의 백성답게 사는 사람이 성도입니다. 죄를 안 짓는 사람이 아닙니다. 성령의 도우심으로 죄를 안 지으려고 노력하는 사람, 죄를 미워하고 싫어하는 사람, 불의를 미워하고 싫어하는 사람, 그래서 죄를 미워하는 마음이 체질적으로 변화되어 심령이 깨끗해지고 거룩의 옷을 입고 청결의 옷을 입고 그리스도의 피로 영혼이 정결해진 사람을 성경은 "성도"라고 말합니다.

성경 전체를(구약부터 신약까지) 보면, 하나님께서 하나님의 백성에게 강조하는 것이 하나 있습니다. 그것이 무엇입니까? "내가 거룩하니 너희도 거룩하라"는 것입니다. "내 백성을 성결케 하라."는 것입니다. 오늘날 한국교회의 가장 큰 위기가 무엇입니까? 정치적, 경제적, 사회적 위기가 아니고 우리 교인들의 도덕적 위기입니다. 우리 예수님 믿는 사람들이 거룩하게 살지 못하고, 깨끗하게 살지 못하는 것이 예수님 보시기에 가장 큰 위기요, 문제입니다.

가장 큰 문제는 예수님 믿는 사람이 타락한 것입니다. 예수님 믿는 사람이 도덕적으로 성결하지 못하고, 거짓말 하고, 세상 사람과 똑같아진 것에서부터 하나님의 심판이 임한 것입니다. 우리는 남을 욕할 처지가 못 됩니다. 문제는 바로 우리 자신입니다. 그러므로 예수님 믿는 사람은 거룩에 대한 열망이 있어야 합니다. 성결에 대한 열망이 있어야 합니다.

십자가를 바라보면서 날마다 주님을 닮아가기 위해 노력해야 합니다. 깨끗하게 살고, 그의 생각이 깨끗하고, 그의 생활이 깨끗하고, 그의 사람 대하는 방법이 깨끗하고, 그의 인간관계가 깨끗해야 합니다. 이런 사람을 가리켜 사람들은 "성자다", "거룩한 사람이다.", "성도다"라는 말을 합니다. 교회에 나온다고 모두 성도가 될 수는 없습니다. 교인은 될 수 있습니다. 교회 건물을 왔다 갔다 할 수는 있지만, 참 성도는 될 수 없습니다.

성도는 예수 그리스도의 십자가의 보혈의 피로 그 죄가 정결함을 받은 사람이요, 그 보혈을 의지해서 깨끗하게, 성결하게 살려고 날마다 애쓰는 사람입니다. 세상 사람과 다른 사람입니다.

나. 예수 믿는 사람을 가리켜 바울은 "신실한 자들"이라 부르고 있습니다.

1절 하 "에베소에 있는 성도들과 그리스도 안에 있는 신실한 자들에게 편지 하노니..."

① 여기 "신실한 자들"은 먼저 하나님께 대하여 믿음을 가진 자들

입니다. 요한복음 20:25절에 보면 도마는 "내가 예수님의 옆구리를 손에 못자국을 만져 보아야 믿겠다."라고 말합니다. 그때 예수님께서 나타나셔서 말씀하십니다. "도마야, 이리오라, 내 손바닥을 보라, 내 옆구리를 만져 보라, 그리고 믿음 없는 자가 되지 말고 믿는 자가 되라." 그때서야 도마가 "나의 주 나의 하나님"이라고 말하며 무릎을 꿇고 예수 그리스도를 영접합니다. 이런 모습을 보시고 예수님은 말씀하십니다. "도마야, 네가 보는 고로 믿느냐? 보지 못하고 믿는 자가 더 복되도다." 그러므로 "신실한(faithful) 사람"은 하나님께 대해서 신실한 믿음을 가진 사람입니다. 이런 사람이 성도요, 그리스도인입니다.

② 나아가 "신실한 자들"은 이웃들에게 믿을 만한 사람입니다. 어떤 사람이 시장에서 물건을 샀는데 그 집주인이 어느 집을 가리키며 "혹시 우리 집 저울이 맞나 안 맞나 의심스러우면, 저 집에 가서 달아 보세요"라고 하더랍니다. "저 집이 예수를 잘 믿는 집이니까 그 집에 가서 저울을 달아보면 우리 집 저울이 맞나 안 맞나 알거예요."하더라는 것입니다. 그 말을 듣고 거기 가서 저울을 달아 봤더랍니다. 그 집에서 물건을 사던 또 다른 사람이 빙긋이 웃으면서 주인을 보고 어느 교회 다니는 사람이냐고 묻더랍니다. 그런데 주인이 답은 안하고 빙긋이 웃기만 하더랍니다. 예수님 믿는 한 사람이 얼마나 시장에서 정직하기로 소문이 났으면 모든 저울이 의심나면 그 집에 가서 달아 보라고 말하겠습니까? 이런 사람이 신뢰할 만한 사람(신실한 사람)입니다.

그 사람이 집사인지, 권사인지, 장로인지 잘 모르겠지만 상관없습니다. 중요한 것은 그 지역에서 예수님을 안 믿는 사람들에게 신뢰할 만한 사람으로 인정받았다는 사실입니다. 바로 이것이 그리스도인입니다. 과연 직장에서 사람들이 나를 가리켜 "저 사람에게 물어보시면 확실하다"고 하는 평가를 받고 있느냐 하는 이야기입니다.

"저 사람한테 가면 거짓이 없다."라는 소리를 듣고 있으신지요? 이것이 신실한 사람입니다. 믿을 만한 사람입니다. 믿음 있는 사람입니다. 이런 사람이 성도입니다. 이런 사람이 세상을 변화시킵니다. 초대교회 그리스도인(성도)들은 소수였습니다. 그런데 그 사람들이 거대한 로마제국 전체를 뒤엎어 놓았습니다. 무엇 때문입니까? 그들은 달랐기 때문입니다. 그들은 예수 그리스도를 믿었고 이웃에게 믿을 수 있는 사람(신실한 사람)이 되었기 때문입니다.

다. 예수 믿는 사람은 그리스도 안에(in Christ)있는 사람입니다.

바울의 편지를 보면 "그리스도 안에(in Christ)"라는 말을 자주 씁니다. 그리스도 안에 있다는 것은 무슨 뜻입니까?

① 먼저 그리스도 안에 있다는 것은 "그리스도와 연합했다."라는 말입니다. 하나가 되었다는 말입니다. 이것은 로마서 1장에 자세히 설명되어 있습니다. 그리스도와 함께 연합되는 것, 함께 세례 받고, 함께 부활에 참여하는 것, 그리스도의 구원사건이 구체적으로 나의 것이 되는 것, 그리스도의 능력이 나의 것이 되는 것, 주님이 내 안에, 내가 주님 앞에 있는 것, 그것이 바로 "그리스도 안에(in Christ)"의 의미입니다.

② 나아가 예수님을 믿는 사람은 "그리스도 안에서" 살려고 노력하

는 사람입니다. 한 사람, 한 사람이 신실한 사람이 되어야 합니다. 그리고 "그리스도 안에서" 살려고 애쓰는 사람들이 모일 때 기적이 일어납니다. 하나님이 일하기 시작합니다. 생명의 역사가 일어납니다. 진정한 부흥을 맛보게 됩니다. 우리 교회가 진정 그리스도 안에 있는 주님의 교회가 되기를 바랍니다.

3. 그리스도 안에 있는 사람이 받는 축복을 알아야 합니다.

2절 "하나님 아버지와 주 예수 그리스도로부터 은혜와 평강이 너희에게 있을지어다." 이는 초대교회에서 일반적으로 사용하던 전형적인 인사말입니다. 이런 인사말은 초대교회 성도들에게는 일종의 축복과 기도입니다. 특별히 은혜와 평강은 에베소서의 주제요, 키워드이기도 합니다.

가. 은혜(카리스, Χαρις)

① 은혜는 값 없이 주시는 하나님의 변함없는 호의요, 사랑입니다. 우리 그리스도인들은 예수 그리스도의 속죄 사역을 값 없이 누리게 된 구원의 은혜라는 특별한 의미를 가지고 있습니다. 은혜는 믿음의 시작이요, 축복의 샘의 원천이요, 구원이기에 이 은혜가 없이는 그리스도인의 삶이 시작되지 않습니다.

② 은혜는 믿음과 구원의 시작입니다.

나. 평강(에이페네, έιρηνη, 샬롬)

① 평강(샬롬)은 원래 히브리인들이 개인의 물질적인 축복과 번영을 기원하는 인사말입니다.

② 평강은 "하나님의 다스림 속에 있는 상태"(Under God's control)입니다.

③ 평강은 하나님이 시작하신 구원을 통하여, 죄인으로 하여금 자신과(하나님과) 화목하게 하시고 그의 새로운 공동체에 속한 자들이 서로 화목하게 되는 것을 가리킵니다.

다. 그러면, 은혜와 평강, 이 둘사이의 연관성을 무엇입니까?

이를 잘 설명해 주는 것이 로마서 5:1절입니다. "그러므로 우리가 믿음으로 의롭다 하심을 받았으니 우리주 예수 그리스도로 말미암아 하나님과 화평을 누리자" 여기 그리스도의 생애에 일어난 두 가지 놀라운 사건이 있습니다.

① "우리가 믿음으로 의롭다 하심을 받았으니.." 이것이 은혜입니다. 받은 자격이 하나도 없는 우리가 하나님의 은혜로 말미암아 의롭다 하심을 얻은 것입니다. 우리 행함을 통해서는 하나님 앞에 서기가 부끄러워 우리가 예수를 믿었더니, 그 은혜로 의롭다함(구원)을 얻은 것입니다.

② "우리 주 예수 그리스도로 말미암아 하나님과 화평을 누리자" 우리가 은혜로 의롭다함을 얻었기 때문에 하나님과 더불어 누리는 화평(peace, 평강)이 가능한 것입니다. 하나님과 더불어 우리가 화평을 누릴 수 있게 된 것은 하나님의 은혜 때문입니다. 이전의 나는 하나

님 앞에 설 수 없었고, 하나님과 불화했으며, 하나님을 감히 볼 수 없었지만 하나님의 은혜로, 하나님과 화평하게 되며, 하나님을 아버지라 부를 수 있게 된 것입니다.

③ 은혜와 평강 이 두 가지는 우리 그리스도인에게 꼭 필요한 축복입니다. 기도입니다. 그런데 언제나 은혜가 먼저이고, 평강이 뒤에 옵니다. 하나님의 은혜를 받은 자만이, 하나님이 주시는 평강을 누리게 되는 것입니다.

우리를 위해 십자가에 못 박혀 죽으시고 부활하신 예수 그리스도를 통해 하나님이 베풀어 주시는 은혜와 평강이 우리 한 분 한 분의 삶과 가정과 우리 교회 위에 충만하시길 바랍니다. 사랑하는 성도 여러분, 여러분은 진실로 성자요, 신실한 사람이요, 그리스도 안에 있는 사람이 되시길 바랍니다. 나아가 여러분이 주님 앞에 서는 날까지, 주님 다시 오실 때까지, "나는 하나님께로 부름 받았다.", "나는 하나님의 사람이다."라는 확신을 가지고 삶의 현장에서 승리하시기 바랍니다.

에베소서 강해2 요약

하나님께서 우리를 선택하셨습니다

에베소서 1장 3~6절

에베소 교인들에게 자기소개와 함께 인사를 마친 바울 사도는 벅찬 가슴으로 하나님을 찬송합니다(1:3~14). 그 이유는 하나님이 그리스도 안에서 하늘에 속한 모든 신령한 복으로 믿는 사람에게 복을 주셨기 때문입니다(3절). 그 신령한 복은 구체적으로 세 가지입니다.

첫째는 우리를 양자 삼으시고자 선택하셨습니다(4~6절). 둘째는 우리를 예수그리스도의 피로 구속하셨습니다(7~12절). 셋째로, 우리를 성령으로 인 치셨습니다(13~14절). 오늘은 그 신령한 복 중 첫 번째 복을 살펴보며 은혜를 나누려 합니다.

1. 하나님을 찬송함으로 시작합니다(1:3).

가. 하나님은 찬송 받으시기에 합당하신 분이십니다.

① 성도가 해야 할 가장 귀한 일은 찬양입니다.

② 하나님은 우리 주 예수 그리스도의 아버지이십니다.

③ 삼위 하나님의 사역을 찬송합니다.

나. 신령한 복을 주신 하나님을 찬송합니다(3절).

① 그리스도 안에서 주시는 복입니다.

② 하늘에 속한 복입니다.

③ 모든 신령한 복입니다.

2. 하나님께서 우리를 선택하셨습니다(1:4~6).

가. 하나님의 방법으로 선택하셨습니다(4절).

① 창세 전에 선택하셨습니다.

② 그리스도 안에서 선택하셨습니다.

③ 그 앞에 거룩하고 흠 없게 하시려고 선택하셨습니다.

나. 자기의 아들들이 되게 하셨습니다(5절).

① 그 기쁘신 뜻대로 하셨습니다.

② 우리를 예정하셨습니다.

③ 예수 그리스도로 말미암아 하셨습니다.

다. 하나님을 찬송하게 하심입니다(6절).

① 그의 은혜의 영광을 찬송하게 하려 하심입니다.

② 그의 사랑하는 자(예수그리스도) 안에서 거저 주시는 은혜입니다.

사랑하는 성도 여러분, 여러분의 영원을 책임져 주시는 하나님을 믿으십시오. 그리고 의지하십시오. 그분의 선택대로 안전한 안내와 인도를 받으십시오. 하나님은 우리를 위해 놀라운 계획을 가지고 계십니다. 하나님이 인도해 주시는 대로 여러분의 인생 항로를 걸어가 보십시오. 흠 없고 거룩하고 안전한 생애가 되도록 인도해 주실 것입니다.

에베소서 강해2

하나님께서 우리를 선택하셨습니다

에베소서 1장 3~6절

에베소 교인들에게 자기소개와 함께 은혜와 평강이 있으라고 인사를 마친 바울 사도는 벅찬 가슴으로 하나님을 찬송합니다(1:3~14). 그 이유는 하나님이 그리스도 안에서 하늘에 속한 모든 신령한 복으로 믿는 사람에게 복을 주셨기 때문입니다(3절). 그 신령한 복은 구체적으로 세 가지입니다.

① 첫째는, 우리를 양자 삼으시고자 선택하셨습니다(4~6절).

② 둘째는, 우리를 예수 그리스도의 피로 구속하셨습니다(7~12절).

③ 셋째는, 우리를 성령으로 인 치셨습니다(13~14절).

오늘은 그 신령한 복 중 첫 번째 복을 살펴보며 은혜를 나누려 합니다.

1. 하나님을 찬송함으로 시작합니다(1:3).

3절 "찬송하리로다, 하나님, 곧 우리 주 예수 그리스도의 아버지께서 그리스도 안에서 하늘에 속한 모든 신령한 복을 우리에게 주시되"

가. 하나님은 찬송 받으시기에 합당하신 분이십니다.

① 성도가 해야 할 가장 귀한 일은 찬양입니다. 여기서 찬양이란 단순히 신체의 발성이나 악기의 연주를 통한 음악행위를 말하는 것이 아닙니다. 찬양은 하나님과의 깊은 교제 속에서 하나님이 누구시며 어떤 사역을 하셨는지에 대한 고백으로 노래하는 것입니다. 그러기에 찬양은 하나님에 의한 구속지식에서 시작하며 하나님의 의해 구원받은 자녀의 삶을 깊이 살아가는 속에 발전합니다.

하나님께서 그 백성을 택하여 세우심을 찬송 받으시기 위함입니다. 이사야 43:21절 "이 백성을 내가 나를 위하여 지었나니, 나를 찬송하게 하여 함이니라." 하나님이 누구신지 알게 되고 하나님의 일을 체험한 자는 하나님은 찬송합니다. 하나님으로부터 은혜를 얻은 자는 찬송합니다. 그의 첫 말이 찬송이 됩니다. 하나님은 창조주이십니다. 하나님은 구원자이십니다. 하나님은 역사를 주관하는 분이십니다.

② 무엇보다도 하나님은 우리의 구원자 되신 주 예수 그리스도의 아버지이십니다. 하나님이 우리를 사랑하시어 그 아들 독생자 예수 그리스도를 보내어 주셨습니다. 요한복음 3:16절 "하나님이 세상을 이처럼 사랑하사 독생자를 주셨으니 이는 그를 믿는자마다 멸망하지 않고, 영생을 얻게 하려 하심이라." 예수 그리스도를 통해 죄사함을

받고, 하나님의 자녀 된 사람은 찬송하지 않을 수 없습니다. 예수 그리스도를 믿어 영생을 얻은 사람은 하나님을 찬송할 수밖에 없는 것입니다.

③ 바울 사도는 삼위 하나님의 사역을 찬송합니다. 에베소서 1:3~14절은 사도 바울이 삼위 하나님의 사역을 찬송하는 찬미문입니다. 성경은 본 단락을 다섯 문장(3~6절, 7절, 8~16절, 11~12절, 13~14절)으로 나누어 번역하였으나, 헬라어 원문에는 한 문장입니다. 이것은 신약성경에서 가장 긴 문장으로 무려 202개의 헬라어 단어로 구성되어 있습니다. 바울은 하나님께서 모든 신령한 복을 주신 사실에 감격하여 멈추지 않고 단숨에 이 찬송을 쏟아내고 있습니다. 그러다 보니, 단락 전체가 긴 문장이 되었습니다.

① 4~6절, 하나님이 우리를 구원하시기 위해 성도를 선택하신 것입니다.

② 7~12절, 하나님이 예수 그리스도의 피로 우리를 구속하신 것(죄 용서하신 것)입니다.

③ 13~14절, 하나님이 성도를 성령으로 인 치신 사실에 대해 언급합니다.

그리고 매 단락의 마지막에 신령한 복을 주신 목적을 반복하여 진술합니다. 6절 "그의 은혜의 영광을 찬송하게 하려는 것이라." 12절 "그의 영광의 찬송이 되게 하려 하심이라." 14절 "그의 영광을 찬송하게 하려 하심이라." 이렇게 각 단락이 성부 하나님이 하신 일(4~6절), 성자 예수 그리스도께서 하신 일(7~12절), 성령 하나님이 하신 일(13~14절)을 언급하며 찬양합니다. 그렇습니다. 찬송은 은혜 받은 자만이 부를 수 있는 하늘의 노래입니다. 구원 받은 감사와 감격과 눈물 없이는 진정한 찬송은 없습니다. 기도가 메마르면 찬송도 메마릅니다. 말씀이 메마르면 찬송도 메마릅니다. 사랑과 겸손이 메마르면 찬송이 나오지 않습니다. 성령 충만한 사람은 감사와 찬송이 넘쳐납니다.

나. 신령한 복을 주신 하나님을 찬양합니다(3절).

바울 사도는 "찬송하리로다."하면서 감사와 찬송을 먼저 했습니다. 왜 그렇습니까? 다음 구절을 보면 "신령한 복" 때문입니다. 하나님께서 예비하신 신령한 복은 깨닫고, 감사하고, 찬송했던 것입니다. 여기 하나님이 주신 복을 세 가지 전치사구로 수식해 주고 있습니다.

① 그리스도 안에서 주시는 복입니다. 하나님께서는 모든 구속사역과 복 주시는 일을 "그리스도 안에서", "그리스도를 통해서" 하십니다. 3절~14절 사이에 "그리스도 안에서", "그리스도를 통해서" 한 말이 11번이나 나옵니다. 하나님의 복은 받으려면 그리스도 안에 있어야 합니다.

② 하늘에 속한 복입니다. 하나님이 주시는 복은 그리스도인들이 하늘의 영역과 연결시키는 구원의 축복입니다. 그러나 이 축복은 미래에 맛보는 것이 아니라 현재 그리스도인들의 삶 가운데 속한 축복입니다.

③ 모든 신령한 복입니다. 여기서 "신령한 복"은 성령님을 통한 복으로, 육신적인 것의 반대입니다. 땅에 속한 육신적인 축복은 불완전하고, 상대적이고, 지나가는 것입니다. 건강, 재물, 자식들이 잘되는

것, 이 모두가 다 귀한 것입니다. 하나님께서는 이와 같은 반면에서도 우리의 삶을 축복하신다는 사실을 성경을 통해서 분명히 가르쳐 주신 것이 사실입니다.

그러나 성경의 가장 중요한 축복의 초점은 땅에 속한 육신의 축복이 아닙니다. 진정한 의미에서의 축복은 바로 그리스도 안에서, 하늘에 속한, 영적인 축복이라는 사실을 에베소서는 특별히 우리에게 가르치고 있는 것입니다. 이렇게 신령한 복의 본질은 철저하게 하나님과 관련된 것들입니다.

신령한 축복은 하나님으로부터 오는 것이고, 진정한 의미에 있어 축복은 하나님과 관계 속에서만 누릴 수가 있는 것입니다. 하나님을 떠난 축복은 있을 수가 없습니다.

바울은 여기 4~14절에서 특별히 성부 하나님, 성자 하나님, 성령 하나님과 이 축복이 어떻게 관련되어 있는지 다루고 있습니다. 그런데 바울이 이 메시지를 이미 예수 그리스도를 믿고 구원받은, 그래서 교회의 지체가 된 하나님의 백성을 향해 기록하고 있습니다.

바울 사도는 이 메시지를 통해 그리스도 안에서 하나님의 자녀들이 이미 얼마나 귀한 축복을 받았는가 하는 사실을 일깨워 줍니다. 사랑하는 성도 여러분 이 말씀을 통해서 우리가 이미 넘치는 복을 받은 사람임을 깨닫게 되시길 바랍니다.

2. 성부 하나님께서 우리를 선택하셨습니다(1:4~6).

4절 "곧 창세 전에 그리스도 안에서 우리를 택하사 우리로 사랑 안에서 그 앞에 거룩하고 흠이 없게 하시려고"

가. 하나님의 방법으로 선택하셨습니다(4절).

이 말씀에서 성부 하나님이 우리를 축복하신 내용을 한 문장으로 간단히 정리하자면, "하나님이 우리를 선택하셨다."는 것입니다. 선택이라는 의미에서 가장 중요한 사실은, 구원은 단순히 내 행동이나 내 노력에서부터 시작된 것이 아니고 하나님이 나에 대한 구원계획을 세우시고 하나님이 먼저 나를 찾아오심으로 이 구원이 우리에게 이루어졌다는 것입니다.

요한복음 15:16절 상 "너희가 나를 택한 것이 아니요, 내가 너희를 택하여 세웠나니…", 디모데후서 1:9절 "하나님이 우리를 구원하사 거룩하신 소명으로 부르심은 우리의 행위대로 하심이 아니요, 오직 자기의 뜻과 영원 전부터 그리스도 예수 안에서 우리에게 주신 은혜대로 하심이라" 그렇습니다. 선택은 전적으로 하나님 자신의 뜻과 은혜의 결과이지, 나의 행동과 나의 사람됨과 나의 조건에 의한 것이 아닙니다.

① 창세 전에 선택하셨습니다. 선택은 임기응변으로 꾸며 낸 드라마가 아닙니다. 선택은 2000년 전에 만들어진 이야기도 아닙니다. 이 지구가 생기기도 전에 천지가 창조되기 전에 태초에 세워진 하나님의 계획이라고 성경은 말합니다. 이 말씀 속에 하나님은 천지 만물

이 존재하기 이전부터 계셨음을 암시합니다. 그리스도께서도 태초에 천지만물이 존재하기 전부터 계셨음을 말씀합니다.

그리고 하나님이 그리스도 안에서 우리를 구원하시고자 하는 영광스러운 계획을 가지고 계셨기 때문에 우리의 구원은 가능할 수 있었습니다. 선택은 축복으로 생각해야 합니다. 하나님이 나를 선택하셨습니다. 내가 믿지 않는 사람보다 더 잘난 것도 아니고 더 좋은 점이 있는 것도 아닌데 하나님이 나를 선택하셨습니다. 나를 하나님의 자녀 삼으셨습니다. "창세 전에 그리스도께서 우리를 택하사"

② 그리스도 안에서 선택하셨습니다. 하나님의 우리에 대한 선택은 언제나 그리스도 안에서 이루어집니다. 하나님의 선택과 예정의 자리는 언제나 그리스도 안에서입니다. 쉽게 말하자면, 하나님께서는 태초에 그리스도를 믿는 자를 구원하시겠다고 예정하신 것입니다. 그리고 때가 되어 나를 불러 예수님을 알고 믿게 하셨습니다. 그래서 이렇게(다음과 같이) 말하면 안 됩니다. "하나님이 나를 전적으로 구원하시기로 작정하시고, 예정하셨기 때문에 나는 자동적으로 하나님의 자녀가 되었다." 그렇지 않습니다.

하나님의 예정은, 하나님의 선택은 예수 그리스도를 구주로 믿어 거듭난 순간에 실현 됩니다. 여기 내가 선택된 사람인가? 아닌가? 실험해 볼 수 있는 좋은 방법이 있습니다. "예수 그리스도를 구주로 믿으십시오. 그러면 구원받습니다."라는 말을 들었을 때 "아, 내가 하나님의 자녀 였구나.", "하나님이 태초부터 준비하신 구원계획에 내가 참여 되었구나"하는 마음의 깨달음이 있게 되면서 하나님에 대한 믿음이 생기고 커지는 현상입니다.

하나님은 9절에서 10절에 나오는 대로 "하늘에 있는 것이나, 땅에 있는 것이 다 그리스도 안에서 통일되게 하려"하는 계획을 태초에 세우셨습니다. 그 속에 인류를 구원하여 하나 되게 하심도 그리스도 안에서, 그리스도를 믿음으로 되어지게 태초에, 창세 전에 계획하신 것입니다. 그러므로 예수 그리스도를 믿어 이 하나님의 구원 계획에 참여하여, 그리스도의 몸인 교회의 지체가 된 이들은 창세 전에 그리스도 안에서 하나님께 선택된 것입니다. 이 사실이 믿어지십니까? 하나님을 찬양하시기 바랍니다.

③ 그 앞에 흠이 없게 하시려고 선택하셨습니다. 하나님의 선택의 계획은 "내가 예수를 믿어 구원받았다."는 사실만으로 실현되는 것이 아닙니다. 선택의 범주는 예수 그리스도 앞에 서는 날까지입니다. 그 날까지 거룩하고 흠 없는 인격적 존재로 완성되는 그러한 존재가 되기 위해 선택하였다고 말씀하고 있습니다. 그래서 데살로니가전서 5:23절에서 바울이 이렇게 기원합니다. "평강의 하나님이 친히 너희를 온전히 거룩하게 하시고, 또 너희의 온 영과 혼과 몸이 우리 주 그리스도 예수께서 강림하실 때 흠 없게 보존되기를 원하노라"

하나님이 우리를 택하신 목적은 거룩하고 흠 없는 사람을 만들기 위해서입니다. 천국 시민으로 하나님의 품에 안기기에 부족함이 없는 사람으로 만들기 위해서입니다. 이유는 간단합니다. 거룩하고 흠이 없는 분이시기 때문에, 우리가 거룩하고 흠이 없어야만 하나님을 만나게 됩니다. 하나님은 우리의 죄를 용서하실 뿐만 아니라 죄사함 받은 우리가 하나님의 아들 예수 그리스도를 닮은 존재로 거룩하고 흠이 없게 완성되어 가도록 역사하십니다. 예수 그리스도를 닮아 가는 것, 이것이 선택의 궁극적 목적입니다.

나. 자신의 아들이 되게 하셨습니다(5절).

5절 "그 기쁘신 뜻대로 우리를 예정하사 예수 그리스도로 말미암아 자기의 아들들이 되게 하셨으니..."

① 하나님께서 우리를 당신의 아들로 입양하려고 예정하신 것입니다. "예정하다"(προσρίζω, 프로오리도)는 "미리 결정하다"는 뜻입니다. 이것은 구원을 이루어 가시는 하나님의 주도권을 강조합니다. 하나님께서는 자기 백성이 존재하기도 전에 그들과 관련된 중요한 사실을 미리 결정하셨습니다. 이 예정도 선택과 마찬가지로 인간의 자격이나 공로와 아무 상관이 없고, 오로지 하나님의 은혜, 하나님의 사랑과 긍휼하심과 관련이 있는 것입니다. 그래서 바울사도는 하나님께서 "그 사랑 안에서 우리를 예정하셨다고 고백합니다."

② 우리를 예정하셨습니다. 본문에서 "예정 하셨다."는 동사와 함께 사용한 명사 "휘오떼시아"(υἱοθεδία)는 법적 용어로 "양자삼음"(adoption)을 의미합니다. 로마법에서 양자가 되면 과거의 모든 빚을 탕감 받고 이전의 모든 상태에서 벗어나 새가족의 일원으로 새로운 삶을 시작합니다. 양자로 받아들여진 아이는 새아버지와 부자관계를 맺게 되고 따라서 새아버지의 아들이자 동시에 상속자의 자격과 권리를 부여받습니다. 바울사도가 본문에서 "휘오떼시아"란 용어를 사용하고 있는 것은 서로가 양자의 법적 지위와 신분을 얻는 것을 말하기 위함입니다. 우리가 하나님의 아들로 입양되었다는 것은 본래 하나님의 아들이 아니었음을 전제합니다.

우리는 본래 “불순종의 아들들”(2:2)이었으며, “진노의 자녀”(2:3)였습니다. 그런데, 이런 우리를 하나님께서 예수 그리스도를 통해 당신의 아들로 삼으시려고 예정하신 것입니다. 하나님의 아들로 받아들여진 사람들은 아들의 법적 신분을 소유하며, 아들의 특권을 누리게 됩니다.

③ 예수 그리스도로 말미암아 하셨습니다. 하나님께서 우리를 당신의 아들로 입양하시려고 예정하신 일은 “예수 그리스도”로 말미암아 실현되었습니다. 그리스도는 우리를 위해 자기를 하나님께 제물로 드리셨으며(5:2), 십자가로 하나님과 우리 사이의 적대감을 제거하고, 우리를 하나님과 화목하게 하셨습니다(2:16). 그 결과 누구든지 그리스도를 믿으면 하나님의 자녀가 되는 권세를 얻게 되었습니다(요 1:12).

과거에 하나님의 자녀가 아니던 사람들이 이제는 그리스도 예수 안에서 하나님의 자녀로 받아들여집니다(갈 3:26). 예수 그리스도만이 하나님의 아들이며(1:3), 하나님을 “아바 아버지”라고 불렀으나(막 14:36), 이제는 우리도 하나님의 아들로 입양되었으며, 하나님을 “아바 아버지”라고 부를 수 있게 되었습니다(롬 8:15, 갈 4:6). 예수 그리스도의 아버지가 우리의 아버지가 되셨고(1:2), 우리는 그의 “사랑을 입은 자녀”가 된 것입니다(5:1). 그러므로 우리는 하나님 아버지께 당당히 나아갑니다(2:18, 3:12). 그뿐 아니라 우리는 하나님을 통해 유업을 이을 자, 곧 하나님께서 정하신 상속자로서(갈 3:29, 4:27), 그리스도와 함께 모든 영광을 받아 누릴 것입니다(롬 8:17). 죄를 범하여, 하나님의 영광에 이르지 못하던 자들이 장차 주님과 같은 형상으로 화하여, 영광에서 영광에 이르게 될 것입니다(고후 3:18, 빌 3:21, 골 3:4).

다. 하나님을 찬송하게 하심입니다(6절).

6절 "이는 그가 사랑하시는 자 안에서 우리에게 거져 주시는 바, 그의 은혜의 영광을 찬송하게 하려는 것이라"

① 여기서 바울 사도는 하나님께서 우리를 택하시고, 예정하신 궁극적인 목적이 우리에게 거져 주신 당신의 "은혜의 영광"을 찬송하게 하는 데 있다고 말합니다. 하나님께서 우리에게 거져 주신 은혜는 무엇입니까? 그것은 아무 자격이 없는 우리를 창세 전에 택하시고 예정하시어, 마침내 하나님의 자녀로 삼아주신 것을 일컫는 것입니다. 하나님은 본래 진노의 자식들이던 우리를 자기 아들로 삼으시려고 자기의 독생자 예수 그리스도를 우리 위해 보내주시어 십자가에 달려 화목제물이 되게 하시는 엄청난 희생을 감수하셨습니다(롬 8:32). 이보다 더 큰 사랑, 더 큰 은혜가 어디 있습니까?

② 이는 그의 사랑하는 자(예수 그리스도) 안에서 거져 주시는 은혜입니다. 사도 요한은 우리를 당신의 자녀 삼아주신 하나님의 크고 놀라운 사랑에 감격하여 이렇게 외칩니다. 요한일서 3:1절 상 "보라 아버지께서 어떠한 사랑을 우리에게 베푸사 하나님의 자녀라 일컬음을 받게 하셨는가, 우리가 그러하도다." 우리에게 넘치게 주신 하나님의 영광스러운 은혜 앞에 우리가 무슨 말을 할 수 있겠습니까? 오직 감사와 찬송을 드릴 뿐입니다.

사랑하는 성도 여러분, 여러분의 영원을 책임져 주시는 하나님을 믿으십시오. 그리고 의지하십시오. 여러분의 삶을 주님께 맡기십시오. 그분의 선택대로 안정한 안내와 인도를 받으십시오. 하나님은 우리를 위해 놀라운 계획을 가지고 계십니다. 하나님이 인도해 주시는 대로 여러분의 인생항로를 걸어가 보십시오. 흠 없고 거룩하고 완전한 생애가 되도록 인도해 주실 것입니다. 우리 교회의 주인 되어 여기까지 인도하신 주님께서 앞길도 선히, 아름답게 인도해 주실 것입니다. 우리 교회가 주님이 주인 되신 교회임을 다시 한 번 고백합니다! 그리고 주만 바라보고 주님만 의지하며 나아가시를 바랍니다.

그리스도 안에서 죄사함을 받았습니다

에베소서 1장 7~12절

하늘에 속한 모든 신령한 복의 두 번째 내용은 하나님이 예수그리스도의 피로 우리를 속량하신 것입니다. 죄의 대가는 '죽음'뿐입니다. 하나님은 그리스도가 우리 대신 죗값을 지불하도록 하셨습니다. 예수그리스도로 인해 우리는 회개할 때 모든 죄를 사함 받게 되었습니다.

1. 속량하셨습니다(1:7).

가. 속량(redemption, 구속)은 노예시장의 언어입니다.

① 속량(구속)은 "몸값을 치르고 전쟁포로나 노예를 해방하는 것"

② 죄의 노예 상태에서의 해방입니다.

나. 예수 그리스도께서 우리를 속량(구속)하셨습니다.

① 속량(구속)은 예수 그리스도 안에서 이루어집니다.

② 속량(구속)은 예수 그리스도의 피로 말미암아 이루어집니다.

③ 속량(구속)은 "죄사함"이라 불립니다.

④ 속량(구속)은 "그의 은혜의 풍성함을 따라" 이루어집니다.

2. 그 뜻의 비밀을 알게 하셨습니다(1:8–10).

가. 계시하셨습니다(8절).

① 계시: "덮여있던 것을 열어 보여준다(알려준다)."

② 지혜와 총명으로 우리에게 알게 하셨습니다.

나. 그 뜻의 비밀을 알게 하셨습니다(9-10절).

① 비밀(무스테리온): 하나님의 놀라운 계획

② 그리스도 안에서 예정하신 비밀입니다.

③ 만물이 다 그리스도 안에서 통일되게 하려는 것입니다.

3. 기업을 삼으셨습니다(1:11-12).

가. 우리가 그리스도 안에서 하나님의 기업이 되었습니다(11절).

① 하나님의 가장 소중한 재산이 바로 구원받은 자들입니다.

② 하나님은 "모든 일을 그의 뜻의 결정대로 일하시는 이"이십니다.

③ 하나님이 그의 계획을 따라 예정하신 것입니다.

나. 하나님의 "영광의 찬송이" 되게 하려는 것입니다(12절).

① 예수 그리스도는 하나님이 우리에게 주시는 가장 위대한 선물입니다.

② 우리는 예수 그리스도가 하나님 앞에 바치는 가장 향기로운 선물입니다.

하나님은 우리를 선택해 주셨습니다. 뿐만 아니라, 우리의 모든 죄를 용서해 주시고, 우리를 속량해 주셨습니다. 그런데, 우리는 그 은혜와 사랑의 감격을 잃어버린 것입니다. 이를 회복해야 합니다. 성령께서 이 감격을 우리 마음속에 회복해 주시기 바랍니다. 그리하여 감사함으로 주님을 찬양하고, 이 놀라운 구원의 비밀을 우리 이웃들에게 힘써 전하시기 바랍니다.

에베소서 강해3

그리스도 안에서 죄사함을 받았습니다

에베소서 1장 7~12절

우리는 바울 사도가 벅찬 가슴으로 하나님을 찬송하는 노래를 살펴보고 있습니다(1:3~14). 그가 찬송하는 이유는 하나님이 하늘에 속한 모든 신령한 복으로 믿는 사람에게 복 주셨기 때문입니다. 그 복은 3가지입니다. 첫째는 우리를 선택하시어 양자삼아 주신 것입니다(3~6). 둘째는 우리를 예수 그리스도의 피로 속량하신 것, 즉 죄사해 주신 것입니다(7~12). 셋째는 우리를 성령으로 인 치시어 그의 기업을 삼으신 것입니다(13~14).

하늘에 속한 모든 신령한 복의 두 번째 내용은 하나님이 예수 그리스도의 피로 우리를 속량(구속)하신 것입니다. 죄 사해 주신 것입니다. 인간은 죄인입니다. "의인은 없나니 하나도 없다."고 성경은 말합니다. 모든 사람이 죄인입니다. 그런데 죄의 대가는 "죽음"뿐입니다. 하나님은 그리스도가 우리 대신 죗값을 지불하도록 하셨습니다.

예수 그리스도로 인해 우리는 회개할 때 모든 죄가 사함을 얻게 됩니다. 일반적으로 사람들은 가난, 질병, 기아, 전쟁 등으로 인해 비참하게 된다고 생각합니다. 하지만 근본적으로 인간을 비참하게 하는 것은 인간의 죄입니다. 죄는 인간을 부패하게 만듭니다. 부패한 인간은 끊임없이 비참한 현실을 만들어 냅니다. 죄는 인간을 흑암의 권세 아래로 이끌어 결국 사망에 이르게 합니다. 궁극적으로 인간을 비통하게 만드는 것이 죄와 사망입니다. 하나님께서 예수 그리스도를 통해 이 죄의 문제를 해결해 주셨습니다. 그것이 하늘에 속한 모든 신령한 복의 두 번째입니다. 첫 사람 아담의 죄는 온 우주의 조화와 질서를 빼앗아 갔습니다. 그러나 둘째 아담 예수 그리스도의 피는 인간을 회복시키셨습니다. 우주 만물의 비극적 상태도 종결시켰습니다.

1. 하나님께서 그리스도를 통해 우리를 속량하셨습니다(7절).

7절 "우리는 그리스도 안에서 그의 은혜와 풍성함을 따라 그의 피로 말미암아 속량, 곧 죄사함을 받았느니라"

가. 속량(redemption, 구속)은 노예 시장의 언어입니다.

① 성경에 '속량'(구속)이라고 번역한 헬라어 단어(αποχῦτρωσιξ, 아폴루트로시스)는 본래 "몸값을 치르고 전쟁포로나 노예를 해방하는 것"을 의미합니다. 바울 사도가 에베소서를 기록하던 1세기 당시 로마제국에는 600만 명의 노예들이 있었다고 합니다. 노예는 물건처럼 사고팔고 했습니다. 그런데, 누군가가 노예로 있는 사람을 대가를 지

불하고 사서 노예시장 밖에 나와 "너는 자유다"라고 말하며, 해방시켜 주면 그는 자유인이 되었습니다. 그것이 속량(구속)입니다. 심지어 귀족이 노예를 사서 자기 양자를 삼기도 했습니다. 그때, 그 노예는 노예 신분에서 해방될 뿐 아니라 높은 신분을 얻었습니다. 종(노예)의 상태를 벗어나 해방을 얻는 것이 속량(구속)입니다.

② 육체적으로 노예 된 것보다 더 무서운 비극이 있습니다. 그것은 죄악의 종이 되는 것입니다. 바로 이 죄의 종(노예)으로부터 놓임을 받는 자유, 그것이 속량(구속)입니다.

나. 예수 그리스도께서 우리를 속량(구속) 하셨습니다.

예수께서 이런 말씀을 하셨습니다. 구속의 의미를 보여주는 말씀입니다. "진실로 진실로 너희에게 이르노니, 죄를 범하는 자마다 죄의 종이라." 이 세상은 마치 노예시장과 같습니다. 우리는 죄악의 노예가 되어 있었습니다. 죄에게 끌려 다니면서 마침내 죄의 삯인 사망의 대가를 지불할 수밖에 없습니다.

심판을 피할 수가 없었습니다. 이 죄악의 노예 시장 속에서 예수 그리스도께서 노예들을 사려는 목적을 가지고 들어오셨습니다. 노예를 사기 위해서는 값을 지불해야 합니다. 예수 그리스도께서는 죄악의 노예가 된 우리들을 사기 위해서 대단히 값비싼 대가를 지불하셨습니다. 십자가에서 흘리신 피로 그 대가를 지불하시고 "너는 이제 자유다"라고 말씀해 주셨습니다. 그리고는 덧붙여 말씀하십니다. "그 자유로 육체의 기회를 삼지 말고 오직 사랑으로 서로 종노릇하라"(갈 5:13)

간음하다 현장에서 사람들에게 잡혀 온 여인에게 예수님께서는 말씀하셨습니다. 요한복음 8:11절 하 "나도 너희를 정리하지 아니하노니, 가서 다시는 죄를 범하지 말라" 이것이 바로 속량(구속)이라는 단어에 포함된 의미입니다.

① 속량(구속)은 예수 그리스도 안에서 이루어집니다. 그리스도의 구속(속량)은 영원하신 하나님의 구속계획을 역사적으로 실현하는 것입니다. 그리스도 안에서 영원히 역사화(역사적인 사건) 되었습니다. 구속(속량)은 영원을 시간으로 전환시킨 것입니다. 예수 그리스도 밖에서는 구속(속량) 받을 길이 없습니다. 불가능합니다. 오직 예수 안에서만 하나님의 구속(속량)이 실현 가능합니다. 나아가 이 속량(구속)에는 인간의 억압됨(노예상태)이 전제되고 있습니다. 인간은 사탄의 자식이었습니다. 죄의 노예로 있었습니다. 인간이 스스로 구원할 수 없는 상황에 있었습니다. 그러므로 그리스도의 도움을 받지 않으면 인간 구속(속량)은 불가능합니다. 그리스도 안에서만 인간의 구속(속량)이 실현 가능합니다.

② 속량(구속)은 예수 그리스도의 피로 말미암아 이루어집니다. 예수 그리스도의 속량(구속)은 그의 피를 도구로 삼습니다. 예수님의 피를 예수님께서 십자가 위에서 실제적으로 죽으셨음을 의미합니다. 이것은 환상적인 죽음이 아닙니다. 피 흘림의 실제적인 죽음입니다.

피 흘림이 없으면 죄 사함이 없기 때문입니다(히 9:22). 인간을 속량(구속) 하기 위하여 예수 그리스도의 피가 동원되어야 했다는 것은 인간의 죄악의 극치를 말해줍니다. 인간의 타락은 절대적인 것입니다. 인간의 죄악은 너무나 무섭고 깊어서 어떤 다른 도구로는 해결할 수가 없습니다. 짐승의 피는 일시적인 사죄뿐입니다(히 10:11).

오직 영원하신 하나님의 아들 예수 그리스도의 피만이 인간의 절대적인 죄악을 해결하는 것을 가능하게 합니다(요일 1:7, 계 1:5). 예수 그리스도의 피로써 인간을 속량(구속) 하였다는 것은 하나님의 사랑이 얼마나 큰지를 알려줍니다. 이것은 절대적인 하나님의 사랑입니다. 하나님의 사랑은 인간의 죄악보다 큽니다. 그러므로 하나님이 인간을 구속하기 위하여 가장 비싼 값을 치르셨습니다(롬 3:24). 하나님은 인간을 사랑하시되 그의 아들을 십자가에 달아 피를 흘려 죽에 하시기까지 사랑하셨습니다(엡 2:13). 멀리 있던 자가 그리스도의 피로 가까워졌습니다(엡 2:13). 그리스도의 피는 하나님과 인간의 연결을 성취합니다.

그러나 우리가 속량(구속) 받은 것은 금이나 은 같은 것으로 된 것이 아닙니다. 어린 양되신 하나님의 아들 예수 그리스도의 보혈로 구속(속량)된 것이기에 그 무엇과도 바꿀 수 없는 고귀함이 있습니다(벧전 1:18~19).

③ 속량(구속)은 "죄사람"이라고 불립니다. 속량(구속)은 죄의 세력에서 해방되는 것이므로 죄 사함과 동의어로 쓰입니다. 죄 사함은 죄에 대한 심판을 영구히 무효로 하거나 면제하는 것을 뜻합니다. 자신이 죄인이라는 것, 그리고 죄인으로서 하나님의 심판을 피할 수 없음을 아는 사람은 죄 사함을 받는 것이 얼마나 큰 기쁨인지 압니다. 사도 바울은 다윗의 시편을 인용하여 죄 사함 받은 사람의 행복을 이렇게 노래합니다(롬 4:7~8; 시 32:1~2). "불법이 사함을 받고 죄가 가리어짐을 받는 사람들은 복이 있고 주께서 그 죄를 인정하지 아니하

실 사람은 복이 있도다 함과 같으니라" 인간의 가장 큰 행복은 죄 사함 (사죄)에 있습니다.

④ 속량(구속)은 "그의 은혜의 풍성함을 따라" 이루어집니다. 속량(구속, 죄 사함)이 일어나게 된 것은 하나님의 풍성하신 은혜 때문입니다. 하나님의 은혜란 무엇입니까? 은혜는 받을 자격이 없는 자에게 베푸시는 하나님의 사랑입니다. 자기 아들을 아끼지 아니하시고 우리를 위하여 내어주시고(롬 8:32), 십자가에 죽게 하심으로 우리를 구속하신 하나님의 희생적 사랑입니다. 불순종의 아들이며, 진노의 자식인 우리를 속량(구속) 하시려고 죄 없는 자기 아들을 내어 주셨습니다.

이것이야말로 하나님의 사랑의 극치가 아닐 수 없습니다. 인간의 죄악은 하나님의 아들을 십자가에 못 박을 만큼 크고 흉악하지만, 하나님의 사랑은 인간의 죄악보다 커서 그 죄를 제거하시려고 자기 아들을 내어 주시기까지 하신 것입니다. 풍성한 은혜입니다. 이 풍성한 은혜가 우리에게도 흘러넘쳐 속량, 구속하셨음(죄 사해 주셨음)을 믿고 찬양과 영광을 주께 돌리시기 바랍니다.

2. 그 뜻의 비밀을 알게 하셨습니다(1:8~10).

가. 계시하셨습니다(8절).

8절 "이는 그가 모든 지혜와 총명을 우리에게 넘치게 하사…"

① 계시란 말은 "덮여 있던 것은 열어 보여준다(알려준다)"는 것입니다. 하나님의 마음속에 숨어 있었던 그 비밀을 하나님께서 우리에

게 알려주셨습니다.

② 그 비밀을 깨달을 수 있도록 우리에게 "지혜와 총명"을 주셨습니다. 예수님의 은혜에 지혜와 총명이 총동원되었습니다. 이것은 인간의 비참과 예수 그리스도의 은혜의 큰 대조를 이룹니다. 인간은 어두운 총명으로 무지합니다(에베소서 4:18). 그런데 예수 그리스도의 은혜는 가장 큰 무지를 위하여 가장 큰 지혜가 되며 가장 큰 어두움을 위하여 가장 밝은 총명이 됩니다. 인간의 어두운 이성을 뚫는 예수 그리스도의 은혜의 광채입니다. 이로써 인간이 구원 받는 것이 가능합니다. 인간의 구원은 스스로는 불가능하고, 오직 예수님으로부터 오는 빛에 의하여 가능합니다. 그런데, 이 지혜는 이 세상의 지혜와는 다른 것입니다. 이것은 그리스도께서 십자가에 못 박히는 지혜입니다(고린도전서 2:6). 하나님의 미련한 듯 보이는 지혜가 세상을 구합니다(고린도전서 1:25). 이것은 특별히 복음전도에 나타난 지혜입니다. 그러면 예수 그리스도의 지혜와 총명은 무슨 기능을 합니까?

나. 그 뜻의 비밀을 우리에게 알레 하셨습니다(9~10절).

9~10절 "그 뜻의 비밀을 우리에게 알리신 것이요. 그의 기뻐하심을 따라 그리스도 앞에서 때가 찬 경륜을 위하여 예정하신 것이니, 하늘에 있는 것이나 땅에 있는 것이 다 그리스도 안에서 통일되게 하려 하심이라."

① 여기 "비밀"(무스테리온)은 "단순히 숨겨져 있는 사실"을 가리키는 것이 아닙니다. "이미 밝혀진 신비"를 의미합니다(골로새서 1:27). 즉, "전에는 감추어져 있다가 지금은 그리스도를 통하여 밝혀

진 진리"를 말합니다.

② 구체적으로 이 "비밀"은 그리스도 안에서 성취하신 하나님의 구원 계획을 의미합니다. 그리스도 안에서 예정하신 비밀입니다. "때가 찬 경륜을 위하여 예정하신 것"은 하나님께서 그리스도 안에서 역사적으로 실행하시고자 한 구원 계획을 가리킵니다. 하나님께서는 당신의 기쁨을 위하여 비밀을 드러내시고자 세심하게 계획을 세우셨습니다.

③ 만물이 다 그리스도 안에서 통일되게 하려는 것입니다. 여기 "통일된다"는 말은 "다시 머리가 생긴다."는 뜻입니다. 때의 경륜이 이루어지기 까지는 만물이 서로 연결 없이 부조화적으로 존재하였습니다. 그러나 이제 그리스도의 구속사건 이후에 만물이 그리스도 안에서 머리를 얻게 되었습니다.

그리스도는 만물의 머리로서 마구 무질서하게 흩어져 있던 만물을 조화시키십니다. 그리스도께서 속죄제물로서 하나님과 우리 사이에 있는 죄의 담을 허시고, 하늘에 있는 것이나, 땅에 있는 것이나, 피조세계 전체를 하나님과 연결시키는 우주적 통일을 이루셨다는 것입니다. 즉, 모든 창조세계가 그리스도 안에서 재통합되어 첫 창조를 능가하는 최초의 상태로 회복된 것입니다. 이것은 하늘과 땅에 있는 모든 것들을 단순히 한데 모으는 것이 아니라 만물의 중심인 그리스도 안에 모아서 그의 주권 아래 굴복하게 하시고, 하나님과 바른 관계를 맺게 하는 것을 뜻합니다. 다시 말해서, 만물의 통일이란 죄와 타락으로 분열과 무질서와 혼돈에 빠진 만물을 그리스도의 주권아래 함께 모아 완전한 질서와 조화와 아름다움의 상태를 회복하는 종말적이며, 우주적인 근원을 가리킵니다.

이것은 하나님께서 창조하신 우주 만물에 대한 하나님 자신의 장엄한 계획이요, 비전입니다. 바울사도는 이러한 종말적 구원이 그리스도 안에서 일어난다고 말합니다. 이것은 하나님께서 그리스도를 유일한 구원자로 정하셨으므로 개인의 구원뿐 아니라 만물의 통일도 그리스도 안에서 일어난 것입니다. 하나님께서는 "만물을 그의 발 아래 굴복시키시고"(시편 8:7) "그를 만물 위에 머리로 주셨습니다."(에베소서 1:22) 그리스도를 통해 만물을 통일시키시려는 하나님의 구원 계획을 알게 하실 뿐 아니라 그 구원계획에 참여케 하신 하나님의 크신 은혜를 찬송하는 성도님들 되시기 바랍니다.

3. 기업을 삼으셨습니다(1:11~12).

가. 우리가 그리스도 안에서 하나님의 기업이 되었습니다(11절).

11절 "모든 일을 그의 뜻의 결정대로 일하시는 이의 계획을 따라 우리가 예정을 입어 그 안에서 기업이 되었으니"

① 여기 "기업이 되었으니"라는 말은 "제비를 뽑아 지정하사" 혹은 "기업이 되다"라는 의미의 동사 "κληρσω(클레로오)"의 수동형입니다. 이는 우리가 하나님께 어떤 기업을 받았다는 것이 아닙니다. 우리가 하나님의 소유가 되었음을 의미합니다. 구약성경에 보면 이스라엘은 하나님의 기업, 혹은 하나님의 분깃이 되었습니다. 그처럼 본문은 그리스도 예수의 보혈로 구속받은 "우리가 하나님의 기업으로 선택되었다."는 것입니다. 즉, "하나님 자신에 의하여, 하나님 자신

의 몫으로 할당되었다."는 말입니다. 하나님의 가장 소중한 재산이 바로 구원받은 자들입니다.

② 우리는 하나님의 뜻과 계획에 따라 예정을 입어 그리스도 안에서 그분의 기업이 되었습니다. 우리가 하나님의 기업이 되었다는 것은 그분의 소유가 되었음을 의미합니다. 구속(속량)을 받고, 그분의 소유가 된 것은 우리의 노력이 아니라 하나님의 계획에 따라 이루어진 일입니다. 하나님은 "모든 일을 그의 뜻의 결정대로 일하시는 이" 이십니다. 여기 하나님의 절대적인 자유가 선언되고 있습니다. 이는 하나님께서 목적하시는 것이 그 무엇이든지 성취되기 때문입니다.

③ 그 하나님이 그의 계획을 따라 예정하신 것입니다. 하나님은 계획하시고, 약속하신 것을 신실하게 이루어 가십니다. 하나님은 우리가 그분의 기업이 되었다는 표현을 통해, 우리가 하나님의 소유임을 분명히 나타내셨습니다. 즉 하나님의 예정에 따라 그리스도의 피로 구속을 받고 하나님의 자녀가 된 우리는 하나님의 소유가 되었습니다. 하나님은 우리에 대한 확실한 소유권을 주장하십니다. 우리를 자신의 소유로 삼으신 이유는 자신의 영광스러운 찬송이 되게 하시려는 것입니다.

나. 하나님의 "영광의 찬송이" 되게 하려는 것입니다(12절).

12절 "이는 우리가 그리스도 안에서 전부터 바라던 그의 영광의 찬송이 되게 하여 하심이라."

우리의 삶은 우리의 것이 아니라 하나님의 것입니다. 하나님은 성령을 통해 우리에게 믿음의 확신을 주시고 친히 그것을 이루어 가십니다. 우리는 이런 하나님을 찬양하고, 그분의 영광을 끊임없이 찬송해야 하겠습니다. 한 유명한 신학자는 이런 말을 했습니다.

① 예수 그리스도는 하나님이 우리에게 주신 가장 큰 선물입니다.

② 그리고 우리는 예수 그리스도가 하나님 앞에 바치는 가장 향기로운 선물입니다.

하나님은 우리를 선택해 주셨습니다. 뿐만 아니라 우리의 모든 죄를 용서해 주시고 우리를 속량(구속)해 주셨습니다. 자유하게 하셨습니다. 그런데, 우리의 문제는 그 은혜와 사랑의 감격을 잃어버린 것입니다. 이를 회복해야 합니다. 성령께서 이 감격을 우리 마음속에 회복해 주시기를 바랍니다. 그리하여 감사함으로 주님을 찬양하고, 이 놀라운 구원의 비밀을 우리 이웃들에게 힘써 전하시기 바랍니다.

성령으로 인 치심을 받았습니다

에베소서 1장 13~14절

구원역사에서 삼위 하나님은 서로 다른 상호보완적 역할을 담당하십니다. 성부 하나님은 예정하시고 선택하십니다. 성자 하나님은 성부 하나님이 계획하신 구원사건을 역사 속에서 완성하십니다. 성령 하나님은 그 사건이 우리의 것이 되도록 적용해 주십니다.

1. 성령께서 예수의 사건(복음)이 우리의 것이 되게 역사하십니다.

가. 예수 그리스도께서 구속사건을 완성하셨습니다(객관적 사건).

① 예수 그리스도께서 죄인 된 인간을 구원하시기 위해 이 땅에 오셨습니다.

② 십자가 위에서 “다 이루었다” 외치셨습니다(요한복음 19:30절).

나. 그 구원사건이 우리에게 이루어졌습니다(주관적 사건).

① 예수 그리스도를 믿음으로 구원받습니다(로마서 10:13~14절).

② 진리의 말씀(곧 구원의 복음)을 들어야 받을 수 있습니다.

③ “너희가 믿을 때 성령을 받았느냐”(사도행전 19:2절).

2. 성령께서 우리의 구속에 대한 확증이 되십니다.

가. 약속의 성령이십니다(13절).

① 하나님께서 구약 선지자들을 통해 성령을 보내시겠다고 약속하셨습니다.

② 예수님께서도 보혜사 성령을 보내시겠다고 약속하셨습니다.

나. 성령으로 인 치십니다(13절 하).

① 소유권의 표시입니다.

② 안전의 의미입니다.

③ 구속이 변함이 없다는 것을 확인하는 것입니다.

다. 성령은 우리 기업의 보증이 되십니다(14절 상).

① 신원보증입니다.

② 미리 맛봄입니다.

③ 하나님의 완전한 구속을 보증하십니다.

라. 그의 영광을 찬미하게 하려 하심입니다(14절 하).

하나님의 여정에 따라 그리스도의 피로 구속을 받고, 하나님의 자녀가 된 우리는 하나님의 소유가 됩니다. 우리의 삶은 우리의 것이 아니라, 하나님의 것입니다. 하나님은 성령님을 통해 우리에게 믿음의 확신을 주시고, 친히 그것을 이루어 가십니다. 우리는 이런 하나님을 사랑하고 그분의 영광을 끊임없이 찬송해야 합니다. 성도 여러분, "하늘에 속한 모든 신령한 복"을 주시는 하나님을 찬송하며 승리의 삶을 살아가시기 바랍니다.

에베소서 강해4

성령으로 인치심을 받았습니다

에베소서 1장 13~14절

구원 역사에서 삼위 하나님은 서로 다른 상호보완적 역할을 담당하십니다. 성부 하나님은 예정하시고 선택하십니다. 성자 하나님은 성부 하나님이 계획하신 구원 사건을 역사 속에서 완성 하셨습니다. 성령 하나님은 그 사건이 우리의 것이 되도록 적용 해 주십니다. 성령 안에서 2000년 전 예수 그리스도의 사건이 오늘 우리에게 체험되어, 우리의 사건이 되는 것입니다.

1. 성령께서 예수의 사건(복음)이 우리의 것이 되게 역사하십니다.

가. 예수 그리스도께서 구속사건을 완성하셨습니다(객관적 사건).

① 예수 그리스도께서 죄인 된 인간을 구원하시기 위해 이 땅에 오셨습니다. 이 구원은 하나님께서 설계하시고, 계획하신 것입니다. 예

수 그리스도께서는 죄로 인해 하나님과 원수 된 인간을 구속, 속량하시기 위해 이 땅에 오셨습니다. 죄에서 해방시키기 위해 오셨습니다.

② 예수 그리스도는 인류의 죄를 다 짊어지시고, 십자가 위에서 가장 흉악한 죄인이 되어 돌아가셨습니다. 예수 그리스도 안에서 인류의 죄의 문제는 다 해결되었습니다. 예수 그리스도께서 십자가에 달려 돌아가시면서 마지막 한 말씀이 "다 이루었다."입니다 (요한복음 19:30절). 이는 원래 상업적인 용어로, "다 갚았다."(It is paid off)입니다. 빚을 다 갚았으니 이제 내 것으로 삼아 누리기만 하면 된다는 것입니다. 이는 그림이나 조각 등에서 "다 완성되었다."(It is done)입니다. 다 완성되었으니, 더 보태거나, 더 보충할 것이 없다는 말입니다. 이는 노예들이 주인이 시킨 일을 "다 마쳤습니다."(It is finished)입니다. 주인이 시킨 일을 다 끝마쳤다는 말입니다.

하나님께서는 예수 그리스도 안에서 어떠한 죄의 문제도 해결하실 수 있는 "원리"를 완성하신 것입니다. 이것이 복된 소식입니다. 이것이 복음의 말씀인 것입니다. 예를 들어, 발전소를 완성해서 전기를 전적으로 가동할 수 있도록 준비를 완료했는데 설계는 하나님이 하시고, 시공은 예수 그리스도가 하시고 그것을 가동하는 것은 성령님인 것입니다.

나. 그 구원 사건이 우리에게 이루어졌습니다(주관적 사건).

① 하나님께서 예수 그리스도를 통하여 인류의 가장 본질적 문제인 죄의 문제를 해결하시고 이제 누구든지 예수 그리스도를 믿는 자에게 그 결과를 누리게 해 주신다는, 구원해 주신다는 복된 소식을 예

비하셨습니다.

이스라엘 백성들이 광야 길을 지나갈 때 그 길이 험했습니다. 이에 백성들이 지도자인 모세와 하나님을 원망했습니다. 불평했습니다. 하나님께서 불뱀을 보내 그들을 물어 죽어가게 되었습니다. 그러자 모세가 하나님께 간청하며, 백성을 살려 달라 하자, 하나님께서 구리뱀을 만들게 하십니다. 그리고 뱀에 물린 사람들에게 모세가 만들어 진 중에 높이 들어 올린 구리뱀을 쳐다보기만 하면 살 수 있다는 말씀을 주셨습니다. 복된 말씀입니다.

그리고 모세가 전한 하나님의 말씀을 믿고 구리뱀을 쳐다 본 사람은 살았습니다. 구리뱀들 속에서 뱀에 물린 자를 치료할 수 있는 능력이 있습니다. 그러나 그것은 믿음으로 쳐다 본 사람만이 효과를 볼 수 있습니다. 예수님께서 말씀하십니다. 요한복음 3:14~15절 "모세가 광야에서 뱀을 든 것 같이 인자도 들려야 하리니, 이는 그를 믿는 자마다 영생을 얻게 하려 하심이니라." 이와 같이, 죄에 빠져 죄의 노예가 되어 죽어가고 있는 사람들을 살리기 위해 하나님께서 그의 아들 예수 그리스도를 보내서 십자가에서 피 흘려 대속의 죽음을 죽으심으로 구원을 준비해 놓으셨습니다. 인류의 구원이 완성되었습니다.

그러나 그것은 믿음으로 받아들인 사람만이 효과를 볼 수 있습니다. 이렇게 하나님께서 예수 그리스도를 믿음으로 구원 받을 수 있는 길을 준비해 놓으셨다는 소식이 복음입니다. 진리의 말씀입니다.

② 진리의 말씀(곧 구원의 복음)을 들어야 믿을 수 있습니다. 어떻게 예수 그리스도의 사건이 우리 것이 되어 구원 받는지 로마서 10:13~14절에 말씀합니다. "누구든지 주의 이름을 부르는 자는 구원

을 받으리라. 그런즉, 그들이 믿지 아니하는 이를 어찌 부르리요, 듣지도 못한 이를 어찌 믿으리요, 전파하는 자가 없이 어찌 들으리요" 그렇습니다. 아무리 복된 소식이라 할지라도 들어보고 믿어져야 믿을 수가 있는 것입니다. 그때 예수님을 구주로 영접하고, 그 이름을 부를 수 있는 것입니다. 그러나 문제는 복된 소식을 들어도 사람의 지혜로는 깨달을 수 없습니다. 믿어지지 않습니다. 성령의 역사가 이기면 이리됩니다.

③ 사도행전 19장에 보면 바울사도가 에베소에 처음 복음 전하는 장면이 나옵니다. 12명쯤 되는 사람들이 모여 나름대로 신앙생활을 하고 있습니다. 바울이 그들에게 묻습니다. "너희가 믿을 때에 성령을 받았느냐?"(2절) 너희가 성령의 역사 속에 믿음을 갖게 되었느냐는 말입니다. "성령으로 아니하고는 누구든지 예수님을 주시라 할 수 없기"(고전 12:3) 때문입니다. "누구든지 그리스도의 영이 없으면 그리스도의 사람이 아니기"(롬 12:9) 때문입니다. 바울이 또 묻습니다. "그러면 너희가 무슨 세례를 받았느냐?"(3절) 그들은 "요한의 세례" 만 받았습니다. 이제 바울은 세례요한이 소개했던 그 분이 바로 예수님 이라고 소개하고 복음을 전합니다.

그들이 예수님의 소식, 복음을 듣고 예수님의 이름으로 세례 받게 되었습니다. 그리고 바울이 그들에게 성령이 임하시고 방언도 하고, 예언도 하였던 것입니다. 그들이 "성령으로 세례 받아 그리스도의 몸에 속하게" 되었습니다(고전 12:13). 그들이 에베소 교회의 시작이었던 것입니다.

이렇듯 성령님은 복음이 믿어져 예수님을 주라고 고백하게 하십니다. 예수님을 주로 믿는 자에게 내주하시어, 그리스도의 사람이 되게 하십니다. 그리스도의 몸(교회)에 속하게 하시는 성령으로 세례 받게 하신 것입니다.

2. 나아가 성령께서 우리의 구속에 대한 확증이 되십니다.

13절 "그 안에서 너희도 진리의 말씀 곧 너희의 구원의 복음을 듣고, 그 안에서 또한 믿어 약속의 성령으로 인 치심을 받았으니.."

가. 성령은 "약속의 성령"이십니다.

① 하나님께서 구약 선지자들을 통해 성령을 보내시겠다고 약속하셨습니다. 에스겔 36:26~27절 "또 새 영을 너희 속에 제거하고, 부드러운 마음을 줄 것이며, 또 내 영을 너희 속에 두어 너희로 내 율례를 행하게 하리니, 너희가 내 규례를 지켜 행 할지라"

요엘 2:28~29절 "그 후에 내가 내 영을 만민에게 부어 주리니, 너희 자녀들이 장래 일을 말할 것이며, 저희 늙은이는 꿈을 꾸며, 너희 젊은이는 이상을 볼 것이며 그때에 내가 또 내 영을 남종과 여종에게 부어줄 것이며..."

② 예수님께서도 보혜사 성령을 보내시겠다고 약속하셨습니다. 요한복음 16:7,13절 "그러나, 내가 너희에게 실상을 말하노니, 내가 떠나가는 것이 너희에게 유익이라 내가 떠나가지 아니하면 보혜사가 너희에게로 오시지 아니할 것이요, 가면 내가 그를 너희에게로 보내리니... 그러나 진리의 성령이 오시면 그가 너희를 모든 진리 가운데로

인도하시리니 그가 스스로 말하지 않고 오직 들은 것을 말하며, 장래 일을 너희에게 알리시리라"

③ **또한 오늘날에도 회개하고 믿는 모든 사람에게 성령을 보낸다고 약속하셨습니다.** 사도행전 2:38~39입니다. "베드로가 이르되 너희가 회개하여 각각 예수 그리스도의 이름으로 세례를 받고 죄 사함을 받으라 그리하면 성령의 선물을 받으리니, 이 약속은 너희와 너희 자녀와 모든 먼 데 사람 곧 주 우리 하나님이 얼마든지 부르시는 자들에게 하신 것이라 하고"

나. 하나님께서는 구원의 복음을 듣고, 예수님을 믿은 자를 성령으로 인 치십니다.

① 소유권의 표시입니다. 고대사회에서 인(Ep, 도장)을 치는 것은 소유를 확증하는 행위입니다. 불에 달군 쇠도장을 가축이나 노예에 찍어 그 가축이나 노예에 대한 소유권을 분명히 하였던 것입니다. 현재의 본문에서도 "인을 치는 것"은 일차적으로 소유를 표명하는 행위를 가리킵니다. 따라서 에베소 교회의 성도들이 성령으로 인 침으로 받는 것은 그들이 하나님의 소유가 되었음을 의미합니다. 성도에게 도장을 찍어 주시는 주체는 성부 하나님이고, 성령은 하나님의 인장이자 하나님의 소유권을 나타내는 표지입니다. 성부 하나님은 "진리의 말씀 곧 구원의 복음을 듣고" 구원 받은 성도들에게 성령을 주셔서 자기 백성으로 확증하시고, 그들을 자기 소유라고 주장하십니다. 그러므로 성도들이 받은 성령은 그들이 하나님의 백성이며, 하나님의 소유가 되었음을 보여 주는 진정한 증거인 것입니다.

② 안전의 의미입니다. 안전한 우편 배달을 위해서 봉인하고 도장을 찍습니다. 다른 사람이 절대로 떼어 보지 못하도록 하기 위해서 였습니다. 예수님의 무덤에는 인봉을 했습니다. 아무도 무덤을 뜯지 못하도록 안전 인장을 위해 로마총독이 인을 쳤던 것입니다. 하나님께서 성령으로 인치셨다고 하는 것은, 이제 하나님의 성령이 나와 함께 하시고, 나를 보호하시고, 지키시고, 인도하십니다.

③ 구속이 변함이 없다는 것을 확인하는 것입니다. 무슨 문서든지 계약을 할 때는 도장이 있어야 됩니다. 도장이 찍혀야 유효하기 때문입니다. 도장이 찍히며 계약은 완성되고 그 계약은 불변입니다. 다시 말하면 주님과 나 사이의 관계는 이제 영원한 관계입니다. 이것은 불변하는 관계입니다. 복음을 듣고 깨달아 예수님을 믿는 그 순간 하나님께서 성령으로 나에게 도장을 꽉 찍어 놓으셨습니다. 변할 수 없는 도장입니다. 이것은 영원히 변하지 않는 약속입니다.

다. 성령은 우리 기업의 보증이 되십니다(14절 상).

14절 "이는 우리 기업의 보증이 되사 그 얻으신 것을 속량하시고 그의 영광을 찬송하게 하려하심이라."

① 여기 "보증"이라고 번역한 헬라어 단어는 "αρραβων(아라본)"입니다. 이 단어는 바울 서신에만 세 번 등장 하는데 항상 성령과 관련해서 나타납니다. 고린도후서 1:22절이 중요합니다. "그가 또한 우리에게 인 치시고, 보증으로 우리 마음에 성령을 주셨느니라", "아라본(보증)"이란 말은 본래 상업 용어로서 물건 값의 완불을 보증하기 위하여 미리 지불하는 계약금이나 첫 번째 납입금을 가리킵니다. 예를

들면, 우리가 집을 사기로 계약하고 보증금을 내야 합니다. "보증"이라는 것은 다 준 것은 아닙니다. 그런데 주는 것의 시작입니다.

② 그러면, 성령이 우리 기업의 "보증"(아라본)이라는 말의 의미는 무엇입니까? 성령이 장차 성도들이 받아 누릴 기업에 대한 현재의 계약금 또는 첫 번째 납입금이라는 말입니다. 하지만 이것은 "아라본"(보증)의 본래 용례에 비추어 볼 때 다소 이상한 것입니다. 물건을 사는 사람이 파는 사람에게 먼저 계약금(보증금)을 주고 나중에 잔금을 치르는 것이 일반적인 관계이기 때문입니다. 그런데 하나님은 우리에게(구원받은 성도에게) 장차 영광스러운 기업을 주시는 분임에도 불구하고 그 기업과 함께, 그 기업의 보증(계약금)을 주는 것과 같습니다.

사실상 성령은 미래에 받을 기업을 보증하면서, 동시에 미래에 받을 기업을 미리 맛보게 하시는 분이십니다. 로마서 14:17을 봅니다. "하나님의 나라는 먹을 것과 마시는 것이 아니요, 오직 성령 안에 있는 의와 평강과 희락이라"

하늘나라의 본질을 성령으로 미리 맛보고 즐기게 하십니다. 또 성령이 있는 자는 앞으로 부활이 보증됩니다. 로마서 8:11입니다. "예수를 죽은 자 가운데서 살리신 이의 영이 너희 안에 거하시면 그리스도 예수를 죽은 자 가운데서 살리신 이가 너희 안에 거하시는 그의 영으로 말미암아 너희 죽을 몸도 살리시리라"

③ 본문 14절에서 "우리의 기업"이라는 표현은 성도들이 받아 누릴 기업을 가리킵니다. 그 기업을 베드로 사도는 이렇게 말씀하십니다. 베드로전서 1:3~4입니다. "우리 주 예수 그리스도의 아버지 하나님

을 찬송하리로다 그의 많으신 긍휼대로 예수 그리스도를 죽은 자 가운데서 부활하게 하심으로 말미암아 우리를 거듭나게 하사 산 소망이 있게 하시며 썩지 않고 더럽지 않고 쇠하지 아니하는 유업을 잇게 하시나니 곧 너희를 위하여 하늘에 간직하신 것이라"

즉, 기업이란 하나님께서 우리를 위하여 하늘에 간직하신 것으로 썩지 않고 더럽지 않고 쇠하지 않는 영원한 것입니다. 이것이 오늘 세상에서 성도들이 누릴 영광스러운 생명과 함께 하나님이 주신 모든 복을 망라하는 개념입니다. 그리고 약속된 기업이 실재임을 보증하려고 하나님께서 성령을 계약금(아라본)으로 주셨다는 것입니다. 또한 성령은 미래에 우리가 받아 누릴 전체 기업의 일부분입니다. 그러므로 우리가 성령을 받았다는 것은 지금 이 세상에서 하늘에 속한 영광스러운 생명과 복을 미리 맛보고 있음을 뜻합니다.

④ 나아가 성령은 하나님의 완전한 구속을 보증하십니다. 본문 14절에서 "그 얻으신 것을 속량하시고"에서 "그 얻으신 것"은 하나님의 소유가 된 백성을 가리킵니다. 하나님의 백성은 그들이 유대인의 아들이든 이방인이든 그리스도 예수의 피로 속량(구속) 받은 자들입니다.

그러나, 그들의 구속은 아직 완전히 이루어진 것이 아닙니다. 하나님의 백성의 구속은 두 단계로 이루어집니다. 첫 번째 단계는 그리스도의 피로 죄의 속박에서 해방을 얻는 것입니다. 두 번째 단계는 그리스도께서 재림하실 때, 모든 죄의 시험과 유혹에서 완전히 자유롭게 되어 영광스러운 상태에 들어가는 것입니다. 하나님께서 이미 얻으신 자기 백성을 완전하게 속량(구속) 하실 때 그들은 하나님 앞에서 거룩하고 흠이 없는 존재가 될 것입니다. 이렇듯, 성령은 구원 받은 성도들이 하나님의 소유임을 증거합니다. 우리의 신원을 보증하십니다. 그리스도의 영(성령)이 있는 자가 그리스도인입니다. 그리고 동시에 그들의 구속(속량)이 완전히 이루어질 때까지 그들이 장차 누릴 기업의 보증이 되십니다.

라. 바울은 에베소 성도들을 성령으로 인 치신 목적을 밝힙니다(14절 하).

14절 하 "그의 영광을 찬송하게 하여 하심이라"

① 성령으로 인 치신 목적은 그들로 하나님의 영광을 찬송하게 하기 위함입니다. 여기서 우리는 "어떻게" 우리가 하나님의 백성이 되었는가 하는 문제에서 "왜" 하나님이 우리를 그분의 백성으로 삼으셨는가 하는 문제로 넘어갑니다. 우리는 하나님의 뜻으로 그의 백성이 되었고, 그의 뜻에 기뻐하심에 따라 하나님의 영광을 찬송하도록 그의 백성이 된 것입니다.

② 여기 "하나님의 영광"은 하나님의 계시로 하나님이 자기를 드러내시는 것입니다. 그리고 우리가 하나님의 영광을 찬송한다는 것은 크고 놀라우며 은혜가 풍성하신 하나님을 말과 행동으로 경배하는 것입니다. 나아가 다른 사람들도 그 본을 보고 찬양하게 하는 것입니다. 이것이 하나님이 우리를 그의 백성이 되도록 속량하신(구속하신) 이유입니다. 에베소서 1:3~14절은 찬미문입니다. 찬미문의 목적은 일차적으로 신령한 복을 주신 하나님을 찬양하는 것입니다. 삼위 하나님의 이루신 영광스러운 구원을 찬양하고 있습니다(6절, 12절, 14

절 3번에 걸쳐서 찬양하게 하려 함이라 하십니다.).

하나님의 예정하심에 따라 그리스도의 피로 속량(구속) 받고, 하나님의 자녀가 된 우리는 하나님의 소유입니다. 하나님의 것입니다. 우리의 삶은 우리의 것이 아니라 하나님의 것입니다. 하나님은 성령님을 통해 우리에게 믿음의 확신을 주시고 친히 그것을 이루어 가십니다. 우리는 이런 하나님을 사랑하고 그분의 영광을 끊임없이 찬송해야 합니다.

사랑하는 성도 여러분, "하늘에 속한 신령한 복"을 주시는 하나님을 찬송하며, 승리의 삶을 살아가시기 바랍니다.

에베소서 강해5 요약

하나님을 알게 하소서

에베소서 1장 15~17절

성도는 자신들이 소유한 축복을 바로 깨닫고, 그 신분에 합당한 삶을 살아가야 합니다. "하늘에 속한 모든 신령한 복"을 주시는 하나님을 찬양한(1:3-14) 바울은 이제 에베소 교인들을 위하여 중보기도 합니다(1:15-23). 그것은 하나님과 그분의 부르심을 알기를 바라는 것입니다.

1. 기도하는 이유(15절)

가. 삼위 하나님의 사역 전체를 생각하며 기도하고 있습니다: "이로 말미암아"

나. 에베소 교인들에 대한 소문을 듣고 기도하고 있습니다.

① "주 예수 안에서 너희의 믿음"(하나님과 수직적 관계)

② "모든 성도를 향한 사랑"(이웃과의 관계)

2. 기도하는 방법(16절)

가. 감사함으로 기도합니다.

나. 기억함으로 기도합니다.

3. 기도의 실제(17-23절)

가. 기도의 대상은 하나님이십니다(17절 상)

① "우리 주 예수 그리스도의 하나님"(사랑의 하나님)

② "영광의 아버지"(거룩하신 하나님)

나. 기도의 내용

① 하나님을 알게 하소서(17절)

② 마음의 눈을 밝혀 영적 사실을 알게 하소서(18-19절)

③ 하나님의 능력을 알게 하소서(20-23절)

4. "하나님을 알게 하소서"(17절 하)

가. "지혜와 계시의 영"을 통하여 하나님을 알게 됩니다.

① 지혜는 여호와를 경외함으로 얻습니다(잠언 1:7).

② 계시는 '벗겨 보여 주심'입니다.

나. 하나님을 안다는 것은 인간의 축복입니다.

① 하나님을 알지 못하는 것이 죄의 본질입니다(롬 1:18-32).

② "엘리의 아들들은 … 여호와를 알지 못 하더라"(삼상 2:12).

③ "그러므로 우리가 여호와를 알자 힘써 여호와를 알자"(호세아 6:3상)

④ "영생은 곧 유일하신 참 하나님과 … 아는 것 이니이다."(요 17:3).

하나님을 아는 것은 인간의 최대의 일이며, 최고의 행복입니다. 힘써 하나님을 알고, 경외하므로 하나님을 영화롭게 하시는 성도되시기 바랍니다.

에베소서 강해5

하나님을 알게 하소서

에베소서 1장 15~17절

성도는 자신들이 소유한 축복을 깨닫고, 그 신분에 합당한 삶을 살아가야 합니다. "하늘에 속한 모든 신령한 복"을 주시는 하나님을 찬양한(1:3~14) 바울사도는 이제 에베소 교인들을 위해 중보기도 합니다(1:15~23). 그것은, 하나님과 그분의 부르심을 알기를 바라는 것입니다. 성경에서는 1:15~23절을 세 문장으로 나누어 번역하였으나, 헬라어 원문에는 한 문장으로 이루어져 있습니다. 그 속에 3가지 중요한 기도가 있습니다. ① 하나님을 알게 하소서(17절) ② 마음의 눈을 밝혀 영적 사실을 알게 하소서(18~19절) ③ 하나님의 능력의 크심을 알게 하소서(20~23절) 오늘은 그 기도의 전반적인 면을 살펴보고 첫 번째 기도제목을 중심으로 말씀드리려 합니다. 이 바울의 기도를 통해 우리는 어떻게 기도해야 할지 배우게 됩니다.

1. 기도하는 이유(15절)입니다.

15절 "이로 말미암아 주 예수 안에서 너희 믿음과 모든 성도를 향한 사랑은 나도 듣고"

가. 삼위 하나님의 사역 전체를 생각하며 기도하고 있습니다. "이로 말미암아"

① 여기 "이로 말미암아"는 앞에 나오는 3~14절 전체를 지칭합니다. 삼위 하나님의 구원사역을 통해 구원받아 하나님의 자녀가 되고, 성령의 인치 심을 받은 것을 근거하여 이제 성도들을 위해 기도하는 것입니다.

② 이제 바울 사도는 에베소 교인들이 하나님께서 얼마나 크신 능력으로 자신들을 구원하셨는지 깨닫고 나아가 자신들이 받은 신령한 복이 얼마나 놀라운 것인지를 깊이 깨닫고 하나님께 영광과 찬송을 드리게 하기 위함입니다.

나. 에베소 교인들에 대한 소문을 듣고 기도하고 있습니다.

어떠한 소문을 들었습니까? "주 예수 안에서 너희 믿음과 모든 성도를 향한 사랑을 나도 듣고..."

① "주 예수 안에서 너희의 믿음"은 하나님과 수직적 관계를 말합니다.

② 그리고 "모든 성도를 향한 사랑"은 이웃과의 수평적인 관계입니다.

바울 사도는 에베소 교회 성도들이 주님 예수 그리스도에 대한 진정한 믿음을 가졌을 뿐만 아니라 그 믿음에 부응하는 사랑의 삶을 실천하고 있음을 듣고 하나님께 감사하고 있습니다. 감사의 이유는 그들의 믿음과 사랑 때문입니다. 이를 통해 볼 때, 바울의 관심은 성도들의 온전한 성숙에 있었던 것입니다. 믿음과 사랑! 이 둘이 조화될 때 비로소 성도는 온전한 신앙의 사람이 됩니다. 온전한 믿음은 실천적 사랑에 의해 입증 되어야 합니다. 그리고 성숙한 사랑은 믿음에 근거해야 합니다. 사실, 어떤 이는 믿음을 강조하는데, 사랑의 실천이 부족합니다. 또 어떤 이는 사랑의 실천을 강조하지만 믿음의 결핍이 있습니다. 우리는 믿음과 사랑이 조화된 성숙한 신앙의 사람이 되어야 하겠습니다.

2. 기도의 방법(16절)입니다.

16절 "내가 기도할 때에 기억하며, 너희로 말미암아 감사하기를 그치지 아니하고..."

가. 감사함으로 기도합니다.

바울 사도는 사람을 기억하되, 감사의 조건을 찾아 기억했습니다. 어떤 이는 시빗거리를 찾는 이도 있습니다. 원망, 불평, 섭섭함을 보기도 합니다. 그러나 바울은 감사할 거리에 관심하고 있습니다. 우리도 사람을 대할 때, 먼저 그의 고마움, 감사를 먼저 보고 기도해 줄 수 있어야 하겠습니다.

나. 기억함으로 기도했습니다. "내가 기도할 때에 기억하며"

사도바울의 기도 중에 기억되었던 에베소 교인들은 행복합니다. 목자의 기도 중에 기억될 수 있는 성도는 행복합니다. 하나님 보좌 우편에 계셔서 지금도 기도하고 계시는 우리 주님의 기도 중에 기억되는 성도는 행복합니다. 말할 수 없는 탄식으로 기도하시는 성령님의 기도 중에 기억되는 성도는 행복합니다. 다음과 같은 복음송이 있습니다. "마음이 지쳐서 기도할 수 없고, 눈물이 빗물처럼 흘러내릴 때, 주님은 아시네, 당신의 약함을, 사랑으로 돌봐주시네 누군가 널 위하여 누군가 기도하네. 내가 홀로 외로워서 마음이 무너질 때, 누군가 널 위해 기도하네"

사랑하는 성도 여러분, 여러분이 기도할 때 누구를 기억하며 기도하십니까? 우리는 기도할 때, 누군가를 기억하고 기도하게 됩니다.

3. 기도의 실제(17~23절)입니다.

가. 기도의 대상은 하나님 아버지 이십니다(17절 상).

17절 "우리 주 예수 그리스도의 하나님, 영광의 아버지께서 지혜와 계시의 영을 너희에게 주사 하나님을 알게 하시고" 기도의 대상을 표현할 때 바울 사도는 "우리 주 예수 그리스도의 하나님"과 "영광의 아버지"라는 두 가지 용어를 사용합니다. 이 두 호칭은 모두 하나님을 가리키는 것이지만 이것을 구별하여 쓰고 있습니다.

① "우리 주 예수 그리스도의 하나님"은 사랑의 하나님이십니다. 우리를 죄와 사망에서 구원하시기 위해 독생자 예수 그리스도를 보

내어 주신 사랑의 하나님이십니다. 로마서 8:32입니다. "자기 아들을 아끼지 아니하시고, 우리 모든 사람을 위하여 내주신 이가 어찌 그 아들과 함께 모든 것을 우리에게 주시지 아니하겠느냐?" 여기 "우리 주 예수 그리스도의 하나님"이란 호칭은 메시야로서 오심을 강조하고 있습니다. "우리 주 예수 그리스도의 하나님"이 또한 "성도들의 하나님"이십니다. 그리스도와 성도들의 연합이 강조되고 있습니다.

우리를 위해 독생자 예수 그리스도를 이 땅에 보내셔서 구속(속량)을 성취하게 하시고, 하나님 보좌 우편에 높여 주신 바로 그 하나님이 우리의 기도의 대상이십니다. 예수 그리스도 안에서 우리 죄를 용서하시고, 자녀 삼아 주신 하나님이 기도의 대상입니다.

② "영광의 아버지"는 거룩하신 하나님이십니다. 영광은 신적인 존재와 능력의 탁월함을 상징합니다. "아버지"라는 호칭은 바울 사도가 기도에서 빈번하게 사용합니다. 이는 우리에게 기도를 가르쳐 주신 주님의 모범을 따른 것입니다. "너희는 이렇게 기도하라 하늘에 계신 우리 아버지여!"(마태복음 6:9) 하나님이 우리 아버지시라면 신자는 당연히 하나님의 "자녀"가 되고 "아들"이 됩니다(에베소서 1:5). 우리의 마음을 뜨겁게 하고 자유와 평안을 주는 데 있어 '아들'인 내가 지금 '아버지'께 나아가고 있음을 인식하는 것보다 더 적합한 것은 없을 것입니다.

하나님을 아버지라고 부를 수 있게 되었다는 사실은 우리에게 많은 것을 말해줍니다. 우리를 죄와 죽음에서 건지시기 위해 하나님께서는 당신의 아들을 십자가에서 제물로 내어 주심으로 우리에 대한 자신의 사랑을 확증하셨습니다. 그리하여 우리를 자녀를 삼으시고 친히 "아바(αββα) 아버지"가 되셔서(롬 8:15), 항상 선한 길로 인도하시며 모든 좋은 것 주시기를 기뻐하십니다(롬 8:32). 때로 우리는 극심한 고난과 슬픔을 당하기도 하지만 하나님은 모든 것이 합력하여 선을 이루도록 역사하십니다.

이는 역사 속에서 그 어떤 이도 하나님의 계획과 섭리의 손길 밖에서 일어나지 않기 때문입니다. 바로 여기에 그리스도인들에게 환경과 상황을 초월한 감사와 소망의 기초가 있는 것입니다. 우리 기도의 대상이신 하나님은 바로 "아버지"이십니다.

나. 기도의 내용(17~23절)

앞에서도 언급했지만 에베소서 1:15~23은 헬라어 원문에는 한 문장입니다. 그 속에 3가지 기도제목이 들어있습니다.

① 하나님을 알게 하소서(17절 하).

② 마음의 눈을 밝히소서(18~19절).

그리하여 하나님이 우리에게 주신 영적 사실들을 알게 하소서(18~19절). 우리가 알아야 할 영적 사실들은 하나님의 부르심의 소망, 하나님의 기업의 영광, 하나님의 능력의 크심이 있습니다.

③ 하나님의 능력의 크심을 알게 하소서(20~23절).

하나님의 능력은 예수 그리스도의 사건에 나타나고 있습니다.

㉠ 예수님을 죽은 자 가운데서 살리심

㉡ 그 예수님을 하늘에서 자기 오른편에 앉히심

㉢ 예수님을 모든 이름 위에 뛰어나게 하심

㉣ 만물을 예수님의 발 아래 복종케 하심

ⓜ 예수님을 만물 위에 교회의 머리로 주심을 통해 나타내고 있습니다.

4. 위 세 가지 중 첫 번째 기도인 "하나님을 알게 하소서"

17절 "우리 주 예수 그리스도의 하나님, 영광의 아버지께서 지혜와 계시의 영을 너희에게 주사 하나님을 알게 하시고"

가. "지혜와 계시의 영"을 통하여 하나님을 알게 됩니다.

① 여기 "지혜와 계시의 영"은 "지혜와 계시의 성령"입니다. 이는 에베소서에 보혜사 성령에 대한 언급이 풍부하게 나타나고 있고, 또 하나님을 아는 것은 오직 성령만이 하실 수 있기 때문입니다. 그래서 성경 다른 곳에서도 성령을 가리켜 "진리의 영"(요한복음 14:17, 15:26)이나 "계시의 중계자"(요한복음 16:13)로 묘사하여, 지혜와 계시의 공급자로 설명하고 있습니다.

② 여기서 한 가지 의문이 생겨납니다. 바울은 에베소 교인들이 이미 성령을 받았고(1:13), 또 모든 지혜와 총명을 받았다고 말했습니다(8절). 그렇다면 이미 받은 성령을 왜 다시 주실 것을 기도했을까요? 이는 성령의 사역은 성도 안에서 이미 시작되었지만, 구원의 완성을 위해 끊임없이 진행되어야 하기에 성령의 임재가 더욱 강력히 나타나기를 기도한 것입니다. 이런 이유로 에베소서 3장의 두 번째 기도에서도 "그의 성령으로 말미암아 너희 속사람을 능력으로 강건하게 하시오며"(엡 3:16)라고 성령의 계속적인 도우심을 기도했던 것입니다.

③ 지혜는 성령의 역사 속에서 하나님을 경외함으로 얻습니다. “여호와를 경외하는 것이 지식의 근본이거늘”(잠언 1:7) 지혜는 지식적으로 정보를 아는 것과 다릅니다. 문제를 해결하는 힘입니다. 우리의 관점에서는 불가능한 것도 하나님에게는 가능합니다. 그러기에 지혜는 하나님의 관점에서 그 문제를 보는 것입니다. 하나님이라면 어떻게 하실까? 그러기 위해 하나님을 경외해야 합니다. 하나님을 경외할 때, 하나님께서 그 문제를 어떻게 보시는지 깨닫게 됩니다. 성령께서 우리로 하여금 하나님을 경외하고 하나님을 예배하게 하십니다. 그리고 하나님의 관점을 갖게 하십니다.

④ 계시는 “벗겨 보여주심”입니다. 하나님께서 자신을 보여주시지 않으면 우리는 하나님을 알 수가 없습니다. 계시의 성령께서 역사하지 않으면, 우리는 하나님의 알 수가 없습니다. 겸손히 지혜와 계시의 성령을 구할 때 성령께서 하나님을 알게 하십니다. 지혜와 계시의 성령을 통해서 성도들은 무엇보다도 먼저 신앙의 대상인 하나님을 바로 알아야 합니다. 성도가 추구해야 할 가장 핵심적으로 가장 우선되는 최고의 목표는 바로 “하나님을 아는 것”입니다.

나. 하나님을 안다는 것은 인간의 축복입니다.

여기서 하나님을 안다는 것은 지식적으로 아는 것을 말하지 않습니다. 단순히 하나님의 존재를 인식한다는 피상적으로 임시적인 차원을 넘어서서 하나님에 대한 정확하고 체험적인 지식을 의미합니다. 그것은 하나님의 뜻, 계획, 정한 때, 우리를 향하신 바람, 우리에게 주신 축복, 우리를 다루시고 인도하시는 방법 등, 그 모든 것을 포함하는 확실한 지식을 말합니다. 참된 신앙인이 되기 위해서는 믿음의 대상이신 하나님을 바로 아는 것이 중요합니다.

① 성경에 보면 하나님을 알지 못하는 것이 죄의 본질입니다(로마서 1:18~32). 로마서에 보면, 하나님의 진노가 불의한 인간들에게 임합니다. 하나님을 알만한 것을 그 속에 보이셨지만 그들이 하나님을 알지 못합니다. 하나님을 알아도 하나님을 영화롭게도 아니하고 감사하지도 아니합니다. 하나님께 돌려야 할 영광을 피로 물든 우상에게 돌리고 있습니다. 피조물은 창조주보다 더 경배하고 섬깁니다. 그리하며, 하나님께서 그들을 버려두셨습니다. 하나님께서 그들은 정욕대로 더러움에 내버려 두셨습니다. 그들을 부끄러운 욕심에 내버려 두셨습니다. 그들을 그 상실한 마음(썩은 마음)대로 내버려 두셨습니다. 하나님을 알지 못하는 인생들의 진노를 받은 모습입니다.

② 사무엘상 2:12절에 보면 하나님을 알지 못하는 뜻밖의 사람들이 나옵니다. "엘리의 아들들은 행실이 아빠 여호와를 알지 못하더라" 여기 "엘리"가 누구입니까? 당대의 대제사장입니다. 그러기에 엘리의 아들들 "홉니와 비느하스"도 제사장이었습니다. 그런데 제사장이 "여호와를 알지 못하더라"는 말은 무엇입니까? 제사장은 하나님과 백성 사이에 있는 사람으로 하나님을 대신해서 백성을 만나고, 백성은 대표해서 하나님께 나아가는 사람이었습니다. 그런데 "행실이 나빠 여호와를 알지 못하더라" 말씀하십니다. 그들의 행실이 여호와 하나님을 알지 못하는 자의 행실이라는 말입니다. 하나님을 알지 못하기에 그런 행실을 했다는 것입니다. 어떤 행실입니까? 두 가지를 언급하고 있습니다.

㉠ 백성들이 하나님께 제사를 드리려면 제물 중에 제사장 몫이 있습니다. 그런데 기름을 태워 드리기 전에 제사장의 사환이 와서 제사장에게 구워드릴 고기를 내라 하며, 날 것을 원한다 합니다. 그리고 하나님께 제사를 드리기도 전에 억지로 날것을 빼앗아 갔습니다. 하나님은 그들이 "여호와의 제사"를 멸시했다고 하십니다. 하나님을 알지 못하기에 두려워하지 않기에 그런 행동을 한다는 것입니다.

㉡ 회막문에서 수종 드는 여인들과 동침하였습니다. 이 역시 하나님을 알지 못하고 하나님을 멸시하기에 취한 행동이란 것입니다. 그리하여 여호와 하나님께 그들을 죽이기로 작정하셨습니다.

오늘날에도 그렇습니다. 교계에서 내로라하는 목사님, 장로님들이 하나님께 드려진 헌물을 자기 임의대로 유용합니다. 이는 하나님을 알지 못하기에 그런 행동을 하는 것입니다. 성도들과 성적으로 부적절한 행동을 하기도 합니다. 그가 하나님에 대해 잘 말하고, 설교할지 몰라도, 하나님은 자기를 멸시하는 행동이요, 하나님을 알지 못하기 때문이라 하십니다. 성도 여러분, 하나님을 아시는지요? 하나님을 두려워하시는지요? 하나님을 하나님으로 경배하고 계신지요? 하나님이 말씀하십니다. "나를 존중히 여기는 자는 내가 존중히 여기고 나를 멸시하는 자는 내가 경멸하리라"(삼상 2:30하)

③ 호세아 선지자가 이스라엘 백성들에게 권면합니다. .

호세아 6:3절 "그러므로 우리가 여호와를 알자 힘써 여호와를 알자 그의 나타나심은 새벽빛같이 어김이 없나니 이와 같이 땅을 적시는 늦은 비와 같이 우리에게 임하시리라 하니라"

여기서도 보면, 이스라엘 백성들은 하나님의 백성이요, 하나님을 알고 예배한다고 하는 자들입니다. 그런데, 그들을 향해 "여호와를 알자"라고 권면합니다. 이것은 지식적인 앎이 아니라 "삶"을 말합니다. 경외함을 말합니다. 하나님을 알되 "힘 써" 알자고 합니다.

"힘써"라는 말은 "달음질 하여 따르라", "최선을 다하여", "모든 것을 다 제쳐놓고" 등의 뜻을 가지고 있습니다. 이 말은 여호와 하나님을 아는 것을 최우선 순위로 정하는 것입니다. 마치 사냥꾼이 짐승의 뒤를 쫓듯이 여호와 하나님을 알기 위해 최선을 다해 힘쓰라는 것입니다.

㉠ 하나님의 나오심은 새벽빛이 일정하십니다. 빛이 일정하다는 것은 "변함이 없다", "신실하다"는 뜻입니다. 하나님의 빛은 영원에서 영원을 잇대는 빛이십니다.

㉡ 하나님의 나오심은 비와 같이 땅을 적시는 늦은 비 같이 임하십니다.

만물을 소생케 하는 가을비와 봄비처럼 하나님께서는 자기를 힘써 아는 백성들에게 풍요로운 은총과 축복을 내리십니다. 하나님을 알 때, 치료가 있고, 회복이 있으며, 풍성한 결실이 있습니다.

④ 무엇보다 하나님을 아는 것이 "영생"입니다. 요한복음 17:3절 "영생은 곧 유일하신 참 하나님과 그 보내신 자 예수 그리스도를 아는 것"입니다.

참 신앙인이 되기 위해서, 바꾸어 말해서 날마다 주님 앞에서 변화되어 가는 참된 그리스도인이 되기 위해서 꼭 필요한 것이 무엇이 있겠습니까? 그것은 믿음의 대상인 하나님을 바로 아는 것입니다. 참된 믿음은 바른 앎에서부터 시작되기 때문입니다. 이 때문에 바울 사도는 성도들이 무엇보다도 먼저 하나님을 바로 알게 되기를 기도하고 있습니다.

모든 기도의 초점은 하나님을 바로 아는 것에 맞추고 있습니다. 오늘날 우리 교회의 현실은 어떠한지요? 날마다 교회가 늘어가고 교인의 숫자가 늘어가지만 정작 하나님을 모르는 사람들로 교회가 채워지고 있지 않은가 하는 두려운 마음이 있습니다. 특히 지도자들이 그렇지는 않은지요? "하나님을 알게 하소서" 이것이 오늘 우리 기도의 최우선적인 제목이 되어야 하겠습니다. 하나님을 아는 것은 인간의 최대의 일이며 최고의 행복입니다. 힘써 하나님을 알고 경외함으로 하나님을 영화롭게 하는 성도가 되시기를 바랍니다.

마음의 눈을 밝히소서

에베소서 1장 18~19절

인간에서 최고의 일은 "하나님을 아는 것"입니다. 하나님을 아는 일에는 "지혜와 계시의 영(성령)"이 필요합니다. 그러나 바울 사도는 우리 성도들이 하나님을 아는 것에 수반되는 것들도 알기를 원했습니다. 이는 "마음의 눈이 밝아져야"만 알 수 있는 것입니다.

1. 마음의 눈을 밝히소서.

가. 마음의 눈과 육신의 눈

① 마음의 눈은 우리들의 마음속에서 하나님을 바라보는 눈이 있는 것처럼 묘사하는 아름다운 표현입니다.

② 사람은 총명이 어두워 있어 본질상 마음의 눈이 밝아져야 할 필요성을 가지고 있습니다(엡 4:17-19, 롬 1:21-23).

나. 이 기도 속에 우리는 몇 가지 사실을 깨닫게 됩니다.

① 우리는 언제나 성령의 조명하는 역사가 필요합니다.

② 영적 지식은 분명히 점진적입니다.

③ 우리는 끊임없이 우리 마음의 눈이 열려지기를 기도해야 합니다.

2. 성도들이 마땅히 알아야 할 것이 있습니다.

가. 하나님의 "부르심의 소망"을 알게 하소서(18절 상).

① 그리스도의 것으로 부르셨습니다(롬 1:6, 고전 1:9).
② "성도"로 부르시고, 거룩하게 하시려고 부르셨습니다(딤후 1:9, 벧전 1:15-16).
③ 자유를 위하여 부르셨습니다(갈 5:1, 13).
④ 평강을 위해 부르셨습니다(골 3:15, 엡 4:1-3).
⑤ 의로운 고난을 참고 그리스도를 따르도록 부르셨습니다(벧전 2:20-21).
⑥ 영광에 들어가게 하려고 부르셨습니다(살전 2:12, 벧전 5:10).

나. "성도 안에서 그 기업의 영광의 풍성함이 무엇"인지 알게 하소서(18절 하).
① 하나님과 그리스도를 "보며" 경배할 것입니다(계 22:3-4).
② 그리스도께서 나타나시면 그와 같이 될 것입니다(요일 3:2, 빌 3:20-21).
③ 완전한 교제를 누리게 될 것입니다(계 7:9).

다. 하나님의 "능력의 지극히 크심"을 알게 하소서(19절).
① "힘", "위력", "역사하심", "능력"으로 하나님의 능력을 묘사합니다.
② "그의 힘의 위력으로 역사"하십니다.
③ 우리에게 베푸신 능력이 지극히 크십니다.

하나님의 "부르심"이 시작을 돌아보는 것(과거)이고, 하나님의 "기업의 풍성함"은 종국을 미리 내다보는 것(미래)이라면, 하나님의 "능력의 크심"은 분명(현재에서) 그 둘 사이를 이어 주는 것이라 할 수 있습니다. 마음의 눈이 밝아져 성도로서 마땅히 알아야 될 것을 앎으로, 바르게 신앙생활하며, 하나님을 영화롭게 하는 성도들이 되시기 바랍니다.

에베소서 강해6

마음의 눈을 밝히소서

에베소서 1장 18~19절

"하늘에 속한 모든 신령한 복"을 주시는 하나님을 찬양한(1:3-14) 바울 사도는 에베소교인들을 위해 중보기도를 합니다. 바울의 중보기도를 기록한 1:15-23절은 한 문장으로 이루어졌습니다. 그 속에 세 가지 중요한 기도가 있습니다. ① 하나님을 알게 하소서(17절) ② 마음의 눈을 밝혀 영적 사실을 알게 하소서(18-19절) ③ 하나님의 능력의 크심을 알게 하소서(26-33절) 지난 주일에 우리는 "하나님을 알게 하소서" 라는 제목으로 살펴보았습니다. 인간에게 있어서 최고의 일은 "하나님을 아는 것"입니다. 하나님을 아는 일에는 "지혜와 계시의 영(성령)"이 필요합니다.

그러나, 바울 사도는 우리 성도들이 하나님을 아는 것에 수반되는 것들도 알기 원했습니다. 그것은 ① 하나님의 부르심의 소망이 무엇인지, ② 성도 안에서 그 기업의 영광의 풍성함이 무엇이며, ③ 믿는 우리에게 베푸신 하나님의 능력의 지극히 크심이 무엇인지 알기를 원했습니다. 이는 "마음의 눈이 밝아져야"만 알 수 있는 것입니다.

1. 그리하여, "마음의 눈을 밝히소서"하고 기도합니다.

가. 우리에게 육신의 눈뿐만 아니라, 마음의 눈이 있습니다.

① 마음의 눈은 우리들의 마음속에 하나님을 바라보는 눈이 있는 것처럼 묘사하는 아름다운 표현입니다. "총명"이라고도 말하고 있습니다.

② 사람은 총명이 어두워있어, 본질상 마음의 눈이 밝아져야 할 필요성을 가지고 있습니다. 그러므로 내가 이것을 말하며 주 안에서 증언하노니 이제부터 너희는 이방인이 그 마음의 허망한 것으로 행함 같이 행하지 말라 그들의 총명이 어두워지고 그들 가운데 있는 무지함과 그들의 마음이 굳어짐으로 말미암아 하나님의 생명에서 떠나 있도다 그들이 감각 없는 자가 되어 자신을 방탕에 방임하여 모든 더러운 것을 욕심으로 행하되(엡 4:17-19)

로마서 1:21-23에 보면, 하나님을 알지 못할 때 사람의 마음이 어두워집니다. 하나님을 알되, 하나님을 영화롭게 아니하고, 감사하지 아니할 때, "그 생각이 허망하여지며, 미련한 마음이 어두워"지게 되었습니다. 그러기에 사람은 먼저 마음의 눈이 밝아져야, 마땅히 보아야 할 것을 보고, 알아야 할 것을 알게 됩니다.

사람은 본래 총명의 기능을 가지고 있습니다. 마음의 눈이 있습니다. 그런데 죄와 타락으로 인하여 그 기능을 바로 사용할 수 없게 되었습니다. 총명이 어두워졌습니다. 마음이 어두워졌습니다. 그리하여 모든 것을 바로 볼 수 없게 된 것입니다.

예를 들어 보십시다. 우리 중에는 전혀 앞을 볼 수 없는 맹인들이 계십니다. 그들은 눈의 기관은 여전히 가지고 있습니다. 그러나 안구에 이상이 생겼습니다. 그리하여 앞을 볼 수 없게 된 것입니다. 어떤 이는 나이가 들어가면서 백내장이 생겨, 점점 잘 보이지 않는 경우가 있습니다. 눈이 "어두워지게" 되었습니다. 무엇인가? 베일이 눈을 어둡게 덮어 버렸습니다. 이 사람은 새 눈이 필요한 것이 아닙니다. 그가 필요한 것은 눈 속에 그 거품(백내장)을 제거해야 하는 것입니다. 백내장을 제거하면, 빛을 볼 수 있습니다.

죄 안에 있는 사람의 모습이 바로 그렇습니다. 그는 나면서부터 총명을 가지고 있습니다. 총명의 기능도 있고, 능력도 있습니다. 그러나 그것은 영적인 문제에서 사용할 수가 없습니다. 어두워졌기 때문입니다. 눈이 멀어 있기 때문입니다. 베일이 그 위에 덮어 버렸습니다. 그리하여, 하나님의 계시의 영광스러운 빛이 그 앞에 비치고 있지만 볼 수 없습니다. 그러므로 먼저, 그 마음의 눈이 밝혀져야만 합니다. 영적 통찰력을 가져야 합니다. 그래야 영적 진리를 이해할 수 있습니다.

③ 마음의 눈을 밝히는 것은 성령님께서 하시는 것입니다. 성령께서는 우리 마음의 눈에 있는 백내장을 제거하여 밝히 보게 하십니다. 나아가 성령께서는 그동안 마음의 눈의 시신경을 사용하지 않아 힘을 잃어버린 사람들에게 영적 시신경의 힘과 능력을 회복케 해주십니다.

나. 바울 사도가 "너희 마음의 눈을 밝히사" 기도하신 것은 그리스도인들을 위한 기도입니다. 성령으로 인 치심을 받은 사람들을 위해 드린 기도입니다.

이 기도 속에서 우리는 몇 가지 사실을 깨닫게 됩니다.

① 우리가 이 세상에서 살아가고 있는 한, 우리는 언제나 성령의 조명하는 역사(밝혀주시는 역사)가 필요합니다. 우리가 성령으로 거듭났어도, 구원받았어도, 우리는 더 이상 성령의 도움이 필요 없는 그런 상태에 있지 못합니다. 우리가 이 세상에 살아가고 있는 한, 연약함을 지니고 있는 한, 우리 안에 여전히 죄의 원태가 남아 있는 한, 우리는 성령의 밝혀주시는 역사를 필요로 합니다. 그러기에, 우리는 늘 성령의 능력과 밝혀주시는 힘에 의존해야만 합니다.

② 영적 지식은 분명히 점진적입니다. 바울 사도는 에베소교인들이 이미 많은 것을 아는 것에 대해 하나님께 감사하고 있습니다. 그런데 바울은 에베소교인들이 하나님을 아는 지식에서 더 자라가기를 바라며, 기도하고 있습니다. 우리는 넓은 진리의 바닷가에 놀고 있는 어린아이에 불과합니다. 성경은 우리가 점진적으로 성장하는 삶을 살아야 한다고 말해줍니다. 성경은 우리가 어린아이로 출발하여 점점 성장해야 한다고 말해줍니다. 우리의 영적 지식이 1년 전보다 더 커졌는지요? 뒤돌아 볼 때, 10년 전보다 우리의 영적 지식이 더 커졌는지요? 참 하나님을 아는 데서(영적 진리를 아는 데서) 자라났느냐는 것입니다. 자기가 이미 "완숙한 지점"에 이르렀다는 인상을 주는 그리스도인처럼 비극적인 것은 없습니다. 우리는 갈수록 영적인 지식과 진리를 아는 총명이 더욱 자라가야 할 것입니다.

③ 우리는 끊임없이 우리 마음의 눈이 열려지기를 기도해야 합니다. 우리는 매일 하나님께 기도하고 있습니다. 우리가 우리 주 예수 그리스도의 하나님, 영광의 아버지께 우리 마음의 눈을 밝혀달라고 항상 기도해야 하겠습니다. 우리는 우리가 "은혜와 주를 아는 지식에서 자라는 것"이 우리들의 삶을 영위하는데 있어서 끊임없는 소원이 되어야 할 것입니다.

2. 성도들이 마땅히 알아야 할 것이 있습니다.

바울 사도가 이 에베소교인들이 마음의 눈이 밝아져 알기 원하는 것이 무엇입니까?

가. 하나님의 "부르심의 소망"을 알게 하소서.

18절 상 "너희 마음의 눈을 밝히사 그의 부르심의 소망이 무엇이며"

이는 하나님께서 우리를 왜 부르시어, 구속하여, 자녀삼아 주셨는지, 무엇을 위해 부르셨는지, 바로 알게 해 달라는 기도입니다. 하나님의 부르심은 우리 그리스도인의 삶의 맨 첫 걸음입니다. 하나님께서 우리를 부르실 때, 아무렇게나, 목적 없이 부르시지 않았습니다. 하나님께서 우리를 부르셨다는 사실로 말미암아, 우리가 갖게 되는 기대, 그것이 곧 "그의 부르심의 소망"입니다. 믿는 자의 현재 소망은 그가 구원으로 부름 받았던 과거에 그 근원을 둡니다. 신약 성경에 보면, 하나님은 부요하고 다양한 기대 속에 우리를 부르셨습니다. 그 중 몇 가지를 봅니다.

① 하나님은 우리를 그리스도의 것으로 부르셨습니다. 예수 그리스도와 더불어 교제하라고 부르셨습니다. 너희도 그들 중에서 예수 그리스도의 것으로 부르심을 받은 자니라(롬 1:6), 너희를 불러 그의 아들 예수 그리스도 우리 주와 더불어 교제하게 하시는 하나님은 미쁘시도다(고전 1:9)

② 하나님은 우리를 "성도"로 부르시고, 거룩하게 하시려고 부르셨습니다. 하나님이 우리를 구원하사 거룩하신 소명으로 부르심은 우리의 행위대로 하심이 아니요 오직 자기의 뜻과 영원 전부터 그리스도 예수 안에서 우리에게 주신 은혜대로 하심이라(딤후 1:9), 오직 너희를 부르신 거룩한 이처럼 너희도 모든 행실에 거룩한 자가 되라 기록되었으되 내가 거룩하니 너희도 거룩할지어다 하셨느니라(벧전 1:15-16)

③ 하나님은 우리를 "자유"를 위하여 부르셨습니다(갈 5:1,13). 그리스도께서 우리를 자유롭게 하려고 자유를 주셨으니 그러므로 굳건하게 서서 다시는 종의 멍에를 메지 말라(갈 5:1), 형제들아 너희가 자유를 위하여 부르심을 입었으나 그러나 그 자유로 육체의 기회를 삼지 말고 오직 사랑으로 서로 종 노릇 하라(갈 5:13)

④ 하나님은 우리를 평강을 위하여 부르셨습니다. 그리스도의 평강이 너희 마음을 주장하게 하라 너희는 평강을 위하여 한 몸으로 부르심을 받았나니 너희는 또한 감사하는 자가 되라(골 3:15), 그러므로 주 안에서 갇힌 내가 너희를 권하노니 너희가 부르심을 받은 일에 합당하게 행하여 모든 겸손과 온유로 하고 오래 참음으로 사랑 가운데서 서로 용납하고 평안의 매는 줄로 성령이 하나 되게 하신 것을 힘

써 지키라(엡 4:1-3)

⑤ 하나님은 우리가 의로운 고난을 참고 그리스도를 따르도록 부르셨습니다. 죄가 있어 매를 맞고 참으면 무슨 칭찬이 있으리요 그러나 선을 행함으로 고난을 받고 참으면 이는 하나님 앞에 아름다우니라 이를 위하여 너희가 부르심을 받았으니 그리스도도 너희를 위하여 고난을 받으사 너희에게 본을 끼쳐 그 자취를 따라오게 하려 하셨느니라(벧전 2:20-21)

⑥ 하나님은 우리를 영광에 들어가게 하시려고 부르셨습니다. 이는 너희를 부르사 자기 나라와 영광에 이르게 하시는 하나님께 합당히 행하게 하려 함이라(살전 2:12), 모든 은혜의 하나님 곧 그리스도 안에서 너희를 부르사 자기의 영원한 영광에 들어가게 하신 이가 잠깐 고난을 당한 너희를 친히 온전하게 하시며 굳건하게 하시며 강하게 하시며 터를 견고하게 하시리라(벧전 5:10)

하나님이 우리를 부르셨을 때, 이 모든 것이 하나님의 의중에 있었습니다. 하나님은 그리스도와의 교제와 거룩함, 자유와 평강, 고난과 영광을 누리도록 우리를 부르셨습니다. 이는 하나님의 계획하심 속에 살아가는 새로운 삶으로의 부르심입니다. 이 안에서 우리는 그리스도를 알고, 사랑하고, 복종하고, 섬기고, 그와 교제할 뿐 아니라, 우리 서로도 교제하며, 우리의 현재를, 고난을 넘어 어느 날 나타날 영광을 봅니다. 이것이 "그의 부르심의 소망"입니다. 바울 사도는 우리의 눈이 열려서, 그것을 알게 되기를 기도하고 있는 것입니다. 이 기도의 제목이 저와 여러분, 우리의 기도가 되시기 바랍니다. 마음의 눈이 열려, 하나님의 부르심의 소망이 무엇인지를 알게 되시기 바랍니다.

나. "성도 안에서 그 기업의 영광의 풍성함이 무엇"인지 알게 하소서.

18절 "너희 마음의 눈을 밝히사 그의 부르심의 소망이 무엇이며 성도 안에서 그 기업의 영광의 풍성함이 무엇이며"

'하나님의 부르심'이 거슬러 올라가 그리스도인으로서 우리 삶의 시작을 가리킨다면, "하나님의 기업"은 그것의 종국 즉, 부르심의 최종적인 기업을 가리킵니다. 베드로 사도는 이 기업의 영광을 이렇게 말합니다. 벧전 1:4절 "썩지 않고 더럽지 않고 쇠하지 아니하는 유업을 잇게 하시나니 곧 너희를 위하여 하늘에 간직하신 것이라" 하나님의 자녀는 하나님의 후사(그리스도와 함께한 후사)이며, 그의 은혜로 말미암아 어느 날 그 기업이 우리의 것이 될 것입니다. 그것이 어떤 것인지 우리는 정확히 알 수는 없습니다. 그러기에 너무 독단적으로 생각하지 않는 것이 현명할 것입니다. 바울 사도는 마음의 눈을 밝히사 알게 해주시길 기도하고 있는 것입니다. 성경에서 말해주는 몇 가지를 봅니다.

① 우리는 하나님과 그리스도를 "보며"(직접 그 얼굴을 보며) 경배할 것입니다. 다시 저주가 없으며 하나님과 그 어린 양의 보좌가 그 가운데에 있으리니 그의 종들이 그를 섬기며 그의 얼굴을 볼 터이요 그의 이름도 그들의 이마에 있으리라(계 22:3-4)

② 그리스도가 나타나시면(재림하시면), 우리는 그와 같이 될 것입니다. 사랑하는 자들아 우리가 지금은 하나님의 자녀라 장래에 어떻게 될지는 아직 나타나지 아니하였으나 그가 나타나시면 우리가 그와 같을 줄을 아는 것은 그의 참모습 그대로 볼 것이기 때문이니(요일 3:2), 그러나 우리의 시민권은 하늘에 있는지라 거기로부터 구원

하는 자 곧 주 예수 그리스도를 기다리노니 그는 만물을 자기에게 복종하게 하실 수 있는 자의 역사로 우리의 낮은 몸을 자기 영광의 몸의 형체와 같이 변하게 하시리라(빌 3:20-21)

③ 우리는 서로 완전한 교제를 누리게 될 것입니다. 이는 하나님의 기업은(하나님이 우리에게 허락하시는 기업은) 각 개인을 위한 작고, 사사로운 모임이기보다 온 세계에서 온 성도들의 모임이기 때문입니다. 이 일 후에 내가 보니 각 나라와 족속과 백성과 방언에서 아무도 능히 셀 수 없는 큰 무리가 나와 흰 옷을 입고 손에 종려 가지를 들고 보좌 앞과 어린 양 앞에 서서 큰 소리로 외쳐 이르되 구원하심이 보좌에 앉으신 우리 하나님과 어린 양에게 있도다 하니(계 7:9-10)

바울 사도는 우리가 하나님의 기업에 대하여 생각하며, 심지어 그것을 기쁨과 감사함으로 기대해야 한다는 뜻으로 이야기하고 있지 않습니다. 오히려, 바울 사도는 우리가 "그것을 알게 되기를", "그것의 영광의 풍성함"을 알게 되기를 기도하고 있는 것입니다. 이 기도가 또한 우리의 기도가 되기를 바랍니다. 그리고 마음의 눈이 열려, "성도 안에서 그의 기업의 영광의 풍성함이 무엇인지" 알게 되시기를 바랍니다.

다. 하나님의 "능력의 지극히 크심"을 알게 하소서.

19절 "그의 힘의 위력으로 역사하심을 따라 믿는 우리에게 베푸신 능력의 지극히 크심이 어떠한 것을 너희로 알게 하시기를 구하노라"

이는 한 마디로 하나님 우리 아버지의 능력이 얼마나 큰지 알게 되기를 원한다는 것입니다. 성도 여러분, 하나님의 능력이 얼마나 크신지요?

① 먼저, 바울 사도는 4개의 단어로 하나님의 능력을 묘사하고 있

습니다.

힘(ἰσχύς, 이스퀴스): 능력이 행사되는 것을 지칭함

위력(κρατος, 크라토스): 가는 길 앞에 놓인 장애물을 극복하는 힘

역사하심(ἐνέργεια, 에네르게이아): 내재하는 힘이나 능력

능력(δυναμις, 뒤나미스): 무엇인가를 성취하는 능력

② 바울 사도가 이런 동의어를 중복하여 사용한 것은 그 뜻을 세심하게 구별하기 위한 것이 아니라, 하나님의 능력이 무한히 크다는 점을 강조하는 것입니다. 이 크고 위대하신 하나님의 능력이 앞에서 언급한 "하나님의 부르심의 소망"과 "성도 안에서 그 기업의 영광의 풍성함"을 잇는 견고한 다리가 되고 있습니다. 그런데, 그리스도 안에 역사하신 하나님의 능력을 통해 우리 안에 역사하시는 하나님의 능력을 깨달아 알게 됩니다. 바울 사도는 그리스도인을 향하신 하나님의 광대한 능력이 어떠한 것인지를 에베소교인들이 알기를 원하는 중보기도를 드리고 있습니다. 성도 여러분, 우리 하나님 아버지의 능력이 어떠한지 아시는지요?

"그 힘의 능력의 지극히 크심을 알게 하소서"하는 기도가 저와 여러분의 기도 제목이 되기를 바랍니다. 그리고 마음의 눈이 열려 "하나님의 능력의 지극히 크심을 알게" 되기를 바랍니다. 하나님의 "부르심"이 시작을 돌아보는 것(과거)이고, 하나님의 "기업의 풍성함"은 종국을 미리 내다보는 것(미래)이라면, 하나님의 "능력의 크심"은 분명(현재에서) 그 둘 사이를 이어주는 것이라 할 수 있습니다. 마음의 눈이 밝아져, 성도로서 마땅히 알아야 될 것을 앎으로, 바르게 신앙생활하며, 하나님을 영화롭게 하는 성도들이 되시기 바랍니다.

에베소서 강해7 요약

하나님의 능력의 크심을 알게 하소서

에베소서 1장 20~23절

우리는 바울 사도가 에베소교회를 위하여 드리는 중보기도(1:15-23)를 살펴보고 있습니다.

그 내용은 하나님을 알고, 하나님의 부르심을 알기를 바라는 것입니다. 그 중 오늘 본문은 하나님의 능력을 바로 알기를 기도하고 있습니다. 특히 사도 바울은 하나님의 크신 능력이 그리스도 안에서 어떻게 역사하셨는지 설명하고 있습니다. 이를 통해 우리는 하나님의 크신 능력이 교회와 성도들에게 어떻게 역사하시는지 알 수 있습니다.

1. 하나님의 능력으로 예수를 죽은 자 가운데서 다시 살리셨습니다(20절 상).

가. 하나님이 그리스도를 사망의 고통에서 풀어 살리셨습니다(행 2:24).

나. 그리스도의 부활이 없다면 십자가는 아무런 의미가 없습니다(롬 4:25).

다. 하나님은 우리를 죽음에서 살리실 수 있는 분이십니다.

① 로마서 8:11

② 고린도전서 15:35-38

2. 하나님은 능력으로 예수를 높여 주와 그리스도가 되게 하셨습니다(20절 하-22절 상).

가. 하나님이 예수를 하늘에서 자기의 오른편에 앉히셨습니다(20절 하).

나. 하나님이 예수를 모든 이름 위에 뛰어나게 하셨습니다(21절, 빌 2:9)

다. 하나님께서 만물을 예수 그리스도의 발 아래 복종하게 하셨습니다(22절 상)

① 사도행전 2:34-26

② 고린도전서 15:24-28

3. 하나님은 능력으로 예수를 교회의 머리로 삼으셨습니다(22절 하-23절).

가. 하나님께서 그리스도를 만물 위에 교회의 머리로 삼으셨습니다(22절 하).

나. 교회는 그리스도의 몸입니다(23절 상).

다. 교회는 그리스도로 충만하게 됩니다(23절 하).

① "만물 안에서 만물을 충만하게 하시는 이"

② 교회는 만물을 채우시는 그리스도에 의해 채움 받습니다.

우리 하나님의 능력이 크심을 바로 깨닫고 의지하여 그의 능력이 흘러 넘쳐 하나님께 영광 돌리는 귀한 성도님들 되시길 바랍니다. 아울러 우리의 기도의 폭이 넓어지기를 원합니다.

에베소서 강해7

하나님의 능력의 크심을 알게 하소서

에베소서 1장 20~23절

우리는 바울 사도가 에베소교회를 위하여 드리는 중보기도(1:15-23)를 살펴보고 있습니다. 그 내용은 하나님을 알고, 하나님의 부르심을 알기를 바라는 것입니다. 먼저 우리는 신앙의 대상이신 "하나님을 바로 아는 것"이 중요합니다.

에베소교회는 바울이 이례적으로 3년간 목회한 곳이기에 다른 교회 성도들보다도 하나님을 잘 알고 있었을 것입니다. 그럼에도 바울은 그들이 좀 더 깊이, 좀 더 바르게 하나님을 알게 되기를 간구합니다. 하나님에 대한 정확한 앎이 없이는 어느 누구도 바른 신앙생활을 할 수 없기 때문입니다. 바울 사도는 하나님을 바로 아는 것과 관련된 3가지 질문을 언급하면서 이 신비를 하나님께서 에베소교회 성도들에게 깨닫게 하시기를 간구합니다.

첫째, 하나님의 부르심의 소망이 무엇인가? 둘째, 하나님의 영광스러운 기업의 풍성함이 성도들 가운데 있는가? 셋째, 하나님의 힘의 위력으로 역사하심을 따라 믿는 우리에게 베푸신 지극히 큰 능력이 어떠한가?

바울은 여기서 특히 "하나님의 능력"에 대해 자세히 설명합니다. 이는 에베소교회 성도들이 삶 속에서 반드시 하나님의 능력을 경험할 수 있어야 한다고 생각했기 때문입니다. 바울 사도는 이 능력의 중요성을 강조하기 위해 4가지 동의어를 사용합니다.

특히, 오늘 본문에서 바울 사도는 하나님의 크신 능력이 예수 그리스도 안에서 어떻게 역사하셨는지 설명하고 있습니다. 이를 통해 우리는 하나님의 크신 능력이 교회와 성도들에게 어떻게 역사하시는지 알 수 있습니다.

예수님의 부활과 승천, 그리고 주되심과 모든 것의 머리되심입니다. 이 모든 것이 하나님이 그리스도 안에서 행하는 능력의 결과입니다. 그런데 중요한 것은 이 능력을 행하신 이유가 "교회를 위한 것"이라는 사실입니다. 하나님이 그리스도를 "만물 위에 머리"로 주신 행동의 수혜자가 교회인 것입니다. 이 교회는 그리스도의 "몸"입니다. 그리고 교회가 "만물 위에" 존재한다는 기독교의 신비를 말하고 있습니다. 교회가 이러한 위치에 있게 된 것은 하나님이 교회(성도들)를 위해 그리스도를 온전히 세우셨기 때문입니다.

1. 하나님은 능력으로 예수님을 죽은 자 가운데서 살리셨습니다 (20절 상).

20절 상 "그의 능력이 그리스도 안에서 역사하사 죽은 자들 가운데서 다시 살리시고 하늘에서 자기의 오른편에 앉히사"

가. 하나님이 그리스도를 사망의 고통에서 풀어 살리셨습니다.

행 2:24절 "하나님께서 그를 사망의 고통에서 풀어 살리셨으니 이는 그가 사망에 매여 있을 수 없었음이라"

죽음은 가차 없고 혹독한 원수입니다. 죽음은 언젠가 우리 모두에게 임할 것입니다. 죽음은 죄의 삯으로 인간에게 찾아온 것입니다. 예수 그리스도는 인류의 죄를 담당하시고, 십자가에 달리어 죽으셨습니다. 사망의 고통에 매이신 것입니다.

그러나 하나님께서 그리스도를 사망의 고통에서 풀어 살리셨습니다. 하나님의 크신 능력은 자연의 섭리를 초월하여 그리스도를 부활시킨 것에서 나타났습니다. 하나님은 죽은 자를 다시 살리시는 능력이 크신 분이십니다. 신약성경의 메시지 가운데 십자가가 그 중심을 차지하는 것을 볼 수 있습니다.

나. 그러나 그리스도의 부활이 없다면, 십자가는 아무런 의미가 없습니다.

예수님 당시 십자가에 달려 죽은 사람은 많이 있습니다. 그런데, 왜 우리는 유독 예수 그리스도의 십자가만 강조하는 것일까요? 그것은 예수님의 부활을 통해 예수님의 십자가가 대속의 죽음임이 증거되었기 때문입니다. 만일 예수 그리스도의 죽음이 하나님의 사랑을 보여주는 탁월한 증거라면, 예수 그리스도의 부활은 하나님의 능력을 보여주는 탁월한 증거입니다.

바울 사도는 십자가와 부활의 의미를 이렇게 말씀하십니다. "예수는 우리가 범죄한 것 때문에 내줌이 되고 또한 우리를 의롭다 하시기 위하여 살아나셨느니라"(롬 4:25) 그리스도를 죽은 자 가운데서 살리신 부활사건에서 하나님의 능력은 결정적으로 드러났습니다.

다. 그 하나님은 우리를 죽음에서 살리실 수 있는 분이십니다.

그리스도를 죽은 자 가운데서 살리신 하나님은 그 예수 그리스도를 믿어, 그의 영으로 사는 자들도 죽음에서 살리실 것입니다.

① 하나님은 우리를 죽음에서 살리실 수 있는 분이십니다. "예수를 죽은 자 가운데서 살리신 이의 영이 너희 안에 거하시면 그리스도 예수를 죽은 자 가운데서 살리신 이가 너희 안에 거하시는 그의 영으로 말미암아 너희 죽을 몸도 살리시리라"(롬 8:11)

② 고린도전서 15:35-38에 보면, "죽은 자들이 어떻게 다시 살아나며, 어떤 몸으로 오느냐?" 하는 질문과 함께 답이 나옵니다. 그것은 하나님이 하시는 것으로, 씨를 뿌리고 추수하는 것으로 설명하고 있습니다. "누가 묻기를 죽은 자들이 어떻게 다시 살아나며 어떠한 몸으로 오느냐 하리니 어리석은 자여 네가 뿌리는 씨가 죽지 않으면 살아나지 못하겠고 또 네가 뿌리는 것은 장래의 형체를 뿌리는 것이 아니요 다만 밀이나 다른 것의 알맹이 뿐이로되 하나님이 그 뜻대로

그에게 형체를 주시되 각 종자에게 그 형체를 주시느니라"(고전 15:35-38)

호박씨를 심었는데, 호박이 열리는 것은 하나님이 그 생명의 원리를 주셨기 때문입니다. 그처럼, 죽은 몸을 땅에 심었는데 부활의 몸으로 다시 사는 것도 하나님이 하시는 일입니다. 하나님은 능력이 많으신 분이십니다.

2. 하나님은 능력으로 예수 그리스도를 높여, 주와 그리스도가 되게 하셨습니다(20절 하-22절 상).

가. 하나님이 부활하신 예수 그리스도를 높여 하늘에서 자기의 오른편에 앉히셨습니다.

20절 하 "하늘에서 자기의 오른편에 앉히사" 하나님의 오른편은 하나님의 능력을 상징합니다. 따라서 그리스도가 하나님의 오른편에 앚았다는 것은 하나님의 권능을 부여 받고, 만물을 통치하는 만주의 주가 되었음을 뜻합니다.

나. 하나님이 예수님을 모든 이름 위에 뛰어나게 하셨습니다(21절, 빌 2:9).

① "모든 통치와 권세와 능력과 주권과 이 세상뿐 아니라 오는 세상에 일컫는 모든 이름 위에 뛰어나게 하시고"(21절) 여기 "모든 통치와 권세와 능력과 주권"은 하늘에 있는 영적인 존재들을 가리킵니다. "통치(άρχή, 아르케)"는 권력을 가진 지배자나 관리를 뜻합니다. "권

세(ἐξουσία, 엑수시아)"는 여기서 영적인 세력을 가리킵니다. 특히, 성도들이 대항하여 싸워야 할 악한 영들을 말합니다. "능력(δύναμις, 뒤나미스)도 권능을 가진 영적 존재를 가리킵니다.

② 바울 사도는 영적인 존재들을 가리키는 단어 4개를 열거한 뒤에 "이 세상뿐 아니라, 오는 세상에 일컫는 모든 이름"이라는 구절을 덧붙입니다. 이것은 앞에서 열거한 영적 존재 4부류뿐 아니라, 이름을 가진 모든 영적 존재가 그리스도의 권세 아래 굴복할 것을 강조하는 것입니다. "이 세상(이 시대, this age)"은 죽음과 죄가 지배하는 현재의 시대인 반면에, "오는 세상(오는 시대, the age to come)"은 완전히 실현되는 종말의 시대입니다. 그리스도가 세상에 오심으로써 "오는 시대"가 이미 이 시대 안에 들어왔으나, "오는 시대"는 아직 완전히 성취되지는 않았습니다. 그리스도는 지금 이 시대뿐 아니라 오는 시대에도 하나님의 오른편에 앉아 만물을 통치하실 것입니다.

③ 빌립보서 2:9-11에도 보면, 하나님이 예수 그리스도를 지극히 높이심을 기록해줍니다. "이러므로 하나님이 그를 지극히 높여 모든 이름 위에 뛰어난 이름을 주사 하늘에 있는 자들과 땅에 있는 자들과 땅 아래에 있는 자들로 모든 무릎을 예수의 이름에 꿇게 하시고 모든 입으로 예수 그리스도를 주라 시인하여 하나님 아버지께 영광을 돌리게 하셨느니라"

그리스도께서 부활 수에 영광과 권능의 자리로 높아지신 것은 하나님이 베푸신 능력의 또 다른 증거입니다. 또 그리스도께서 하나님의 우편에 앉으셨다는 사실은 장소적 의미보다는 구속사역의 완성 후, 그리스도께서 받으신 최고의 통치권을 가리킵니다. 예수 그리스도는 신적인 위엄과 함께 범우주적인 주재권(Lordship)을 부여 받으셨습니다.

다. 하나님께서 만물을 예수 그리스도의 발 아래 복종하게 하셨습니다(22절 상).

22절 상 “또 만물을 그의 발 아래에 복종하게 하시고”

① 오순절 설교에서 사도 베드로는 하나님이 오른손으로 예수님을 높여, 주와 그리스도가 되게 하셨다고 공적으로 선포하였습니다. “하나님이 오른손으로 예수를 높이시매 그가 약속하신 성령을 아버지께 받아서 너희가 보고 듣는 이것을 부어 주셨느니라 다윗은 하늘에 올라가지 못하였으나 친히 말하여 이르되 주께서 내 주에게 말씀하시기를 내가 네 원수로 네 발등상이 되게 하기까지 너는 내 우편에 앉아 있으라 하셨도다 하였으니 그런즉 이스라엘 온 집은 확실히 알지니 너희가 십자가에 못 박은 이 예수를 하나님이 주와 그리스도가 되게 하셨느니라 하니라”(행 2:33-26)

② 비슷한 말씀이 고린도전서 15:24-26에서 바울 사도에 의해 선포됩니다. “그 후에는 마지막이니 그가 모든 통치와 모든 권세와 능력을 멸하시고 나라를 아버지 하나님께 바칠 때라 그가 모든 원수를 그 발 아래에 둘 때까지 반드시 왕 노릇 하시리니 맨 나중에 멸망 받을 원수는 사망이니라” 여기 “발등상”은 왕이 발을 놓는 상입니다. 왕들은 그가 점령하여, 그에게 복종하게 된 나라들을 그 발등상에 새겨 놓았습니다. 하나님은 모든 만물이 예수님의 발 아래 복종하게 하셨습니다. 하나님은 만물을 복종하게 하실 수 있는 능력의 하나님이십

니다.

③ 만물이 지금 예수 그리스도의 발 아래 있다는 것은 성경적 가르침의 또 다른 요소를 암시해주고 있습니다. 하나님의 형상으로 지어진 첫 사람, 아담은 땅과 그 피조물에 대한 지배권을 부여받았습니다. 그러나 하나님께 불순종하여 타락하므로, 그 지배권을 완전히 잃어버린 것은 아니지만, 제한되었습니다. 원래 책임 있게 다스리도록 맡겨진 환경을 착취하거나 오염시킬 때마다 왜곡됩니다.

그러므로 하나님이 사람으로 하여금 누리게 하신 온전한 지배권은 이제 사람이신 예수 그리스도(마지막 아담)만 발휘하고 계십니다. 하나님께서 그리스도를 모든 영적 세력 등 위에 뛰어 나게 하신 것은 만물을 통일하시는 일이 이미 시작되었음을 의미합니다.

악한 영들은 하나님을 대적하며, 하나님의 계획을 좌절시키려 획책합니다. 그들은 사람들에게 영향력을 행사하여, 그들로 이 세상에 속한 것을 추구하며, 육체의 욕심을 따라 살게 합니다(엡 2:2). 사람들의 마음을 혼미하게 하여, 그들로 하나님의 영광의 복음을 깨닫지 못하게 합니다(고후 4:4). 또 사람들을 계속 흑암의 권세 아래 머물게 하고, 하나님을 거역하게 합니다. 이렇게 하여, 악한 영들은 하나님의 구원 계획에 정면으로 대항합니다.

그러므로 만물을 통일하려면, 반드시 사탄과 악한 영들을 극복시켜야 합니다. 마침내, 정하신 때가 오자, 하나님은 예수 그리스도의 십자가로 악한 영들을 꺾으셨습니다(엡 4:8, 골 2:15, 요일 3:8). 그리스도를 하늘에서 자기의 오른편에 앉히시고, 모든 영적 존재들을 그의 발 아래 굴복하게 하셨습니다.

하지만, 사탄과 악한 영들은 결정적으로 패배했음에도 불구하고, 아직 불순종의 아들들 가운데 역사합니다. 그래서 믿는 성도들은 하나님의 전신갑주를 입고, 공중의 권세를 잡은 악한 영들을 대적해야 합니다(엡 6:10-20). 모든 영적 존재들을 그리스도의 발 아래 굴복하게 하신 평화의 하나님께서 마침내 사탄을 우리 발 아래 상하게 하실 것입니다. 하나님은 만물을 복종케 하시는 능력의 하나님이십니다.

3. 하나님은 능력으로 예수 그리스도를 교회의 머리로 삼으셨습니다(22절 하-23절).

가. 하나님께서 그리스도를 만물 위에 교회의 머리로 삼으셨습니다(22절 하).

22절 하 "그를 만물 위에 교회의 머리로 삼으셨느니라"

① 이는 원문에 충실하게 보면, "(하나님께서) 그를 만물 위에 계신 머리로 교회에 주셨습니다."로 번역해야 옳습니다. 우리 본문은 그리스도를 만물이 복종하고 경배해야할 만물의 머리로 소개합니다.

② 구약성경에서 만물의 머리는 하나님이십니다. 다윗은 성전 건축을 위해 정성을 다해 헌물을 드린 뒤에 이렇게 하나님을 찬양합니다. "여호와여 위대하심과 권능과 영광과 승리와 위엄이 다 주께 속하였사오니 천지에 있는 것이 다 주의 것이로소이다 여호와여 주권도 주께 속하였사오니 주는 높으사 만물의 머리이심이니이다"(대상 29:11)

③ 신약시대에 하나님은 그리스도를 높여 만물 위에 머리로 세우

셨습니다. "머리((κεφαλὴ, 케팔레)"는 은유적으로 "권위(authority)" 또는 "지배자", "지도자"를 의미합니다. 때로 "원천", "근원(source)" 이라는 뜻으로 사용되기도 합니다.

④ 오늘 본문에서는 만물이 그리스도의 발 아래 복종했다는 것으로, "권위", "지배자"란 의미입니다. 그리스도께서 만물 위의 머리라는 것은 그가 만물을 통치하는 권세를 가진 분임을 뜻합니다. 그리스도는 우주 만물의 주님이십니다. 만물에 대한 통치가 아직 실현되지 않았으나, 그리스도는 지금도 우주 만물의 주님으로서 만물을 통치하십니다.

⑤ 그리스도의 통치를 보여주는 가장 기본적이고 주요한 실례는 교회입니다. 그리스도께서 악한 사탄과 죄의 세력에서 죄인을 구원하여 교회를 세우시고, 지속적으로 지키고 보호하십니다. 그리스도는 교회의 머리이십니다. 예수 그리스도는 교회의 머리이십니다. 예수 그리스도는 교회의 머리이지만, 그의 통치의 권한은 교회에만 국한되지 않고, 모든 만물에 까지 미치고 있습니다. 또한 그리스도는 만물 위에 세워진 머리이십니다. 하늘과 땅의 모든 권세가 그리스도에게 주어졌습니다. 오직 그리스도만이 왕이시오, 머리이십니다.

나. 교회는 그리스도의 몸입니다(23절 상).

23절 "교회는 그의 몸이니 만물 안에서 만물을 충만하게 하시는 이의 충만함이니라"

① 먼저, 교회가 그리스도의 몸이라는 것은 은유적 표현으로, 교회가 그리스도와 분리될 수 없는 생명의 관계로 엮여 있음을 의미합니

다. 머리와 몸이 하나이고 나뉠 수 없듯이, 교회인 성도와 머리인 그리스도의 관계도 유기적이고 생명적인 연합으로 결코 나뉠 수 없는 관계입니다. 그리스도에게서 분리된 교회는 생명을 상실할 뿐 아니라, 더 이상 교회일 수 없습니다. 그리스도와 연합하여, 그리스도께 영적 생명을 공급 받을 때 교회는 교회로서 존재할 수 있는 것입니다.

② 교회가 그리스도의 몸이라는 것은 교회 안에 많은 지체들이 서로 유기적으로 연결되어 생명을 가진 한 몸을 이루고 있음을 의미합니다. 교회의 구성원들은 모두 한 성령으로 세례를 받아 한 몸이 되었습니다(고전 12:13). 또한 교회의 구성원들은 각기 그리스도와 연합하여, 영적인 생명을 소유하고 있으며, 몸 안에서 각자의 자리와 역할을 가지고 있는 영적 지체들입니다. 지체들은 각기 그리스도와 연결되어 있을 뿐 아니라, 성령을 통해 서로 긴밀하게 연결되어 있습니다. 몸 안에서 지체들의 관계는 높고 낮음의 관계가 아닙니다. 서로 협력하고, 섬김으로써 온 몸을 자라게 하는 사랑의 관계입니다.

다. 교회는 그리스도로 충만하게 됩니다(23절 하).

23절 "교회는 그의 몸이니 만물 안에서 만물을 충만하게 하시는 이의 충만함이니라"

① 여기서 "만물을 충만하게 하시는 이"는 승천하신 그리스도를 가리킵니다. 하나님은 그리스도를 죽은 자들 가운데서 살리시고, 하늘에 오르게 하여, 만물을 충만하게 하는 사역을 그에게 맡기셨습니다. 하나님의 오른편에 앉으신 그리스도가 하나님을 대신하여 만물을 온전히 충만하게 하는 일을 하시다는 말입니다.

② 그러면, "만물을 충만하게 하다."라는 표현의 의미는 무엇입니까? 구약성경에서 "충만하게 하다"는 말은 하나님께서 당신의 능력과 영광과 임재로 온 세상을 채우는 것과 관련되어 있습니다. 예레미야 23:2에서 하나님은 "나는 천지에 충만하지 아니하냐?"고 말씀하십니다. 이것은 하나님께서 천지에 임재하시면서 만물을 주권적으로 통치하며, 능력으로 돌보심을 뜻합니다.

하나님은 영광과 능력으로 만물을 통치하시면서, 만물의 부족한 것을 채워 완전하게 하시며, 잘못된 것을 바로 잡아 온전하게 하십니다. 승천하여 높이 들리우신 그리스도가 만물을 충만하게 하신다는 것도 이와 다를 바 없습니다. 하나님께서 그리스도를 높여 자기 오른편에 앉히시고, 그에게 권세를 주어 만물을 통치하며, 만물의 부족한 것을 채워 완전하게 하며, 잘못된 것을 바로 잡아 온전하게 하십니다. 이런 점에서 죄와 타락으로 상실한 만물을 평화와 조화와 아름다움을 회복하여, 다시 만물을 완전하게 하는 것이, 곧 만물의 통일이요, 만물의 충만인 것입니다. 그리스도는 만물 안에 임재하여 주권적으로 통치하시면서, 만물을 하나님의 구원 목표를 향해 이끌어 가십니다.

③ 교회는 만물을 채우시는(충만하게 하시는) 그리스도에 의해 채움 받습니다(충만하게 됩니다). 구약시대에는 하나님께서 성막이나 성전을 당신의 영광으로 충만하게 하셨습니다(출 33:22, 왕하 8:10-11, 대하 5:13-14, 7:1-2, 학 2:7). 하나님께서 친히 임하여 당신의 임재와 권능으로 성막이나 성전을 충만하게 하신 것입니다. 그러나 신약시대에는 교회가 종말의 새 성전입니다. 종말의 새 성전은 하나

님의 영이신 성령으로 충만하게 되었습니다. 하늘에 오르신 예수 그리스도께서 성부 하나님께 성령을 받아 부어주심으로 교회를 충만하게 하십니다(행 2:23). 이는 예수 그리스도께서 만물의 주가 되어 만물을 충만하게 하는 권세를 하나님께 위임 받았기 때문입니다.

성령은 하나님의 영이시며, 동시에 예수 그리스도의 영이십니다(행 16:7, 롬 8:9, 갈 4:6, 빌 1:19). 그러므로 그리스도가 교회를 성령으로 충만하게 하신 것은 교회를 그리스도 자신으로 충만하게 하신 것과 다름없습니다. 그리스도로 충만하게 된 교회는 만물의 충만이 완전히 실현되기 전에 먼저 충만하게 된 영적 실체입니다. 다시 말해서, 교회는 만물을 통일하시는 하나님의 종말적 구원이 가장 먼저 실현된 곳입니다.

그리스도께서 교회 안에 충만히 임하여 교회를 통치하십니다. 교회의 구성원들은 그리스도의 주권에 순종하며, 그리스도를 경배하고 찬양합니다. 교회는 그리스도께서 능력과 영광으로 임재하는 장소이므로, 교회를 통해 그리스도의 영광이 드러나고, 그의 구원이 세상에 알려집니다. 이런 점에서 “그리스도의 충만”인 교회(그리스도에 의해 충만케 되는 교회)는 만물을 온전히 충만하게 하시는 하나님의 선교의 도구이자 구원의 도구입니다. 하나님은 크고 위대하시며, 능력이 많으신 분이십니다. 바울 사도가 기도한 대로 우리 하나님의 놀라운 능력의 크심을 바로 깨닫고 의지하여, 그의 능력이 흘러넘쳐 하나님을 영화롭게 하는(하나님께 영광 돌리는) 귀한 성도님들 되시길 바랍니다. 아울러 우리 기도의 폭이 넓어지기를 원합니다.

죄로 죽었던 우리를 살리셨습니다

에베소서 2장 1~3절

에베소교회를 위하여 중보기도(1:15-23절)를 드린 바울 사도가 이제 인간의 비참함과 그들의 구원에 관해 언급합니다(2:1-10절). 오늘 본문(1-3절)에서 바울 사도는 구원받기 이전의 성도들이 처해 있던 비참한 상태를 적나라하게 묘사합니다. 우리 인생들은 예수 그리스도를 알기 전후에 큰 변화가 있습니다. 우리가 그리스도를 모르는 생래적인 삶을 살고 있는 인생의 모습을 소개해주고 있습니다.

1. 우리는 영적으로 죽었습니다(1절).

가. 영적 죽음의 의미

① 하나님께 응답할 능력이 없습니다.

② 볼 능력이 없습니다.

③ 생산할 능력이 없습니다.

나. 영적 죽음의 원인

① 허물(파라프도마, trespass): "바른 길에서 이탈하다"

② 죄(하마르티아, sins): "과녁에서 벗어나다"

2. 우리는 영적으로 종노릇하며 살아 왔습니다(2절-3절 상).

가. 세상 풍조를 따라 살았습니다(2절 상, 롬 12:2).

나. 마귀를 따라 살았습니다(2절 하).

① 마귀: "공중의 권세 잡은 자"

② 마귀: "지금 불순종의 아들들 가운데서 역사하는 영"

다. 육체를 따라 살았습니다(3절 상).

① "우리 육체의 욕심(에피투미아, passions)을 따라 지내며"

② "육체와 마음의 원하는 것(델레마타, desires)을 하여"

3. 우리는 정죄 받았습니다(3절 하).

가. "다른 이들과 같이"

나. "본질상(by nature)"

다. "진노의 자녀이었더니"

① "진노(오르게, wrath)": 악에 대한 하나님의 인격적이고, 공의로운 적대감

② 참고, 롬 1:18-32, 롬 5:6-11

우리는 하나님의 진노의 대상이었습니다. 그러나 하나님이 그 아들 예수 그리스도를 보내어 우리 죄를 대신하게 하심으로 긍휼을 베푸셨습니다. 우리는 죽었습니다. 그러나 하나님은 우리를 그리스도와 함께 살리셨습니다. 우리는 부끄럽고, 무기력하게 종 노릇 하며 살았습니다. 그러나 하나님은 우리를 그리스도와 함께 일으키시고, 하나님을 위해 살 수 있는 자녀가 되게 하셨습니다. 그 은혜를 감사하며 찬양 드립니다.

에베소서 강해8

죄로 죽었던 우리를 살리셨습니다

에베소서 2장 1~3절

우리는 지난 3주 동안 바울 사도의 에베소교회를 위한 중보기도(1:15-23절)를 살펴보았습니다. 하나님께서 지혜와 계시의 성령을 주셔서, 하나님을 알고, 나아가 하나님이 그들을 부르신 부르심의 의미, 하늘에서 그들을 기다리고 있는 하나님의 기업의 풍성함, 그리고 무엇보다도 그동안 그들을 도우시는 하나님의 능력의 지극히 크심을 알게 해 달라고 기도했습니다. 이 능력에 대해 하나님은 그리스도를 죽은 자 가운데서 살리시고, 악의 모든 권세 위에 그리스도를 높이심으로 최고의 역사적 증거를 보여 주셨습니다.

이제 바울 사도는 인간의 비참함과 그들의 구원에 관해 언급합니다(2:1-10절). 구원받기 전 인간의 상태는 어떠했고(1-3절), 우리가 어떻게 구원을 얻게 되었는지(4-7절), 그리고 그 구원의 목적이 무엇인지를(8-10절) 설명합니다. 이 단락에서 바울 사도는 구원받기 이전의 삶과 구원받은 이후의 삶을 명확히 대조합니다. 구원받기 전에는 이 세상의 가치와 공중의 권세를 잡은 자를 따르면서 죄와 허물 가운데서 "살았으나", 구원받은 후에는 하나님께서 미리 예비하신 선한 일들 가운데서 "살아야 합니다." 이 성도의 구원은 사람의 행위로가 아니라 오직 하나님의 은혜로, 하나님의 능력으로 된 것입니다. 오늘 본문 에베소서 2:1-3에서 바울 사도는 구원받기 이전의 성도들이 처해있는 비참한 상태를 적나라하게 묘사합니다.

우리는 역사를 B.C.(Before Christ) 그리스도가 탄생하시기 이전 시대와 A.D.(Anno Domini/in the year of our Lord) 주님 이후의 시대로 나눕니다. 우리 각 개인들도 예수 그리스도를 알기 전후에 큰 변화가 있습니다. 우리가 그리스도를 만나기 전, 부모에게서 태어난 본래적인 삶은 어떤 삶일까요? 바울 사도는 그리스도를 만나기 전의 우리 인간의 본래적인 삶, 아니 아직도 그리스도를 모르는 자연인의 삶을 살고 있는 인생의 모습을 본문에서 소개해 주고 있습니다. 이는 구원받지 못한 인생, 구원받지 못한 죄인의 모습이기도 합니다.

1. 우리는 영적으로 죽었습니다(1절).

1절 "그는 허물과 죄로 죽었던 너희를 살리셨도다"

이는 우리가 처해있던 상태를 말해줍니다. 예수를 알고 믿기 전에 우리는 영적으로 죽었었습니다. 흔히 많은 분들이 "허물과 죄로 죽을 수밖에 없는 우리를 살려주셨다"고 기도합니다. 그러나 성경은 한 번도 우리에게 "죽을 수밖에 없는" 존재라고 하지 않았습니다. "죽었던" 우리라고 말합니다. 이는 영적으로 말할 때, 예수님을 믿지 않는 사람의 상태는 이미 죽어 있는 상태라는 것입니다.

가. 영적 죽음의 의미

영적으로 죽었다고 하는 것은 무슨 의미입니까?

① 하나님께 응답할 능력이 없습니다. 여기서 죽음은 "영생"의 반대입니다. 참된 생명은 살아계신 하나님과의 교제입니다. 영적 죽음은 죄가 필연적으로 가져다주는 것으로 하나님과의 분리입니다. 죽은 자는 반응이 없습니다. 영적으로 죽은 자는 하나님께 반응하지 못합니다. 본래 사람은 하나님께 생명을 공급받아야 살 수 있는 존재입니다. 생명의 근원인 하나님을 떠난 사람에게 생명이 있을 수 없는 것입니다. 그리스도 안에서 영적 생명(하나님의 생명)을 얻기까지 모든 인간은 영적으로 죽은 존재인 것입니다. 영적 생명이란 하나님을 아는 것이며, 하나님과의 관계를 맺는 것이며, 하나님과 교제하며, 하나님을 즐거워하는 것입니다. 따라서 영적 생명이 없다는 것은 하나님을 모르는 것이며, 하나님과 아무 관계가 없는 것이며, 하나님을 즐거워하지 않는 것입니다.

② 볼 능력이 없습니다. 엡 5:14 "그러므로 이르시기를 잠자는 자여 깨어서 죽은 자들 가운데서 일어나라 그리스도께서 너에게 비추이시리라 하셨느니라" 빛을 느끼지 못하는 것, 그것이 죽음의 특징입니다. 빛 되신 그리스도를 깨닫지 못하는 것, 그것이 죽음입니다.

③ 생산할 능력이 없습니다. 약 2:17 "이와 같이 행함이 없는 믿음

은 그 자체가 죽은 것이라", 약 2:27 "영혼 없는 몸이 죽은 것 같이 행함이 없는 믿음은 죽은 것이니라"

나. 영적 죽음의 원인

그러면, 영적 죽음의 원인은 무엇입니까?

1절 "그는 허물과 죄로 죽었던 너희를 살리셨도다"

① 여기 "허물(παρα΄πτωμα, 피라프토마, trespass)"은 "바른 길에서 이탈하다"는 뜻으로 정해진 경계선을 넘거나, 바른 길에서 벗어나는 것을 가리킵니다. 이 단어는 "사람이 어떤 잘못을 행하거나 실패하여 하나님의 뜻과 법의 범위를 벗어나는 것"을 의미합니다.

② 또 "죄(ἁμαρτία, 하미르티아, sins)"는 "과녁에서 벗어나다"는 뜻으로 표적을 빗나가거나, 표준에 미치지 못하는 것을 뜻합니다. 일반적으로 이 단어는 "하나님의 뜻과 법에 어긋나게 행하는 것"이나 "잘못된 일을 행하는 것"을 의미합니다. 바울 사도는 비슷한 의미를 지닌 단어를 함께 사용하여, 인간의 소극적이며, 적극적인 잘못이나 또는 수동적이며, 능동적인 잘못을 포괄적으로 나타내고 있습니다. 근본적으로 죄는 하나님과의 관계에서 이해해야 하는 개념입니다. 사람이 스스로 삶의 중심이 되어 자신을 높이고, 하나님을 반역하는 것이 죄의 본질입니다. 사람은 본래 하나님께 순종하고, 하나님을 의존할 때만 영적 생명을 누릴 수 있도록 지음 받은 존재입니다. 그런데, 첫 사람 아담이 스스로 하나님과 같이 되고자 하여 하나님을 거역함으로써, 하나님과의 관계가 단절되고, 그 결과 죽음이 세상에 들어온 것입니다(롬 5:12.17).

오늘 본문에서 이방인들이 허물과 죄로 죽었다는 것은 그들이 하나님에게서 분리되었음을 뜻합니다. 우리는 계속해서 죄와 허물을 행함으로써 하나님과 분리되었고, 하나님의 생명에서 떠나 있었습니다. 그런 우리를 하나님께서 그리스도를 통해 살리신 것입니다. 구원하신 것입니다. 하나님이 생명/영생을 주셨습니다.

2. 우리는 영적으로 종노릇하며 살아왔습니다(2절-3절 상).

2~3절 "그 때에 너희는 그 가운데서 행하여 이 세상 풍조를 따르고 공중의 권세 잡은 자를 따랐으니 곧 지금 불순종의 아들들 가운데서 역사하는 영이라 전에는 우리도 다 그 가운데서 우리 육체의 욕심을 따라 지내며 육체와 마음의 원하는 것을 하여 다른 이들과 같이 본질상 진노의 자녀이었더니"

이는 우리의 삶, 우리 생활의 행동을 말해줍니다. 우리는 영적으로 원수들의 지배를 받고, 종 노릇 하며 살아왔습니다. 바울 사도는 우리의 영적인 원수를 세 가지로 설명합니다.

① "이 세상 풍조를 따르고" – 세상

② "공중의 권세 잡은 자를 따랐으니" – 마귀

③ "육체의 욕심을 따라" – 육체

이 세 가지가 그리스도인의 영적인 원수들입니다.

가. 세상 풍조를 따라 살았습니다(2절 상, 롬 12:2).

2절 상 "그 때에 너희는 그 가운데서 행하여 이 세상 풍조를 따르고"

여기 "세상"이란 무엇입니까? ① "세계(cosmos)" 즉, 피조물의 세계 자체를 말하는 것이 아닙니다. ② "세계" 즉, 이 세상 사람들을 말하는 것도 아닙니다(요 3:16). ③ 여기서 "세상"은 이 세상의 사람들을 잘못 인도할 수 있는 악한 사조나, 흐름으로 대표되고 있는 세상의 악한 체계입니다. 그러기에 "이 세상 풍조"는 하나님과 관계없이 조직된 사회를 말하며, 하나님을 떠난 사회 전체의 가치체계를 말합니다. 이것은 하나님을 거절하는 세속적이고, 절대적인 것을 거절하는 반도덕적이고, 소비사상을 북돋는 물질주의입니다. 한 마디로 세속주의라 말할 수 있습니다.

로마서 12:2에서도 바울 사도가 말씀하십니다. "너희는 이 세대를 본받지 말고 오직 마음을 새롭게 함으로 변화를 받아 하나님의 선하시고 기뻐하시고 온전하신 뜻이 무엇인지 분별하도록 하라" 여기 "이 세대를 본받는다."는 말이 곧 "이 세상 풍조를 따르는 것"입니다. "본받는다(σχῆμα, 스케마)"는 "외형"이란 뜻으로 "fashion(유행)"이란 뜻입니다. 그러므로 "이 세대를 본받지 말라"는 말은 "유행을 따라가지 말라"는 뜻입니다. 이는 세상 사람들(하나님 없는 사람들)이 한다고 해서 무턱대고 따라가지 말라는 것입니다.

주석가 W. Barclay는 이 구절에서 다음과 같이 권면합니다. "너의 생활을 이 세상의 온갖 유행에 맞추려고 하지 말라. 주위의 색깔을 따라 변하는 도마뱀이나 카멜레온과 같이 하지 말라. 세상과 함께 되지 말라. 세상이 네가 무엇이 될지를 결정짓게 하지 말라." 하나님께서는 세상 풍조를 따라 살던 우리를 그리스도를 통해 구원하셨습니다. 하나님의 뜻을 따라 살아가라 하십니다.

나. 마귀 따라 살았습니다(2절 하).

2절 하 "공중의 권세 잡은 자를 따랐으니 곧 지금 불순종의 아들들 가운데서 역사하는 영이라" ① 여기 마귀를 "공중의 권세를 잡은 자"라고 합니다. "공중(ἀήρ, 아에르)"은 고대사회에서 일반적으로 인간이 사는 세계와 하나님이 계신 하늘 사이에 존재하는 영역으로 간주되었습니다. 그러나 이렇게 "하늘"과 "공중"의 의미를 나누어 설명할 필요는 없습니다. 만일 "하늘"과 "공중" 사이에 의미 차이가 있다면, 공중은 하늘보다 낮고, 인간이 사는 세계와 가까운 영역을 가리키는 것입니다. 아마도 바울 사도는 "공중"이라는 표현을 사용하여, 마귀가 인간이 사는 세계에 가까이 거하며, 그만큼 쉽게 영향력을 행사한다는 것을 강조하고 있어 보입니다.

또 본문에서 "공중의 권세를 잡은 자"란 공중에 거주하며 하나님을 대적할 뿐 아니라, 타락한 인간사회 안에서 역사하는 마귀를 가리킵니다. 공중의 권세를 잡은 자는 인간의 참된 행복과 인간에 대한 하나님의 목적을 방해하는 초자연적인 악의 세력으로 마귀 곧 악의 영들입니다.

② 마귀는 또한 "지금 불순종의 아들들 가운데서 역사하는 영"입니다. 여기 "불순종의 아들들"은 히브리적 표현으로서, 하나님께 불순종하는 모든 인간을 가리킵니다. 마귀는 그리스도의 십자가를 통해

결코 회복할 수 없을 정도로 결정타를 맞고 패배하였으며, 그리스도께 굴복하였습니다(1:21-22절). 그러나 마귀가 완전히 힘을 상실한 것은 아닙니다. 따라서 마귀는 최후의 패배의 날이 오기까지 하나님을 대적하며, 교회와 그리스도인들을 공격합니다. 하나님께 불순종하는 사람들 가운데 역사하면서 그들을 종으로 삼고 죄를 짓게 합니다.

또 마귀는 세상의 모든 악과 잘못과 폭력의 배후에서 역사합니다(요일 3:8절). 그러나 성령님은 우리로 하여금 하나님께 순종하게 하는 영이요, 순종하는 사람들 속에 역사하는 영이십니다. 하나님께서는 불순종의 영을 따라 살던 우리를 그리스도로 구원하시고, 성령을 보내주시어 이제는 하나님께, 하나님의 질서에 순종하며 살게 하십니다.

다. 육체를 따라 살았습니다(3절 상).

3절 상 "전에는 우리도 다 그 가운데서 우리 육체의 욕심을 따라 지내며 육체와 마음의 원하는 것을 하여"

① 여기서 "육체"는 몸뚱이를 말하는 것이 아닙니다. 우리말로 "육체"에 해당하는 헬라어 단어가 2개가 있습니다. 하나는 "σῶμα(소마)"인데, 단순히 신체/몸(body)를 가리킵니다. 다른 하나는 "σάρξ(사르크스)"인데 flesh(고깃덩어리로서의 몸)도 가리키지만, 우리 안에 있는 부패한 성품, 부패한 본성을 말하고 있습니다. 이 본문에서 "육체(σάρξ)"는 하나님의 영을 떠난 인간의 더러운 본성 전체를 가리킵니다. 우리 육체의 욕심을 따라 지내는 것입니다. 육체의 욕심이란, 자기중심적 열망과 충동을 뜻합니다. 특히 "욕심"이란 말은

“ἐπιθυμία(에피투미아)”로서, 이 말은 도덕적으로 옳든지 그르든지 관계없이, 원하는 대로, 하고 싶은 대로, 제멋대로 사는 것을 말합니다(중심적 의미–‘내 인생, 내 마음대로 산다.’).

“육체의 욕심” 속에는 음식, 잠자는 것, 성에 대한 갈망도 있습니다. 이는 자연스러운 바람으로 그 자체가 잘못은 아닙니다. 그러나 음식에 대한 지나친 욕망은 폭식이 됩니다. 잠에 대한 지나친 욕망은 태만이 됩니다. 성에 대한 지나친 욕망은 정욕이 됩니다. 이 자연적 욕망들이 죄의 성격을 띤 욕망으로 변하게 됩니다. 하나님 없는 사람들은 육체의 욕심을 따라 지냅니다. 그러나 하나님의 사람들은 하나님의 말씀을 따라 육체의 욕심을 제어하며 삽니다.

② “육체와 마음의 원하는 것을 하여” 여기 “원하는 것(θελήματα, 델레마타)”은 그릇된 욕심들로서, 육체의 욕심은 물론, 마음(생각과 사고)의 그릇된 욕심들을 가리킵니다. 즉, 지적 자만, 그릇된 야망, 알려진 진리의 거절, 해롭게 하려거나 복수하려는 생각 따위의 죄악들을 포함합니다. 인간은 감정뿐 아니라 이성과 의지까지도 죄에 오염되어 있어서 육체나 마음이 원하는 것들이 모두 하나님을 거역하고, 하나님을 반대합니다. 그래서 중생하지 않은 인간은 하나님의 뜻에 전혀 관심이 없으며, 하나님의 법에 순종할 수도 없는 것입니다.

육신의 생각은 하나님과 원수가 되나니 이는 하나님의 법에 굴복하지 아니할 뿐 아니라 할 수도 없음이라(롬 8:7) 하나님께서는 육체의 욕심을 따라 지내며, 육체와 마음이 원하는 것을 하며 살던 우리를, 그리스도를 통해 구원하시고 이제 성령을 따라 살게 하셨습니다. 성령을 따라 삶으로, 육신의 생각들을 떠나야 생명의 길이 있습니다.

그리스도인은 성령을 따라 사는 사람들입니다.

3. 우리는 정죄 받았습니다(3절 하).

3절 하 "전에는 우리도 다 그 가운데서 우리 육체의 욕심을 따라 지내며 육체와 마음의 원하는 것을 하여 다른 이들과 같이 본질상 진노의 자녀이었더니"

가. "다른 이들과 같이.."

이 표현은 유대인들이 이방인에 대해 멸시하는 의미로 사용하던 용어입니다. 본문에서는 그리스도 밖에 있는 모든 사람을 가리킵니다. 한때 우리도 그리스도 밖에 있는 모든 사람들과 같이 본질상 진노의 자녀였습니다.

나. "본질상(by nature)"

이는 태어나면서 결정된 조건이나 환경을 가리킵니다. 인간은 그 본래적 인간은, 그들이 누구이든지 간에(부자이든/가난하든/남자든/여자든/공부를 많이 했든/못했든/지체가 높든/천하든) 하나님의 진노의 대상입니다. 원죄의 부패성을 가지고 태어나, 하나님을 알지 못하기 때문입니다. 그래서 물과 성령으로 거듭나지 않고는 본질상(태어난 본래적 삶으로는) 하나님의 진노를 받을 수밖에 없는 것입니다.

다. "진노의 자녀이었더니"

① "진노(ὀργή, 오르게, wrath)"는 악에 대한 하나님의 인격적이고 공의로운 적대감입니다. 악과 타협하지 않으시려는 하나님의 확고한 태도이며, 악을 저주하시고자 하시는 하나님의 결심입니다.

② 로마서 1:18-32에 보면, 하나님의 진노가 불의로 진리를 막는 자들에게 임하신다고 했습니다. 하나님을 알만한 것을 주셨지만, 하나님을 알지 못합니다. 하나님을 알아도, 하나님을 영화롭게 하지 않는 자들에게도 임합니다. 스스로 지혜 있다 하면서, 어리석게도 우상을 섬기는 자들에게도 임합니다. 하나님은 그들을 버려두십니다. 마음의 정욕대로 더러움에 내버려두십니다. 그들의 부끄러운 욕심에 버려두어, 남자가 남자와 더불어, 또 여자가 여자로 더불어 부끄러운 일을 하게 버려두십니다. 그들 마음에 하나님 두기를 싫어하매, 하나님이 그들을 상실한 마음에 버려두십니다.

③ 그렇게 태어나면서부터 하나님의 진노를 받아야 하는 우리가 아직 연약할 때, 아직 죄인 되었을 때, 아직 원수 되었을 때, 하나님은 그의 아들 예수 그리스도를 보내어, 우리 대신 화목제물로 죽게 하시고, 우리에 대한 자기의 사랑을 확증해 주셨습니다. 그리고 믿는 자를 구원해 주시어, 하나님의 자녀가 되게 하셨습니다. 아버지 되신 하나님의 뜻대로 사는 삶을 살게 하셨습니다. 축복 받는 자로 삼아 주셨습니다. 그리스도와 함께 유업을 이을 자가 되게 하셨습니다.

우리는 하나님의 진노의 대상이었습니다. 그러나 하나님이 그 아들 예수 그리스도를 보내어 우리 죄를 대신하게 하심으로 긍휼을 베푸셨습니다. 우리는 죽었었습니다. 하나님께 관심도 없었고, 반응할 수도 없었습니다. 그러나 하나님은 우리를 예수 그리스도와 함께 살리셨습니다. 우리는 부끄럽고 무기력하게 종노릇하며 살았습니다. 마귀의 종노릇하며, 하나님의 뜻에 거스르며 살았습니다. 육체의 욕심을 따라, 육체와 마음이 원하는 것을 하며 살았습니다. 그러나 하나님은 우리를 그리스도와 함께 일으키시고, 하나님을 위해 살 수 있는 자녀가 되게 하셨습니다. 그 은혜를 감사하며 찬양 드리지 않을 수가 없습니다.

에베소서 강해9 요약

그리스도와 함께 살리셨습니다

에베소서 2장 4~7절

에베소서 2:1-10절에서 바울 사도는 하나님이 어떻게 각 사람을 그리스도인으로 만드시는지, 다시 말해 우리가 어떻게 구원을 얻게 되었는지, 그리고 그 구원의 목적이 어디에 있는지를 설명하고 있습니다. 지난 시간에는(1-3절) 구원받기 이전의 성도들이 처해 있던 비참한 상태를 살펴보았습니다. 오늘은 본문(4-7절)을 통해 하나님이 그리스도 안에서 그리스도를 통하여 이루신 구원의 내용을 살펴보며 은혜 받으려 합니다.

1. 우리를 구원하신 분은 하나님이십니다(4, 5, 7절).

가. 긍휼이 풍성하신 하나님이십니다.

나. 우리를 사랑하시는 하나님이십니다.

다. 자비하신 하나님이십니다.

라. 은혜가 풍성하신 하나님이십니다.

2. 하나님께서 그리스도를 통해 우리를 구원하셨습니다(5-6절).

가. 우리 구원은 그리스도와 함께 하는 것입니다(5-6절).

① 허물로 죽은 우리를 그리스도와 함께 살리셨습니다(부활).

② 그리스도와 함께 일으키셨습니다(승천).

③ 그리스도와 함께 하늘에 앉히셨습니다(보좌에 앉음).

나. 우리 구원은 그리스도 예수 안에서 일어났습니다(6절).

① 그리스도와의 연합할 때 일어났습니다.

② 그리스도의 몸(교회)에 속함을 의미합니다(고전 12:13).

3. 하나님은 그 은혜의 지극히 풍성함을 오는 여러 세대에 나타내려 하십니다(7절).

가. 그리스도 안에서 나타난 은혜입니다.

① 하나님 편에서 볼 때 은혜란 구원받을 자격이 전혀 없는 사람들에게 베푼 자기희생적(자기 아들을 아끼지 아니하시고 내어주신 엄청난 희생적) 사랑입니다.

② 우리가 구원을 거저 받았다면 그것은 하나님께서 미리 대가를 지불하셨기 때문입니다.

③ 그러니 그 은혜는 값비싼 것입니다.

나. 우리에게 베푸신 자비하심 속에 나타났습니다.

다. 오는 여러 세대에도 그 은혜를 나타내려 하십니다.

우리 구원받은 성도들은 그리스도와 함께 하늘에 앉은 영광스러운 존재들입니다. 육신의 눈으로 볼 때 우리 성도들의 현재 모습은 초라하고 비참하기도 합니다. 그런데도 바울 사도는 하나님께서 우리를 그리스도와 함께 하늘에 앉히셨다고 확신에 찬 음성으로 선언합니다. 그렇습니다. 우리 자신이 실감하든 그렇지 않든지 간에 우리 구원받은 성도는 이미 영광스러운 존재입니다. 하나님께서 그리스도 안에서 우리를 이런 영광스러운 존재가 되게 하셨고, 또 이런 존재로 대우해 주시기 때문입니다. 우리는 이 사실을 깨닫고 그 은혜에 감사하며 신분에 맞게 살아가 하나님을 영화롭게 하는 성도님들 되시기 바랍니다.

에베소서 강해9

그리스도와 함께 살리셨습니다

에베소서 2장 4~7절

그리스도인의 삶은 그리스도와 함께 하는 삶입니다. 에베소서 2:1-10절에서 바울 사도는 하나님이 어떻게 각 사람을 그리스도인으로 만드시는지, 다시 말해 우리가 어떻게 구원을 얻게 되었는지, 그리고 그 구원의 목적이 어디에 있는지를 설명하고 있습니다. 지난 시간에는 2:1-3절을 중심으로, 구원받기 이전의 성도들이 처해있던 비참한 상태를 살펴보았습니다.

① 우리는 허물과 죄로 인해 영적으로 죽었었습니다. 하나님께 응답할 능력도 없었고, 하나님을 보거나, 생산할 능력도 없었습니다. 그런 우리를 하나님께서 그리스도를 통해 살려주셨습니다. 하나님의 생명, 영생을 주셨습니다.

② 우리는 영적으로 종 노릇 하며 살아가고 있었습니다. 세상풍조를 따라 살았습니다. 하나님을 거스르고, 불순종하게 하는 공중권세

잡은 자, 마귀의 종 노릇 하며 살았습니다. 육체를 따라 나 좋은 대로, 마음의 원하는 것을 하며 살아가고 있었습니다. 그런 우리를 하나님께서 그리스도를 통해 살려주셨습니다. 구원해주셨습니다. 그리고 이제는 성령의 인도함을 받으며, 살아가게 해주셨습니다.

③ 우리는 본질상 하나님의 진노를 받아 마땅한 자들이었습니다. 그런 우리를 하나님께서 그리스도를 통해 하나님 자녀 되게 하시고, 그리스도와 함께 유업을 이을 자가 되게 하셨습니다. 진노의 대상이 변하여 축복받는 자가 되게 하신 것입니다. 오늘 본문(4-7절)을 통해 하나님이 그리스도 안에서, 그리스도를 통하여 이루신 구원의 내용을 살펴보며 은혜 받으려 합니다.

1. 우리를 구원하신 분은 하나님이십니다(4, 5, 7절).

우리말 성경에는 나타나 있지 않지만, 원문에 보면 4절은 강한 역접 접속사인 "그러나(but)"로 시작합니다. "그러나 하나님은…" 이는 타락한 인류의 절망적인 상황과는 대조적으로 하나님의 은혜로우시고, 선행적이며, 주권적인 사역을 말해주고 있습니다.

하나님은 죄와 허물로 죽었던 우리, 마귀의 조종을 받아 하나님을 거스르고, 불순종하던 우리, 그리하여 본질상 진노의 대상이었던 우리의 상황을 뒤바꾸어 놓기 위해 조치를 취하셨습니다. 이것은 그리스도 안에서, 그리스도를 통하여 이루어 놓으신 것입니다. 그러면, 우리를 구원하신 하나님은 어떤 분이십니까?

가. 긍휼이 풍성하신 하나님이십니다.

4절 "긍휼이 풍성하신 하나님이 우리를 사랑하신 그 큰 사랑을 인하여"

① 바울 사도는 긍휼이 풍성하신 하나님께서 우리를 사랑하신 큰 사랑 때문에 우리를 그리스도와 함께 살리셨고, 그리스도와 함께 일으키셨으며, 그리스도와 함께 하늘에 앉히셨다고 말합니다.

② "긍휼(ἔλεος, 엘레오스, mercy)"은 "어떤 사람이 마땅히 저주받아야 되는데, 저주하지 않는 것"입니다. 죄인을 향한 "과분한 친절"이라 할 수 있습니다. 어떤 사람에게 저주를, 아주 대단히, 혹독한 저주를 쏟아 부어야만 하는데, 그 사람이 불쌍해서 그 저주를 유보하는 것이 긍휼(mercy)입니다. 우리는 하나님의 진노의 대상이었습니다. 하나님이 우리에게 진노를 쏟으시면 우리는 살지 못합니다. 그런데, 하나님은 우리를 얼마나 불쌍히 여기시는지, 우리에게 베풀어야 할 진노를 베풀지 않으셨습니다. 그것이 바로 긍휼입니다. 하나님은 우리를 긍휼히 여기시는 분입니다. 그런데 그냥 우리를 긍휼히 여기시는 분이 아니라, 하나님은 "긍휼이 풍성하신 분"이십니다. 그 긍휼이 풍성하신 하나님이 우리를 구원하셨습니다.

나. 우리를 사랑하시는 하나님이십니다.

4절 "긍휼이 풍성하신 하나님이 우리를 사랑하신 그 큰 사랑을 인하여"

① 바울 사도는 하나님께서 우리를 사랑하신 "자기의 많은 사랑 때문에" 우리를 구원하셨다고 말합니다.

② 여기 "사랑(ἀγάπη, 아가페, love)"은 한마디로 "상대방의 유익을 구하는 것"입니다. 하나님이 우리를 아가페의 사랑으로 사랑하셨다는 것은 "우리의 유익을 구하셨다"는 것입니다. 하나님이 본질상 불순종의 자녀인 우리에게 진노하셔야 함에도 불구하고, 우리를 불쌍히 여겨, 오히려 우리의 유익을 구하셨습니다.

③ 바울 사도는 여기서 동사 "사랑하다"와 더불어 "사랑"이라는 명사를 "큰(많은, 깊은)"이라는 뜻을 가진 형용사와 함께 사용하여, 하나님의 사랑의 위대함을 강조하고 있습니다. 하나님의 사랑은 참으로 깊고 위대한 사랑이며, 인간의 이해를 초월한 사랑입니다. 그 사랑의 하나님이 우리를 구원하셨습니다.

다. 자비하신 하나님이십니다.

7절 "이는 그리스도 예수 안에서 우리에게 자비하심으로써 그 은혜의 지극히 풍성함을 오는 여러 세대에 나타내려 하심이라"

① 여기 "자비(kindness)"란 말은 "가장 소중한 것을 상대방에게 주는 구체적인 행동"입니다. 그것은 관념이 아니라 행동입니다.

② 누가복음 10:29-37절에 선한 사마리아인의 이야기가 나옵니다. 한 사람이 예루살렘에서 여리고로 가다가 강도를 만났습니다. 강도들이 그 옷을 벗기고, 때려 거의 죽은 것을 버리고 갔습니다. 마침 한 제사장이 그 길을 내려가다가 그를 보고 피하여 지나갑니다. 또 한 레위인도 그곳에 이르러 그를 보고 피하여 지나갑니다. 그런데, 한 사마리아 사람이 지나가다 그를 보고, 불쌍히 여겨, 상처를 치료하고, 자기 짐승에 태워 주막으로 데리고 가 돌보아 줍니다. 이 이야기

를 하시고 예수님께서 율법교사에게 물으십니다. “네 생각에는 이 세 사람 중에 누가 강도 만난 자의 이웃이 되겠느냐?(36절)” 그러자 율법교사가 대답합니다. “자비를 베푼 자니이다(37절).” 그렇습니다. 구체적인 돌봄의 행동 그것이 곧 자비입니다. 자비하신 하나님께서 독생자 예수 그리스도를 보내사 정죄 받은 우리를 구원하셨습니다.

라. 은혜가 풍성하신 하나님이십니다.

5절 하 “너희는 은혜로 구원을 받은 것이라”

7절 하 “그 은혜의 지극히 풍성함을 오는 여러 세대에 나타내려 하심이라”

① 여기 “은혜(χάρις, 카리스, grace)”란 말은 “받을 자격이 전혀 없는 사람들에게 베풀어 주시는 호의”입니다.

② 하나님은 우리를 긍휼히 여기시고, 사랑하시고, 우리에게 은혜를 베푸셨습니다. 우리는 저주를 받아야 마땅한데, 하나님은 우리를 저주하지 아니하시고, 불쌍히 여겨, 우리에게 자비를 베푸셨습니다. 구원자를 보내주셨습니다. 우리의 유익을 구하셨습니다. 그것이 바로 은혜입니다. 은혜가 풍성하신 하나님이 예수 그리스도를 우리의 화목제물로 보내사 우리를 구원하셨습니다. 이처럼 바울 사도는 서로 비슷한 의미를 지니고 있는 4개의 중요한 단어인 긍휼, 사랑, 자비, 은혜를 사용하여, 우리의 구원자 하나님을 소개하고 있습니다. 긍휼이 풍성하신 하나님, 우리를 사랑하시는 하나님, 자비하신 하나님, 은혜가 풍성하신 하나님이 우리를 구원하시는 분이십니다. 그 하나님께 감사와 찬송, 돌리시기 바랍니다.

2. 하나님께서 그리스도를 통해 우리를 구원하셨습니다(5, 6절).

가. 우리 구원은 그리스도와 함께 하는 것입니다(5, 6절).

5-6절 "허물로 죽은 우리를 그리스도와 함께 살리셨고(너희는 은혜로 구원을 받은 것이라) 또 함께 일으키사 그리스도 예수 안에서 함께 하늘에 앉히시니"

하나님께서 우리를 위하여 이루신 구원은 무엇입니까? 우리를 그리스도와 함께 살리시고, 그리스도와 함께 일으키시고, 그리스도와 함께 하늘에 앉히신 것입니다. 이는 1장 20절에서 하나님이 당신의 크신 능력으로 그리스도를 죽은 자들 가운데서 일으키시고, 하늘에서 자기 오른편에 앉히셨습니다. 이와 유사하게 하나님은 우리를 그리스도와 함께 일으키시고, 그리스도와 함께 하늘에 앉히셨습니다. 성도들의 구원은 그리스도를 일으키시고, 하늘에서 자기 오른편에 앉히신 하나님의 동일한 능력으로 얻은 것입니다.

① 허물로 죽은 우리를 그리스도와 함께 살리셨습니다(부활). 영적으로 죽은 사람이 하나님과 교통할 수 있는 길은 살림 받는 것입니다. 이것은 스스로 살아계신 분에 의해 이루어져야 합니다. "스스로 있는 자"이신 하나님은 죽은 자를 살리시는 분이십니다. 하나님은 그리스도 안에서, 그리스도와 함께 우리를 살리셨습니다.

② 그리스도와 함께 일으키셨습니다(승천). 이것은 성도들이 지위적으로 그리스도와 함께 하늘에 오르는 것을 말합니다. 그리스도의 부활 후의 상태는 새롭고, 능력 있으며, 전례 없는 일이었습니다. 그래서 그리스도가 그들 안에 거하는 그리스도인들은 새롭고, 능력 있

고, 독특한 삶과 지위를 갖습니다. 이 새로운 삶과 능력과 지위는 믿는 자들이 새로운 가치체계를 가지도록 요구합니다(골 3:1-2).

③ 그리스도와 함께 하늘에 앉히셨습니다(보좌에 앉음). 믿는 자들은 영적으로 하늘에(곧 그리스도가 계신 곳에) 놓입니다. 그들은 더 이상 단순한 땅의 것들이 아닙니다. 그들의 시민권은 하늘에 있습니다. 그리스도와 함께 왕 노릇합니다. 여기 나오는 세 개의 동사들(살리셨다, 일으키셨다, 앉히셨다)은 예수님의 구원사역에서 연속적으로 일어나는 세 개의 역사적 사건(부활, 승천, 보좌에 앉음)을 가리킵니다. 우리는 사도신경을 고백할 때, 그 사건들에 대한 믿음을 선포합니다. "장사된 지 사흘 만에 죽은 자 가운데서 다시 살아나셨으며, 하늘에 오르시어, 전능하신 아버지 하나님 우편에 앉아 계시다가…"

그런데 놀라운 것은 지금 바울 사도가 그리스도에 대해서가 아니라, 우리에 대해 쓰고 있다는 사실입니다. 바울 사도는 하나님이 그리스도를 살리시고, 일으키시고, 자리에 앉게 하셨다는 것을 주장하는 것이 아닙니다. 하나님이 그리스도와 함께 우리를 살리시고, 함께 일으키시고, 함께 앉히셨다고 주장합니다. 기독교의 근본정신은 바로 하나님의 백성과 그리스도의 연합이란 개념입니다.

나. 우리의 구원은 그리스도 예수 안에서 일어났습니다(6절).

6-7절 상 "또 함께 일으키사 그리스도 예수 안에서 함께 하늘에 앉히시니 이는 그리스도 예수 안에서 우리에게 자비하심으로써"

① 여기 "그리스도 예수 안에서"라는 표현은 그리스도와의 연합을 의미합니다. 이것을 뒷받침하는 가장 분명한 증거는 본문에서 바울

사도가 "그리스도 예수 안에서"라는 전치사구와 함께 세 복합동사 "함께 살리셨다", "함께 일으키셨다", "함께 앉히셨다"를 사용하는 점입니다. 이 동사들에는 모두 "함께"를 뜻하는 전치사(σύν)가 붙어 있습니다. 이 전치사는 성도들이 그리스도와 연합하여, 그의 부활과 승천과 보좌에 앉으심에 동참했음을 나타냅니다.

예수 그리스도는 혼자 십자가에 달리셨고, 혼자 부활하셨고, 또한 혼자 승천하여 하나님 보좌 오른편에 앉으셨습니다. 그런데 언제 하나님께서 우리를 그리스도와 함께 살리시고, 함께 일으키시고, 함께 하늘에 앉히셨습니까? 사실 우리는 죽은 일도 아직 없습니다. 부활한 일도 없습니다. 하늘에 올리워진 일은 더더욱 없습니다. 우리는 하나님의 보좌 우편에 앉은 일도 없습니다. 그 사건들은 오직 예수 그리스도만이 경험하신 예수 그리스도의 역사적 경험입니다. 그런데 예수 그리스도는 모든 인간의 대표자로서, 모든 인간을 대신하여 십자가에 죽으시고, 부활하셨습니다. 그의 죽음과 부활은 죄인들을 포함하는 내포적 사건이었습니다. 그러나, 우리가 그리스도와 함께 일으킴을 받고 그와 함께 하늘에 앉게 되는 것은 오직 그리스도와 연합할 때 일어납니다. 그리스도의 죽음과 부활이 우리를 위한 구원의 사건이지만, 그리스도와 연합하지 않는다면, 우리에게 아무런 효력이 없습니다.

우리는 성령의 능력과 믿음을 통해 그리스도와 연합합니다. 이렇게 그리스도와 연합할 때만 그리스도의 죽음과 부활 그리고 승천과 보좌에 앉으심은 우리의 것이 됩니다. 하나님께서는 죄인들을 그리스도와 연합하게 하시고, 그들을 그리스도와 함께 살리시고, 함께 일으키시고, 함께 하늘에 앉히십니다.

② 그리스도와 연합하는 것은 그리스도의 몸(교회)에 속함을 의미합니다. 우리는 예수 그리스도를 믿고 세례 받음으로, 그리스도의 몸에 속하며, 그리스도와 연합하게 됩니다. "우리가 유대인이나 헬라인이나 종이나 자유인이나 다 한 성령으로 세례를 받아 한 몸이 되었고 또 다 한 성령을 마시게 하셨느니라"(고전 12:13) 여기 세례는 물세례가 아니라, 성령으로 세례 받는 것을 말합니다. 우리가 진정으로 예수 그리스도를 믿을 때, 하나님께서 성령으로 인 쳐주시고, 그 성령이 내 안에 내주하십니다. 그리고 그렇게 성령으로 세례 받은 사람들은 한 몸, 곧 그리스도의 몸(교회)에 속하게 됩니다. 그리스도와 연합하는 것입니다.

우리가 예수 그리스도를 믿는 순간, 성령께서 우리를 그리스도의 몸(교회) 속에 넣어 주심으로(성령세례 받음으로), 우리는 그리스도 안에 들어가 그리스도와 연합합니다. 그분이 과거에 죽으셨을 때, 우리도 과거에 그분과 함께 죽은 것입니다. 그분이 장사지낸바 되셨을 때, 우리도 그분과 함께 장사지낸바 된 것입니다. 그분이 살아나셨을 때, 우리도 그분과 함께 살아난 것입니다. 그분이 보좌 우편에 앉으셨을 때, 우리도 그분과 함께 앉은 것입니다. 왜냐하면 우리 주님 예수 그리스도께서 죽으신 것은 우리를 위해서이고, 주님이 장사지낸바 된 것도 우리를 위해서이고, 주님이 부활하신 것도 우리를 위해서이고, 주님이 보좌 오른쪽에 앉으신 것도 우리를 위해서입니다. 그러므로 우리는 이 땅에 살고 있지만, 우리의 영적 위치는 그리스도와 함께 하늘에 있습니다.

③ 성경에서 오늘 우리 본문 말씀보다 더 강력하게 성도들의 현재적 구원의 영광을 진술하는 곳은 없습니다. 일반적으로 다른 성경들은 성도들이 그리스도와 함께 하늘에 앉는 것을 미래에 일어날 일로 묘사합니다. 예를 들어 보면, 승리하신 그리스도께서 라오디게아교회의 사자에게 이렇게 약속합니다. "이기는 그에게는 내가 내 보좌에 함께 앉게 하여 주기를 내가 이기고 아버지 보좌에 함께 앉은 것과 같이 하리라"(계 3:21) 여기 이기는 자가 그리스도의 보좌에 함께 앉는 것은 이미 일어난 일이 아니라, 장차 일어날 일입니다. 그러나 오늘 우리 에베소서 본문에서 바울 사도는 성도들이 그리스도와 함께 하늘에 앉는 일이 이미 과거에 일어났다고 말합니다. 이것은 여기에 사용된 동사가 부정과거임을 통해 분명히 드러납니다. 에베소교회의 이방인 성도들을 포함하여, 모든 성도들은 예수님을 믿고 세례를 받을 때, 그리스도와 함께 일으킴을 받았고, 그와 함께 하늘에 앉아 영광을 누리게 되었습니다.

그러나 이것은 성도들이 지금 실제로 하늘에 앉아 있음을 뜻하지 않습니다. 그리스도와 함께 일으킴을 받은 것이 육체적 부활이 아니라 영적 부활을 뜻하는 것처럼, 하늘에 앉게 된 것도 영적인 차원에서 일어난 일입니다. 성도들이 그리스도와 연합하였으므로, 영적인 의미에서 그리스도가 누리는 모든 것을 성도들도 함께 누립니다. 성도들은 지상에서 육신을 입고 살면서 싸움을 계속하고 있지만, 동시에 장차 하나님 나라에서 온전히 누릴 영광을 미리 맛보고 있는 것입니다. 사람들의 눈에 성도들은 초라하고 보잘 것 없는 존재로 비칠 것입니다. 또 자신이 그리스도와 함께 하늘에 앉은 영광스러운 존재라는 사실을 제대로 알지 못하는 성도들도 많습니다.

그러나, 하나님께서 친히 행하셨으므로, 성도들이 실감하든지 그렇지 않든지 간에, 그들은 영적인 차원에서 이미(already) 하늘에서 그리스도와 함께 앉은 존재들입니다. 하나님께서 우리를 그런 존재로 간주하십니다. 그럼에도 불구하고 지금 성도들이 누리는 영적 부활과 승천과 보좌에 앉음은 아직(not yet) 완성된 것이 아닙니다. 우리의 낮은 몸이 그리스도의 영광스러운 몸의 형체로 변화되어(빌 3:21), 새 하늘과 새 땅에서 그리스도와 함께 영광을 완전히 누리는 것은 미래에 속한 일입니다. 구원받은 성도들은 그리스도와 함께 부활에 참여하고, 그리스도와 함께 하늘에 앉아 영광을 누립니다. 이것은 얼마나 경이로운 일인지요. 이 경이로운 구원은 하나님의 은혜로 얻은 것입니다. 그 은혜가 풍성하신 하나님께 감사와 찬송 드리시기 바랍니다.

3. 하나님은 그 은혜의 지극히 풍성함을 오는 여러 세계에 나타내려 하십니다(7절).

7절 “이는 그리스도 예수 안에서 우리에게 자비하심으로써 그 은혜의 지극히 풍성함을 오는 여러 세대에 나타내려 하심이라”

가. 그리스도 안에서 나타난 은혜입니다.

① “은혜”가 무엇입니까? 대체로 우리는 은혜를 하나님께서 거저 주시는, 값없이 받는 것이라 합니다. 그리하여 사람의 행위와 공로를

배제합니다. 구원은 하나님이 거저 주시는 것이지, 선한 행위나 공로의 대가로 받는 것이 아니라는 말입니다. 그러나 본훼퍼는 "은혜를 값싸게 보는 우리의 견해는 교회의 대원수임을 알아야 한다."고 경고합니다. 본훼퍼에 따르면 값싼 은혜란, 회개 없이 죄의 사유가 가능하다는 설교이며, 교회의 규율을 무시한 세례요, 죄의 고백 없이 베푸는 성만찬, 은밀한 참회 없는 면죄의 확인이라고 했습니다. 은혜를 값없이 받는 것으로만 생각하다 보면, 하나님께서 우리를 위해 치르신 엄청난 희생을 간과하기 쉽습니다. 그러나 은혜는 값비싼 것입니다.

② 하나님 편에서 볼 때 은혜란, 구원받을 자격이 전혀 없는 사람들에게 베푼 자기희생적 사랑입니다. 아무 자격이 없는 사람들을 구원하시려고, 하나님께서 자기 아들을 아끼지 않고 내어주신 엄청난 희생을 치르셨는데, 이것이 바로 은혜입니다. 그러니 그 은혜는 값비싼 것입니다.

③ 우리가 구원을 거저 받았다면, 그것은 하나님께서 미리 엄청난 대가를 지불하셨기 때문입니다. 은혜라는 말을 사용할 때 우리는 반드시 하나님께서 치르신 엄청난 대가를 기억해야 합니다.

나. 이처럼 놀라운 하나님의 은혜를 오는 세대들에 입증하는 것이, 나타내고자 하는 것이 바로 하나님께서 우리를 그리스도와 함께 살리시고 그와 함께 하늘에 앉는 특권을 주신 목적입니다.

그 은혜가 2,000년 후 대한민국 김해에 있는 저와 여러분들에게도 증거 되었습니다. 그 은혜에 감사드립니다. 그리고 그 은혜를 모르는 이들에게, 오는 세대들에게 전하여 알게 하시기를 원하십니다. 그 은혜의 통로가 되라 하십니다. 그 일의 하나가 1127 Happy Together 전도축제입니다. 우리 구원받은 성도들은 그리스도와 함께 하늘에 앉은 영광스러운 존재들입니다. 육신의 눈으로 볼 때, 우리 성도들의 현재 모습은 초라하고 비참하기도 합니다. 그런데도 바울 사도는 하나님께서 우리를 그리스도와 함께 하늘에 앉히셨다고 확신에 찬 음성으로 선언합니다. 그렇습니다. 우리 자신이 실감하든 그렇지 않든 간에 우리 구원받은 성도는 이미 이런 영광스러운 존재입니다. 하나님께서 그리스도 안에서 우리를 이런 영광스러운 존재가 되게 하셨고, 또 이런 존재로 대우해주시기 때문입니다.

우리는 이 사실을 깨닫고, 그 은혜에 감사하며, 신분에 맞게 살아가 하나님을 영화롭게 하는 성도님들 되시기 바랍니다.

에베소서 강해10 요약

구원은 하나님의 선물입니다

에베소서 2장 8~10절

에베소서 2:1-10절에서 바울은 하나님이 어떻게 사람을 구원하시는지 설명하고 있습니다.1-3절에서는 구원받기 이전의 성도들이 처해 있던 비참한 상태를 말해줍니다. 4-7절에서 하나님이 그리스도 안에서, 그리스도를 통하여 이루신 구원의 내용을 소개합니다. 그리고 오늘 본문에서는 구원의 목적을 말하면서 구원이 하나님의 선물임을 강조합니다.

1. 우리는 하나님의 은혜의 행동으로 말미암아 구원을 얻게 되었습니다.
   (8-9절, 구원의 근거, '그 은혜를 인하여': by grace)
   가. "이것이 너희에게서 난 것이 아니요"
      ① 구원은 사람이 성취할 수 있는 것이 아닙니다.
      ② 감히 우리가 기대하거나 요구조차 할 수 없는 것입니다.
   나. "하나님의 선물이라"
      ① 구원은 하나님의 은혜입니다.
      ② 은혜는 우리를 향하신 하나님의 자기희생적 사랑입니다.
   다. "행위에서 난 것이 아니니"
      ① 구원은 사람의 공로로 이루어지는 것이 아닙니다.
      ② 죄와 허물로 죽은 사람이 어떻게 자기를 구원할 수 있겠습니까?
   라. "이는 누구든지 자랑하지 못하게 함이라"
      ① 오직 그 구원을 허락하신 하나님께 감사할 뿐입니다.

② 우리가 받은 구원에 대해 자랑할 수도 없고 자랑해서도 안 됩니다.

2. 하나님이 이루신 그 구원은 믿음으로 우리에게 적용됩니다.
(8절 상, 구원의 적용, '믿음으로 말미암아': through faith)

가. 믿음은 하나님께서 그리스도를 통해 이루신 구원사건에 대한 인격적 반응입니다.
① 믿음으로 하나님께서 이루신 구원을 받아들일 뿐입니다.
② "모세가 광야에서 뱀을 든 것 같이…"(요 3:14-15, 민 22:4-9)

나. 믿음을 통해 우리는 그리스도와 연합을 경험합니다.
① 믿음 자체가 우리를 그리스도와 연결시키는 신비한 힘을 지닌 것은 아닙니다.
② 성령께서 믿고 받아들이게 하시며, 우리를 그리스도와 연합시킵니다.

3. 하나님이 우리를 구원하심은 선한 일을 위해서입니다.

가. 구원받은 우리는 하나님의 작품입니다.
① "우리는 그가 만드신 바(포이에마)라"
② 하나님이 그리스도 예수 안에서 창조하신 새로운 피조물이기 때문입니다.

나. 우리는 선한 일들을 위해 창조되었습니다.
① 하나님의 은혜를 찬양하는 것은 입술로만 아니라 삶으로 이어져야 합니다.
② 구원받은 백성은 하나님의 뜻에 순종하며 하나님의 목적에 맞게 살아야 합니다.

구원은 전적으로 하나님의 선물입니다. 우리가 그것을 받을 만한 가치가 있기 때문에 주신 것이 아닙니다. "값없이" 주셨기에 "은혜"이고, "선물"입니다. 하지만 "값없이" 받았다 할지라도 구원의 선물에 합당한 모습으로 살아야 할 책임마저 값싼 것으로 여겨서는 안 됩니다. 감사와 감격 가운데 늘 순종하며 살아가, 하나님을 영화롭게 하시는 성도님들 되시기 바랍니다.

에베소서 강해10

구원은 하나님의 선물입니다

에베소서 2장 8~10절

우리 죄인 된 인간이 어떻게 구원받아 하나님의 자녀, 예수 그리스도와 함께 유업을 이을 자가 될까요? 바울 사도는 에베소서 2:1-10절에서 하나님이 어떻게 사람을 구원하시는지 설명하고 있습니다. 1-3절에서는 구원받기 이전의 성도들이 처해 있던 비참한 상태를 말해줍니다. 부모에게서 태어난 자연인으로서, 본래적인 인생은 첫째, 죄와 허물로 인해 영적으로 죽었었습니다. 둘째, 종 노릇 하며 살았습니다. 세상의 풍조에 종노릇하며 살았고, 공중의 권세 잡은 자(곧, 마귀)를 따라 하나님께 불순종하며 살았고, 육체의 욕심을 따라, 마음이 원하는 것을 하며 살았습니다. 셋째, 그러기에 자연인으로서 우리는 본질상 진노의 자녀이었습니다. 그런 우리의 본래적인 삶을 그리스도와 함께 새 삶으로 바꾸어 주셨습니다.

4-7절에서는 하나님이 그리스도 안에서, 그리스도를 통하여 이루

신 구원의 내용을 소개합니다. ① 하나님은 허물과 죄로 죽은 우리를 그리스도와 함께 살리셨습니다. 우리가 영적으로 부활한 것입니다. ② 하나님이 우리를 그리스도와 함께 일으키셨습니다(하늘로 올리우신 것입니다). ③ 그리고, 하나님이 우리를 그리스도와 함께 하늘에 앉히셨습니다.

진노의 자녀인 본래적인 삶이 그리스도와 함께 한 삶으로 바뀌었습니다. 이런 변화를 구원이라 합니다. 구원은 우리를 그리스도의 몸 속에 넣어 주시는 것입니다. 그리스도와의 연합입니다. 그리고 오늘 본문(8-10절)에서는 구원의 목적을 말하면서, 구원이 하나님의 선물임을 강조합니다. 그러면 그 구원은 어떻게 이루어집니까?

1. 우리는 하나님의 은혜의 행동으로 말미암아 구원을 얻게 되었습니다.

8-9절 "너희는 그 은혜에 의하여 믿음으로 말미암아 구원을 받았으니 이것은 너희에게서 난 것이 아니요 하나님의 선물이라 행위에서 난 것이 아니니 이는 누구든지 자랑하지 못하게 함이라"

여기 중요한 4개의 선언이 있습니다.

가. "이것은 너희에게서 난 것이 아니요"

① 구원은 사람이 스스로 성취할 수 있는 것이 아닙니다. 구원은 자기 힘으로 된 것이 아닙니다. 교육이나 훈련, 수양으로 되는 것이 아닙니다. 혈통으로 되는 것도 아닙니다.

② 구원은 감히 우리 죄인들이 기대하거나 요구조차 할 수 없는 것입니다. 구원은 인간에게서 기인된 것이 아닙니다. 사람이 성취할 수 있는 것이 아닙니다.

나. “하나님의 선물이라”

① 구원은 하나님의 은혜입니다. 죄로 인해 진노를 받아 마땅한 죄인을 그리스도 안에서 구원하여 하나님 자녀 삼아 주신 것은 하나님이 하신 일입니다. 하나님의 호의에 의한 것입니다. 그것이 은혜입니다.

② 하나님의 은혜는 우리를 향하신 하나님의 자기희생적인 사랑입니다. 감히 우리가 기대하거나 요구조차 할 수 없는 것입니다. 하나님은 긍휼이 풍성하신 당신의 성품 때문에 우리를 구원하기 위해 먼저 행동하셨습니다. 죄를 범하여 하나님과 원수가 된 우리에게 진노의 심판 대신에 구원의 은혜를 베푸신 것입니다. 따라서 “그 은혜를 인하여” 구원받았다는 것은 성도의 구원을 처음부터 마지막까지 전적으로 하나님께서 이루셨음을 의미합니다. 그리고 그 구원을 사람들에게 선물로 주시는 것입니다.

다. “행위에서 난 것이 아니라”

① 구원은 사람의 공로로 이루어지는 것이 아닙니다. 구제사업 많이 했다고 주어지는 것이 아닙니다. 돈으로 사는 것이 아닙니다. 공부 잘한다고 얻을 수 있는 것도 아닙니다. 권세가 높다고 가질 수 있는 것도 아닙니다. 가문이 좋다고 얻는 것도 아닙니다.

② 죄와 허물로 죽은 사람이 어떻게 자기를 구원할 수 있겠습니까?

구원은 결코 사람의 행위에서 날 수 없습니다. 구원은 감사함으로 받아야 할 하나님의 선물입니다.

라. "이는 누구든지 자랑하지 못하게 함이라"

① 오직 그 구원을 허락하신 하나님께 감사할 뿐입니다. "그런즉 자랑할 데가 어디냐 있을 수가 없느니라 무슨 법으로냐 행위로냐 아니라 오직 믿음의 법으로니라 그러므로 사람이 의롭다 하심을 얻는 것은 율법의 행위에 있지 않고 믿음으로 되는 줄 우리가 인정하노라"(롬 3:27-28), "만일 아브라함이 행위로써 의롭다 하심을 받았으면 자랑할 것이 있으려니와 하나님 앞에서는 없느니라 성경이 무엇을 말하느냐 아브라함이 하나님을 믿으매 그것이 그에게 의로 여겨진 바 되었느니라"(롬 4:2-3) 그러므로 인간은 구원에 대해 자랑할 수 없습니다.

② 우리가 받은 구원에 대해 자랑할 수 없고, 자랑해서도 안 됩니다.

2. 하나님이 이루신 그 구원은 믿음으로 우리에게 적용됩니다.

가. 믿음은 하나님께서 그리스도를 통해 이루신 구원 사건에 대한 인격적 반응입니다.

① 믿음은 하나님이 이미 이루어 놓으신 것을 그대로 인정하고 받아들이는 것입니다. 믿음은 하나님이 주시는 선물을 감히 손을 내밀어 받을 수 없지만, 그럼에도 불구하고 받는 것입니다. 우리가 그리

스도와 함께 살고, 그리스도와 함께 일으키심을 받고, 그리스도와 함께 하늘에 앉게 되었습니다. 이 모든 것은 전적으로 하나님께서 이루신 것입니다. 우리가 한 것은 아무 것도 없습니다.

② 하나님이 이루어 놓으신 구원을 믿음으로 받아들여 자기에게 적용한 예를 우리 주님의 말씀을 통해 봅니다. "모세가 광야에서 뱀을 든 것 같이 인자도 들려야 하리니 이는 그를 믿는 자마다 영생을 얻게 하려 하심이니라"(요 3:14-15) 애굽에서 나온 이스라엘 백성들이 광야길을 갈 때, 그 가는 길이 험하고 힘들자, 백성들이 모세를 원망합니다. 하나님께 불평합니다. 그러자 하나님께서 불뱀을 보내 원망하는 자들을 물게 했습니다. 뱀에 물린 자들은 독이 올라 죽어가게 되었습니다. 모세가 그들을 위해 살려 달라고 기도합니다.

그러자 하나님께서 모세에게 명하십니다. "구리로 뱀을 만들어 장대 높이 매달라. 그리고 뱀에 물린 자마다 그것을 보면 살리라" 이 모세의 말을 듣고(모세를 통해 전해진 하나님의 말씀을 듣고) 쳐다본 사람은 살았습니다. 하나님께서 구리뱀 속에 이루어 놓으신 구원(치료)을 모세의 말을 듣고 믿음으로 쳐다본 사람들은 치료받고 구원받게 된 것입니다. 하나님이 이루신 구원을 믿음으로 자기 개인에게 적용한 것입니다. 그와 같이, 인자 되신 예수 그리스도께서 인류의 죄를 짊어지시고, 화목제물로 십자가에 달려 돌아가심으로, 인류의 구원을 완성하셨습니다. 이는 오직 긍휼이 풍성하신 하나님의 은혜요, 사랑입니다. 이 복된 소식을 듣고, 믿는 자들은 자기 개인에게 구원이 적용되는 것입니다. 믿음으로 하나님께서 이루신 구원을 받아들여, 구원받고, 하나님의 자녀가 된 것입니다.

나. 믿음을 통해 우리는 그리스도와 연합을 경험합니다.

그리스도와 연합할 때 그의 죽음이 성도의 죽음이 되며, 그의 부활이 성도의 부활이 됩니다.

① 그러나 믿음 자체가 우리를 그리스도와 연결시키는 신비한 힘을 지닌 것은 아닙니다."믿습니다." 한다고 내가 믿는 대로 되는 것은 아닙니다. 하나님이 이루신 일을 듣고 믿을 때, 성령께서 역사하십니다.

② 성령께서 믿고 받아들이게 하시며, 우리를 그리스도와 연합시키십니다. 우리를 그리스도와 연합하게 하는 것은 성령의 일입니다. 성령님은 그리스도의 십자가와 부활을 하나님께서 이루신 구원사건으로 믿고, 받아들이게 하시어, 우리를 그리스도와 연합시키십니다. 그러므로 우리에게 구원이 이루어지게 하시는 분은 성령님이십니다.

3. 하나님이 우리를 구원하심은 선한 일을 위해서입니다.

10절 "우리는 그가 만드신 바라 그리스도 예수 안에서 선한 일을 위하여 지으심을 받은 자니 이 일은 하나님이 전에 예비하사 우리로 그 가운데서 행하게 하려 하심이니라"

가. 구원받은 우리는 하나님의 작품입니다.

① "우리는 그가 만드신 바라(ποίημα, 포이에마)", 여기 "만드신바"에 해당하는 헬라어 단어는 "포이에마(ποίημα)"인데, 이것은 본래 "만들어진 것", "이루어진 것"을 뜻합니다. 고전문헌에서는 공예가나 장

인이 만든 물건이나 작품을 가리키는 데 쓰였습니다. 신약성경에서 이 단어는 로마서와 에베소서에서만 두 번 등장합니다. 로마서 1:20절에서는 복수 형태로, 하나님께서 "만드신 만물"을 가리킵니다. 우주 만물은 하나님께서 지혜와 능력으로 만드신 "작품"입니다. 그래서 바울 사도는 하나님의 영원하신 능력과 신성이 그의 작품인 만물에 분명히 보여 알게 된다고 말합니다.

오늘 에베소서 2:10절에서 이 단어는 하나님께서 그리스도 안에서 구원하신 성도들을 가리킵니다. 물론 일차적으로 성도 개개인이 하나님의 작품입니다. 하나님께서 죄와 허물로 죽은 사람을 다시 살려서, 새 사람 곧 그리스도와 함께 하늘에 앉은 영광스러운 존재로 만드셨다는 말입니다. 하지만 본문에서 바울 사도는 "우리"라는 복수형을 사용합니다. "우리"란 성도들과 이방인 성도 모두를 가리킵니다. 바울 사도는 구원받은 성도 개개인이 하나님의 작품임을 전제하면서도 구원받은 "우리" 즉, 성도들의 공동체(교회)가 하나님의 작품임을 말하고 있는 것입니다.

② 그러면 구원받은 성도들을 가리켜 하나님의 작품이라고 말하는 이유는 무엇입니까? 그들이 바로 하나님께서 그리스도 예수 안에서 창조하신 새로운 피조물이기 때문입니다. 죄와 허물로 죽은 우리를 그리스도와 함께 살리시고, 그와 함께 일으키시고, 그와 함께 하늘에 앉히신 하나님의 구원사역은 새 창조 사역과 다름이 없습니다. 고린도후서 5:17에서 바울 사도는 "누구든지 그리스도 안에 있으면 새로운 피조물이라" 선언합니다. 그리스도와 함께 살리심을 받고, 그리스도와 함께 하늘에 앉히신바 된 성도들은 그리스도 안에서 새로 창조

된 존재인 것입니다.

③ 하나님의 새 창조에 우리가 기여한 것은 아무것도 없습니다. 그래서 우리가 하나님의 작품이라는 말은 우리 구원이 하나님께서 전적으로 이루신 선물이라는 말과 같은 것입니다. 그런데, 어떤 작품이든 작품에는 그것을 만드신 이의 솜씨가 드러나기 마련입니다. 우리는 하나님께서 당신의 모든 지혜와 능력을 동원하여 그리스도 안에서 새로 창조하신 작품입니다. 따라서 하나님의 작품인 구원받은 성도들은 하나님의 창조의 능력과 지혜를 온 세상에 드러내야 합니다.

나. 우리는 선한 일들을 위해 창조되었습니다.

① 하나님의 작품인 구원받은 성도들이 어떻게 하나님의 창조의 능력과 지혜를 온 세상에 드러낼 수 있을까요? 하나님께서 예비하신 선한 일들 가운데 행함으로써 그렇게 할 수 있습니다. 10절에서 바울 사도는 우리가 "선한 일을 위하여" 창조되었다(지으심을 받았다)고 말합니다. 선한 일이 새 창조의 목적임을 가리킵니다. 하나님의 새 창조(구원)의 목적은 하나님께서 미리 예비하신 선한 일들을 행하는데 있습니다. 우리를 당신의 작품으로 창조하신 목적은 구원받은 우리로 선한 일들 안에서 살게 하는 것입니다.

에베소서 1장 6, 12, 14절에서 바울 사도는 우리를 구원하신 목적이 당신의 은혜의 영광을 찬미하는데 있다고 말하였습니다. 하지만 하나님의 은혜를 찬미하는 것과 선한 일을 하는 것이 서로 다른 것이 아닙니다. 하나님의 은혜를 찬미하는 것이 선한 일을 포함하기 때문입니다.

② 하나님의 은혜를 찬미하는 것은 입술로만 찬양하는 것에서 그치는 것이 아니라, 삶으로 이어져야 합니다. 하나님께서 미리 예비하신 선한 일들을 행함으로써 우리는 하나님의 작품으로서 하나님의 영광과 능력을 온 세상에 드러낼 수 있으며, 또 그렇게 하여 하나님을 기쁘시게 할 수 있는 것입니다.

③ 하나님의 작품인 성도들이 행해야 할 선한 일들은 하나님께서 미리 예비하신 것입니다. 하나님께서 "미리 예비하셨다"는 말은 창세전에 작정하신 하나님의 계획을 연상하게 합니다. 영원 전부터 하나님은 세상에서 영적이며, 윤리적으로 책임 있게 살아갈 한 백성을 창조하고자 하셨습니다. 그래서 하나님은 미리 선한 일들을 예비하셨고, 때가 되자 그것들을 행할 새 백성을 창조하신 것입니다. 선한 일들을 하는 것이 성도들에게 절대로 필요합니다. 선한 일들을 하는 것은 선택이 아니라 필수입니다. 과거에 우리는 허물과 죄 가운데 죽었던 자들이었으나, 이제는 "하나님의 작품(포이에마)"이 되었으므로, 하나님께서 미리 예비하신 선한 일들 가운데서 살아야 하는 것입니다(10절).

④ 우리를 하나님의 작품으로 창조하신 하나님의 목적이 선한 일들을 행하는 데 있다는 말은 오직 믿음으로 의롭다 함을 받는다는 교리에 익숙한 사람들의 귀에 낯설게 들릴 수 있습니다. 그러나 본문에서 바울 사도는 선한 일들을 행함으로써 의롭다 함으로 얻는다고 말하지 않습니다. 구원은 전적으로 하나님의 은혜로 주어지는 것입니다. 그러나 구원받은 성도들은 반드시 선한 일들을 해야 한다는 것이 바울 사도가 말하고자 하는 요점입니다.

⑤ 성도들이 선한 일들을 해야 하는 것은 구원을 얻기 위해서가 아닙니다. 이미 구원받은 하나님의 백성이 되었기 때문입니다. 구원받은 백성은 하나님의 뜻에 순종하며 하나님의 목적에 맞게 살아야 합니다. 선한 일들을 하는 것은 성도 개개인과 교회가 하나님의 작품, 곧 새로운 피조물이라는 것을 입증하는 결정적 증거입니다. 반면, 성도들이 선한 일들을 하지 않는 것은 하나님이 창조하신 존재(작품)라는 것을 스스로 부인하는 것이나 다름없습니다.

⑥ 그러면 성도들이 해야 할 선한 일들이란 무엇일까요? 본문에서 바울 사도는 하나님께서 선한 일들을 미리 예비하셨다고 말하면서도, 그 선한 일들이 무엇인지 설명하지 않습니다. 어떤 이는 선한 일들이 전도와 선교라고 해석합니다. 전도는 복음을 전하여 영적으로 죽은 사람들을 생명으로 인도하는 것입니다. 그러므로 전도야말로, 선한 일들 가운데 중요한 것이라고 할 수 있습니다. 그렇다고 전도와 선교가 선한 일들의 전부일 수는 없습니다. 이는 그리스도인들이 해야 하는 다양한 선한 일들을 가리킵니다. 하나님께서 선한 일들을 미리 예비하셨다는 말은 그 선한 일들이 하나님의 속성인 의와 거룩과 사랑과 관련되어 있음을 암시합니다(미가 1:8). 따라서 의와 거룩과 사랑을 실천하는 것이 곧 선한 일들이라고 생각해도 무망할 것입니다.

에베소서에서 보면 선한 일들과 관련된 윤리적 권면들이 있습니다. 그 권면들은 "하나님의 부르심에 합당하게 행하는 것(4:1)", "이방인처럼 행하지 않는 것(4:17)", "사랑 가운데서 행하는 것(5:2)", "빛의 자녀들처럼 행하는 것(5:8)", 그리고 "지혜 있는 자 같이 행하는 것(5:15)"입니다. 이는 성도의 삶 전체가 하나님께서 받으실 만한 것이 되어야 함을 말합니다. 다시 말해서, 우리의 삶 전체가 하나님을 본받는 삶이 되어야 하며(5:1), 우리를 위해서 자기를 버리신 그리스도를 따라 사는 삶이 되어야 합니다(5:2).

구원은 전적으로 하나님의 선물입니다. 우리가 그것을 받을 만한 가치가 있기 때문에 주신 것이 아닙니다. "값없이" 주셨기에 "은혜"이고, "선물"입니다. 하지만 "값없이" 받았다 할지라도 구원의 선물에 합당한 모습으로 살아야 할 책임마저 값싼 것으로 여겨서는 안 됩니다. 감사와 감격 가운데 늘 순종하며 살아가, 하나님을 영화롭게 하시는 성도님들 되시기 바랍니다.

에베소서 강해11 요약

그리스도의 피로 가까워졌습니다

에베소서 2장 11~13절

그리스도의 피는 능력이 많습니다. 특히 멀어진 사이를 가깝게 하는 힘이 있습니다. 죄와 허물을 씻어 주어 하나로 만드는 힘이 있습니다. 그리스도와 피는 하나님과 사람을 가깝게 합니다. 나아가 사람과 사람, 인종과 인종 사이도 가깝게 하는 힘이 있습니다. 그리스도 안에서 하나 됩니다. 인류 역사상 가장 큰 인종의 장벽은 유대인과 이방인의 장벽입니다. 그러나, 그 장벽도 그리스도의 피로 무너지고 하나가 되었습니다. 그렇다면, 이방인은 누구입니까? 유대인과 어떤 차이가 있습니까? 그러나, 이제 모든 인종은 그리스도 안에서 그리스도의 피로 가까워져 그리스도인이라는 새로운 인종이 되었습니다.

1. "그때에" 이방인들은 그리스도 밖에 있었습니다(이방인의 과거, 11~12절).

가. 이방인은 할례 받지 않은 사람들입니다(11절).

① 할례 받은 유대인들은 하나님의 백성이라는 민족적 우월의식을 가졌습니다.

② 할례 받지 않은 이방인들은 무할례당이라고 무시 받고 경멸당했습니다.

나. 이방인은 할례자에게 있는 축복에서 제외된 사람들이었습니

다(12절).

① 메시야에 대한 소망이 없었습니다.

② 하나님 나라 밖의 사람들이었습니다.

③ 모든 약속의 근거가 되는 언약과 상관없는 사람들이었습니다.

④ 세상에서 소망이 없었습니다.

⑤ 하나님이 없는 사람들이었습니다.

2. "이제는" 멀리 있던 자들이 그리스도의 피로 가까워졌습니다(이방인의 현재, 13절).

가. 그리스도 예수 안에서 가까워졌습니다.

① 하나님과 사람 사이의 수직적 차원의 화해입니다.

② 유대인과 이방인 사이의 수평적 차원의 화해도 포함됩니다.

나. 그리스도의 피로 가까워졌습니다.

① 유대교에서는 이방인 개종자가 할례의 피를 흘려야 하나님의 백성 이스라엘이 될 수 있었습니다.

② 그러나, 이제는 그리스도의 피 흘려주심으로 죄 사함은 물론 하나님과의 화해를 이루고, 하나님의 백성이 됩니다.

다. 우리는 그리스도의 피를 힘입어 그리스도인이라는 새로운 하나님의 백성이 됩니다.

① 인종적 구별이 없습니다.

② 어떤 구별이 있을 수 없습니다.

오늘날 "이방인"은 예수 그리스도의 피로 구원 받지 못한 사람을 가리킵니다. 그리스도의 피는 그 어떤 사람을 용서하고, 구원하여, 하나님의 백성이 되게 합니다. 그리스도의 보배로운 피로 가까워졌습니다. 그리스도의 보혈의 능력을 찬양하십시오.

에베소서 강해11

그리스도의 피로 가까워 졌습니다

에베소서 2장 11~13절

예수 그리스도 보혈의 능력은 위대합니다. 죄인을 구원하여 하나님의 자녀가 되게 하며, 막힌 담을 헐어버리기 때문입니다. 하나님과 화해하고, 사람들 사이도 화해시킵니다. 하나님이 어떻게 사람을 구원하시는지를 설명한(엡 2:1-10) 바울 사도는 이제 에베소서 2장 11-22절에서 이방인 성도들의 구원에 초점을 맞추어 말씀합니다. "그때에"와 "이제는"이라는 시간을 나타내는 부사를 사용하여, 바울 사도는 예수 밖에 있던 이방인들의 비극적인 과거의 모습과 예수 안에서 누리는 영광스러운 현재의 모습을 대조합니다. 이 단락의 주제는 "예수 그리스도가 우리의 화평"이시라는 것입니다. 이 단락도 세 부분으로 나누어 살펴보려 합니다.

① 에베소서 2:11-13절은 구원받기 이전의 비참한 이방인의 모습입니다.

② 에베소서 2:13-18절은 예수의 사역을 화해의 관점에서 제시하면서 이방인의 비극적인 상황이 예수의 사역을 통해 완전히 변화되었음을 묘사합니다.

③ 에베소서 2:19-22절은 구원받기 이전의 비참한 이방인의 모습을 묘사합니다. 이러한 변화가(구원이) 가능한 것은 예수의 피(보혈) 때문입니다. 예수의 피(보혈)는 능력이 많습니다.

과거에 이방인들은 예수 밖에 있었으며 세상에서 소망이 없었고, 하나님도 없었습니다. 또한 이스라엘 백성과 분리되어 하나님께서 그들에게 주신 영적인 복들도 누리지 못하였으며, 약속의 언약들과 아무 상관이 없는 외인들이었습니다(11-13절). 그런데 예수그리스도께서 자기 육체를 유대인들과 이방인들 사이의 막힌 담을 허시고, 둘이 하나가 되게 하셨습니다. 그뿐 아니라 하나님과 인간 사이의 적대감을 제거하셔서 유대인과 이방인을 하나님과 화해시키셨고, 둘이 함께 한 성령 안에서 아버지께 나아가게 하셨습니다(14-18절).

그 결과 과거 외인이며, 나그네이던 이방성도들은 이제 하나님 나라 시민이자. 하나님의 권속이 되었습니다. 게다가 그들은 다른 성도들과 함께 하나님께서 거하시는 영적인 성전으로 지어져가는 영광스러운 존재가 되었습니다(19-22절). 이렇게 에베소서 2장 11-22절의 특별한 점은 예수의 십자가의 죽음을 화해를 위한 사건으로 제시하는 것입니다. 예수 그리스도는 우리의 화평이십니다(14절). 여기서 말하는 화해는 하나님과 사람 사이에 수직적 차원의 화해는 물론 하나님의 백성이라 불리는 이스라엘과 이방인 사이에 수평적 화해를 포함합니다.

본문에서의 강조점은 사람과 사람 사이에 수평적 화해에 있습니다. 그리스도는 유대인 성도들과 이방인 성도들 사이에 적대감을 제거하시고 둘을 하나 되게 하며, 자기 안에서 "한 새사람"을 창조하셨습니다. 이렇게 하여 두 집단을 서로 화해시키고, 두 집단 사이에 평화를 회복하셨습니다(15절). 그리스도께서 창조하신 "한 새사람"(그리스도인)은 집합적 개념으로서 "하나의 새로운 인류"를 가리킵니다. 새로운 인류의 창조는 그리스도 안에서 만물의 통일이 이미 시작되었음을 보여주는 중대한 사건이자 표징입니다.

이방인들은 만물을 통일하시는 하나님의 구원 계획에 따라 한 새사람이 되었습니다. 그리고 그리스도의 화해 사역으로 새 인류의 일원이 되어, 영적 특권을 누리게 된 것입니다. 이렇게 사도 바울은 에베소교회 성도들에게 그리스도 안에서 누리는 영광스러운 구원을 상기시킵니다. 그들은 자신들의 비극적인 과거에 비추어 지금 그리스도 안에서 누리는 영광스러운 구원의 의미를 분명히 깨달아야 합니다.

이렇듯 엡 2:11-22절의 핵심 내용은, 과거의 절망적인 상태에 있던 이방인 성도들이 지금은 그리스도의 화해 사역으로 새 인류의 일원이 되어 영광스러운 특권을 누리고 있다는 것입니다. 그 중 오늘 본문인 2장 11-13절은 인류역사상 가장 큰 인종의 장벽이었던 유대인과 이방인의 장벽이 그리스도의 피(보혈)로 무너지고, 하나가 된 것에 대해 말씀하십니다. 이방인은 누구입니까? 유대인과 어떤 차이가 있습니까? 그러나, 이제 모든 인종은 그리스도 안에서, 그리스도의 피로 가까워져, 그리스도인이라는 새로운 인종이 되었습니다. 하나님의 백성이 된 것입니다.

1. "그때에" 이방인들은 그리스도 밖에 있었습니다(이방인의 과거, 11절–12절).

가. 이방인은 할례 받지 않은 사람들입니다(11절).

"그러므로 생각하라 너희는 그때에 육체로는 이방인이요 손으로 육체에 행한 할례를 받은 무리라 칭하는 자들로부터 할례를 받지 않은 무리라 칭함을 받는 자들이라"(11절)

① 할례 받은 유대인들은 하나님의 백성이라는 민족적 우월 의식을 가졌습니다. 하나님께서 타락한 인류를 구원하시려고 한 민족을 택하시게 되었습니다. 그들이 유대인입니다. 그 조상이 믿음의 조상 아브라함입니다. 아브라함이 하나님의 부르심에 응답하여 우상의 도시 갈대아 우르를 떠나, 하나님이 지시하시는 땅(가나안)으로 갔습니다. 하나님께서는 그를 축복하셨습니다. "내가 너로 큰 민족을 이루고 네게 복을 주어 네 이름을 창대하게 하리니 너는 복이 될지라너를 축복하는 자에게는 내가 복을 내리고 너를 저주하는 자에게는 내가 저주하리니 땅의 모든 족속이 너로 말미암아 복을 얻을 것이라 하신지라"(창 12:2–3절)

어느 날 하나님께서 아직 자녀가 없는 아브라함을 이끌고 밖으로 나가 하늘을 보게 하십니다. 그리고 네 자손이 하늘의 별처럼 많게 될 것이라 약속하십니다. "아브람이 여호와를 믿으니 여호와께서 이를 그의 의로 여기셨습니다"(창 15:6절) 그리고 얼마 후에는 아브라함과 그 후손들에게 대대로 할례를 받게 하심으로 하나님과 맺은 언약을 몸에 두어 그 후손들에게도 "영원한 언약"이 되고, 하나님은 아브라함과 그 후손의 하나님이 되리라고 말씀하셨습니다.

그러기에 할례가 아브라함의 후손 된 표요 하나님과 맺은 언약 백성의 표였습니다. 그 할례를 통해 하나님과 언약 관계에 있는 아브라함의 후손이 이스라엘이요, 유대인입니다. 그러기에, 할례는 곧 하나님의 백성임의 표시였고, 유대인 하면 할례를 생각할 만큼 할례는 곧 그들의 신분이었습니다. 할례 받은 유대인들은 하나님의 백성이라는 우월감이 대단했습니다. 그러나 그들은 그들을 통해 땅에 모든 족속이 복을 얻게 해야 한다는 책임은 망각하고 있었던 것입니다.

② 그리고, 오히려 할례 받지 않는 이방인들을 무할례 당이라고 무시하고 경멸했습니다. 유대인들은 종종 이야기합니다. ㉠ 하나님은 이방인들을 지옥의 땔감으로 사용하시기 위해 창조하셨다. 오직 하나님은 이스라엘만 사랑하신다. ㉡ 뱀을 잡아 죽이는 것도 좋은 일이고 이방인을 죽이는 것도 좋은 일이다. ㉢ 이방인의 산모가 진통을 겪고 있는 동안 그 산모를 도와주는 것은 율법에 어긋나는 것이다. 왜냐하면, 그것은 또 하나의 이방인을 세상에 나오게 하는 것이기 때문이다. 유대인에게 있어 최대의 욕이요 저주는, 죽어서 할례 받지 못한 자들 속에 누워있으라는 것입니다. 유대인들은 이방인과 접촉하는 것을 곧 죽는 것으로 여겼습니다. 이방인의 집에 들어가는 것조차 유대인에게는 부정한 것이 되었습니다(행 10장, 베드로 – 이방인 백부장 고넬료의 집) 이렇게 그리스도께서 오시기 전까지 이방인들은 유대인들의 멸시의 대상이었습니다. 양자 간에 장벽이 높이 쌓여있었습니다. 그러나 그리스도께서 오시어 십자가에서 피 흘려주심으로 그 장벽은 무너졌습니다. 그리스도의 보혈로 씻음 받은 자만이 하나

님의 자녀가 되고, 하나님께 나아가기 때문입니다.

"할례나 무할례가 아무 것도 아니로되 오직 새로 지으심을 받는 것만이 중요하니라"(갈 6:15절) 이제 그리스도가 오신 후 하나님께서는 할례 받은 유대인이나, 할례 받지 않은 이방인을 통해 일하시는 것이 아닙니다. 하나님의 아들 독생자 예수그리스도의 피로 구속받은 사람들 곧 교회를 통해 일하십니다. 교회는 예수 그리스도의 피로 하나님과 화해하고 가까워진 사람들의 모임입니다. 교회는 예수 그리스도의 몸입니다.

나. 이방인은 할례자에게 있는 축복에서 제외된 사람들이었습니다(12절).

"그 때에 너희는 그리스도 밖에 있었고 이스라엘 나라 밖의 사람이라 약속의 언약들에 대하여는 외인이요 세상에서 소망이 없고 하나님도 없는 자이더니"(엡 2:12절)

여기 5가지의 할례자에게 있는 축복에서 이방인이 제외되었음을 보여줍니다.

① 이방인은 메시아에 대한 소망이 없었습니다. "너희는 그리스도 밖에 있었고…", "그리스도"(χριστός)는 헬라어로 '기름 부음 받은 자'로서 히브리어로 "메시아"(מָשִׁיחַ)와 같은 뜻의 말입니다. 이는 하나님께서 기름 부으신 자, 곧 하나님께서 자신을 옹위하고 하나님의 황금시대를 도래케 하기 위해서 이 세대에 보내실 것으로 기대되고 간구되었던 왕을 의미합니다. 유대인들은 가장 고통스럽고, 어려운 시대에도 메시아가 오셔서 그들을 구원해 주실 것에 대한 희망을 갖고

있었습니다. 그러나 이방인들에게는 그런 희망이 없었습니다. 이방인들은 메시아를 전혀 알지 못했고 기대하지도 않았습니다. 이방인들은 역사란 정체된 것으로 돌고 도는 것이라 생각했습니다(윤회사상). 그러나 유대인들은 역사란 하나님께서 정하신 목표를 향해가는 행진이었습니다. 그리스도께서 오심으로 그리스도의 피로 가까워짐으로 이방인들도 인간은 언제나 하나님께 가는 "도상에 있는 존재"라는 새로운 역사관을 갖게 되었습니다.

② 이방인들은 하나님 나라 밖에 사람들이었습니다. "이스라엘 밖에 사람이라" 이스라엘은 하나님께서 통치하시는 종교적이며 정치적인 공동체였습니다. 하나님은 이스라엘의 왕이셨고 유대인들은 그의 백성이었습니다. 그러나 이방인들은 종교적이고, 정치적인 공동체의 이스라엘의 합법적인 백성이 아니었습니다. 이방인들은 그 나라에서 제외되었습니다. 따라서 하나님의 다스림을 받지 못하였습니다. 하나님께서 주신 율법도 없었습니다. 하나님의 백성이 누리는 영적인 복과 특권을 누리지도 못하였습니다. 그런데 예수 그리스도의 보혈을 통해 하나님의 백성이 아닌 이방인들이 이제는 하나님의 백성이 되었습니다. 하나님의 통치를 받게 되었습니다.

③ 이방인들은 모든 약속의 근거가 되는 계약과 상관없는 사람들이었습니다. "약속의 언약들에 대하여 의인이요" 하나님께서는 아브라함과 다윗의 자손인 메시아를 통한 구원과 복을 그들에게 약속하셨습니다. 그러나 이방인들은 그런 하나님의 언약들과 아무런 상관이 없는 '의인들'이었습니다. 이방인들은 하나님의 백성의 공동체와 관련하여 외국인들이었습니다. 따라서 이스라엘에 주어진 약속의 언

약들에 대해 아무런 권리가 없는 외국 사람들이었습니다. 그러나 예수 그리스도 안에서 그리스도의 피로 말미암아 언약의 백성이 되었습니다. 우리가 하나님의 백성이 되어 언약에 참여하게 된 것도 예수의 보배로운 피로 말미암은 것입니다.

④ 이방인들은 세상에서 소망이 없었습니다. "세상에서 소망이 없고" 물론 이방인들도 인생의 성공이나 번영과 같은 자기 나음으로의 소망이 있었을 것입니다. 그러나 그것은 참 소망일 수 없습니다. 하나님의 영원한 약속에 근거한 것만이 참 소망입니다. 그런데 이방인들은 하나님께서 주신 약속의 언약들에 대해 "의인들"이었기 때문에 그들에게 참 소망이 있을 수 없었습니다. 하나님 없는 이방인들은 세상에서 불안과 절망 속에 살아야 했습니다. 단테는 그의 신곡에서 지옥편을 쓰며, 그 지옥의 입구에 이런 글귀가 쓰여 있다고 했습니다. "이곳을 지나는 사람은 일체의 소망을 버려라" 아무 소망이 없는 곳 그곳이 지옥입니다. 그러나 예수의 피는 우리에게 하나님에 대한 소망을 갖게 했습니다.

⑤ 이방인들은 하나님이 없는 사람들이었습니다. "하나님도 없는 자이더니"

이방인들은 창조가 없는 삶을 살고 있는 사람들입니다. 자기 생명의 근원을 알지 못하고 사는 사람들입니다. 그러면서도 허전하기에 신들을 만들어 섬기고 있습니다. 이방인들에게 신들(gods)은 많았지만, 참 신(God)은 없었던 것입니다. 이방인들은 이스라엘을 통하여 자신을 계시하신 참 하나님을 알지 못하였습니다. 하나님의 생명에서 떠나 있었습니다. 참 하나님이 없는 그들에게 삶의 의미나 목적이나 참된 소망이 있을 수 없었습니다. 그러나 그리스도의 피(보혈)는 우리를 하나님과 화해하고, 가까워지게 했습니다. 하나님이 없이 내 마음대로 살던 우리에게 하나님을 알게 해주셨습니다. 그리고 하나님의 백성의 무리에 속하게 해 주십니다. 그 보혈의 능력을 찬송하시기 바랍니다.

2. "이제는" 멀리있던자들이 그리스도의 피로 가까워졌습니다(이방인의현재,13절).

13절 "이제는전에멀리있던너희가 그리스도 예수 안에서 그리스도의 피로 가까워졌느니라"

가. 그리스도 안에서 가까워졌습니다.

① 하나님과 사람 사이에 수직적 차원의 화해입니다. 여기 본문에 나오는 "멀리있던"이나 "가까워졌다"는 공간적 언어는 구약성경에서 흔히 등장합니다. 하나님과 이스라엘을 서로 "가까이" 알았습니다. 하나님은 그들의 하나님이 되시고 그들을 자기 백성으로 만들겠다고 약속하셨기 때문입니다. 그래서 모세는 이렇게 말할 수 있었습니다. 신명기 4장 7절입니다. "우리 하나님 여호와께서 우리가 그에게 기도할 때마다 우리에게 가까이 하심과 같이 그 신이 가까이 함을 얻은 큰 나라가 어디 있느냐"(신명기 4:7절)

이 점에서 이스라엘의 독특함은 시편 148편 14절에서도 반복됩니다. "그가 그의 백성의 뿔을 높이셨으니 그는 모든 성도 곧 그를 가까이 하는 백성 이스라엘 자손의 찬양 받을 이시로다 할렐루야"(시편 148:14절) 여기 "그를 가까이 하는 백성 이스라엘"이란 말이 나옵니다. 이와 대조적으로 이방인 나라들은 "멀리"있었습니다. 그들은 "먼 곳"에서 부르심을 받아야 하는 백성이었습니다(사 49:1). 하지만 하나님은 언젠가 그분이 "먼 데 있는 자에게든지 가까운데 있는 자에게든지 평강이 있을 지어다 평강이 있을 지어다"라고 말하겠다고 약속하셨습니다. 그 약속은 우리 주 그리스도 예수 안에서 성취되었습니다. 여기에서 바울은 그리스도와 관련해서 그 약속을 인용합니다(사 57:19, 엡 2:17). 우리는 모든 그리스도인이 그리스도를 통해 누리는 "하나님께 가까이함"에 특권을 당연하게 생각합니다. 우리 하나님은 동방의 어떤 군주처럼 거리를 두고, 우리를 대하시거나 자신의 위엄을 고집하지 않으시고, 어떤 복잡한 의식이나 의전을 주장하지도 않으십니다. 그와 반대로 우리는 예수그리스도를 통해 그리고 성령에 의해 하나님 우리 아버지께 직접 나아갈 수 있습니다.

② 유대인과 이방인 사이의 수평적 차원의 화해도 포함됩니다. 에베소 교회의 이방인 성도들은 예수의 피를 힘입어 하나님께 가까이 나아갈 수 있으며 또한 새 백성의 일원이 될 수 있습니다. 새 백성은 유대인이나 이방인이나 관계없이 예수 안에서 예수의 피로 하나 됩니다. 우리가 새롭게 하나님께 가까워지게 되는 것은 예수 그리스도 안에서 그리고 예수의 피로 되었습니다. "예수의 피"는 예수가 우리의 죄를 위해 십자가에서 희생적으로 죽으신 것 그로 인해 우리를 하나님 그리고 서로와 화목시키신 것을 의미합니다.

반면에 "예수 그리스도 안에서"라는 말은 예수가 이루신 화목을 오늘날 우리가 받고 누리는 수단인 예수와의 개인적인 연합을 의미합니다. 그래서 이 두 표현은 "멀리"있던 사람들이 "가까워지는" 두 단계를 증거합니다. 첫 번째 단계는 십자가라는 역사적인 사건입니다. 그리고 둘째 단계는 그리스도인의 회심(혹은 예수와의 연합)이라는 현재의 경험입니다. 여기 바울사도가 선포하는 것은 보편적 화해가 아닙니다. 그것은 예수와 개인적으로 연합해서 예수 "안에"있는 사람들이 감사함으로 경험하는 것으로 하나님과 서로에 대한 가까움입니다.

나. 예수의 피로 가까워 졌습니다.

전에 멀리 있던 이방인 성도들이 가까워 질 수 있었던 것은 "예수의 피" 때문입니다.

① 유대교에서는 이방인 개종자가 할례의 피를 흘려야 하나님의 백성 이스라엘이 될 수 있었습니다. 그러나 이제 이방인들은 더는 할례의 피를 흘리지 않고도 하나님의 백성이 될 수 있습니다.

② 이제는 예수의 피흘려 주심으로 죄 사함은 물론 하나님과 화해를 이루고 하나님의 백성이 됩니다. 예수의 보혈을 힘입어 아버지 하나님 품으로 나아가게 되었습니다.

다. 우리는 하나님의 아들, 독생자 예수 그리스도의 피를 힘입어 그리스도인이라는 새로운 하나님의 백성이 됩니다. 이는 하나님께서 "하늘에 있는 것이나 땅에 있는 것이 다 예수 안에서 통일되게 하려 하심이라"(엡 1:10절)는 말씀이 이미 시작되었음을 말해 줍니다.

① 예수의 피를 힘입어 하나님의 백성이 되는 데는 인종적 구별이

없습니다. 유대인, 헬라인, 한국인, 일본인, 흑인, 백인, 남자, 여자, 부자, 가난한 자, 지식인이나. 못 배운 자나, 권력자, 낮은 자나 하나님의 백성이 되기 위해서는 예수의 피를 힘입어야 합니다. 예수의 피는 능력이 있습니다. 예수의 피로 하나님과 가까워 졌습니다.

② 하나님의 백성들 사이에는 어떤 구별이 있을 수 없습니다. 오늘날 "이방인"은 예수 그리스도의 피로 구원받지 못한 사람들을 가리킵니다. 예수의 몸인 교회 밖에 있는 "이방인"입니다. 예수의 피는 그 어떤 사람도 용서하고, 구원하며 하나님의 백성이 되게 합니다. 예수의 보배로운 피로 가까워졌습니다. 하나님과 가까워졌습니다. 전에 멀리 있던 사람들과도 예수의 피 때문에 가까워 졌습니다. 이 놀라우신 예수의 보혈의 능력을 찬송하시기 바랍니다.

예수 그리스도는 우리의 화평이십니다

에베소서 2장 13~18절

"소외"라는 말은 현대사회에서 일종의 유행어가 되었습니다. 그러나 오래 전에 성경은 인간의 소외에 대해 말씀하고 있습니다. 그것은 경제적 소외나 정치적 소외와 다른, 그리고 훨씬 근본적인 소외입니다. 하나는 우리 창조주 하나님으로부터의 소외요, 다른 하나는 인간들 상호 간의 소외입니다. 이 소외의 문제를 해결하러 오신 분이 우리 주 예수 그리스도이십니다. 예수 그리스도는 우리의 화평이십니다.

1. 그리스도 예수 안에서, 그리스도의 피로 화평을 이룹니다(13절).

가. 그리스도 예수 안에서 가까워졌습니다(그리스도와의 연합).

나. 그리스도의 피로 가까워졌습니다(역사적 십자가 사건, 히브리서 9:13-14절).

2. 예수 그리스도는 화평을 이루기 위해 십자가에서 피흘려 주셨습니다(14~16절).

가. "중간에 막힌 담"을 허셨습니다(14절).

① 예루살렘 성전의 성소와 이방인의 뜰 사이를 분리하는 성전 난간

② 하나님과 사람, 사람과 사람 사이의 적대감의 장벽

나. "법조문으로 된 계명의 율법"을 폐하셨습니다(15절).

① 갈 3:13절 ② 롬 8:2-4절 ③ 롬 10:4절

다. "원수 된 것"을 십자가로 소멸하셨습니다(16절).

① “원수 된 것”(에끄뜨라)은 “적대감” 또는 “적개심”을 의미합니다.

② 이것은 유대인들과 이방인들이 서로 가지고 있던 적대감을 가리킵니다.

3. 우리의 화평이신 예수 그리스도를 통해 하나님께 나아가는 길이 열렸습니다(17~18절).

가. 그리스도 안에서 한 새 사람을 지으셨습니다(15절).

① 과거에 하나님께서 옛 사람 아담을 창조하셨듯이 이제 그리스도께서 자기 안에서 “한 새 사람”을 창조하셨습니다.

② 그리스도안에서창조된새사람은새인류의 시작이자 새 인류 그 자체입니다.

나. 평안을 전하셨습니다(17절).

① 먼 데 있는 자들과 가까운 데 있는 자들에게 평안을 전하셨습니다.

② 그리스도는 십자가로 이루신 평화를 복음 사역자들을 통해 말씀과 성령으로 온 세상 사람들에게 선포하십니다.

다. 둘이 한 성령 안에서 하나님께 나아갈 수 있는 길을 예비하셨습니다(18절).

① “그 둘”은그리스도로서로화목하게된믿는유대인들과이방인들을가리킵니다.

② “한 몸”이란 “한 새 사람”과 같은 표현으로 교회(그리스도의 몸)을 가리킵니다. 과거에 원수이던 유대인들과 이방인들이 한 성령 안에서 하나 되어 아버지께 나아가는 것은 그 둘 사이에, 그리고 그 둘과 하나님 사이에 평화가 실현되었음을 보여 줍니다. 이것은 그리스도께서 창조하신 하나님의 한 새로운 인류 곧 교회의 모습입니다. 교회는 과거에 원수이던 사람들조차 그리스도의 십자가를 통해 화해를 경험하고, 한성령안에서하나가되어함께손을잡고 한아버지께 나아가는 연합과 평화의 공동체입니다.

에베소서 강해12

예수 그리스도는 우리의 화평이십니다

에베소서 2장 13~18절

"소외"라는 말은 현대사회에서 일종의 유행어가 되었습니다. 이른바 "선진"세계에 살고 있는 사람들 특히 젊은이들 중에는 "조직"에 대하여 환멸을 느끼고 "관료정치"에 대하여 비판적이며 "기성체제"에 대하여 적대적인 사람들이 많이 있습니다. 그들은 스스로를 "소외된 자"라고 부릅니다. 이들 중 어떤 이들은 개혁을 위해 일을 하고, 또 어떤 이들은 혁명을 도모하기도 합니다. 어떤 이들은 자포자기 상태에 빠져 생활하기도 합니다. 어떠한 입장에 서 있건 그들은 현 상태에 자신을 적응시키지 못하고 있는 것입니다.

"소외"란 용어를 대중화시킨 사람은 칼 막스였습니다. 그는 이 용어를 독일의 포이에르 바하(Feuer bach)에게서 빌려 왔습니다. 마르크스는 무산계층(proletariat)의 처지를 "경제적 소외"라는 측면에서 이해하였습니다. 노동자에게 있어 그의 기능은 자신의 일부입니다.

그러므로 그의 고용주가 그의 생산품을 판매할 때, 그 고용주는 적어도 부분적으로는 그 노동자들 자신으로부터 "소외"시키는 죄를 범한 것입니다. 마르크스에 따르면 이것이 계급투쟁의 기초입니다. 오늘날 이 용어는 노동자가 그의 노동 및 그 노동에 따른 대가로부터 뿐만 아니라 권리 행사 특히 의사 결정을 내리는 데 있어서의 권리 행사로부터 소외되는 것을 가리키는 말로 보다 일반적으로 사용됩니다. 다시 말해 "소외"라는 말은 경제적인 용어로서 보다는 정치적 용어로서의 성향을 띠게 되었습니다.

"소외"는 현재 상태에 대한 불만을 의미할 수도 있고, 그것을 변화시키지 못하는 무기력을 의미할 수도 있습니다. "소외"라는 우리 주변에 만연되어 있는 현상입니다. 그런데 성경은 포이에르 바흐나 막스보다 훨씬 오래 전에 인간의 소외에 대해 말씀하고 있습니다. 그것은 경제적 소외나 정치적 소외와 다른 그리고 훨씬 근본적인 소외입니다. 하나는 우리 창조주 하나님으로부터의 소외요 다른 하나는 인간들 상호 간의 소외입니다. 에베소서에 이 두 형태의 소외가 모두 언급됩니다. "하나님의 생명에서 떠나 있도다"(4:18절), "그 때에 너희는 그리스도 밖에 있었고 이스라엘 나라 밖의 사람이라"(2:12절)

이 이중적인 소외의 문제를 다루는 것 그것을 화해로 바꾸는 것이 에베소서 2장의 주제입니다. 2:1-10절에서 인간은 하나님으로부터 소외된 자로 묘사됩니다. 그들은 "허물과 죄로 죽었고", "본질상 진노의 자녀"(1,3절)였습니다. 그리고 본문이 속해있는 2:11-22절에서 인간은 또한 서로로부터 소외된 자들로 묘사됩니다. 특히 이방인들은 하나님의 백성인 이스라엘 나라로부터 소외된 자들로 기술되고 있습니다. 21세기에 살고 있는 우리들이 유대인들과 이방인들 간에 심각한 구분이 이루어져 있던 그 당시로 돌아가 생각할 수는 없을 것입니다. 성경은 인류가 하나라는 사실을 명백하게 선포하고 있습니다. 그러나 성경은 타락과 홍수 이후에 인간이 분열되고 분리된 역사를 보여줍니다. 이 소외의 문제를 해결하러 오신 분이 우리 주 예수 그리스도이십니다. 예수 그리스도는 우리의 화평이십니다.

1. 그리스도 예수 안에서, 그리스도의 피로 화평을 이룹니다(13절).

13절 "이제는 전에 멀리 있던 너희가 그리스도 예수 안에서 그리스도의 피로 가까워졌느니라"

가. 그리스도 예수 안에서 가까워졌습니다(그리스도와의 연합).

"가까워졌다"는 말은 그리스도 안에서 변화된 현재의 삶을 요약적으로 표현합니다. 과거에 에베소 교회의 이방인 성도들이 멀리 있었다는 것은 하나님에게서 멀리 떨어져 있었음을 뜻합니다. 동시에 하나님에게서 멀리 떨어져 있었음을 뜻합니다. 동시에 하나님의 백성인 이스라엘에게서도 멀리 떨어져 있었음을 뜻합니다. 따라서 그들이 "가까워졌다"는 것은 하나님께 가까이 왔음을 뜻합니다. 하나님을 알고 믿게 된 것입니다. 동시에 하나님의 백성의 일원이 되었음을 뜻합니다. 과거에 에베소 교회의 이방인 성도들은 하나님을 멀리 떠나 이스라엘이 누리던 복을 누리지 못하였습니다. 그런데 놀랍게도 지금도 하나님께 가까이 와서 영적인 복과 특권을 누리는 자들이 되었습니다.

나. 그리스도의 피로 가까워졌습니다(역사적 십자가 사건, 히브리서 9:13-14절).

전에 멀리 있던 이방인들이 가까워질 수 있었던 것은 "그리스도의 피" 때문입니다. 유대교에서는 이방인 개종자가 할례의 피를 흘려야 이스라엘의 일원이 될 수 있었습니다. 그러나 이제 이방인들은 더는 할례의 피를 흘리지 않고도 하나님의 새 백성이 될 수 있습니다. 예수그리스도께서 세상에 오심으로써 새로운 구원의 시대가 시작되었기 때문입니다. 예수 그리스도의 희생적 죽음은 죄 사함뿐 아니라 하나님과의 화해를 가능케 했습니다. 따라서 에베소 교회의 이방인 성도들은 그리스도의 피를 힘입어 하나님께 가까이 나아갈 수 있으며 또한 하나님의 새 백성의 일원이 될 수 있는 것입니다.

사랑하는 여러분! 우리도 대속의 피를 흘리신 예수 그리스도 안에서 그 피로 인하여 하나님과 화해되어 하나님께 가까이 나아가게 되었습니다. 또한 하나님의 백성이 되어 하나님이 예비하신 축복을 누리게 된 것입니다. 오늘 처음 오신 여러분! 이 축복의 자리에 여러분을 모시고 싶어 초청하신 것입니다.

2. 예수 그리스도는 화평을 이루기 위해 십자가에서 피흘려 주셨습니다(14~16절).

가. "중간에 막힌 담"을 허셨습니다(14절)

14절 "그는 우리의 화평이신지라 둘로 하나를 만드사 원수 된 것 곧 중간에 막힌 담을 자기 육체로 허시고" 여기 "둘로 하나를 만드사"에서 "둘"은 유대인과 이방인을 가리킵니다. 할례자와 무할례자, 먼 데 있는 자들과 가까운 데 있는 자들을 가리킵니다. 그리스도는 "둘" 곧 유대인과 이방인들을 하나로 만드신 분이며 둘 사이를 가로 막은 담을 허무신 분이십니다. 따라서 14절은 문자적으로 번역하면 이렇게 됩니다. "그 분 곧 둘을 하나로 만드시고 중간에 막힌 담을 허신 분이 우리의 화평"이시기 때문입니다. 14절에서 바울 사도는 유대인들과 이방인들 사이에 견고한 장벽이 존재했음을 말합니다. 그 장벽이 버티고 서 있는 한 유대인들과 이방인들은 결코 하나가 될 수 없었습니다. 그런데 그리스도께서 그 장벽을 허무심으로써 둘을 하나로 만드셨습니다. 여기 "중간에 막힌 담"이란 말은 은유적 표현입니다.

① 예루살렘 성전의 성소와 이방인의 뜰 사이를 분리하는 성전 난간.

어떤 이는 이것을 예루살렘 성전 내부 뜰과 이방인의 뜰을 분리하는 담을 가리키는 표현이라 주장합니다. 이 담의 높이는 1.5m 정도 되었는데, 이것을 넘어 안으로 들어가는 이방인들은 처형을 당할 것이라는 글귀가 라틴어와 헬라어로 새겨져 있었습니다. 사도행전 21:27-29절에 보면 바울 사도가 에베소에 가는 이방인 드로비모를 데리고 성전 안뜰에 들어갔을 것이라는 오해 때문에 고소를 당했습니다. 그러나 이 담은 문자적으로는 AD 70년에 로마군대가 예루살렘에 진입하기까지는 허물어지지 아니했습니다. 따라서 바울사도가 이 편지를 쓰고 있을 때에도 그것은 여전히 성전에 있어 이방인을 소외시켰습니다.

② 하나님과 사람, 사람과 사람 사이의 적대감의 장벽. 영적으로 보면 이 담은 하나님과 사람, 사람과 사람 사이의 적대감의 장벽입니

다. 이는 AD 30년 예수께서 십자가에 죽으셨을 때 파괴되었던 것입니다. 예수께서 십자가에 돌아가셨을 때 성소와 지성소를 가로막고 있는 휘장이 둘로 찢어졌습니다. 하나님과 인간 시대를 분리시키는 적대감이 제거된 것입니다. 하나님께서 예수 그리스도의 십자가의 피(그 화목제물)를 보시고 인간을 받으셨습니다. 중간에 막힌 담이 헐어 내려졌습니다. 그뿐 아니라 이 예수 그리스도 안에서 유대인과 이방인의 중간에 막힌 담도 헐어 내려졌습니다. 사람이 쌓은 돌은 그대로 있어 갈등에 있었는지 모르나 이때부터 예수 그리스도 안에서 유대인과 이방인은 막힌 담 없이 하나가 되게 된 것입니다. 오직 예수 그리스도 안에서 유대인이든 이방인이든 하나님의 백성이 되어 하나님께 나아가는 길이 열린 것입니다. 예수 그리스도 안에서 어떤 차별도 소외도 찢어진 것입니다. 예수 그리스도는 우리의 화평이십니다.

사랑하는 여러분, 우리 둘 사이에 막힌 담은 없으신지요? 주님 예수 그리스도께서는 그 막힌 담을 허시기 위해 십자가에 달리셨는데, 우리는 또 담을 쌓아 서로 구분하고 소외시키고 계시지는 않으신지요? 어떤 적대감도 막힌 담도 헐고 가까워져야 합니다. 예수 그리스도의 피로 가까워집니다. 그리스도의 피만이 막힌 담을 헐어 하나가 되게 하십니다. 예수 그리스도는 우리의 화평이십니다.

나. "법조문으로 된 계명의 율법"을 폐하셨습니다(15절).

15절 "법조문으로 된 계명의 율법을 폐하셨으니 이는 이 둘로 자기 안에서 한 새 사람을 지어 화평하게 하시고" 예수 그리스도께서는 자기 육체 즉 십자가의 죽음으로, 규정으로 이루어진 계명들의 율법을 폐하심으로써 유대인과 이방인 두 집단 사이의 적대감을 제거하셨다는 말입니다. 유대인들은 율법이 613개의 계명으로 구성된 것으로 보았습니다. 그 중에는 할례와 음식법과 안식일 같은 특별한 외식법이 있고 시민법, 도덕법들도 있습니다. 이 전체가 모세의 율법입니다. 여기 "폐하셨다"는 말은 "무력하게 만들었다", "무효화했다"는 뜻입니다. 그리스도께서 십자가에 죽으심으로 율법을 무력하게 만드셨고 따라서 유대인과 이방인 사이에 적대감을 일으키는 율법의 부정적인 영향력을 제거하셨습니다. 그리스도께서 모세의 율법을 무력하게 하셨다는 말씀은 충격적으로 들립니다. 그러나 이 진술은 유대인들과 이방인들의 관계의 관점에서 이해해야 합니다. 하나님께서는 선한 의도에서 율법을 주셨습니다. 유대인들은 그 율법으로 인해 이방인들에 대해 우월 의식을 갖게 되었습니다. 율법 준수는 유대인들의 선민의식과 배타주의를 불러일으켰습니다. 결과적으로 적대감의 중요한 원인이 되었습니다. 만일 율법이 없었다면 유대인들은 이방인들을 부정한 존재로 멸시하지 않았을 것입니다. 또한 율법에 근거한 독특한 생활 방식도 채택하지 않았을 것이고 이방인들에게 배척당하지도 않았을 것입니다. 따라서 그리스도께서 모세의 율법을 무력하게 하신 것은 율법에 나타난 하나님의 영원한 뜻을 폐하거나 율법의 도덕적 계명들 자체를 폐기하셨음을 의미하지 않습니다.

유대인과 이방인을 분리하고 두 집단 사이에 적대감을 불러일으킨 원인으로서의 율법을 무력하게 하셨을 뿐입니다. 요컨대 예수 그리스도는 십자가의 죽음을 통해 율법의 요구를 이루시므로 이방인들과 유대인들 사이에 견고한 장벽처럼 서있던 적대감을 제거하시고 그들이 하나가 되게 하신 것입니다.

① 롬 8:2-4절 "이는 그리스도 예수 안에 있는 생명의 성령의 법이 죄와 사망의 법에서 너를 해방하였음이라 율법이 육신으로 말미암아 연약하여 할 수 없는 그것을 하나님은 하시나니 곧 죄로 말미암아 자기 아들을 죄 있는 육신의 모양으로 보내어 육신에 죄를 정하사 육신을 따르지 않고 그 영을 따라 행하는 우리에게 율법의 요구가 이루어지게 하려 하심이니라"

② 롬 10:4절 "그리스도는 모든 믿는 자에게 의를 이루기 위하여 율법의 마침이 되시니라" 우리가 육신이 약하여 이룰 수 없는 율법의 요구를 예수 그리스도께서 다 이루셨습니다. 이제 우리가 예수 그리스도 안에 있을 때 그 율법의 요구를 따르지 않아도 의롭다 함을 받게 되었습니다. 이는 예수께서 율법의 마침(완성)이 되셨기 때문입니다. 이제 예수 그리스도 안에서 생명의 성령의 법이 주관하는 새 질서가 완성되었습니다. 예수 그리스도는 우리의 화평입니다. 예수 그리스도를 통해 하나님께 나아가며 인종의 구별도 없어졌기 때문입니다. 그것이 우리가 예수 그리스도를 믿어야 하는 이유입니다.

다. "원수 된 것"을 십자가로 소멸하셨습니다(16절).

16절 "또 십자가로 이 둘을 한 몸으로 하나님과 화목하게 하려 하심이라 원수 된 것을 십자가로 소멸하시고"

① 여기 "원수 된 것"(에끄뜨라)은 "적대감" 또는 "적개심"을 의미합니다.

② 이것은 유대인들과 이방인들이 서로 가지고 있던 적대감을 가

리킵니다. 이 적대감은 주로 자신들을 하나님의 특별한 백성으로 생각하고 이방인들과 자신들을 분리한 유대인들 때문에 생긴 것입니다. 그러나 적대감은 유대인들에게만 있었던 것은 아닙니다. 이방인들도 유대인들에게 적대적이었습니다. 그들은 유대인들의 종교적 우월주의에 분개하여 적대감을 가졌습니다. 그런데 예수 그리스도께서 십자가에서 자기 목숨을 내어 주심으로써 적대감의 장벽을 허무시고 유대인과 이방인들을 하나로 만드셨습니다. 예수 그리스도는 우리의 화평이십니다.

3. 우리의 화평이신 예수 그리스도를 통해 하나님께 나아가는 길이 열렸습니다(17~18절).

가. 그리스도 안에서 한 새사람을 지으셨습니다(15절).

15절 "법조문으로 된 계명의 율법을 폐하셨으니 이는 이 둘로 자기 안에서 한 새 사람을 지어 화평하게 하시고" 여기 예수께서 율법을 무력하게 하심으로써 적대감의 장벽을 허물고 유대인들과 이방인들을 하나로 만드신 결과를 말해줍니다. 첫째 결과는 예수께서 자기 안에서 유대인들과 이방인들로부터 "한 새 사람"을 창조하신 것입니다(15절 하).

① 15절 하반부에 "새 사람을 지어"(κτιξω)는 창조하다는 말로 첫 사람 아담의 창조를 상기 시킵니다. 과거에 하나님께서 옛 사람 아담을 창조하셨듯이 이제 그리스도께서 자기 안에서 "한 새사람"을 창조하셨습니다. 여기 "한 새 사람"이란 두 집단인 유대인들과 이방인들

에게서 창조된 존재이므로 집합적인 개념으로 이해해야 합니다.

② 한 새사람은 "옛 사람" 아담에게서 시작된 "옛 인류"(old hum-manity)와 대조를 이루는 종말적인 "새 인류"(new hummanity)였던 것처럼 예수 안에서 창조된 한 새사람은 새 인류의 시작이자 새 인류 그 자체입니다. 옛 인류의 특성이 분열과 불화와 싸움이라면 새 인류의 특성은 하나됨과 화해와 평화입니다. 예수께서 분열과 대립이 지배하는 옛 인류를 창조하신 것은 예수 안에서 만물을 통일하시는 하나님의 우주적 계획의 필연적 단계입니다. 둘로 분열된 옛 인류를 하나 되게 하고 서로 화해시켜 하나의 새 인류를 창조하는 것은 첫 창조의 완전한 살롬과 조화와 아름다움을 회복하는 중요한 일입니다. 새 인류를 창조하신 것은 만물의 통일이 이미 시작되었음을 보여주는 증거입니다.

나. 평안을 전하셨습니다(17절).

17절 "또 오셔서 먼 데 있는 너희에게 평안을 전하시고 가까운 데 있는 자들에게 평안을 전하셨으니"

① 이 말은 이사야 57:19절에 등장하는 평화의 선언과 매우 흡사합니다. "입술의 열매를 창조하는 자 여호와가 말하노라 먼 데 있는 자들에게든지 가까운 데 있는 자들에게든지 평강이 있을지어다 평강이 있을지어다 내가 그를 고치리라 하셨느니라." 이사야서에서 "먼데 있는 자"는 바벨론에 포로 잡혀 간 유대인들이고 "가까운 데 있는 자"는 본토에 거주하는 유대인들입니다. 그러나 에베소서 본문에서 "먼 데 있는 너희"는 이방인들이고 "가까운 데 있는 자들"은 유대인들이었습

니다. 예수는 이스라엘 집의 잃어버린 양 외에는 다른 데로 보내심을 받지 아니하였다고 말씀하십니다(마 15:34). 그리스도께서 십자가로 평화를 이루시고 승천하신 후에야 비로소 평화의 복음은 유대민족의 장벽을 넘어 본격적으로 이방인들에게 전해지기 시작하였습니다. 따라서 그리스도께서 오셔서 이방인들과 유대인들에게 평안을 선포하신 것은 승천하신 그리스도의 사역을 가리킵니다. 승천하신 그리스도는 오순절에 성령으로 오셔서 사도들을 통해 유대인들과 이방인들에게 평화의 복음을 선포하셨습니다.

② 오늘 날에도 그리스도는 십자가로 이루신 평화를 복음 사역자들을 통해 말씀과 성령으로 온 세상 사람들에게 선포하십니다. 오늘 처음 나오신 여러분들에게서 예수 그리스도를 통한 참 평안이 있으시기를 축원합니다.

다. 둘이 한 성령 안에서 하나님께 나아갈 수 있는 길을 예비하셨습니다(18절).

18절 "이는 그로 말미암아 우리 둘이 한 성령 안에서 아버지께 나아감을 얻게 하려 하심이라" 그리스도께서 십자가로 평화를 이루시고 그 평화를 이방인들과 유대인들에게 선포하셨음을 보여주는 구체적인 증거는 지금 그들이 함께 하나님 아버지께 나아가는 것입니다.

① "그 둘"은 그리스도로 서로 화목하게 된 믿는 유대인들과 이방인들을 가리킵니다. 유대인들과 이방인들이 한 공동체를 형성하였음을 보여줍니다. 그것은 그리스도로 창조되고 한 성령 안에서 실현되고 유지되며 하나님 아버지께 나아가는 공동체, 곧 교회를 가리킵니다.

② "한 몸"이란 "한 새사람"과 같은 표현으로 교회(그리스도의 몸)를 가리킵니다. 하나님께서 그리스도 안에서 우리를 자기 아들과 딸로 받아 주셨습니다. 그래서 이제 유대인이나 이방인이나 차별 없이 모두 믿음으로 말미암아 예수 그리스도 안에서 하나님의 아들이 되는 길이 열린 것입니다. 그리고 그리스도 안에서 왕이신 하나님께 알현할 허가를 받고 왕 되신 하나님 앞에 자유롭게 나아갈 권리를 얻게 된 것입니다. 예수 그리스도는 우리의 화평이십니다.

과거에 원수이던 유대인들과 이방인들이 한 성령 안에서 하나 되어 아버지께 나아가는 것은 그 둘 사이에, 그리고 그 둘과 하나님 사이에 평화가 실현되었음을 보여 줍니다. 이것은 그리스도께서 창조하신 하나님의 한 새로운 인류 곧 교회의 모습입니다. 교회는 과거에 원수이던 사람들조차 그리스도의 십자가를 통해 화해를 경험하고, 한 성령 안에서 하나가 되어 함께 손을 잡고 한 아버지께 나아가는 연합과 평화의 공동체입니다.

오늘 처음 교회에 나오신 여러분! 우리 하나가 되어 보시지 않겠습니까? 우리의 화평이신 예수 그리스도를 믿어 하나님 백성의 공동체(교회)에서 소외가 화평이 되시기 바랍니다.

평안을 전하러 오셨습니다

에베소서 2장 17~18절

우리 주님 예수 그리스도께서는 "평강의 왕"으로 평안을 주러 이 땅에 오셨습니다.

"평안"(샬롬)은 하나님이 주시려는 최고의 복으로, 하나님의 통치 속에 완전히 조화된 상태를 말합니다.

1. 하나님은 태초부터 인간들에게 평안을 주시기 원하셨습니다.

가. 평안은 하나님의 동산 에덴의 모습입니다(창세기 2장).

나. 평안은 하나님이 그 백성에게 주시기 원하는 축복입니다(민수기 6:24-26절).

다. 평안은 하나님 나라의 본질입니다(로마서 14:17절).

라. 평안은 새 하늘과 새 땅의 모습이기도 합니다(요한계시록 22:1-5절).

2. 인간들은 죄와 불신앙으로 인해 평안을 잃어버렸습니다.

가. 불신앙이 하나님의 다스림을 받지 못하게 합니다.

나. 죄와 허물이 하나님과의 관계를 가로막습니다(이사야 59:1-2절).

다. 인간은 거짓된 평안을 구합니다.

라. 때로 인간 지도자의 문제이기도 합니다.

3. 예수 그리스도는 평안을 주시러 오셨습니다.

가. 십자가로 죄의 문제를 해결하셨습니다(에베소서 2:13-17절).

나. 부활로 죽음의 문제를 해결하셨습니다(요한복음 20:19-21절).

다. 성령께서 평안을 주십니다(요한복음 14:26-27절).

라. 예수 그리스도는 평강의 왕이십니다(이사야 9:6~7절).

구주 예수 그리스도의 성탄절입니다. 예수 그리스도는 평안을 주시러 오셨습니다. 먼데 있는 자에게나, 가까운 데 있는 자들에게 평안을 전하러 오셨습니다. 특히, 우리는 금년에 국가적인 혼돈 속에 성탄절을 맞이합니다. "평강의 왕" 되신 주님의 다스림 속에 평안이 함께 하시길 바랍니다.

에베소서 강해13 <성탄주일>

평안을 전하러 오셨습니다

에베소서 2장 17~18절

Merry Christmas! 성탄주일입니다. 우리 주님 예수 그리스도께서는 "평강의 왕"으로 평안을 주러 이 땅에 오셨습니다. "평안"(샬롬)은 하나님이 주시려는 최고의 복으로, 하나님의 통치 속에(under His control) 완전히 조화된 상태를 말합니다. 그러기에 평안(샬롬)은 "완전함", "온전함", "안녕"을 뜻합니다.

1. 하나님은 태초부터 인간들에게 평안을 주시기 원하셨습니다.

가. 평안은 하나님의 동산 에덴의 모습입니다(창세기 2장).

에덴동산은 하나님의 다스림 속에 완전한 조화가 있었던 곳입니다.

① 하나님과의 조화가 있었습니다. 하나님이 인간을 찾아오실 때 아담과 하와는 하나님을 기뻐 맞이했습니다.

② 이웃과의 조화가 있었습니다. 아담이 그 아내 하와를 볼 때, "이는 내 뼈 중의 뼈요, 살 중의 살이라" 외치며 서로 사랑했습니다.

③ 자연과의 조화도 있었습니다. 하나님께서 사람에게 복 주십니다. "생육하고 번성하여 땅에 충만하라 땅을 정복하라 바다와 물고기와 하늘의 새와 땅에 움직이는 모든 생물을 다스리라." 자연계가 조화 있게 움직였습니다. 이처럼 범죄하기 전 에덴동산은 진정한 샬롬(평안)이 있었던 곳입니다.

나. 평안은 하나님이 그 백성에게 주시기 원하는 축복입니다(민수기 6:24-26절).

민수기 6장에 보면 하나님께서 모세를 시켜, 제사장들이 백성들을 이렇게 축복하라고 명하십니다. "여호와는 네게 복을 주시고, 너를 지키시기를 원하며 여호와는 그의 얼굴을 네게 비추사 은혜 베푸시기를 원하며 여호와는 그 얼굴을 네게로 향하여 드사 평강주시기를 원하노라" 여기 하나님께서 그 백성에게 주시기 원하는 복이 세 가지 있습니다.

① 지켜주시는 복입니다. 언제, 어디서 무엇을 하든지 우리를 지키시는 하나님이십니다.

② 은혜 베푸시는 복입니다. 은혜는 받을 자격이 없는 자에게 베푸시는 사랑입니다. 하나님은 외면하지 않고 은혜 베풀어 주시는 분이십니다.

③ 평강 주시는 복입니다. 평강은 하나님의 다스리심 속에 온전한 상태를 말합니다. 인생의 순간순간에(사망의 음침한 골짜기를 지날

때에도 혹은 눈물 골짜기를 지날 때에도) 하나님이 다스리시어 온전케 해주시는 것입니다. 이처럼 하나님께서는 그 백성에게 평안(샬롬) 주시기를 원하십니다.

다. 평안은 하나님 나라의 본질입니다(로마서 14:17절).

하나님이 다스리는 나라의 특징은 무엇입니까? 로마서 14장 17절에서 바울사도가 말씀하십니다. “하나님의 나라는 먹는 것과 마시는 것이 아니요, 오직 성령 안에서 의와 평강과 희락이라”

① 예수 그리스도의 사역을 근거해 오신 성령님께서 우리를 의롭다 하십니다. 하나님과 바른 관계에 놓아 주십니다. 하나님의 의를 얻은 자는 의롭게 살아가야 합니다. 공의가 강같이 흐르게 하십니다.

② 평강은 하나님과 화해한 상태로 하나님의 다스림을 온전히 받게 합니다. 예수 그리스도를 통하여 하나님과 화해하게 되었습니다. 이제, 하나님과 화목한 사람은 이웃과 화목하게 하는 삶을 살아야 합니다. “화평케 는 자”(peacemaker)는 하나님의 아들이라 일컬어지는 것입니다.

③ 희락(기쁨, joy)은 하나님과 사람의 올바른 관계 속에서 체험되는 열매입니다. 성령께서 신자 안에 이루어 주시는 감정입니다. 여기서도, 하나님이 다스리시는 곳에 평안(샬롬)이 있음을 봅니다.

라. 평안은 새 하늘과 새 땅의 모습이기도 합니다(요한계시록 22:1-5절).

인류의 구원이 완성된 모습인 새 하늘과 새 땅에 모든 것이 조화를 이룬 상태를 보여줍니다. 샬롬(평안)입니다.

① 하나님의 보좌가 그들 중에 있어 하나님의 통치를 받고 있습니다. 그 얼굴을 친히 보면 그 이름도 그들의 이마에 있습니다. 하나님과 친밀한 교제입니다.

② 하나님의 보좌로부터 생명수 강이 흐릅니다. 그리고 그 보좌 위에 생명나무가 있어 날마다 열매를 맺고 만국을 치료합니다.

③ 구원받은 자들이 세세토록 왕 노릇합니다. 하나님이 통치하시는 나라. 새 하늘과 새 땅의 평화의 모습입니다. 이렇게 하나님께서는 태초부터 종말에 이르기까지 인간들에게 구원받은 백성들에게 평안(샬롬) 주시기 원하십니다.

2. 인간들은 죄와 불신앙으로 인해 평안을 잃어버렸습니다.

가. 불신앙이 하나님의 다스림을 받지 못하게 합니다.

에덴에서 하나님을 믿고, 의지하며 그 말씀에 순종하는 동안 아담과 하와는 평안(샬롬)을 누렸습니다. 에덴의 축복을 누린 것입니다. 그러던 어느 날 간교한 뱀의 말을 듣자 하나님에 대한 신뢰 대신 의심이 생겨 선악을 알게 하는 나무의 열매를 따먹는 순간, 평안을 잃어버렸습니다. 하나님의 찾아오심도 두려운 일이 되었습니다. 하나님과의 조화가 깨어졌습니다. "저 여자 때문에 내가 하나님을 거역하고 그 나무 열매를 먹었습니다. 이웃이 비난의 대상이 되었습니다. 이웃과의 조화도 깨어졌습니다. 땅이 가시덤불과 엉겅퀴를 내며, 땅이 사람 때문에 저주를 받았습니다. 자연과의 조화도 깨어졌습니다.

하나님을 믿지 못하는 불신앙이 하나님의 다스림을 받지 못하게 합니다. 하나님의 다스림을 받지 못할 때 인간은 평안(샬롬)을 누릴 수 없습니다.

나. 죄와 허물이 하나님과의 관계를 가로막습니다(이사야 59:1-2절).

이사야 59:1~2절 "여호와의 손이 짧아 구원하지 못하심도 아니요 귀가 둔하여 듣지 못하심도 아니라 오직 너희 죄악이 너희와 너희 하나님 사이를 갈라 놓았고 너희 죄가 그의 얼굴을 가리어서 너희에게서 듣지 않으시게 함이니라" 그렇습니다. 우리의 죄와 허물이 하나님과의 관계를 더욱 어렵게 만듭니다. 그 죄를 처리하지 않고는 하나님의 통치를 받을 수 없습니다. 평안을 얻지 못합니다. 죄가 평안을 얻지 못하게 하는 걸림돌입니다.

다. 인간은 거짓된 평안을 구합니다.

요나서에 보면 니느웨로 가서 복음을 전하라는 하나님의 명령을 받은 요나는 하나님을 거스르며 다시스로 가는 배를 탑니다. 바다를 항해하는 중 곧바로 풍랑이 일어납니다. 그런데 요나는 배 밑창에 내려가 잠을 잡니다. 요나가 그 상황에 이르기 전까지는 어느 정도 자기의 양심을 무마하고 마비시키려고 애를 썼을 것입니다. 그가 배에 처음 올랐을 때 가슴이 두근거리기도 하고 무슨 일이라도 일어나지 않을까 하며 불안하기도 했을 것입니다. 그러다가 시간이 흐르면서 점차 그의 마음은 진정되어 갔을 것입니다. 요나는 축복된 평안 속에 잠든 것이 아닙니다. 자기의 양심을 마비시켜 놓고 잠을 청하고 있었던 것입니다. 이것이 거짓된 평안입니다. 오늘날 얼마나 많은 사람들이 거짓된 평안 속에서 안주하고 있는지요?

라. 때로 인간 지도자의 문제이기도 합니다.

① 하나님은 공동체마다 "지도자"를 세워 공동체에 평안을 주시려 합니다. "지도자"가 없을 때 사람들은 자기 소견에 좋은 대로 하여 혼돈에 빠집니다. "그때에 이스라엘에 왕이 없으므로 사람이 각기 자기의 소견에 옳은 대로 행하였더라"(사사기 21:25절)

② 어떤 공동체든지 지도자가 필요합니다. 그 지도자가 공의롭게 사랑으로 통치하면 나라에 평안이 넘칩니다.

③ 그러나 지도자가 사욕에 사로 잡혀 통치하거나 통치자로서의 신뢰를 잃어버리면 나라는 혼돈과 무질서에 빠지게 될 것입니다. 우리나라가 지금 지도자가 신뢰를 잃음으로 오는 무질서와 혼돈 속에 빠져있습니다. 안타까운 일입니다.

3. 예수 그리스도는 평안을 주시려 오셨습니다.

가. 십자가로 죄의 문제를 해결하셨습니다(에베소서 2:13-17절).

① 인간의 죄가 하나님의 통치를 받지 못하게 하고, 하나님의 평안을 누리지 못하게 합니다. 이 죄의 문제가 해결되어야만 인간은 하나님의 평안을 누릴 수 있습니다. 그러나 죄인인 인간은 스스로는 죄를 해결할 수 없습니다. 구약에서 사랑이 많으신 하나님께서 짐승을 잡아 제사함으로 그 피가 죄를 씻어 정결케 해 주시게 했습니다. 제사

제도입니다. 그러나 짐승의 값이 인간을 대신할 수는 없는 것입니다. 그리하여 하나님의 아들 독생자 예수 그리스도께서 인류의 죄를 짊어지고 십자가에 달려 단번에 하나님께 영원한 제사를 드리신 것입니다. 예수 그리스도는 십자가로 죄의 문제를 해결하고, 참 평안을 주시러 오셨습니다. 이제 누구든지 저를 믿는 자는 죄사함을 받고 영생을 누리며 하늘의 평안(샬롬)을 누리게 하신 것입니다.

② 에베소서 2:13-17절에 오면 예수 그리스도께서 십자가에서 피 흘려 대속의 죽음을 죽으심으로 화평을 이루기 위해 하신 3가지 일이 언급되고 있습니다. ㉠ "중간에 막힌 담을 허셨습니다"(14절) 영적으로 보면, 이 담은 하나님과 사람, 사람과 사람 사이의 적대감의 장벽입니다. 예수 그리스도께서 십자가에 돌아가셨을 때, 성도와 지성소를 가로 막고 있는 휘장이 둘로 찢어졌습니다. 하나님과 인간 사이를 분리시키는 적대감이 제거된 것입니다. 하나님께서 예수 그리스도의 피를 보시고 인간을 받으신 것입니다. 나아가 예수 그리스도 안에서 어떤 차별도 소외도 없어진 것입니다.

㉡ 예수 그리스도는 십자가로 "법조문으로 된 율법"을 폐하셨습니다(15절). 우리 인간이 육신이 약하여 이룰 수 없는 율법의 요구를 예수 그리스도께서 다 이루셨습니다. 이제, 우리가 예수 그리스도 안에 있을 때, 그 율법의 요구를 따르지 않아도 의롭다 함을 받게 되었습니다. 이는 예수 그리스도께서 율법의 요구를 따르지 않아도 의롭다 함을 받으셨기 때문이고, 예수 그리스도께서 율법의 마침(완성)이 되었기 때문입니다. 이제 예수 그리스도 안에서 생명의 성령의 법이 주관하는 새 질서가 완성되었습니다. 예수 그리스도는 우리의 화평이

십니다.

ⓒ 예수 그리스도는 "원수된 것"을 십자가로 소멸하셨습니다(16절). 여기 "원수된 것"은 "적대감" 또는 "적개심"을 의미합니다. 이것은 유대인들과 이방인들이 서로 가지고 있던 적대감을 가리킵니다. 이 적대감은 주로 자신들을 하나님의 특별한 백성으로 생각하고 이방인들과 자신들은 분리한 유대인들 때문에 생긴 것입니다. 그러나 이방인들도 유대인들의 종교적 우월주의에 분개하여 적대감을 가졌습니다. 그런데, 예수 그리스도께서 십자가에서 자기 목숨을 내어 주심으로 적대감의 장벽을 허무시고, 유대인과 이방인들을 하나로 만드셨습니다. 예수 그리스도는 우리의 화평이십니다. 예수 그리스도는 먼 데 있는 자(이방인)에게나, 가까운 데 있는 자(유대인)에게나 평안을 전하러 오셨습니다.

나. 부활로 죽음의 문제를 해결하셨습니다(요한복음 20:19-21절).

① 범죄한 인간의 문제는 죽어야만 한다는 것입니다. 십자가에 달려 인간의 죄 짐을 담당하시고 죽음 당하신 예수 그리스도는 사흘 만에 부활하심으로 부활의 첫 열매가 되셨습니다. 부활하신 주님께서 제자들에게 주신 첫 메시지는 "너희에게 평강이 있을지어다."입니다. "이 말씀을 하심은 베드로가 어떠한 죽음으로 하나님께 영광을 돌릴 것을 가리키심이러라 이 말씀을 하시고 베드로에게 이르시되 나를 따르라 하시니 베드로가 돌이켜 예수께서 사랑하시는 그 제자가 따르는 것을 보니 그는 만찬석에서 예수의 품에 의지하여 주님 주님을 파는 자가 누구오니이까 묻던 자더라 이에 베드로가 그를 보고 예수께

여짜오되 주님 이 사람은 어떻게 되겠사옵나이까"(요한복음 21장 19-21절)

② 부활하신 예수님은 죽음의 문제를 해결하시고 참 평안을 주십니다. 죽음의 문제에 매이면 두려워하고 불안하여 떱니다. 그러나 주 안에서 죽음의 문제를 해결할 때 평강이 있습니다.

다. 성령께서 평안을 주십니다(요한복음 14:26-27절).

성령님은 예수 그리스도의 사건을 우리가 체험하도록 적용시켜 주시는 분이십니다. 시간과 공간을 초월하여 역사하시는 영이십니다. 성령은 평안을 주십니다. 요한복음 14장 26절입니다. "보혜사 곧 아버지께서 내 이름으로 보내실 성령 그가 너희에게 모든 것을 가르치고 내가 너희에게 말한 모든 것을 생각나게 하리라 평안을 너희에게 끼치노니 곧 나의 평안을 너희에게 주노라 내가 너희에게 주는 것은 세상이 주는 것과 같지 아니하니라 너희는 마음에 근심하지도 말고 두려워하지도 말라" 성령님은 예수 그리스도의 사건(십자가와 부활)을 우리에게 적용하게 하심으로 평안을 얻게 하십니다. 그 평안은 세상이 주는 것과 같지 아니합니다. 성령으로 말미암는 평안 그것이 하나님 나라의 본질입니다.

라. 예수 그리스도는 평강의 왕이십니다(이사야 9:6-7절).

① 예수님께서 탄생하시기 700년 전 선지자 이사야는 우리 구주 예수께서 "평강의 왕"으로 탄생하실 것을 예언합니다. "이는 한 아기가 우리에게 났고 한 아들을 우리에게 주신 바 되었는데 그의 어깨에

는 정사를 메었고 그의 이름은 기묘자라, 모사라, 전능하신 하나님이라, 영존하시는 아버지라, 평강의 왕이라 할 것임이라"(이사야 9:6절) 세상의 왕들은 왕이면서 지혜가 부족합니다. 누군가의 도움을 필요로 합니다. 공의롭다고 하면서 한쪽에 치우칩니다.

② 그러나 메시야 되는 우리 주님 예수 그리스도는 인간성을 초월한 기이하신 분입니다. 지혜로우신 분이십니다. 힘이 있으신 능력의 하나님이십니다. 영원한 생명을 주시는 분이십니다.

③ 메시아 우리 주 예수 그리스도는 그러하기에 십자가 메워진 왕이십니다. 그가 다스리시는 나라는 평화의 나라이며 그의 다스림 역시 평화로울 것입니다. 그는 죄인을 하나님과 화목케 하시는 중보자이십니다. 그 왕은 평화를 사랑합니다. 그의 통치는 평화로움입니다. 그러하기에 메시아 우리 주님 예수 그리스도는 평강의 왕이십니다.

구주 예수 그리스도의 성탄절입니다. 예수 그리스도는 평강의 왕이십니다. 예수 그리스도는 우리의 평화이십니다. 예수 그리스도는 평안을 주러 오셨습니다. 먼 데 있는 자에게나 가까운 데 있는 자들에게 평안을 주러 오셨습니다. 그들이 어떤 신분과 처지에 있든 평안얻기를 원하십니다. 특히 금년에 우리나라는 국가적 혼돈 속에서 성탄절을 맞이합니다. 대통령이 지혜와 능력이 부족하여 신뢰를 잃어버리고 그로 말미암아 생겨진 혼돈과 불안입니다. 그에 대처하는 다른 지도자들의 욕심과 미혹이기도 합니다. 인간 지도자들의 한계를 여실히 보여 줍니다. 이러한 때 우리는 "평강의 왕"되신 예수 그리스도를 믿고 의지하며 모시어 그의 다스리심을 받아야 할 것입니다. 그분의 통치가 이렇게 진행될 것을 성령이 반응하십니다. "그 정사와 평강의 더함이 무궁하며 또 다윗의 왕좌와 그의 나라에 군림하여 그 나라를 굳게 세우고 지금 이후로 영원히 정의와 공의로 그것을 보존하실 것이라 만군의 여호와의 열심이 이를 이루시리라"(이사야 9:7절) "평강의 왕" 되신 우리 주님의 다스림 속에 진정 평안이 함께 하시길 축원합니다.

그리스도 안에서 함께 지어져 가는 공동체

에베소서 2장 19~22절

우리 주님 예수 그리스도께서의 사역을 통해 하나님께서는 새로운 공동체를 세우셨습니다. 남녀노소, 빈부귀천, 그리고모든인종이함께 하는 공동체입니다. 이 공동체가 곧 교회입니다. 사도 바울은 하나님이 세우신 새로운 공동체인 교회를 세 가지로 설명하고 있습니다.

1. 교회는 하나님 나라의 시민입니다(19절 상).

가. 성도는 더 이상 외인도 아니며, 나그네도 아닙니다.

나. 예수 그리스도의 화해 사역으로 말미암아 하나님 나라의 시민권을 얻게 되었습니다(빌 3:20절).

다. 하나님 나라(바실레이아)는 영토적 개념보다 통치와 다스림입니다(요한 3:3,5절).

라. 교회는 왕이신 하나님의 다스림을 받는 사람들의 공동체입니다.

2. 교회는 하나님의 가족입니다(19절 하).

가. "하나님의 권속"(the members of God's household)

나. 교회는 하나님을 아버지로 하는 사람들의 공동체입니다.

① "영접하는 자 곧 그 이름을 믿는 자…"(요한 1:12절)

② "아들이 있는 자에게는 생명이 있고..."(요한일서 5:11-12절)

다. 교회는 한 피를 나눈 형제들의 공동체입니다.

3. 교회는 하나님이 거하시는 영적 성전입니다(20-22절).

가. 기초는 사도들과 선지자들의 가르침입니다(20절 상).

나. 모퉁잇돌은 우리 주 예수 그리스도이십니다(20절 하).

다. 성도들은 신령한 집으로 지어져 가는 산돌들입니다(21절, 베드로전서 2:4~5절).

라. 새 성전의 목적은 성령 안에서 하나님이 거하실 처소가 되는 것입니다(22절 상).

마. 새 성전의성격은계속"지어져가고있다"는것입니다(살아있는 유기체, 22절 하).

바. 교회는 성령 안에서 모퉁잇돌 대신 그리스도를 닮아가는 공동체입니다.

교회는 하나님의 장엄한 구원 계획을 시작하는 새로운 인류(공동체)입니다. 예수 그리스도는 서로 적대적이던 유대인들과 이방인들을 자기 육체로 하나 되게 하시고, 자기 안에서 그 둘을 하나의 새로운 인류로 창조하셨습니다. 분열과 불화와 적대가 지배하는 옛 인류를 넘어서 연합과 화해와 평화가 지배하는 새 인류를 창조하는 것이 만물을 통일하시는 하나님의 중요한 사역이기 때문입니다. 하나님의 새로운 인류는 만물의 통일이 완전히 실현될 종말에 새 하늘과 새 땅에서 삼위 하나님과 영원히 함께 거할 것입니다. 그때까지 교회는 이 세상에서 하나님의 영광과 능력과 지혜를 증언하게 될 것입니다. 우리 김해제일교회가 하나님이 기뻐하시는 교회다운 건강한 교회가 되기를 바랍니다.

에베소서 강해14

그리스도 안에서 함께 지어져 가는 공동체

에베소서 2장 19~22절

하나님은 천지 만물을 창조하시고 하나님의 형상대로 지음 받은 사람을 만물의 영장으로 모든 만물을 다스리도록 하였습니다. 인간의 타락 후 부조화가 일어나자 하나님께서는 많은 민족 중에서 작고 보잘것없는 이스라엘(유대인)에게 하나님의 말씀을 주시고 그의 구원 계획을 알려주시며 복의 통로가 되게 하셨습니다. 그러나 하나님의 백성 이스라엘이 그들의 선택됨과 특전은 자랑하면서도 의무와 책임을 다하지 않고 오히려 이방인들을 적대시했습니다. 그러자 하나님께서는 그의 독생자 예수 그리스도를 보내사 인류의 죄짐을 짊어지고 십자가에 달려 죽으시고 죽음을 이기고 부활하심으로 인류 구원 사역을 완성하였습니다.

그리고 우리 주님 예수 그리스도의 사역을 통해 하나님께서는 하나님의 구원사역을 수행할 새로운 공동체를 세우셨습니다. 이 공동체는 서로 적대감을 갖고 있는 유대인과 이방인이 함께 하는 공동체입니다. 남녀노소, 빈부격차, 그리고 모든 인종이 예수 그리스도를 통해 함께 하는 공동체입니다. 이 공동체가 교회입니다. 사도바울은 본문에서 하나님의 구원사역을 위해 세우신 새로운 공동체인 교회를 세 가지로 설명하고 있습니다.

1. 교회는 하나님 나라의 시민입니다(19절 상).

19절 상 "그러므로 이제부터 너희는 의인도"

가. 성도는 이방인 성도일지라도 의인도 아니요, 나그네도 아닙니다.

① 여기 19절은 "그러므로"란 말로 시작하고 있습니다. 이는 앞 본문에서 설명한 일의 결과로 되어지는 것을 말합니다. 앞에서 설명한 것이 무엇입니까? 이는 그리스도께서 중간에 막힌 담을 허신 것입니다. 이는 그리스도께서 계명의 율법을 자기 육체로 폐하신 것입니다. 이는 그리스도께서 원수된 것을 십자가로 소멸하신 것입니다. 그리하며(그 결과로) 예수 안에서 이방인들도 변화된 지위와 새로운 특권을 얻게 되었습니다. 하나님께서는 새로운 공동체를 세우신 것입니다. 이 새로운 공동체는 예수로 말미암아 형성된 공동체입니다. 이 새로운 공동체는 유대인과 이방인이 함께하는 공동체입니다.

② 이 공동체 안에서 바울은 에베소교회의 이방인 성도들이 더는 의인도 아니요, 나그네도 아니라고 말합니다. ㉠ 12절에 의하면, 이방인들은 나라가 없고 시민권도 갖지 못한 외인들 곧 하나님의 백성

"이스라엘 나라 밖의 사람"이었습니다. ㉡ 외인(외국인)은 그 나라에 아무런 권리도 주장할 수 없습니다. 나그네에 대해서는 지나가는 나그네가 무슨 권리를 주장할 수 있겠습니까?

나. 그런데 이제 예수그리스도의 화해사역으로 말미암아 하나님 나라의 시민권을 얻게 되었습니다.

① 시민권은 아주 중요합니다. 한국에 거하고 있지만 "시민권"이 없는 사람은 한국정부가 제공하는 복지 혜택이나, 보호를 받을 수 없습니다. 투표권도 없습니다. 바울사도는 유대인이었으나 로마시민권을 가지고 있었습니다. 로마시민은 불법체포를 당하지 아니합니다. 로마 시민권자는 사형을 당할 때도 십자가형에는 처해지지 않습니다. 목베임을 당하는 것이 최고형입니다.

② 그런데 우리는 예수그리스도를 믿음으로 하나님나라 시민권을 얻고 누리게 되었습니다. "그러나 우리의 시민권은 하늘에 있는지라 거기로부터 구원하는 자 곧 주 예수그리스도를 기다리노니"(빌 3:20절)

③ 그러면 하나님나라 시민권은 어떻게 얻습니까? 로마시민권은 로마의 시민으로 태어나든지, 로마에 기여한 공이 있어 시민권을 부여받든지, 돈을 주고 사든지, 로마시민의 양자가 되어 시민권을 얻게 됩니다. 그런데 하나님 나라의 시민권은 예수 그리스도를 믿어 영접함으로 얻습니다. 곧 "물과 성령으로 거듭나서" 얻게 됩니다. 그러면 "하나님 나라"는 무엇입니까?

다. 하나님 나라(바실레이아)는 영토적 개념보다 통치와 다스림입니다(요한복음 3:3,5절).

① "나라"가 이루어지려면 영토와 국민과 주권이 있어야합니다. 일반적으로 사람들은 하나님 나라하면 영토적 개념으로 새 하늘과 새 땅을 생각합니다. 그러나 성경에서는 우선 "주권", "통치", "다스림"을 의미합니다. 하나님의 통치함을 받는 것이 하나님 나라입니다.

② "예수께서 대답하여 이르시되 진실로진실로"(요 3:3절) 여기 "하나님 나라를 본다."는 것은 하나님의 통치하심을 받는다는 것입니다. 이 땅에 살며 하나님의 통치를 받는 사람이 죽어서 새 하늘과 새 땅도 봅니다. 그런데 "사람이 거듭나야" 하나님을 알고 하나님의 통치를 받게 됩니다.

③ "예수께서 대답하시되"(요 3:5) 여기 "하나님 나라에 들어간다."는 것도 영토적 개념이 아니라 통치의 개념으로 이해해야 합니다. 물과 성령으로 나지 아니하면, 하나님의 통치를 받지 못합니다. 이 땅에 살며 하나님의 통치 속에 들어가 그의 다스림을 받은 사람이 영원한 하나님나라 새 하늘 새 땅도 들어가게 됩니다. 그런데 원죄의 부패성을 갖고 태어난 인간은 자연인 그대로는 하나님에 대해 알지도 못하고 관심도 없습니다. 그리하여 하나님을 왕으로 하여 그분의 다스림도 받을 수 없습니다. 그런 인생들을 위해 하나님께서 그 아들 독생자 예수그리스도를 보내 주셨습니다. 그분이 인간들의 죄의 짐을 지고, 십자가에 달려 죄용서의 길을 준비하셨습니다. 그 사실을 성령께서 역사하시어 말씀으로 깨닫게 하시고 믿어지게 하십니다. 그리하여 마침내 예수 그리스도를 구주로 믿고 그의 사건에 참여하여 예

수와 연합하게 됩니다. 이것이 세례입니다. 성령께서 우리를 예수 그리스도의 몸속에 넣어 주는 것이 성령으로 세례 받는 것이요, 성령으로 거듭나는 것입니다. 그리고 성령으로 세례 받은 이를 교회가 물로 세례 주는 것이 물로 나는 것이라 할 것입니다.

교회는 예수 그리스도를 구주로 믿고, 성령과 물로 거듭나 하나님을 왕으로 하며, 왕 되신 하나님의 통치를 받고 살아가는 하나님 나라 시민(백성)들입니다. 과거 외인이요 나그네였던 에베소교회 이방인 성도들이 이제는 다를 모든 성도들과 함께 하나님 나라의 구성원들이 되었습니다. 따라서 그들은 합법적인 시민으로서 먼저 믿는 성도들과 함께 아무 차별 없이 모든 특권과 복을 누립니다. 우리도 먼저 믿는 자, 대대로 믿는 자, 새로 믿는 자, 늦게 믿은 자, 다함께 차별 없이 하나님의 백성이 됩니다.

라. 교회는 왕이신 하나님의 다스림을 받는 사람들의 공동체입니다.

하나님이 왕이십니다. 하나님이 교회의 주인이십니다. 교회는 결코 사람이 주인이 될 수 없고 되어서도 아니됩니다. 담임목사도 주인이 아닙니다. 당회도 주인이 아닙니다. 당회는 교회의 왕이시고 주인이신 하나님의 뜻을 구하고 그 뜻대로 교회 공동체를 이끌어 가도록 세움 받은 종들입니다. 교회는 왕이신 하나님을 예배하며 그 하나님의 다스림을 받아야 합니다. 교회는 하나님을 경배하며 그분의 뜻을 구하고 그 뜻대로 살아가야 합니다. 우리 김해제일교회가 하나님의 통치와 다스림을 받는 하나님 나라의 시민들임을 깊이 깨닫게 되시길 바랍니다.

2. 교회는 하나님의 가족입니다(19절 하).

가. 19절 하반 절에 보면, "하나님의 권속이라"는 말씀이 나옵니다.

에베소교회 성도들은 이제 외인도 아니요, 나그네도 아니요, 하나님의 권속입니다. "권속"이란 특정한 집안에 속한 구성원들을 가리키는 말입니다. 본문에서 "하나님의 권속"이라는 표현은 과거에 나그네였던 이방인 성도들이 그들은 과거에 하나님이 없었으며(2:12), 하나님의 생명에서 떠나 있었습니다(4:18절). 그들은 공중의 권세 잡은 악한 영을 따르던 불순종의 아들이었습니다(2:2절). 그러나 이제 그들은 하나님의 아들 독생자 예수 그리스도를 통해 하나님의 기록에 속했습니다. 하나님의 사랑을 입은 자녀들입니다(5:1절). 그래서 그들은 하나님 아버지께 나아가며 하나님 아버지와 친밀한 교제를 나눕니다. 또 그들은 유대인 성도들과 함께 하나님의 자녀가 되었으므로 그들과 함께 하나님을 한 아버지로 섬기며 그들과 함께 자녀의 권리를 누립니다. 예수 안에서 유대인과 이방인 사이의 차별이 철폐되었습니다. 적대감도 제거되었습니다. 이제 그들은 하나님의 가족의 구성원으로서 서로 형제와 자매로 받아들이고 사랑해야 합니다.

나. 교회는 하나님을 아버지로 하는 사람들의 공동체입니다.

어떻게 하나님의 자녀가 될 수 있는 것일까요?

① "영접하는 자 곧 그 이름을 믿는 자들에게는 하나님의 자녀가 되는 권세를 주셨으니"(요 1:12절) 그렇습니다. 생명의 빛으로 오신 예수 그리스도를 영접하는 자 주인으로 모시는 자는 하나님의 자녀

가 되는 것입니다.

② 또 증거는 이것이니(요일 5:11-12절) 언어상 "아버지"라는 말은 "생명을 주시는 분"(beget)입니다. "어머니"는 아버지의 생명을 받아 잉태하여 낳아주시는 분(bear)입니다. 하나님이 우리에게 생명(하나님의 생명, 영생)을 주시는 방법이 무엇입니까? 그의 생명을 가진 독생자 예수 그리스도를 모시는 것입니다.

태초부터 계셨던 말씀(로고스)이 육신이 되어 이 땅에 오신 하나님의 생명이신 예수 그리스도를 영접하여 모시는 것은 곧 하나님의 생명을 받는 것입니다. 그리하여 하나님의 자녀가 되고 하나님을 아바 아버지라고 부르게 되는 것입니다. 하나님에게는 손자가 없습니다. 하나님과 직접적인 생명의 관계가 있을 뿐입니다. 아무리 좋은 신앙의 집안에서 태어났어도 일대일의 생명의 관계가 있어야 합니다.

다. 교회는 한 피를 나눈 형제들의 공동체입니다.

하나님의 기록은 하나님의 아들 예수 그리스도의 피로 하나 된 형제들의 공동체입니다. 가족은 함께 먹고 함께 마시는 공동체입니다. 식구입니다. 예수께서 말씀하십니다. "진실로 진실로 너희에게 이르노니 인자의 살을 먹지 아니하고 인자의 피를 마시지 아니하면 너희 속에 생명이 없느니라"(요 6:53절), "내 살은 참된 양식이요 내 피는 참된 음료로다"(요 6:55절)

가족은 서로 의존하고 함께 책임지는 사람들입니다. 허물이 있고 부족한 것이 있어도 형제 자매는 서로 함께하며 돌봐줍니다. 형제는 신약성경에서 그리스도인을 가르치는 일반적 용어입니다. 이 용어는 애정, 돌봄의 밀접한 관계를 나타냅니다. 하나님 나라의 시민이라는 것이 하나님을 왕으로 다스림 받는 수직관계가 강조되었다면 하나님의 권속(가족)이라는 것은 형제 사랑이라는 수평적 관계가 강조되었습니다. 가족은 모든 것(즉 좋은 것이든, 나쁜 것이든, 문제가 되는 것이든, 영광스러운 것이든, 슬픈 일이든, 기쁜 일이든), 모든 것을 알고 함께하는 공동체입니다. 하나님의 가족인 교회도 그리하고 그러해야 합니다. 우리 김해제일교회가 특히 목장과 전도회 등 소그룹에서 하나님의 가족으로 한 피(예수 그리스도의 피)를 나눈 형제와 자매로서 서로 돕고 의지하는 사랑의 공동체 가족 공동체로 살아가시길 바랍니다.

3. 교회는 하나님이 거하시는 성전입니다(20-22절).

20~22절 "너희는 사도들과 선지자들의 터 위에 세우심을 입은 자라 그리스도 예수께서 친히 모퉁잇돌이 되셨느니라 그의 안에서 건물마다 서로 연결하여 주 안에서 성전이 되어 가고 너희도 성령 안에서 하나님이 거하실 처소가 되기 위하여 그리스도 예수 안에서 함께 지어져 가느니라" 여기 사도 바울은 에베소 교회의 이방인 성도들을 "하나님의 성전"이라고 합니다. 교회는 사람들의 공동체입니다. 그럼에도 불구하고 교회가 여러 가지 점에서 건물(특히, 성전)에 비교될 수 있습니다.

가. 기초는 사도들과 선지자들의 가르침입니다(20절 상).

① 건물을 지을 때 기초 공사를 든든히 해야 합니다. 어떤 건물에 있어서도 견고하고 안정된 기초만큼 중요한 것은 없습니다. 사도들과 선지자들은 성령을 통해 예수의 비밀을 받아 전파한 사람들입니다.

② 교회는 선지자들이 주신 말씀(구약)과 사도들이 주신 말씀(신약) 위에 세워졌습니다. 하나님의 말씀이 교회 공동체의 터전입니다. 사도들과 선지자들은 교회의 영적 토대라고 부를 수 있는 것은 그들이 예수의 비밀을 맡은 자이며 그것을 전파하는 자들이기 때문입니다. 이렇듯 성경 말씀(하나님의 말씀)은 교회 공동체의 기초입니다.

나. 모퉁잇돌은 우리 주 예수 그리스도이십니다(20절 하).

① 모퉁잇돌은 잘 다듬어진 사각형의 커다란 돌로서 건물의 토대 역할로 모서리에 놓여지며, 전체 건물의 기초와 형태를 결정짓고, 동시에 벽돌을 세우는 기준이 됩니다.

② 모퉁잇돌은 두 벽을 연결하는 역할을 합니다. 남녀, 노소, 빈부, 귀천, 이방인과 유대인들 두 벽을 연결합니다. 모퉁잇돌이신 예수는 교회의 연합과 성장에 꼭 필요한 분이십니다. 교회의 연합과 성장은 오직 예수그리스도 안에서 이루어집니다. 그러므로 "교회가 계속적으로 그리고 확고히 머릿돌 되신 예수에 연결되어 있지 않는 한 교회의 일치는 와해되고 그 성장은 중단됩니다."

③ 모퉁잇돌은 건물의 모양과 양식을 결정합니다. 교회가 얼마나 모퉁잇돌 되신 예수를 높이느냐가 그 교회의 모습과 형태를 나타냅니다. 얼마나 모퉁잇돌 되신 예수를 닮았느냐가 교회의 건강도를 말

해줍니다.

다. 성도들은 신령한 집으로 지어져 가는 산돌들입니다(21절, 벧전 2:4,5절).

① 교회를 성전에 비유할 때 그리스도인 한 사람 한 사람은 성전을 구성하는 돌입니다. "사람에게는 버린 바가 되었으나 하나님께는 택하심을 입은 보배로운 산 돌이신 예수께 나아가 너희도 산 돌 같이 신령한 집으로 세워지고 예수 그리스도로 말미암아 하나님이 기쁘게 받으실 신령한 제사를 드릴 거룩한 제사장이 될지니라"(벧전 2:4,5절)

② 돌들이 모여 건물을 이루듯이 그리스도인들이 모여 하나님의 교회를 이룹니다. 예수께서 믿는 자들을 연합시키고 결속시켜 교회를 세우시는 것입니다. 이 돌들은 예수 그리스도 안에서 구원받아 생명 얻은 사람들입니다.

③ 모든 돌들은 모퉁잇돌이신 예수와의 관계 속에서만 그 위치를 갖습니다.

라. 새 성전의 목적은 성령 안에서 하나님이 거하실 처소가 되는 것입니다(23절 상).

① 성전은 하나님이 임재하시는 곳입니다. 예루살렘 성전은 하나님이 그 백성 가운데 계신다는 것을 보여주기 위해 성전의 지성소에 그 영광을 보여 주셨습니다.

② 새로운 영적 성전인 교회 공동체는 예수 그리스도 때문에 성령 안에서 하나님이 거하시는 성전이 된 것입니다. 예루살렘 성전에 들

어갈 수도 없었던 이방인 성도들이 믿음으로 예수와 연합함으로써 다른 성도들과 함께 하나님의 거처가 됩니다. 예수 그리스도의 십자가와 부활로 구원 역사의 혁명적인 변화가 일어났기 때문입니다. 예수는 십자가로 유대인들과 이방인들 사이의 적대감을 제거하고 새로운 인류 즉, 하나님의 종말의 새 백성을 창조하셨습니다. 이방인들도 예수를 믿음으로 죄 사함을 받고 영적 성전인 종말의 새 백성의 일원으로 받아들여집니다.

③ 믿음으로 예수와 연합하는 것이 하나님의 성전의 일부가 되는 유일한 조건인 것입니다. 과거에 예루살렘 성전에 들어가지 못하던 자들이 이제는 참되고 거룩한 성전의 일부를 이룹니다. 하나님께서 친히 그들 가운데 거하십니다.

마. 새 성전의 성격은 계속 "지어져 가고 있다"는 것입니다(22절 하).

교회는 살아있는 유기체입니다. 완전히 다 된 것이 아니라 지어져 가는 공동체입니다. 주 안에서 거룩한 성전이 되어져갑니다. 지금도 계속하여 구원받는 성도들을 통해 지어져가고 있는 것입니다.

바. 이 모든 것을 종합할 때 교회는 성령 안에서 모퉁잇돌 되신 예수를 닮아가는 공동체입니다. "예수의 장성한 분량이 충만한 데까지" 예수를 닮아가야 하겠습니다.

① 교회는 하나님의 장엄한 구원계획 엡 1:10절 "하늘에 있는 것이나, 땅에 있는 것이 다 예수 안에서 통일되게 하려 하시는 구원계획"을 시작하는 새로운 인류요, 새로운 공동체입니다. 예수 그리스도는

서로 적대적이던 유대인들과 이방인들을 자기 육체로 하나 되게 하시고, 자기 안에서 그들을 하나의 새로운 인류로 창조하셨습니다. 분열과 불화와 적대가 지배하는 옛 인류를 넘어서 연합과 화해와 평화가 지배하는 새 인류(공동체)를 창조하는 것이 만물을 통일하시는 하나님의 중요한 사역이기 때문입니다. 하나님의 새로운 인류는 만물의 통일이 완전히 실현된 종말에 새 하늘과 새 땅에서 삼위 하나님과 영원히 함께 거할 것입니다.

② 그때까지 교회는(새로운 인류, 새로운 공동체) 이 세상에서 하나님의 영광과 능력과 지혜를 증언하게 될 것입니다.

③ 하나님께서 새 하늘과 새 땅을 완성하기 전에 새 인류(교회)를 창조하여 이 세상에 거하게 하신 목적이 무엇입니까? 그것은 하나님의 은혜의 영광을 찬송하게 하기 위합니다(1:6,12,14). 하나님의 지극히 풍성한 은혜를 모든 세대에 나타내기 위함입니다(2:10). 그뿐 아니라 하늘에 있는 정사들과 권세들에게 하나님의 지혜를 알게 하기 위함입니다(3:10).

④ 창립 90주년의 해에 "성전을 완성하라"는 주님의 비전에 따라 제4차 성전을 지어가고 있는 우리 김해제일교회가 하나님이 기뻐하시는 교회다운 교회, 건강한 교회가 되길 축원합니다.

에베소서 강해15 요약

복음을 받은 자의 영광

에베소서 3장 1~13절

하나님은 우리를 부르셔서 하나님 나라를 확장하는 일꾼으로 세우십니다. 복음으로 구원받은 자는 복음으로 살아야 합니다. 지금까지 성도가 누리는 영광스러운 구원과 그들의 변화된 신분에 대해 진술한(에베소서 1~2장) 바울 사도는 본문에서 복음의 비밀과 그 복음을 받은 자의 사명에 대해 말씀하고 있습니다. 복음을 받은 자로서 바울 사도는 그의 특별한 사역 속에서 세 가지 영광을 말하고 있습니다.

1. 복음의 비밀을 깨닫게 된 영광입니다(3:2~6절).

바울 사도는 그가 깨닫게 된 복음의 비밀을 몇 가지 용어로 설명합니다.

가. 하나님의 은혜의 경륜(2절)

나. 비밀(3절)

① 하나님의 계시로 알게 되었습니다.

② 인간의 지식이나 이해력으로는 결코 깨달을 수 없습니다.

다. 그리스도의 비밀(4-5절)

① 사도들과 선지자들에게 성령으로 나타내신 것입니다.

② 다른 세대에서는 사람의 아들들에게 알리지 아니하셨습니다.

라. 복음(6절)

① 이방인들이 그리스도 예수 안에서 함께 상속자가 됩니다.

② 이방인들이 그리스도 예수 안에서 함께 지체가 됩니다.

③ 이방인들이 그리스도 예수 안에서 함께 약속에 참여하는 자가 됩니다.

2. 복음을 위하여 일하게 된 영광입니다(3:7~12절).

가. 복음의 일꾼이 되었습니다(7-8절 상)

① 일꾼의 능력: 하나님의 능력의 역사로 된 일꾼입니다.

② 일꾼의 자격: 하나님의 은혜로 된 일꾼입니다.

③ 일꾼의 자기 평가: "모든 성도 중에 지극히 작은 자보다 더 작은 나"

나. 복음의 일꾼으로서 하는 일은 무엇입니까?(8절 중~10절)

① 측량할 수 없는 그리스도의 풍성함을 이방인에게 전하는 것입니다(8절).

② 하나님 속에 감추어졌던 비밀의 경륜을 알게 하는 것입니다(9절).

③ 하나님의 각종 지혜를 우주적 세력들에게 알게 하는 것입니다(10절).

3. 복음을 위하여 고난당하게 된 영광입니다(3:1,13절).

가. 복음을 위하여 갇힌 자 되었습니다(1절).

① 예수 그리스도의 일로 갇힌 자 되었습니다.

② 이방인을 위해 갇힌 자 되었습니다.

나. 복음을 위하여 여러 가지 환난을 당하셨습니다(13절, 고후 11:22~33절).

① 낙심할 것이 아닙니다.

② 오히려 영광스러운 것입니다.

하나님은 우리를 부르셔서 복음을 깨닫고, 믿게 하실 뿐 아니라, 하나님 나라를 확장하는 일꾼으로 세우십니다. 하나님은 교회와 성도를 통해 "그리스도의 비밀"을 드러내고자 하십니다. 우리는 이 세상을 향해 하나님의 놀라운 비밀을 전달하는 역할을 감당해야 합니다. 우리는 우리 자신이 얼마나 영광스러운 사명을 받았는지 깨닫고 어떤 고난과 환난 속에서도 담대하게 복음을 드러내는 교회와 일꾼들이 되어야 하겠습니다.

에베소서 강해15

복음을 받은 자의 영광

에베소서 3장 1~13절

오늘 본문은 복음을 받아 구원받은 우리가 얼마나 큰 영광을 받았는지 말해줍니다. 하나님은 죄인 된 우리를 부르시어 구원하시고, 하나님 나라를 확장하는 일꾼으로 세우십니다. 복음으로 구원받은 자는 복음으로 살아야 합니다. 지금까지 에베소서 1장과 2장에서 성도가 누리는 영광스러운 구원과 그들의 변화된 신분에 대해 진술한 사도바울은 본문에서 복음의 비밀과 그 복음을 받은 자의 사명에 대해 말씀하고 있습니다.

우리 성도들은 하나님의 은혜로 구원을 받고 예수와 함께 하늘의 영광을 누리는 존재들이 되었습니다. 동시에 하나님 나라의 시민이요, 하나님의 권속(하나님의 가족)이자 다른 성도들과 함께 예수 그리스도를 모퉁이 돌로 하는 하나님의 성전으로 지어져가는 존재가 되었습니다. 바울사도는 하나님의 계시를 통해 예수의 비밀(곧 복음)을 받았으며, 하나님의 은혜로 그것을 이방인들에게 전하는 사명을 받았습니다. 그가 지금 예수 그리스도의 죄수로서 고난을 당하는 것도 그가 받은 비밀과 사명 때문입니다. 복음을 받은 자로서 바울사도는 그의 특별한 사역 속에서 세 가지 영광을 말하고 있습니다. 이는 복음을 받아 구원받은 우리에게도 주어진 영광입니다.

1. 복음의 비밀을 깨닫게 된 영광입니다(3:2-6절).

바울사도는 그가 하나님의 계시로 깨닫게 된 복음의 비밀을 몇 가지 용어로 설명합니다. 하나님의 은혜의 경륜(2절), 비밀(3절), 예수의 비밀(4-5절), 복음(6절)이 그것입니다.

가. 하나님의 은혜의 경륜(2절)

"너희를 위하여 내게 주신 하나님의 그 은혜의 경륜을 너희가 들었을 터이라"(2절)

① 여기 "경륜"(οικονομια, 오이코노미아)은 계획이나 또는 직무란 뜻입니다. 본문에서는 하나님 자신이 시행하시는 행동이나 계획보다는 사도 바울에게 주어진 것과 관련이 있으므로 직무 또는 사명으로 보는 것이 더 적합합니다.

② 하나님께서 바울에게 주신 "은혜의 직무"란 이방인들에게 예수의 비밀을 전하는 직무 곧 사도의 직무를 가리킵니다. 일반적으로 "은혜"라는 말은 구원받을 자격이 전혀 없는 죄인들을 구원하시려고 베푸신 하나님의 희생적인 사랑을 뜻합니다. 그러나 때로는 "은혜"라는

말이 직분이나 사명과 관련하여 사용되기도 합니다. 바울은 사도의 직분을 받을 자격이 전혀 없는 사람이었습니다. 그가 고백하는 대로 바울은 전에 비방자요, 박해자요, 폭행자였으며(딤전 1:13절), 하나님의 교회를 심히 핍박하던 자였습니다(갈 1:13, 행 8:1, 9:1,2, 22:4,5, 26:9~12절). 그래서 자신을 가리켜 죄인 중의 괴수라고 말하기까지 합니다(딤전 1:15절).

그런데 하나님께서는 그런 사람을 충성되이 여겨 사도의 직분을 맡기셨습니다. 그래서 바울은 "우리 주의 은혜가 그리스도 예수 안에 있는 믿음과 사랑과 함께 넘치도록 풍성하였도다"하고 감격합니다(딤전 1:14절).

③ 하나님께서 아무 자격이 없는 바울에게 은혜로 주신 것이므로 사도의 직무는 그야말로 "은혜의 직무(하나님의 은혜의 경륜)"인 것입니다. 동시에 그가 이방인을 위한 사도가 된 것은 이방인들에게 은혜가 아닐 수 없습니다. 하나님의 구원의 은혜가 바울과 같은 "이방인의 사도"(롬 11:13절)를 통해 그들에게 전해지기 때문입니다. 복음의 비밀을 선포함으로써 이방인들에게 하나님의 은혜를 전달한다는 점에서 바울이 받은 직무는 말 그대로 은혜의 직무인 셈입니다.

④ 사랑하는 성도 여러분, 이 하나님의 은혜를 깨달아 아시는지요? 우리가 구원받은 것도 하나님의 은혜요 직분을 받은 것은 더 큰 하나님의 은혜입니다. 하나님께 감사하시기 바랍니다. 그 하나님의 은혜를 깨달아 아는 것은 우리에게 크나 큰 영광을 주신 것입니다.

나. 비밀(3절)

"곧 계시로 내게 비밀을 알게 하신 것은 내가 먼저 간단히 기록함과 같으니"(3절)

① 영어의 mystery(비밀)는 어둡고 모호하고 은밀하고 당혹하게 하는 어떤 것을 의미합니다. 이는 설명할 수 없고 심지어 파악할 수조차 없는 것을 말합니다.

② 그러니 본문의 비밀(μιστηριου)은 묵시 문학적 배경을 가진 말로, 인간의 지식이나 이해력으로는 결코 깨달을 수 없으나 하나님의 계시에 의해 비로소 깨닫게 된 진리를 말합니다. 계시를 통해 알려주신 진리입니다. 그런데 바리새인이요 최고의 율법선생에게 배운 바울은 그것을 깨닫지 못했습니다. 오히려 그 진리(비밀)를 믿는 자들을 박해하러 다메섹으로 가던 도중 해보다 더 밝은 빛으로 찾아오신 주님을 만나고 깨달아 알게 된 것입니다. 계시(하나님의 열어주심)를 통해 예수가 그리스도요 구세주인 것을 깨달아 알게 되었습니다. 그리고 그가 다메섹 길에서 주님을 만난 사실을 기록하여 알려 주셨던 것입니다.

③ 그런데 계시가 없이는(성령의 역사하심이 없이는) 이 진리를 아무리 설명해주어도 깨닫지 못합니다. 비밀로 남아 있습니다. 그 비밀의 내용은 예수 그리스도입니다. 예수 그리스도로 인류를 구원하심입니다. 예수 그리스도 안에서 하늘에 있는 것이나 땅에 있는 것이나 다 통일되게 하려는 것입니다. 그래서 4절에서 이 비밀을 설명하여 "예수의 비밀"이라 하였습니다.

다. 그리스도의 비밀(4,5절)

"그것을 읽으면 내가 그리스도의 비밀을 깨달은 것을 너희가 알 수 있으리라 이제 그의 거룩한 사도들과 선지자들에게 성령으로 나타내신 것 같이 다른 세대에서는 사람의 아들들에게 알리지 아니하셨으니"(4,5절)

① 여기 "예수의 비밀"은 한 마디로 예수의 사건을 통해 이루어지는 하나님의 종말적 구원 계획입니다. 넓은 의미에서 "예수의 비밀"은 만물을 예수 안에서 통일하시려는 하나님의 종말적 구원계획을 가리킵니다. 그리고 좁은 의미에서 "예수의 비밀"은 유대인들과 이방인들이 예수 안에서 완전한 연합을 이루어 함께 하나님의 새 백성을 형성하는 것을 말합니다. 이 비밀의 중심은 예수 자신이며, 그의 십자가와 부활입니다. 3절에서 언급된 것처럼 하나님께서는 특별한 바울사도에게 이 비밀을 계시하시고 깨닫게 하였습니다.

② 또한 5절에서 보면, 그의 거룩한 사도들과 선지자들에게도 성령으로 이 비밀을 알리셨습니다. 그리하여 이것을 성도들에게 전하게 하셨습니다(골 1:26절). 따라서 "예수의 비밀"은 특별한 사역자들만이 소유한 은밀한 가르침이 아니라 모든 성도들이 소유한 하나님의 진리입니다.

③ 그러나, 이 비밀은 "다른 세대의 사람들에게는" 알려지지 않은 새로운 것입니다. 사람들이 배움이나 지식으로 알 수 없는 비밀입니다. 오직 "성령의 역사"가 아니고서는 이 비밀(예수의 비밀, 하나님의 구원계획)을 알 수 없습니다.

④ 오늘날에도 성령의 역사가 아니고서는 이 예수의 비밀을 깨달

아 알 수가 없습니다. 성도 여러분 예수 그리스도를 알고 믿어 구원받으셨습니까? 이 예수의 비밀을 깨달아 아는 것은 크나큰 영광이 아닐 수 없습니다. 저는 우리 교회에 찾아와 예배하는 모든 분들께 성령의 역사하심 속에 복음의 비밀, 예수의 비밀이 깨달아지고 믿어지고 구원받는 역사가 있어지시기를 축원합니다.

라. "복음"으로 말미암아(6절)

"이는 이방인들이 복음으로 말미암아 그리스도 예수 안에서 함께 상속자가 되고 함께 지체가 되고 함께 약속에 참여하는 자가 됨이라"(6절)

① 앞에서 말한 "하나님의 은혜", "비밀", "예수의 비밀"은 다른 말로는 "복음"입니다.

② 복음으로 말미암아 유대인이나 이방인이 하나가 된 것입니다. 이방인들은 율법의 준수나 할례의 피를 통해서가 아니라 오직 믿음으로 예수와의 연합을 통해서 구원을 받기 때문입니다. 이것은 먼저 부름 받은 유대인들의 경우에도 마찬가지입니다. 유대인들은 하나님의 선민이라는 특권으로 또는 아브라함의 자손이라는 혈통으로 결코 구원받을 수 없습니다. 그들은 이방인들과 같이 오직 믿음으로 예수와의 연합을 통해서 구원을 받습니다. 이처럼 유대인들과 이방인들이 어떠한 구별 없이 예수를 믿는 동일한 조건으로 구원받고, 함께 예수의 몸을 이룬다는 것이 새로운 계시입니다.

③ 이 복음으로 말미암아 예수 안에서 이방인이 함께 상속자가 됩니다. 예수 그리스도와 연합하며, 예수 안에 머무는 자는 그들이 비

록 그동안 이방인으로 하나님 없이 살아왔을지라도 예수 그리스도와 더불어 하나님 나라의 상속자가 되는 것입니다(롬 8:17절, 갈 3:29절). 이들이 함께 상속하는 "기업"은 이미 성령님을 통해 참여하고 있는 것으로 하나님이 예비하신 구원을 의미합니다(엡 1:14,18,5:5절).

④ 이 복음으로 말미암아 예수 그리스도 안에서 이방인들이 함께 지체가 됩니다. 이것은 이방인들도 예수 그리스도를 믿어 예수와 연합함으로 예수께서 머리가 되신 몸(교회공동체)에 속하여 지체가 됨을 의미합니다(엡 4:15,5:23절, 골 1:18절). 이방인도 유대인과 함께 예수의 몸이 되는 교회라는 새로운 공동체의 구성원이 됩니다.

⑤ 이 복음으로 말미암아 예수그리스도 안에서 이방인이 함께 약속에 참여하는 자가 됩니다. 여기 "약속"은 하나님께서 아브라함에게 하신 것입니다(창 12:1-3절). 과거에 이방인들은 "약속의 언약"에서 제외된 자들이었습니다(엡 2:12절). 그러나 이제는 예수 안에 속함으로 아브라함에게 주신 약속(즉 생명과 구원의 약속)에 하나님의 백성인 유대인들과 동등하게 참여하는 자가 되었습니다(갈 3:22,29절).

이처럼 하나님을 알지도 못하고 관심도 없던 우리가 인류를 구원시키려는 "하나님의 은혜", "비밀", "그리스도의 비밀", "복음"을 깨달게 된 것은 크나큰 영광이 아닐 수 없습니다. 그 복음의 비밀을 깨닫게 하신 하나님께 감사 찬송 드리시길 바랍니다.

2. 복음을 위하여 일하게 된 영광입니다(3:7-12).

가. 바울사도는 이 복음(그리스도의 비밀, 하나님의 은혜)의 일꾼

이 되었습니다(7-8절 상).

“이 복음을 위하여 그의 능력이 역사하시는 대로 내게 주신 하나님의 은혜의 선물을 따라 내가 일꾼이 되었노라”(7절)

① 바울이 이 복음을 위하여 일꾼이 되었습니다. “이 복음을 위하여... 내가 일꾼이 되었노라.” 일꾼은 일하는 사람입니다. 시중드는 자입니다. 섬기는 자입니다. 바울은 복음을 모든 이들 특히 이방인들에게 전파하기 위해 일꾼이 되었습니다. 바울 사도만 아니라 복음을 받은 사람은 누구나 복음의 일꾼으로 부름 받았습니다. 복음을 믿지 못하는 이, 하나님이 은혜를 깨닫지 못하는 이, 그리스도의 비밀을 알지 못하는 이에게 성령의 능력을 힘입어 전파하는 일꾼으로 부름 받았습니다.

② 복음의 일꾼은 “하나님의 능력”으로 일해야 합니다. “그의 능력이 역사하는 대로” 하나님의 구원 계획인 복음을 전파하는 사역은 사람의 힘으로나 지혜로는 불가능합니다. 바울사도 자신도 복음의 일꾼으로서의 사역을 감당함에 있어 “하나님의 능력”이 역사하셨음을 고백하고 있는데(엡 1:19절, 골 1:29절) 이 하나님의 능력이 역사하심은 늘 ‘성령의 내주와 충만케 하심’을 통해 지혜와 능력을 주시고 인도해 주심입니다. 사도 바울이 하나님의 말씀과 하나님의 구원 계획을 잘 이해하고 힘 있게 증거 할 수 있었던 것은 하나님께로부터 온 능력(성령의 능력, 성령의 역사하심)을 통해서입니다. 우리가 복음의 일꾼으로 일하려 할 때, 우리 안에 내주하시는 성령님의 주권을 인정하고, 성령께서 충만히 주관해 주시길 소망해야 합니다.

③ 복음의 일꾼은 하나님의 은혜로 된 일꾼입니다. “은혜”란 받을

자격이 없는 자에게 베푸시는 호의와 사랑입니다. 바울에게 있어 하나님의 은혜는 자신을 선택해 주시고 부르셨으며 능력을 부여하신 것을 가리킵니다(1:6,7절). 바울 자신은 과거에 교회를 박해했던 자로서 도저히 그 직분을 감당할 수 없는 자였습니다. 그럼에도 불구하고 하나님께서 그를 만나주시고 복음의 비밀을 깨닫고 구원해 주실 뿐 아니라 그 복음 전하는 사역자(일꾼)로 직분을 주셨는데, 하나님의 은혜입니다. 그래서 바울 사도는 그가 사도가 된 것이 하나님께서 값없이 주신 선물이라고 고백하고 있습니다. 성도 여러분, 우리도 그렇지 않은지요? 하나님의 은혜가 아니고선 구원받을 수 없었을 뿐 아니라 직분자도 될 수 없습니다. 그 은혜에 감사하시길 바랍니다.

④ 그러면, 복음의 일꾼으로서의 바울의 자기 평가는 무엇입니까?

"모든 성도 중에 지극히 작은 자보다 더 작은 나에게"(8절 상) 이는 하나님의 크신 은혜 안에서 과거 하나님의 교회를 박해하던 자신을 보며 고백한 것입니다. 여기 "지극히 작은 자 보다 더 작은"이란 표현은 바울이 자신을 스스로 낮추는 동시에 자신에게 주어진 그 은혜가 얼마나 큰 것인가를 깊이 인식하고 있었음을 드러내 줍니다. 고전 15장 9절에선 "나는 사도 중에 지극히 작은 자"라 고백하고, 딤전 1:15절에선 "죄인 중에 내가 괴수니라" 고백하고 있습니다. 하나님의 크고 놀라운 은혜와 능력 가운데 볼 때, 자신은 한 없이 부족한자임을 고백한 것입니다. 우리도 그렇습니다. 하나님의 은혜가 아니고서는 결코 설 수 없는 자입니다. 하나님의 크고 놀라운 은혜를 찬양하지 않을 수 없습니다.

나. 그러면 복음의 일꾼으로서 하는 일은 무엇입니까?(8절 하-10절)

① 먼저, 측량할 수 없는 그리스도의 풍성함을 이방인에게 전하는 것입니다(8절 하). "이 은혜를 주신 것은 측량할 수 없는 그리스도의 풍성함을 이방인에게 전하게 하시고"(8절 하) 바울은 자신의 부흥과 그리스도의 풍성함을 대조시키고 있습니다. 바울은 자기 의를 내세우며 교회를 핍박하던 과거의 잘못을 상기하였고, 늘 자신의 연약함과 부족함을 통하여 하나님의 능력을 체험하였습니다(고후 4:7절, 12:9,10절). 하나님께서는 그러한 바울에게 그리스도의 풍성한 은혜와 사랑을 이방인에게(하나님을 알지 못하는 이들에게) 전해주기 위해, 먼저 복음을 받게 하시고, 복음 사역을 위탁하신 것입니다. 그리하여 바울은 이방인들도 유대인들과 마찬가지로 하나님의 우주적인 계획에 참여하게 될 것을 고대하였습니다.

② 하나님 속에 감추어졌던 비밀의 경륜을 알게 하는 것입니다(9절). "영원부터 만물을 창조하신 하나님 속에 감추어졌던 비밀의 경륜이 어떠한 것을 드러내게 하려 하심이라"(9절) 바울이 위탁받은 사명은 창조주 하나님께서 준비하여 오랫동안 감추어 주셨던 우주 통일의 계획(비밀의 계획)을 알리는 것입니다. 이것은 하나님을 알지 못하던 이방인까지도 구원하여 교회의 통일을 이루고, 모든 사람이 하나님 나라의 기쁨을 누리게 하고자 하시는 비밀스러운 계획을 온 인류에게 신적 계시로서 성령의 역사로서 밝히 드러나게 하는 것입니다. 태초에 만물을 찬조하신 하나님께서는 인류가 그 비밀을 알게 되는 날에 그들을 새롭게 회복하시게 될 것이라고 바울은 확신하고 있었습니다.

③ 하나님의 각종 지혜를 우주적 세력들에게 알게 하는 것입니다(10절). "이는 이제 교회로 말미암아 하늘에 있는 통치자들과 권세들에게 하나님의 각종 지혜를 알게 하려 하심이니"(10절) 여기 바울은 복음의 일꾼으로서의 사역이 개인에게서 교회를 옮게 여김을 말합니다. 결코 하나 될 수 없는 유대인들과 이방인들이 하나 되고 화해하며 하나의 새로운 인류인 교회를 이룬 것은 장차 만물이 그리스도 안에서 창조 때의 조화로움과 아름다움과 샬롬을 회복하리라는 것을 미리 보여 주는 사건입니다. 또한 교회를 이루는 것이 만물의 통일을 이루어 가시는 하나님의 무궁한 지혜를 보여 주시는 가시적인 증거이기도 합니다. 그러므로 교회는 하나님의 지혜를 비추는 거울과 같습니다. 그리고 교회는 악한 영들의 눈을 뜨게 하여 만물의 통일을 이루는 하나님의 무궁한 지혜를 보게 하는 "눈 뜨개"(eye-opener)와도 같습니다. 악한 영들은 교회의 존재 자체를 통해 하나님의 다채롭고 무궁한 지혜를 알게 하고, 결국 그 지혜로 인해 자신들이 완전히 멸망하게 되리라는 것을 감지합니다.

요컨대 하나님은 교회의 존재 자체를 통해 ① 만물을 통일하는 당신의 무궁한 지혜를 드러내시며 ② 동시에 악한 세력이 마침내 완전히 패배하리라는 것을 알게 하십니다. 사랑하는 성도여러분 우리가 이렇게 하나님의 위대한 구원 계획 속에서 복음을 위해(하나님의 은혜의 경륜과 그리스도의 비밀을 위해) 일하게 된 것은 무궁한 영광입니다.

3. 복음을 위하여 고난당하게 된 영광입니다(3:1,13절)

가. 바울은 복음을 위하여 갇힌 자 되었습니다(1절).

"이러므로 그리스도 예수의 일로 너희 이방인을 위하여 갇힌 자 된 나 바울이 말하거니와"(1절)

바울 사도는 지금 옥에 갇힌 몸으로 있으나 그의 영광스러움을 말하고 있습니다.

① 그는 예수 그리스도의 일로(즉, 복음 때문에) 옥에 갇힌 자 되었습니다. 로마 감옥에 갇힌 바울은 언제 죽을지 모르는 처지에 있었습니다. 그러나 바울이 감옥에 갇힌 것은 그가 세상적인 범죄를 저질렀기 때문이 아닙니다. 오히려 예수의 일로 갇히게 되었습니다. 이는 부끄러울 것이 없습니다. 오히려 주님 예수를 위해 고난 받게 되었다는 기쁨과 영광이 있는 것입니다.

② 그는 특별히 보잘 것 없는 이방인들에게 복음전하는 일 때문에 옥에 갇힌 자 되었습니다.

나. 바울은 그 외에도 복음을 위하여 여러 가지 환난을 당하였습니다(13절).

"그러므로 너희에게 구하노니 너희를 위한 나의 여러 환난에 대하여 낙심하지 말라 이는 너희의 영광이니라"(13절)

① 바울 사도는 먼저, 그의 고난으로 인해 염려하는 성도들을 위로합니다. 고난의 의미를 알았기 때문입니다. 골 1:24절에서는 "그리스도의 남은 고난을 그의 몸된 교회를 위하여 내 육체에 채우노라" 고

후 11:22-33절에는 그가 복음 전하여 당한 여러 환난을 언급합니다. 그러나 바울은 그의 이 고난의 의미를 알았기에 복음을 위하여 고난 당하게 된 것이 영광이라 합니다. 고후 4:11-12절에 그 의미가 나타나 있습니다. "우리 살아 있는 자가 항상 예수를 위하여 죽음에 넘겨짐은 예수의 생명이 또한 우리 죽을 육체에 나타나게 하려 함이라 그런즉 사망은 우리 안에서 역사하고 생명은 너희 안에서 역사하느니라"

② 복음 전하는 자가 환난과 고난에 처하여 죽음이 깃들이는 것은 복음을 듣는 이들에게는 생명의 역사가 일어나는 것입니다. 어머니의 해산의 수고가 없이는 생명이 태어날 수 없는 것입니다. 그러면 사랑하는 성도 여러분 복음 때문에 고난을 당하시는지요? 영광스러운 일입니다. 생명의 역사가 일어나고 있기 때문입니다. 말씀을 전합니다. 하나님은 우리를 부르셔서 복음을 깨닫고 믿게 하실 뿐 아니라 하나님 나라를 확장하는 일꾼으로 세우십니다. 하나님은 교회와 성도를 통해 "그리스도의 비밀"(하나님의 은혜의 경륜, 복음)을 드러내고자 하십니다. 우리는 이 세상을 향해 하나님의 놀라운 비밀을 전달하는 역할을 감당해야 합니다. 우리는 우리 자신이 얼마나 영광스러운 사명을 받았는지 깨닫고 어떤 고난과 환난 속에서도 담대하게 복음을 드러내는 교회와 일꾼들이 되어야 하겠습니다. 우리가 복음을 알고 믿고 전하게 된 것은 크나큰 영광입니다.

에베소서 강해16 요약

성숙하게 하옵소서 1

에베소서 3장 14~21절

본문은 사도바울의 에베소교회를 위한 두 번째 기도입니다(첫 번째 기도 1:15-23절). 바울은 특별히 사랑하는 에베소 교인들이 성숙한 삶을 살아가도록 기도하고 있습니다. 오늘 본문에서 "기도"에 대한 귀한 교훈을 주고 있습니다.

1. 우리는 하나님 아버지께 기도합니다(3:14~15절).

가. "아버지"는 내게 생명주신 분입니다.

① 창조를 통해 우리에게 생명을 주신 분입니다.

② 구속을 통해 우리에게 영생을 주신 분입니다.

나. 하나님은 "하늘과 땅에 있는 각 족속에게 이름을 주신 분"입니다(창조주).

① 능력이 많으신 분입니다.

② 명철이 한이 없으신 분입니다.

다. 간절한 마음으로 "무릎 꿇고" 기도합니다.

2. 우리 성도들의 신앙 성숙을 위하여 기도합니다(3:16~19절).

가. 속사람을 강건하게 하옵소서(16절).

① "속사람"

② "성령의 능력으로"

나. 그리스도를 모시고 살게 하옵소서(17절 상).

① 믿음으로 그리스도를 마음에 모십니다.

② 그리스도를 주인으로 인정하고 변함없이 그를 신뢰합니다(믿음으로 행함).

다. 그리스도의 풍성한 사랑을 깨닫게 하소서(17절 하~19절 상).

① 사랑의 너비: 모든 인류를 포함할 정도로 충분히 "넓고"

② 사랑의 길이: 영원토록 계속될 만큼 충분히 "길고"

③ 사랑의 깊이: 가장 타락한 죄인에게 도달할 수 있을 정도로 충분히 "깊고"

④ 사랑의 높이: 그를 하늘로 올릴 만큼 충분히 "높고"

라. 하나님을 닮게 하소서(19절 상).

에베소서 강해16

성숙하게 하옵소서1

에베소서 3장 14~21절

저는 과일을 아주 좋아합니다. 특히 잘 익은 과일은 아주 향기롭고 맛도 좋습니다. 그러나 설익은 과일은 시큼하고 떱뜨름 합니다. 사람도 그렇습니다. 성숙한 사람은 아름답습니다. 푸근하고 정이 갑니다. 오늘 본문은 사도 바울의 에베소 교회를 위한 두 번째 기도입니다. 첫 번째 기도는 1:15-23절에 기록되어 있는데 우리가 3번에 걸쳐 살펴보았습니다.

① (15-17절) 하나님을 알게 하소서.

② (18-19절) 마음의 눈을 밝히소서.

③ (20-23절) 하나님의 능력의 크심을 알게 하소서.

첫 번째 기도가 하나님을 아는 것에 대해 관심하고 기도하고 있다면 두 번째 기도는 사랑하는 에베소 교인들이 성숙한 삶을 살아가도록 기도하고 있습니다. 오늘 본문은 "기도"에 대한 귀한 교훈을 주고 있습니다.

1. 우리는 하나님 아버지께 기도합니다(3:14-15절).

"이러므로 내가 하늘과 땅에 있는 각 족속에게 이름을 주신 아버지 앞에 무릎을 꿇고 비노니"(14-15절)

가. "아버지"는 내게 성령을 주신 분입니다. 하나님은 우리의 아버지이십니다.

① 하나님은 창조를 통해 우리에게 생명을 주신 분이십니다. 우리는 하나님의 생명 창조의 원리에 따라 육신의 아버지와 어머니를 통해 이 땅에 태어났습니다. 근본적으로는 하나님이 우리를 이 땅에 보내신 것입니다.

② 하나님은 구속을 통해 우리에게 영생을 주신 분이십니다. 하나님의 아들 독생자 예수 그리스도를 믿음으로(영접함으로) 하나님의 자녀가 되었습니다. 이사야 43:1절에는 이 두 가지 시작을 이렇게 선언합니다. "야곱아 너를 창조하신 여호와께서 지금 말씀하시느니라 이스라엘아 너를 지으신 이가 말씀하시느니라 너는 두려워하지 말라 내가 너를 구속하였고 내가 너를 지명하여 불렀나니 너는 내 것이라" 하나님을 아버지라 부를 수 있는 것은, 가장 영광스럽고 가장 친근한 표현입니다. 하나님께서는 나아가 하나님을 아빠라 부르라고 하셨습니다. 우리는 자녀가 아버지(아빠)에게 이야기하듯 기도는 하나님의 아버지께 이야기하는 것입니다. 대화하는 것입니다.

나. 하나님은 "하늘과 땅에 있는 각 족속에게 이름을 주신 분"입니다(창조주).

① 구약성경에서 "이름을 부여하는 것"은 창조주 하나님께서 그를 존재케 하며 또한 그를 다스리심을 가르킵니다(시 147:4절, 전 6:10절, 사 40:26절). 하나님은 우리만 아니라 우리의 삶의 모든 환경도 지으시며, 다스리시는 능력이 많으신 분입니다. 인간 "아버지"는 자녀들에게 잘해주고 싶어도 능력이 없어 못 도와줍니다. 또한 인간 "아버지"는 자녀를 도와주고 싶어도 지혜가 부족합니다.

② 그러나 "하늘과 땅에 있는 각 족속에게 이름을 주신" 우리 하나님은 명철이 한이 없으신 분입니다(이사야 40:28절). 그 능력이 많고 명철이 한이 없으신 하나님이 우리 아버지이십니다. 그 하나님 아버지께 우리는 기도 드리는 것입니다.

다. 간절한 마음으로 "무릎 꿇고"기도합니다(기도의 자세).

① 유대인들의 일반적인 기도의 자세는 서서, 하늘을 우러러 손들고, 기도하는 것입니다. 마 6:5절 상에서 주님께서 말씀하십니다. "또 너희는 기도할 때에 외식하는 자와 같이 하지 말라 그들은 사람에게 보이려고 회당과 큰 거리 어귀에 서서 기도하기를 좋아하느니라 내가 진실로 너희에게 이르노니 그들은 자기 상을 이미 받았느니라"

② "무릎 꿇고" 기도하는 것은 드문 일이지만, "간절한 마음"과 "복종"을 나타내는 것입니다. ㉠ 엘리야는 하늘에서 비를 내리게 하는 기도를 할 때 무릎사이에 얼굴을 묻고 기도했습니다. ㉡ 에스라는 동족들의 죄를 참회할 때, 무릎 꿇고 기도했습니다. ㉢ 그리스도께서도

겟세마네 동산에서 기도하실 때 무릎 꿇고, 땅에 얼굴을 대고, 땀방울이 피가 되도록 간절히 기도했습니다. ㉣ 스데반 집사가 순교당할 때 무릎 꿇고 기도하고 있었습니다. 성경은 우리가 기도할 때, 어떤 자세를 취해야 할지 지시하지 않고 있습니다. 무릎 꿇고, 서서, 앉아서, 걸으면서, 심지어는 누워서도 기도할 수 있습니다. 그러나 어떤 자세든지, 주님을 사모하며, 간절함으로 기도해야 합니다.

2. 우리 성도들의 신앙 성숙을 위해 기도합니다(3:16–19).

생명을 얻은 우리가 풍성한 생명을 얻게 하려는 기도입니다. 어린아이 같은 신앙이 성숙한 신앙을 갖게 되기 원하는 기도입니다. 본문에서 우리는 4가지 기도제목을 봅니다. 오늘은 그 중 3가지만 생각해 보고, 우리의 기도제목으로 삼기 원합니다.

가. 속사람을 강건하게 하옵소서(16절)

"그의 영광의 풍성함을 따라 그의 성령으로 말미암아 너희 속사람을 능력으로 강건하게 하시오며"(16절)

① 속사람이 있습니다. 속사람은 외모나 용모, 육체의 건강을 말하는 겉사람과 다릅니다. 겉사람은 얼마나 멋지게 생겼나? 돈이 얼마나 있나? 학벌은 어떤가? 얼마나 튼튼한가? 등에 관심합니다. 그에 비해 속사람은 영혼, 마음, 생각, 이성과 의지가 활동하는 인격을 말합니다. 하나님과 교제하는 부분도 속사람입니다. "그러므로 우리가 낙심하지 아니하노니 우리의 겉사람은 낡아지나 우리의 속사람은 날

로 새로워지도다"(고후 4:16절) 바울 사도는 겉사람에게 인생의 의미를 부여하지 않습니다. 겉사람에게 인생의 가치를 부여하면, 그 겉사람이 사람이 사라질 때, 그 모든 희망도 사라집니다. 그러나 불멸의 속사람에게 중요한 의미를 부여하면, 겉사람은 사라지고 낡아져도, 속사람은 날로 새로워지는 것입니다. 그렇다고 바울 사도가 당시 영지주의자들처럼, 물질과 영을 구분하는 이원론자가 물론 아닙니다. 하나님이 원하시는 삶은 속사람에게 속한 것입니다. "내 영혼은 얼마나 순결해져 가고 있는지요?", "나는 얼마나 주님의 인격을 닮아가고 있는지요?" 그러기에 사도바울은 속사람의 강건함을 위하여 기도하고 있는 것입니다.

② 그런데, 그 속사람은 성령의 능력으로 강건해집니다. 우리의 삶에 건강은 중요합니다. 영육 간에 건강이 중요합니다. 우리 겉사람(육체)가 강건해지려면, 적당한 운동을 해야 합니다. 영양 있는 음식을 골고루 섭취해야 합니다. 때에 따라 휴식을 취해야 합니다. 그러나 우리 속사람이 강건해지려면, 성령의 역사, 성령의 능력으로 속사람이 강건해집니다. 그러면 성령께서는 어떻게 역사하십니까?

㉠ 성령님은 기도하는 이들에게 역사하십니다(기도는 영혼의 호흡). 사도행전 2장을 보면 120여명의 성도들의 마음을 같이하여 오로지 기도에 힘쓸 때, 성령께서 강하게 임하셔서 역사했습니다. 우리 김해제일교회가 기도에 전심을 다하여, 성령의 능력으로 속사람이 강건케 되는 축복이 있으시기 바랍니다.

㉡ 성령께서는 말씀과 함께 역사하십니다(말씀은 영혼의 양식입니다). 성령은 말씀의 영이십니다. 사도행전 2장에 보면, 이스라엘 백

성들이 베드로의 설교를 들을 때 찔림을 받고 "우리가 어찌할꼬"하며 회개하며, 성령의 능력을 입었습니다. 사도행전 10장에서는 이방인인 로마 백부장 고넬료가 베드로를 청하다가 하나님의 말씀을 들을 때 성령이 강하게 역사하시는 것을 체험했습니다. 우리 김해제일교회가 하나님의 말씀을 사랑하고, 말씀 묵상에 힘쓰며, 하나님의 말씀을 부지런히 가르치고 배우며, 그 말씀대로 살아가므로 성령의 능력으로 속사람이 강건해지는 축복이 있으시기 바랍니다.

㉢ 성령께서는 찬양과 함께 강하게 역사하십니다. 시편 22편에 보면 "이스라엘의 찬송 중에 거하시는 주여, 주는 거룩하시니이다"는 말씀이 있습니다. 또 에베소서 5:18절에 보면 성령 충만하는 것은 찬양과 깊은 관계가 있습니다. 시와 찬송과 신령한 노래로 서로 화답할 때 성령의 충만한 역사가 있습니다. 또한 마음으로 주님께 노래하며 찬송할 때 성령의 충만한 역사가 있습니다. 우리 김해제일교회가 함께 찬양하고, 서로 마음을 다해 찬양하므로 성령의 능력으로 속사람이 강건하게 되시는 축복이 있으시기 바랍니다.

㉣ 성령의 능력은 복음을 전하는 사람들에게 강하게 역사하십니다(전도는 영혼의 운동입니다.). 사도행전에 보면, 성령께서는 복음 전하는 사람들에게 충만히 임하시고, 강하게 역사하셨습니다. 우리가 입을 벌려 그리스도를 전하면, 우리는 부족해도, 성령께서 강하게 능력으로 역사하십니다. 금년에 우리 김해제일교회가 힘써 복음을 전하므로, 성령의 능력가운데 속사람이 강건케 되는 축복이 있으시기 바랍니다. 첫 번째 기도는 "속사람을 성령의 능력으로 강건하게 하옵소서"입니다.

나. 두 번째 기도는 "그리스도를 모시고 살게 하옵소서"(17절 상)입니다.

"믿음으로 말미암아 그리스도께서 너희 마음에 계시게 하시옵고"(17절 상)

① 우리는 믿음으로 그리스도를 마음에 모십니다. 거듭납니다. 구원받습니다. "영접하는 자 곧 그 이름을 믿는 자들에게는 하나님의 자녀가 되는 권세를 주셨으니"(요 1:12) 그리스도를 믿음으로 마음에 모시는 것(영접하는 것)이 곧 거듭남이요, 하나님의 자녀가 되는 것입니다. 그리스도인이라는 새로운 인생의 시작입니다. 우리 중에 혹시나 교회는 다니지만 아직 거듭나지 못하신 분은 믿음으로 그리스도를 마음에 영접하여, 그리스도께서 그 마음에 사시게 하시기 바랍니다.

② 그리고 이미 그리스도를 믿어 구원함을 받은 사람은(하나님의 자녀는) 매일 매일, 순간순간, 그리스도를 주인으로 인정하고, 그리스도 중심으로 살아가야 합니다. 즉 우리의 언행심사를 주님이 주관하시게 해야 합니다. 그것이 믿음으로 행하는 것입니다. 믿음으로 산다는 것은 주님의 다스림을 받으며, 주님을 높이며, 주님을 기쁘시게 하는 삶을 살아가는 것입니다. 모든 일을 "주께 하듯"하는 것입니다. 성도 여러분, 혹 우리 중에 내 이성, 내 고집, 내 경험, 내 체면, 내 방법대로 하면서, 믿음으로 산다고 주님 모시고 산다고 하지는 않는지요? 우리는 주일날 교회에서만 주님 중심으로 살아서는 안 됩니다. 날마다의 세상살이에서도, 사업장이나 직장생활에서도 주님을 모시고, 주님 중심으로, 주님이 나타나시게 살아가야 합니다. 모든 일에

믿음으로 그리스도를 모시고, 살아가시는 성도님들이 되시기 바랍니다. 두 번째 기도는 "믿음으로 그리스도를 모시고 살게 하옵소서"입니다.

다. 세 번째 기도는 "그리스도의 풍성한 사랑을 깨닫게 하소서"입니다.

"너희가 사랑 가운데서 뿌리가 박히고 터가 굳어져서 능히 모든 성도와 함께 지식에 넘치는 그리스도의 사랑을 알고 그 너비와 길이와 높이와 깊이가 어떠함을 깨달아"(17절 하--19절 상)

하나님의 사랑은 그리스도인들이 뿌리가 박히고, 터가 굳어지는 토양입니다. 그리스도가 우리 마음에 내주하실 때, 하나님의 사랑이 부어집니다. 이 사랑은 인간의 지식이나 노력으로 깨달을 수 없습니다. 사랑의 영, 성령의 역사하심으로, 그 광대한 그리스도의 사랑을 알아가는 것입니다. 바울 사도는 그리스도를 통한 하나님의 사랑을 4차원으로 설명하면서 하나님의 구원 사역의 전 과정을 말해주고 있습니다.

① 사랑의 너비: 모든 인류를 포함 할 정도로 충분히 "넓고", "하나님이 세상을 이처럼 사랑하사 독생자를 주셨으니 이는 그를 믿는 자마다 멸망하지 않고 영생을 얻게 하려 하심이라"(요 3:16절) "유대인/이방인, 남자/여자, 어른/아이, 부자/가난한 자, 병든 자/건강한 이, 권세있는 자/천한 자, 흑인/백인, 한국인/일본인" 그리스도의 사랑은 어떤 종류의 사람이든지 다 사랑할 만큼 폭이 넓습니다. 넓은 바다와도 같습니다. 바다에는 각종 고기가 다 있습니다. 큰 고기(고래)도 있

고, 작은 것도 있습니다. 더러운 것도 있고, 깨끗한 것도 있습니다. 우리의 사랑은 어떠한지요? 혹 너무 폭이 좁고 제한되어 있지는 않은지요? 저희끼리만 좋아하지는 않는지요? 허물어야 할 벽이 많지 않은지요? 우리 김해제일교회가 그리스도의 넓은 사랑을 깨달아, 우리 사랑의 범위가 점점 더 넓어지는 축복이 있으시기 바랍니다.

② 사랑의 길이: 영원토록 계속될 만큼 충분히 "깊고", "예수 그리스도는 어제나 오늘이나 영원토록 동일하시니라"(히 13:8절) 예수님은 영원토록 계속될 만큼 충분히 긴 사랑을 하십니다. 예수님이 우리를 사랑하시는 그 사랑은 창세 전 부터 시작되었습니다. 그리고 우리 삶에 찾아와 구원하신 사건으로 구체화되었습니다. 그 사랑은 영원히 지속될 것입니다. 그 무엇도 그리스도의 사랑에서 끊을 수 없습니다. 롬 8:35-37절에서 바울 사도는 그 사랑을 이렇게 노래합니다. "누가 우리를 그리스도의 사랑에서 끊으리요 환난이나 곤고나 박해나 기근이나 적신이나 위험이나 칼이랴 기록된 바 우리가 종일 주를 위하여 죽임을 당하게 되며 도살 당할 양 같이 여김을 받았나이다 함과 같으니라 그러나 이 모든 일에 우리를 사랑하시는 이로 말미암아 우리가 넉넉히 이기느니라" 우리는 어떠합니까? 우리는 너무나 쉽게, 조그만 이해관계 때문에, 사람이 미움 되고, 좋다는 것이 미움이 되는 짧은 사랑에 있지는 아니한지요? 우리 김해제일교회가 그리스도의 영원한 사랑, 신실한 사랑을 깨달아 우리의 사랑도 변함없는 그리스도의 사랑의 닮아가는 축복이 있으시기 바랍니다.

③ 사랑의 깊이: 가장 타락한 죄인에게 도달할 수 있을 정도로 충분히 "깊고" 그리스도의 사랑을 가장 타락한 죄인에게까지도 도달 할

수 있는 깊은 사랑입니다. 우리 죄가 아무리 크고, 흉악해도, 우리 주님 예수 그리스도께서 용서 못할 죄인은 없습니다. 로마서 5:8입니다. "우리가 아직 죄인 되었을 때에 그리스도께서 우리를 위하여 죽으심으로 하나님께서 우리에 대한 자기의 사랑을 확증하셨느니라" 예수님은 남편이 5이 있었고 6번째 남자와 살고 있던 우물가의 여인(더러운 여인)을 용서하시고, 새 사람으로 살게 하셨습니다. 구원하셨습니다. 3번이나 주님을 모른다고 부인하던 베드로를 찾아가 예수님은 먼저 물으십니다.

"요한의 아들 시몬아, 네가 나를 사랑하느냐?","너는 나를 모른다고 부인하고, 부끄러워하여, 옛생활로 돌아갔을지라도 아직도 나는 너를 사랑한단다. 너는 나를 사랑하느냐?" 우리 주님은 말씀하십니다. "내가 온 것은 의인을 부르러 온 것이 아니요, 죄인을 불러 회개시키러 왔노라." 우리 김해제일교회가 그리스도의 깊은 사랑을 깨달아, 먼저 우리 모두 죄를 회개하고, 용서받아 정결한 새 사람이 되십시다. 그리고 그 깊은 사랑으로 우리 이웃을 깊이 사랑할 수 있게 되시기 바랍니다.

④ 사랑의 높이: 그를 하늘로 올릴 만큼 충분히 "높고"

그리스도의 사랑은 죄인을 하늘 높이 들어 올려 의인 삼으시고 그의 자녀 삼으실 만큼 충분히 높고 고상하십니다. 지옥 형벌을 받아 마땅한 우리를 건져 올리셔서, 하나님 보좌 우편에 앉히시고, 그리스도와 함께 하나님 나라를 유업으로 받을 자녀로 삼으셨습니다. 우리에게 사랑이 없는 게 아닙니다. 있습니다. 그러나, 모양만 있지 잘 익지 않았습니다. 달콤한 맛이 없습니다. 씁쓰름합니다. 성숙되지 못했습니다. 우리 김해제일교회가 그리스도의 사랑을 더욱 깊이 깨달아 차원 높은 사랑, 구원 역사를 이루어가는 사랑을 실천해가는 복된 성도님들 되시기 바랍니다. 3번째 시도는 "그리스도의 풍성한 사랑을 깨닫게 하옵소서"입니다.

라. 하나님을 닮게 하소서(19절 하)

"하나님의 모든 충만하신 것으로 너희에게 충만하게 하시기를 구하노라"(19절 하)

① "하나님의 모든 충만하신 것"

"하나님의 모든 충만"이라는 표현은 하나님의 임재, 능력, 생명, 통치를 포함한 하나님의 완전함을 뜻합니다. 이것은 하나님에게서 흘러 나오는 선물과 은혜의 풍성함을 가리키지 않습니다. 그러므로 하나님의 모든 충만의 정도까지 충만하게 되기를 구하는 바울의 기도는 하나님의 완전함의 수준까지 이르기를 구하는 것입니다.

② 이 간구는 엡4:13에 나오는 "그리스도의 장성한 분량이 충만한 데까지" 이르러야 한다는 것과 유사합니다. 또한 "하늘에 계신 아버지의 온전하심과 같이 온전하게 되어야 한다"는 개념과 유사합니다. 구약 레위기에서 하나님께서 명하십니다.

"내가 거룩하니 너희도 거룩할지어다."(벧전 1:16, 레 11:44)

이는 벧후 1:4의 말씀대로, "신의 성품"에 참여하는 자가 되라는 것입니다. 그러므로 이 기도는 "하나님을 닮게 하소서","그리스도를 본받아 살게 하소서"

"하나님의 자녀답게 살게 하소서", "그리스도를 주인 삼은 그리스도인 답게 살게 하소서"

"주가 내안에 내가 주안에 있는 것을 만민이 알게 하소서"하는 기도입니다.

"하나님을 닮게 하옵소서" 네 번째 기도였습니다.

3. 우리 기도를 이루시는 분은 하나님이십니다(3:20-21).

우리 하나님은 그 자녀들의 기도에 귀 기울이시고 응답하시는 분이십니다.

가. 우리가 하나님께 드리는 기도는 반드시 응답됩니다.

그 응답은 3가지 형태로 나타납니다.

① Yes: 기도한 것을 즉시 이루어 주십니다. (병고쳐주심)

② Wait: 기다려라 우리 아버지 구원16년 걸림)

③ No: 바울이 육체의 가시를 제거해 주시기 위한 기도(3번 기도함)

(주님의 대답) "내 은혜가 네게 족하도다 이는 내 능력이 약함에서 온전하여 짐이라"(고후12:9)

나. 그러면, 우리의 기도를 응답하시는 하나님은 어떠한 분이십니까?

"우리 가운데서 역사하시는 능력대로 우리가 구하거나 생각하는 모든 것에 더 넘치도록 능히 하실 이에게 교회 안에서와 그리스도 예수 안에서 영광이 대대로 영원무궁하기를 원하노라 아멘"(20-21절)

① 우리 가운데서 능력으로 역사하시는 하나님이십니다.

우리 인간들은 자녀를 사랑하고, 자녀를 위해 무엇을 해주려해도 능력이 없어 못해줍니다. 그러나 우리 하나님 아버지는 능력이 많으신 분이십니다. 전능하신 하나님이십니다. 그 전능하신 하나님께서 우리 기도를 응답하십니다.

② 온갖 구하거나 생각하는 모든 것에 더 넘치도록 능히 하시는 하나님이십니다.

인간 아버지들은 자녀들에게 좋은 것 해주기 원합니다. 어떤 경우에는 구하는 것 보다, 더 좋은 것으로, 더 많은 것으로 넘치게 해주고 싶어합니다. 우리 하나님 아버지도 그러하십니다. 구하는 것에 넘치도록 주십니다. 어떤 때는 우리 마음의 생각까지도 아시는 주님께서 "생각만 해도" 넘치도록 주십니다. 그 하나님께서 말씀하십니다. 누가복음 11:11-13입니다."너희 중에 아버지 된 자로서 누가 아들이 생선을 달라 하는데 생선 대신에 뱀을 주며 알을 달라 하는데 전갈을 주겠느냐 너희가 악할지라도 좋은 것을 자식에게 줄 줄 알거든 하물며 너희 하늘 아버지께서 구하는 자에게 성령을 주시지 않겠느냐 하시니라"

③ 영광을 대대에 받으시기에 합당하신 하나님이십니다.

우리가 기도한 것이 응답 받을 때, 하나님이 영광받으십니다. "너희가 내 이름으로 무엇을 구하든지 내가 행하리니 이는 아버지로 하여금 아들로 말미암아 영광을 받으시게 하려 함이라"(요 14:13) 영광은 하나님이 함께 하심을 드러내는 것입니다. 기도하여 응답 받을 때, 하나님이 함께 하심이 드러납니다. 하나님이 영광받으십니다. 우리가 기도를 많이 하여 많은 응답을 받기 원합니다. 그래서 하나님께서 많은 영광을 받으십니다. 금년에 보다 성숙한 신앙생활로 그리스도의 향기를 날리며, 하나님을 기쁘시게 하고, 하나님께 영광 돌리는 우리 김해제일교회와 성도님들 되시길 바랍니다.

기도

1. 속사람이 강건하게 하옵소서.
2. 그리스도를 모시고(주인삼고) 살게 하옵소서.
3. 그리스도의 풍성한 사랑을 깨닫게 하소서.
4. 하나님을 닮게 하소서. 하나님의 자녀답게 살아가게 하옵소서.

에베소서 강해17 요약

성숙하게 하옵소서2

에베소서 3장 14~21절

에베소교회 성도들은 바울사도의 사역을 통해 하나님의 비밀(복음)을 들었습니다. 그리고 복음을 믿고 하나님의 새로운 백성(공동체, 교회)의 구성원이 되었습니다. 그러므로 이제 그들은 하나님께 당당히 나아가게 되었습니다. 그 에베소교회 성도를 위해 사도바울이 두 번째 기도(첫 번째기도 1:16-23)하는 것은 그들이 더욱 강건하게 되어 그리스도의 사랑을 깨닫고, 그리스도의 장성한 분량에까지 자라가게 되기를 바라기 때문입니다. 오늘은 지난주에 이에 계속 "성숙하게 하옵소서"하는 제목으로 말씀드리려 합니다.

1. 우리는 하나님아버지께 기도합니다(3:14~15).

가. "아버지"는 내게 생명 주신 분입니다.

나. 하나님은 "하늘과 땅에 있는 각 족속에게 이름을 주신 분"입니다(창조주)

다. 간절한 마음으로"무릎 꿇고" 기도 합니다

2. 우리 성도들의 신앙 성숙을 위하여 기도합니다(3:16–19).

가. 속사람을 강건하게 하옵소서(16절)

나. 그리스도를 모시고 살게 하옵소서(17절상)

다. 그리스도의 풍성한 사랑을 깨닫게 하소서(17절하–19절상)

*하나님의 사랑은 성도들이 얻은 구원의 근거이며, 성도들의 삶의 토대입니다

① 사랑의 너비: 모든 인류를 포함 할 정도로 충분히 "넓고"

② 사랑의 길이: 영원토록 계속될 만큼 충분히 "길고"

③ 사랑의 깊이: 가장 타락한 죄인에게 도달 할 수 있을 정도로 충분히 "깊고"

④ 사랑의 높이: 그를 하늘로 올릴 만큼 충분히 "높고"

라. 하나님을 닮게 하소서(19절하)

① "하나님의 모든 충만하신 것"

② "그리스도의 장성한 분량이 충만한 데까지"(4:13)

에베소서 강해17

성숙하게 하옵소서2

에배소서 3장 14~21절

바울은 에베소에서 3년간 사역하였습니다(행 20:31). 바울의 전도 사역 후 가장 오래 머문 곳입니다. 그중 약 2년 동안을 두란노 서원에서 날마다 말씀을 가르쳤습니다. 에베소교회 성도들은 바울사도의 사역을 통해 하나님의 비밀(복음)을 들었습니다. 그리고 복음을 믿고 하나님의 새로운 백성(공동체, 교회)의 구성원이 되었습니다. 그러므로 이제 그들은 하나님께 당당히 나아가게 되었습니다. 그 에베소교회 성도를 위해 사도바울이 두 번째 기도입니다. 첫 번째 기도(1:16-23)는 하나님을 아는 것에 대해 관심하고 기도했습니다. 그리고 이제 그 에베소 교회 성도를 위해 사도바울이 두 번째 기도하는 것은 그들이 더욱 강건하게 되어 그리스도의 사랑을 깨닫고, 그리스도의 장성한 분량에까지 자라가게 되기를 바라는 것입니다. 오늘은 지난주에 이에 계속 "성숙하게 하옵소서"하는 제목으로 말씀드리려 합니다.

1. 우리는 하나님아버지께 기도합니다(3:14~15).

우리의 기도의 대상은 살아계신 하나님 아버지이십니다.

가. "아버지"는 내게 생명 주신 분입니다.

① 하나님은 창조를 통해 우리에게 생명을 주신 분이십니다.

② 하나님은 구속을 통해 우리에게 영생을 주신 분이십니다. 하나님의 아들 독생자 예수 그리스도를 믿음으로(영접하므로) 하나님의 자녀가 되었습니다. 기도는 자녀가 아빠에게 이야기하듯, 하나님의 자녀된 우리가 하나님 아버지(아빠)와 대화하는 것입니다.

나. 하나님은 "하늘과 땅에 있는 각 족속에게 이름을 주신 분"입니다(창조주)

① 하나님은 우리 인간만 아니라 우리의 삶의 모든 환경도 지으시며, 다스리시는 능력이 많으신 분입니다.

② 나아가 "하늘과 땅에 있는 각 족속에세 이름을 주신" 우리 하나님은 지혜와 명철이 한이 없으신 분입니다.

다. 바울 사도는 능력이 많으시며, 명철이 한이 없으신 하나님 아버지께 "무릎꿇고" 간절한 마음으로 기도하고 있습니다.

2. 우리 성도들의 신앙 성숙을 위하여 기도합니다(3:16-19).

생명을 얻은 우리가 풍성한 생명을 얻게 하려는 것입니다. 어린 아이같은 신앙이 성숙한 신앙으로 성장하게 하려는 것입니다. 본문에서 우리는 4가지 기도제목을 봅니다.

가. 속사람을 강건하게 하옵소서(16절)

"그의 영광의 풍성함을 따라 그의 성령으로 말미암아 너희 속사람을 능력으로 강건하게 하시오며"

① 속사람은 우리의 영혼과 마음입니다. 그리고 생각과 이성과 의지가 활동하는 인격을 말합니다. 인격이신 하나님과 교제하는 부분도 이 속사람입니다.

② 주님과 깊이 교제하며 살아갈 때 주님의 성품을 닮아갑니다. 속사람이 강건하게 됩니다. 그 속사람은 성령의 능력으로 강건해집니다. 주님을 닮아갑니다. ㉠ 성령님은 기도하는 이들에게 역사하십니다. 기도는 영혼의 호흡입니다. ㉡ 성령님께서는 말씀(성경말씀, 하나님 말씀)과 함께 역사하십니다. ㉢ 성령님께서는 찬양과 함께 강력하게 역사하십니다. 예배 중에 찬송과 신령한 노래들로 서로 화답할 때 성령의 충만한 역사가 있습니다. 또한 마음으로 주님께 노래하며 찬송할 때 성령의 충만한 역사가 있습니다. ㉣ 성령님께서는 복음을 전할 때 강력하게 역사하십니다. 전도는 영혼의 운동입니다. 금년에 우리 김해제일교회가 힘써 기도하고, 말씀을 배워 확신한 일에 거하며, 힘써 찬양하고, 전도하며, 성령의 능력 가운데 속사람이 강건케

되는 축복이 있으시기 바랍니다. 그러기 위해, 말씀 묵상, 90일 성경 통독, 그리고 금요 영성 집회를 통해 성령의 새바람이 불게 되길 축원합니다.

나. 그리스도를 모시고 살게 하옵소서(17절상)

"믿음으로 말미암아 그리스도께서 너희 마음에 계시게 하시옵고"

① 우리는 믿음으로 그리스도를 마음에 모심으로 하나님의 자녀가 됩니다. 거듭납니다. 구원받습니다.

② 그리고, 이미 예수 그리스도를 구주로 믿어 구원함을 받은 사람은(하나님의 자녀된 사람은) 매일 매일, 순간순간 그리스도를 주인(주님)으로 인정하고 그리스도 중심으로 살아가야 합니다. 믿음으로 산다는 것은 주님 예수 그리스도의 다스림을 받으며, 주님을 높이고, 아버지 하나님을 기쁘시게 하는 삶을 살아가는 것입니다. 모든 일을 "주께 하듯" 하는 것입니다. 두 번째 기도는 "믿음으로 그리스도를 모시고 살아가게 하옵소서"입니다. 여기까지 지난 주일 말씀드렸습니다.

다. 그리스도의 풍성한 사랑을 깨닫게 하소서(17절하-19절상)

"너희가 사랑 가운데서 뿌리가 박히고 터가 굳어져서 능히 모든 성도와 함께 지식에 넘치는 그리스도의 사랑을 알고 그 너비와 길이와 높이와 깊이가 어떠함을 깨달아" 하나님의 사랑은 성도들이 얻은 구원의 근거이며, 성도들의 삶의 토대입니다. 동시에 하나님의 사랑은 성도들의 삶이 견고하게 세워지는 반석입니다. 여기서 "사랑"은 그리스도 안에서 나타나고, 성령으로 성도들의 마음속에 부은 바 된 하나님의 사랑을 가리킵니다. 로마서 5:5입니다. "소망이 우리를 부끄럽게 하지 아니함은 우리에게 주신 성령으로 말미암아 하나님의 사랑이 우리 마음에 부은 바 됨이니"

하나님의 사랑은 성도들이 얻은 구원의 근거이며, 삶의 토대입니다. 따라서 성도들은 하나님의 사랑 안에 뿌리를 내리고, 자라가야 합니다. 그 위에 견고히 서야 하는 것입니다. 이 하나님의 사랑은 인간의 지식이나 노력으로 깨달을 수 있습니다. 사랑의 영 성령의 역사하심으로 그 광대한 하나님의 사랑을 알아가는 것입니다. 바울 사도는 그리스도를 통한 하나님의 사랑을 4차원 적으로 설명하면서 하나님의 구원 사역의 전 과정을 말해주고 있습니다. "하나님의 사랑은 모든 인류를 포함할 정도로 충분히 "넓고", 영원토록 계속될 만큼 충분히 "깊고" 가장 타락한 죄인에게 도달할 수 있을 정도로 충분히 "깊고", 그를 하늘로 올릴 만큼 충분히 "높습니다."(sttot)

① 사랑의 너비: 모든 인류를 포함 할 정도로 충분히 "넓은" 사랑입니다.

"하나님이 세상을 이처럼 사랑하사 독생자를 주셨으니 이는 그를 믿는 자마다 멸망하지 않고 영생을 얻게 하려 하심이라"(요 3:16) 예수님은 모든 인류를 다 사랑하십니다. 유대인/이방인, 남자/여자, 어른/아이, 부자/가난한자, 병든 자/건강한 이, 권세 있는 자/천한 자, 흑인/백인/황인종, 한국인/일본인… 하나님의 사랑은 어떤 종류의 사람이든지 다 사랑할 만큼 폭이 넓습니다. 넓은 바다와도 같습니다. 바다에는 각종 고기가 다 있습니다. 큰 고기(고래)도 있고, 작은 것

(새우)도 있습니다. 더러운 고기도 있고, 깨끗한 고기도 있습니다. 바닷물 속에서(적당한 염분 속에서) 다 함께 어울어져 살아갑니다. 하나님의 교회도 그러해야 합니다. 그리스도의 보혈의 능력과 성령의 역사 속에 하나님의 사랑 안에서 여러 종류의 사람이 구원 받아 다 함께 어울어져 살아갑니다. 끼리끼리만 좋아하지는 않은지요? 허물어야 할 벽은 없는지요? 우리 김해제일교회가 그리스도를 통한 하나님의 사랑, 넓고 큰 사랑을 깨달아, 우리의 사랑의 너비로 점점 더 넓어지는 축복이 있으시기 바랍니다.

② 사랑의 길이: 영원토록 계속될 만큼 충분히 "길고" 긴 사랑입니다.

"예수 그리스도는 어제나 오늘이나 영원토록 동일하시니라"(히 13:8) 우리 주님 예수 그리스도는 영원토록 계속 될 만큼 충분히 긴 사랑을 하십니다. 하나님이 우리를 사랑하시는 그 사랑은 창세 전 부터 시작되었습니다. 그리고 우리의 삶에 찾아와 구원하신 사건으로 구체화 되었습니다. 그 사랑은 영원히 지속될 것입니다. 그 무엇도 그리스도의 사랑에서 끊을 수 없습니다. 로마서 8:35-37에서 바울 사도는 그 사랑을 이렇게 노래합니다. "누가 우리를 그리스도의 사랑에서 끊으리요 환난이나 곤고나 박해나 기근이나 적신이나 위험이나 칼이랴 기록된 바 우리가 종일 주를 위하여 죽임을 당하게 되며 도살 당할 양 같이 여김을 받았나이다 함과 같으니라 그러나 이 모든 일에 우리를 사랑하시는 이로 말미암아 우리가 넉넉히 이기느니라" 우리는 어떠합니까? 우리는 너무나 쉽게, 조그만 이해관계 때문에, 사람이 미움 되고, 좋다는 것이 미움이 되는 짧은 사랑 가운데 있지는 아니한지요? 우리 김해제일교회가 그리스도의 영원한 사랑, 신실한 사랑을 깨달아 우리의 사랑도 변함없는 그리스도의 사랑을 닮아가는 축복이 있으시기 바랍니다.

③ 사랑의 깊이: 가장 타락한 죄인에게 도달 할 수 있을 정도로 충분히 깊은 사랑입니다. 우리 죄가 아무리 크고 흉악해도, 우리 주님 예수 그리스도께서 용서 못할 죄인은 없습니다. 로마서 5:8입니다. "우리가 아직 죄인 되었을 때에 그리스도께서 우리를 위하여 죽으심으로 하나님께서 우리에 대한 자기의 사랑을 확증하셨느니라" 예수님은 동족을 등쳐먹는다고 손가락질 받던 세리 레위를 불러 제자 마태가 되게 하셨습니다. 여리고의 세리장 삭개오의 집에도 구원을 베풀어 주셨습니다. 예수님은 남편이 다섯이 있었고, 여섯 번째 남자와 살고 있어 동네 사람들의 손가락질 받던 여인을 수가성 우물가로 찾아가 만나주셨습니다. 그리하여, 죄 용서하시고, 새 사람으로 살아가게 하셨습니다. 구원하셨습니다. 예수님은 3번이나 모른다고 부인하고, 마지막엔 저주하기까지 했던 베드로를 찾아가 먼저 물으시빈다. "요한의 아들 시몬아, 네가 나를 사랑하느냐?" 우리 주님이 말씀하십니다. "내가 온 것은 의인을 부르러 온 것이 아니요, 죄인을 불러 회개 시키러 왔노라" 저는 우리 김해제일교회가 그리스도의 깊은 사랑을 깨달아, 먼저, 우리 모두 죄를 회개하고 용서받아 정결한 새 사람이 되기를 바랍니다. 그리고, 그 깊은 사랑으로 우리의 이웃을 깊이 깊이 사랑할 수 있게 되시길 바랍니다.

④ 사랑의 높이: 그를(죄인을) 하늘로 높이 들어 올릴 만큼 충분히 "높은" 사랑입니다.

그리스도의 사랑은 죄인을 하늘 높이 들어 올려 "의인" 삼으시고,

그의 자녀 삼으실 만큼 충분히 높고, 고상하십니다. 지옥 형벌을 받아 마땅한 우리를 건져 올리셔서, 하나님 보좌 우편에 앉히시고, 그리스도와 함께 하나님의 나라를 유업으로 받을 자녀로 삼으셨습니다. 우리 그리스도인들에게 이 하나님의 사랑이 없는 게 아닙니다. 있습니다. 그러나 모양만 있지 잘 익지 않았습니다. 달콤한 맛이 없습니다. 뜹뜨름합니다. 성숙되지 못했습니다. 우리 김해제일교회가 그리스도의 사랑을 더욱 깊이, 깨달아 차원 높은 사랑, 구원 역사를 이루어가는 사랑을 실천해가는 성도님들이 되시기 바랍니다. 세 번째 기도는 "그리스도의 풍성한 사랑을 깨닫게 하옵소서"입니다.

라. 네 번째 기도는 "하나님을 닮게 하소서"입니다(19절하).

"하나님의 모든 충만하신 것으로 너희에게 충만하게 하시기를 구하노라"(19절하)

바울사도는 에베소교회 성도들이 하나님의 모든 충만의 정도까지 충만하게 되기를 간구합니다.

① "하나님의 모든 충만"이란 표현은 하나님의 임재, 생명, 능력, 통치를 포함한 하나님의 완전함을 뜻합니다. 이것은 하나님에게서 흘러나오는 선물과 은혜의 풍성함을 가리키는 것이 아닙니다. 이것은 하나님의 완전함의 수준에 이르게 되기를 구하는 것입니다. 엄청난 기도입니다.

② 이 기도는 에베소서 4:13에 나오는 "그리스도의 장성한 분량이 충만한 데까지" 이르도록 자라가야 한다는 것과 유사합니다. 또한 "하늘에 계신 아버지의 온전하심과 같이 온전하게 되어야 한다."는

말씀과 같은 뜻입니다. 구약 레위기에서 하나님께서 명하십니다. "내가 거룩하니 너희도 거룩할 지어다"(벧전 1:16, 레 11:44) 나아가 이는 벧후 1:4의 말씀대로 "신의 성품"에 참여하는 자가 되라는 것입니다. 그러므로 "하나님의 모든 충만하신 것으로 너희에게 충만하게 하시길 구하노라"는 기도는 "하나님을 닮게 하소서", "그리스도를 본받아 살게 하소서", "하나님의 자녀답게 살게 하소서", " 그리스도를 주인 삼은 그리스도인답게 살게 하소서", "주가 내 안에 내가 주 안에 있는 것을 만민이 알게 하소서"하는 기도입니다. 4번째 기도는 "하나님을 닮게 하소서"입니다.

3. 우리 기도를 이루시는 분은 하나님 아버지이십니다(3:20-21).

우리 하나님은 그 자녀들의 기도에 귀 기울이시고, 응답하시는 분이십니다.

가. 우리가 하나님께 드린 기도는 반드시 응답합니다.

그 응답은 3가지 형태로 나타납니다.

① Yes: 기도한 것을 즉시 이루어주십니다. 엘리야가 갈멜산에서 불이 내리길 기도했을 때 즉시 불이 내렸습니다. 제단의 제물과 나무를 태우고, 물을 핥았습니다. 저의 집사람이 17년간 일하면서 상하고, 병든 어깨를 유럽 목회자세미나에서 9명의 목사님이 안수하고 기도했을 때 즉시 고쳐주셨습니다. 몸을 움직여 보니 완전히 다 나았습니다.

② Want: 기다려라 하십니다. 하나님의 때에 이루십니다. 모니카는 방황하는 아들 어거스틴이 방탕하게 되었을 때 17년간 기도하고, 그 아들이 돌아오는 것을 보지도 못하고 죽었으나 그가 죽은 후 회심하고, 새롭게 변화되어, 성자의 칭호까지 얻게 되었습니다. 제가 신학교 간다고 반대하시고, 호적에서 파버리시겠다고 하시던 저의 아버지를 위해 기도했는데 16년 만에 구원해 주셨습니다.

③ No: 사도 바울이 "육체의 가시"(아마도 안질)을 제거해 달라고 기도했습니다. 3번이나 간절히 온힘을 다해 기도했습니다. 그런데 주님의 응답은 'No' 였습니다. 주님이 이유를 말씀하십니다. 고후12:9절에 "내 은혜가 네게 족하도다. 이는 내 능력이 약한데서 온전하여 짐이라"

나. 그러면 우리의 기도를 응답하시는 하나님은 어떤 분이십니까?

"우리 가운데서 역사하시는 능력대로 우리가 구하거나 생각하는 모든 것에 더 넘치도록 능히 하실 이에게 교회 안에서와 그리스도 예수 안에서 영광이 대대로 영원무궁하기를 원하노라 아멘" (20-21절)

① 우리 가운데 능력으로 역사하시는 하나님이십니다. 우리 인간들은 자녀를 사랑하고, 자녀를 위하여, 무엇을 해주려고 해도 능력이 없어 못해줍니다. 그러나 우리 하나님 아버지는 능력이 많으신 분이십니다. 전능하신 하나님이십니다. 그 전능하신 하나님께서 능력으로 우리 기도를 응답하십니다.

② 우리가 구하거나 생각하는 모든 것에 넘치도록 능히 하시는 하나님이십니다. 인간의 아버지들도 자녀들에게 좋은 것을 해주기 원

합니다. 어떤 경우에는 자녀들이 요구하는 것보다, 더 좋은 것으로, 더 많은 것으로 넘치게 해주고 싶어 합니다. 우리 하나님 아버지도 그러하십니다. 구하는 것에 넘치도록 주십니다. 어떤 때는 우리 마음의 생각까지도 아시는 주님께서 "생각만 했는데도" 넘치도록 능히 주십니다. 눅 11:1-13입니다. "너희 중에 아버지 된 자로서 누가 아들이 생선을 달라 하는데 생선 대신에 뱀을 주며 알을 달라 하는데 전갈을 주겠느냐 너희가 악할지라도 좋은 것을 자식에게 줄 줄 알거든 하물며 너희 하늘 아버지께서 구하는 자에게 성령을 주시지 않겠느냐 하시니라"

③ 영광은 대대에 받으시기에 합당하신 하나님이십니다. 우리가 기도한 것이 응답받을 때, 하나님이 영광 받으십니다. "너희가 내 이름으로 무엇을 구하든지 내가 행하리니 이는 아버지로 하여금 아들로 말미암아 영광을 받으시게 하려 함이라"(요 14:13) 영광은 하나님이 함께 하심을 드러내는 것입니다. 우리가 기도한 것이 응답될 때, 하나님이 함께 하심이 드러납니다. 하나님이 영광 받으십니다. 우리가 기도를 많이 하고, 또 많은 응답을 받기 원합니다. 그때, 하나님께서 남은 영광을 받으십니다.

오늘날 교회 지도자들 중에는 전도와 선교를 궁극적인 삶의 목적인 것처럼 강조하는 경향이 있습니다. 물론 전도와 선교는 중요합니다. 그러나 그것이 성도의 삶의 궁극적인 목정이 될 수는 없습니다. 지도자들과 교인들 모두가 하나님의 모든 충만의 정도까지 충만해지는 것(곧 성숙한 그리스도인이 되는 것)이어야 합니다. 하나님께는 우리가 하나님을 닮은 하나님의 자녀답게 살아가기를 원하시는데 우리 중에는 세상의 것으로 자신을 채우려고 애쓰는 이들도 있습니다. 보다 성숙한 신앙생활ㄹ로 세상의 빛과 소금이 되어, 하나님께 영광 돌리는 우리 김해제일교회와 성도님들 되시기 바랍니다.

에베소서 강해18 요약

교회는 하나입니다

에베소서 4장 1~6절

바울사도는 하나님이 이루신 구원과 에베소교회 성도들이 누리는 영광스러운 신분에 관해 설명하고 그들의 성숙을 위해 기도한 뒤에(1-3장), 실천적인 권면으로 옮겨 갑니다(4~6장). 신앙생활에 있어서는 "무엇을 믿어야 하는 가" 만큼이나, 그 믿음을 가지고 우리가 "어떻게 살아야하는가" 하는 구체적인 삶의 문제도 똑같이 중요하다 하겠습니다. 교회는 통일성과 함께 다양성이 있습니다(4:1-16). 오늘 본문은 교회의 하나 됨, 즉 통일성에 대해 말씀하고 있습니다.

1. 성령이 하나 되게 하신 것을 힘써 지키라(4:1~3).

가. 부르심에 합당하게 행하라(1절).

나. 겸손과 온유, 인내와 사랑으로 서로 용납하라(2절).

다. 성령이 하나 되게하신 것을 힘써 지키라(3절).

2. 하나 됨의 근거는 무엇 입니까?

가. 교회의 통일성을 이루는 요소들

① 한 몸(One Body): 한 몸(그리스도의 몸)에 속했습니다.

② 한 성령(One Spirit): 한 성령을 소유하고 있습니다.

③ 한 소망(One Hope): 한 소망 안에서 부르심을 받았습니다.

④ 한 주(One Lord): 한 주님을 모시고 있습니다.

⑤ 한 믿음(One Faith): 같은 믿음을 소유하고 있습니다.

⑥ 한 세례(One Baptism): 같은 신앙 고백의표현인 세례에 참여하게 되었습니다.

⑦ 한 하나님 아버지(One God and Father of all): 만유의 주재이신 한 분 하나님 아버지를 모시고 있습니다.

나. 교회의 통일성에 대한 삼위일체적 해석

① 몸이 하나인 것은 오직 성령이 하나이기 때문입니다(4절).

② 오직 주 예수 그리스도만이 모든 성도의 믿음과 소망과 세례의 대상입니다(5절).

③ 모든 그리스도인 가족이 하나인 것은 하나님이 한 분이시기 때문입니다(6절).

우리는 늘 하나님이 우리를 부르신 목적이 무엇인지를 염두에 두고 살아야 합니다. 우리를 부르신 그 부름에 합당한 모습으로 살아야 한다는 것을 늘 기억해야 합니다. 겸손과 온유, 인내와 사랑의 용납, 그리고 무엇보다도 하나 됨을 지켜나가기 위해서 힘쓰는 믿음의 일꾼들이 되시기 바랍니다.

에베소서 강해18

교회는 하나입니다

에베소서 4장 1~6절

우리는 주일마다 에베소서를 통해 함께 은혜를 나누고 있습니다. 에베소서 전반부를 끝내고, 오늘부터 후반부가 시작됩니다. 에베소서의 전반부인 1장에서 3장까지에서 바울 사도는 하나님이 이루신 구원과 에베소 교회 성도들이 누리는 영광스러운 신분에 관해 설명하고, 그들의 성숙을 위해 기도한 뒤에, 4장부터 실천적 권면으로 옮겨갑니다. 신앙생활에 있어서는 "무엇을 믿어야 하는가?"만큼이나, 그 믿음을 가지고 우리가 "어떻게 살아야 하는가?"하는 구체적인 삶의 문제도 똑같이 중요하다 하겠습니다. 에베소서의 실천적 권면 부분은 "그러므로, 주안에서 갇힌 내가 너희를 권하노니"(4:1)라는 도입부와 함께 시작하여 6:10-20절에 영적 전투에 관한 권면으로 끝내고 있습니다. 전체 권면 부분에서 바울 사도는 구원받은 성도들이 따라야 할 새로운 가치 기준과 새로운 삶의 방식들, 그리고 새로운 관계들에 관한 권면을 제시합니다. 권면의 처음 부분에서(4:1-16) 바울 사도는 교회의 통일성과 다양성에 대해 말씀합니다. 성도는 성령께서 하나 되게 하신 것을 지키기 위해 모든 노력을 다해야 합니다(교회의 통일성입니다). 아울러, 교회의 주인이신 그리스도께서 각 사람에게 봉사의 은혜를 주신 것과 다양한 직분을 주신 것은 그리스도의 몸인 교회를 세우려 함입니다(교회의 다양성입니다.). 오늘 본문은 교회의 하나 됨, 즉 통일성에 대해 말씀하고 있습니다.

1. 성령이 하나 되게 하신 것을 힘써 지키라(4:1~3).

주님 때문에 복음을 전하다가 로마 감옥에 갇히게 된 바울 사도는 힘겨운 상황 가운데서도 에베소 교회 성도들에게 간곡히 부탁합니다. 여기 "주안에서 갇혔다"는 이야기는 단순히 그가 감옥에 갇혔다는 것뿐만 아니라, 그의 일생이 전적으로 주께 속한 것임을 의미합니다.

가. 부르심에 합당하게 행하라(1절).

"그러므로 주 안에서 갇힌 내가 너희를 권하노니 너희가 부르심을 받은 일에 합당하게 행하여"(1절)

① "부르심을 받은 일"이란 1~3장에 비추어 볼 때, 하나님의 신자들을 온갖 신령한 복들 가운데로 부르신 것, 특히 만물을 그리스도 안에서 통일하시려는 계획의 중심에 있는 교회로 부르신 것을 말합니다. 그러기에 하나님이 우리를 부르신 부름이란 "하나님의 영광의 찬송"이 되는 것이요, "그리스도의 충만"이 되는 것입니다. 우리가 이

땅에서 하나님의 영광의 찬송으로서, 또한 그리스도의 충만을 드러내는 존재로서 살 것을 이야기 합니다.

② 한마디로 부르심에 합당하게 행하는 것은, 하나님의 구원받은 새 사람의 신분에 어울리게 살아가는 것입니다. 우리는 부르심에 합당한 삶을 살겠다는 분명한 목적의식을 가지고 살아야 합니다.

나. 겸손과 온유, 인내와 사랑으로 서로 용납하라(2절).

"모든 겸손과 온유로 하고 오래 참음으로 사랑 가운데서 서로 용납하고"(2절) 이는 부르심에 합당한 삶의 모습이며, 성령이 하나 되게 하신 것을 지켜 나가는 비결입니다. 사도 바울이 "그리스도인인 우리가 어떻게 살아야 하는가?"하는 구체적인 삶의 문제를 다루면서 "성령이 하나 되게 하신 것을 지켜나가야"한다는 것을 가장 먼저 언급하며, 강조하는 데는 이유가 있습니다. 당시 유대인과 이방인이 함께 예수를 믿게 되었기 때문입니다. 처음에는 하나님이 선택한 이스라엘 백성들이 구원의 복음을 들었습니다. 그것이 사도행전 1장에서 9장까지의 이야기입니다. 베드로를 중심으로 구원을 받았습니다. 놀라운 복음을 들었습니다. 그러나 하나님은 그 복음을 선택받은 이스라엘 백성들에게만 감추어 두기를 원치 않으셨습니다. 베드로를 로마의 백부장 고넬료와 만나게 하시고, 그 만남을 통해 복음이 이스라엘 밖의 이방인들에게까지도 전파되게 하셨습니다.

하나님은 이방인들에게 복음 전하는 일을 위해 바울을 택하셨습니다. 바울은 이방인을 위해 택한 그릇이었습니다. 하늘의 비밀을 위해 선택되었습니다. 복음이 이스라엘 백성에게만 아니라, 이방인 곧 전

세계 모든 족속에게 선포되어야 한다는 것이었습니다. 그래서 유대인들이 그리스도를 믿었을 뿐아니라, 이방인들도 그리스도를 믿게 되었습니다. 더 놀라운 사실은 유대인이 회개하고 돌아오는 속도보다, 이방이니 돌아오는 속도가 더 빨랐다는 것입니다. 그리고 유대인과 이방인들이 함께 모여서 예배를 드리게 되었습니다. 그런데 문제가 생겼습니다. 유대인과 이방인들이 전혀 다른 사람들이었다는 것입니다. 생활양식, 사고방식, 전통, 종교적 배경이 그렇게 이질적 일 수가 없습니다. 사도행전에 나오는 교회의 갈등이 무엇이었습니까?

유대인들은 이방인에게 "할례 받으라." 그리스도를 믿는 것도 좋지만, 할례를 받아야 한다. 그리고 모세의 율법을 지켜야 한다고 계속해서 자기 주장을 고집한 것입니다. 또 이방인들은 "너희들이 믿었으면 믿었지, 뭐 그렇게 뽐낼 필요가 있느냐"면서 이 문제를 가지고 계속 싸워 초대교회 안에 갈등이 되었습니다. 유대인이나 이방인이나 그리스도를 믿는데는 문제가 없습니다. 그러나 전혀 서로 다른 배경의 사람들이 모여서 함께 그리스도를 믿게 되자 문제가 생긴 것입니다. 멀리서 보고, 겉으로만 보면 다 좋아 보입니다. 그러나 가까이 만나보면 서로 실망합니다. 부딪히면, 상처받기 쉽습니다. 연애할 때는 다 괜찮아 보였는데, 결혼해서 살기 시작하면 싸웁니다.

똑같은 논리입니다. 교회 다니는 것도 멀리서 만날 때는 아무런 문제가 없습니다. 다 좋아 보이고, 다 멋있는 사람들처럼 보입니다. 그러나 옆에 붙어서 일하다 보면, 각자 성품이 나오기 시작합니다. 성격이 나오고, 사고방식이 나오고, 가치관이 나옵니다. 그때부터 서로 부딪히기 시작합니다. 이것이 이방인과 유대인의 고민이었습니다.

서로 다르면 어떤 일이 생깁니까? 옳고 그른 것이 문제가 아니라 다르다고 비판합니다. 비판하면 또 어떤 일이 생깁니까? 서로 아집이 생깁니다. 아집이 생기면, 서로 공격하게 되고, 공격하면 서로 싸우게 됩니다. 서로 싸우다 보면 분열하게 됩니다. 이것이 초대교회에서 실제로 유대인과 이방인들이 겪었던 문제입니다.

또한 2천년 동안 우리 교회사를 통해서 경험해왔던 사실입니다. 옳고 그름의 문제가 아니라 배경과 보는 관점의 차이입니다. 노란색을 좋아할 수도 있고, 빨간색을 주장할 수도 있습니다. 생선을 좋아할 수 도 있고, 고기를 좋아할 수도 있고, 채소를 좋아할 수 도 있습니다. 그러나 자기가 좋아하는 것만 주장하다 보면, 그리스도는 간 데 없고, 자기주장만 남습니다. 이런 갈등은 가정에서나 직장에서나, 사회에서 심지어 교회 안에서도 빈번히 일어납니다. 그런데 사도 바울이 본문을 통해 우리에게 주는 메시지는 무엇입니까? 그런 것이 중요한 게 아니라는 점입니다. 그리스도께서 우리에게 주신 가장 큰 행동지침 중 한 가지는 하나 되는 것입니다. 바울 사도가 말씀하십니다.

"여러 가지 갈등에도 불구하고 그리스도 안에서 서로 하는 되는 것이 교회이다. 이것이 세상과 다른 부분이다. 우리는 어떤 이유에서든지 그리스도 안에서 하나가 되어야 한다. 하나 되지 못하고 그리스도를 섬길 때 많은 부덕을 끼치게 된다." 유대인과 이방인은 다르지만 그리스도 안에서 하나 되지 않고서는 그리스도의 몸인 교회를 이룰 수 없습니다. 우리는 교회가 건물이나 제도가 아니라 그리스도의 몸으로서 성령 안에서 사랑의 띠로 묶인 선교공동체라는 것을 성경을 통해 압니다. 우리가 기억해야 할 사실은 교회는 비슷한 사람들이 모인 곳이 아니라, 그리스도를 중심으로 천차만별의 다른 사람들이 모였다는 것입니다. 그러므로 우리가 끝까지 강조해야 할 것은 그리스도요. 하나님의 말씀입니다. 지적배경, 정신적 배경, 도덕적 배경, 환경적 배경은 전혀 다를 수 있다는 사실을 우리는 인정해야 합니다.

그리고 나와 다른 것을 용납할 수 있는 태도를 가져야 합니다. 특히 예수를 처음 믿는 사람은 더 심각합니다. 가치관의 차이가 심합니다. 그들은 세상적이고, 지엽적인 가치관을 가지고 있기 때문에 성경적인 가치관을 가지고 있는 사람과 부딪치기 마련입니다. 그래서 예수 오래 믿은 사람과 갓 믿는 사람이 의견 충돌을 일으킵니다. 그리스도 믿게 된 배경도 다 다릅니다. 어떤 사람은 사회 참여 등 강조하고 어떤 사람은 성령의 은사를 강조하며, 어떤 사람은 도덕적 생활을 강조하는가 하면, 어떤 사람은 구원을 강조하는 등 자기가 배워온 분위기에 따라 다 다릅니다.

예를 들면, 부흥회를 통해 은혜 받은 사람들은 그저 부흥회를 하자고 합니다. 산기도를 갔다가 은혜 받은 사람들은 무슨 일이 있어도 산기도를 가자고 합니다. 성경공부를 통해서 은혜 받은 사람은 성경공부를 강조합니다. 어떤 분위기와 배경에서 자기가 은혜를 받았느냐에 따라서 그것이 달라 질 수 있습니다. 그러나 하나님 앞에서는 이 모든 것이 다 유익하다는 것을 알아야 합니다. 그 모두가 협력해서 선을 이룬다는 사실을 알아야 합니다. 왜냐하면 인간은 누구든지 한계가 있고 부족한 사람들이기 때문에, 부족한 주장을 하게 되면, 분열과 어려움을 겪게 마련이기 때문입니다. 바울은 이런 후유증을 경험했던 사람입니다. 그런 그가 교회의 실천적 삶의 첫 번째를 강조하는 것이 하나 되는 것입니다. 바울은 이런 후유증을 경험했던 사람입니다. 그런 그가 교회의 실천적 삶의 첫 번째로 강조하는 것이 하나 되는 것입니다. 우리가 이 세상에서 보여 주어야 할 가장 중요한 것은 그리스도 안에서 우리가 하나라는 것입니다. 다르다는 것은 개성입니다. 그것은 더 풍성한 다양성을 의미합니다. 그러면, 그리스도의 몸이 하나 되기 위해, 그 부름에 합당하게 되기 위해 우리는 어떻게 해야 합니까? 그것은 2절이 말씀하고 있습니다.

① 첫째 겸손입니다: "부르심에 합당하게 행하여 모든 겸손과"

가장 중요한 것은 겸손입니다. 당시 사고방식에서 겸손은 종이나 노예가 가져야 할 덕이었습니다. 자유 시민들은 겸손을 악덕이라고 생각했습니다. 겸손은 종이나 노예들이 가지고 있는 것이지, 주인이나 지배자들이 겸손할 필요는 없었습니다. 그러나 그리스도인에게 있어서 가장 중요한 첫째 되는 덕은 겸손입니다. 예수님께서는 "나는 마음이 온유하고 겸손하니"라고 말씀하셨습니다. 겸손은 무엇입니까? 자기를 비우는 것입니다. 자기가 아무것도 아니라는 사실을 깨닫는 것입니다. 겸손한 사람 앞에는 모든 것이 하나가 됩니다. 악으로 선을 이기는 것이 아니라, 선으로 악을 이기는 것입니다. 겸손으로 하나님의 법을 이루게 됩니다. 그것이 교회입니다. 겸손하면 평화가 옵니다. 겸손하면 사람에게 상처를 주지 않습니다. 어떤 주장도 겸손하게 주장하면 절대로 상대방을 화나게 하거나 상처가 되지 않습니다. 그러나 교만한 태도로 주장하면, 화가 나고, 상처를 줍니다. 그런 의미에서 겸손하게 남을 나보다 낫게 여기고, 서로 섬기는 영이 우리 마음을 주장할 때, 교회가 하나 되기 시작합니다. 서로 겸손해

질 때, 그리스도의 법이 세워집니다. 내 주장이 하나님의 뜻에 합당하면 이루어질 것이요, 내 주장이 하나님의 뜻과 합하지 않으면 그것은 무너질 것입니다. 하나님은 교만한 자를 물리치시고, 겸손한 자에게 은혜를 부어 주십니다. 모든 사람이 나는 아무것도 아니라는 자세로 겸손히 그리스도만 바라보고 있을 때 교회는 하나 되고 은혜로워질 것입니다.

② 두 번째, 온유입니다: "부르심에 합당하게 행하여, 모든 겸손과 온유로 하고"

온유는 무기력이 아닙니다. 온유는 힘은 있지만 그 힘을 함부로 사용하지 않고 극도로 절제하고, 조절할 줄 아는 사람을 가리켜 "온유하다"고 합니다. 온유의 반대말을 사전에서 찾아보면, 자기주장을 내세워서 반드시 관철시키려는 태도, 함부로 말하는 거친 태도, 무정하고 가혹한 태도라고 풀이되어 있습니다. 온유한 사람은 분이 있을지라도 그 감정이 성령님에 의해서 조절 됩니다. 온유는 긴장과 분노에 찬 사람을 풀어주는 역할을 합니다. 온유한 사람은 평화로움을 느끼게 합니다. 그렇기 때문에 어떤 주장도 겸손과 온유로 하면 아무 문제가 생기지 않습니다. 하나님을 신뢰하는 사람은 인간의 의를 이루려고 하지 않기 때문에, 인간적인 방법을 쓰거나 서두르지 않습니다. 그냥 온유하게 기다립니다. 하나님이 일하고 계시다는 것을 알기 때문입니다. 이렇듯 온유와 겸손으로 모든 문제를 이끌어 갈 때 교회는 하나 됨을 이룹니다.

③ 셋째, 오래 참음입니다: "오래 참음으로 사랑 가운데서 서로 용납하고"

인내는 무엇입니까? 결코 포기하지 않는 정신입니다. 타협하지 않는 정신입니다. 오래 기다릴 뿐입니다. 그러니까 자기가 분명히 옳다고 확신하는 사람은 그것을 그 순간 이루려고 하지 않고, 온유와 겸손으로 오래참고 기다립니다. 오래참고 기다림으로 하나님의 복을 성취하는 것입니다. 고전 13장에 사랑에 대해 제일 처음한 말은 "사랑은 오래참고"입니다. 부부 사이에 제일 중요한 것은 오래 참는 것입니다. 기다려 주는 것입니다. 오래 참는 것, 그것이 사랑입니다. 교회에서 가장 필요한 것이 무엇입니까? 결코 속전속결이 아닙니다. 속전속결로 하면 깨집니다. 서로 오래 참고 기다려 주어야 합니다. 실수해도 참아주고, 또 참아주고, 그 사람이 하나님의 법을 깨달을 때까지 참아주고 기다려 주어야 합니다. 이것이 교회가 할 일입니다. 특히, 교회가 성령이 하나 되게 하심을 지키기 위해서 해야 될 것은 겸손과 온유와 오래참음 입니다.

다. 겸손과 온유와 오래 참음으로 행할 때, 어떤 일이 일어납니까?

① 먼저 사랑 가운데 서로 용납하는 일이 생깁니다.

사랑 가운데서 서로 용납할 때, 어떤 다른 점도, 어떤 장애물도, 어떤 이질적인 요소도 전혀 문제가 되지 않습니다. 이것이 진정한 그리스도의 몸을 이룹니다. "다르다"는 것은 더 큰 능력일 수 있습니다. 그리스도의 사랑으로 용납하고, 받아들일 용의만 있다면, 서로 다르다고 하는 것은 하나님 앞에서 더 크고 엄청난 역사를 이룰 수 있는 하나님의 무기가 됩니다.

② 겸손과 온유와 오래 참음으로 행할 때 또한 "평안의 매는 줄로

성령의 하나 되는 역사"를 이룹니다. 바울 사도는 그 역사를 힘써 지키라고 권고하고 있는 것입니다. 부부 사이에 꼭 있어야 하는 것은 평화입니다. 하나됨 입니다. 교회에도 꼭 있어야 되는 것이 하나됨 입니다. 평화입니다. 겸손한 마음, 온유한 마음, 오래 참는 마음, 그리스도만 드러나시기를 바라는 마음 만이 하나님께 큰 영광을 돌리게 됩니다.

2. 하나 됨의 근거는 무엇 입니까(4:4-6)

가. 바울 사도는 하나됨(교회의 통일성)을 이루는 7가지 신학적 원리를 제시하고 있습니다.

① 우리는 한 몸(One Body)입니다. 우주적 교회입니다. 그것은 그리스도의 몸입니다.

② 왜 우리는 하나 되어야 합니까? 성령이 하나이기 때문입니다. 교회 안에 거하시는 성령이 두 분이 아니라 한 분이시기 때문입니다.

③ 왜 우리는 하나 되어야 합니까? 소망이 부르심을 받은 소망이 하나이기 때문입니다.

④ 왜 우리는 하나 되어야 합니까? 주님이 한 분이시기 때문입니다.

⑤ 왜 우리는 하나 되어야 합니까? 우리가 같은 믿음을 가졌기 때문입니다. 믿음이 하나입니다.

⑥ 왜 우리는 하나 되어야 합니까? 한 세례를 받았기 때문입니다. 모두가 같은 신앙 고백의 표현인 세례에 참여했기 때문입니다.

⑦ 왜 우리는 하나 되어야 합니까? 우리가 한 하나님 아버지의 생

명을 얻은 자녀이기 때문입니다. 그 하나님 아버지는 만유의 주재가 되신 분이십니다. "만유위에 계시고, 만유를 통일하시고, 만유 가운데 계신 분이십니다."

나. 이 교회의 통일성을 삼위 일체적으로 본다면 다음과 같습니다.

① 몸이 하나인 것은 오직 성령이 하나이기 때문입니다(4절).

② 오직 주 예수 그리스도만이 모든 성도의 믿음과 소망과 세례의 대상입니다(5절).

③ 모든 그리스도인 가족이 하나인 것은 하나님이 한 분이시기 때문입니다(6절).

말씀을 정리합니다. 우리는 늘 하나님이 우리를 부르신 목적이 무엇인지를 염두에 두고 살아야 합니다. 우리를 부르신 그 부름에 합당한 모습으로 살아야 한다는 것을 늘 기억해야 합니다. 겸손과 온유, 인내와 사랑의 용납, 그리고 무엇보다도 하나 됨을 지켜나가기 위해서 힘쓰는 믿음의 일꾼들이 되시기 바랍니다.

에베소서 강해19 요약

교회에 다양성이 있습니다

에베소서 4장 7~12절

한 몸에 다양한 지체가 있습니다. 하나님께서는 그리스도의 몸인 교회를 위해 다양한 은사와 고유한 직분을 주셨습니다. 교회가 본질상 한 몸이라는 사실을 역설한(1-6절) 바울 사도는 이제 각 지체들에게 관심을 돌립니다(7-11절). 교회의 통일성(unity)은 획일성(uniformity)이 아닙니다. 다양한 은사를 통한 유기적 연합을 이루는 것을 의미합니다. 교회의 다양성은 우리가 받은 선물의 다양성에 의해 풍부해집니다.

1. 교회의 다양성은 우리가 각 사람에게 그리스도의 선물의 분량대로 은혜를 주셨기 때문입니다(4:7-10).
   - 가. "올라가셨다"는 것은 그리스도의 승천을 말합니다(8절).
   - 나. "땅 아래 낮은 곳으로 내리셨다"는 것은 그리스도의 성육신을 말합니다(9절).
   - 다. 그리스도는 "만물을 충만하게" 하시는 분이십니다(10절).

2. 그리스도께서 교회를 위해 다양한 은사(직분)를 주셨습니다 (4:11).

가. 사도(apostles)

나. 선지자(prophets)

다. 복음전하는 자(evangelists)

라. 목사(pastors)

마. 교사(teachers)

3. 다양한 직분을 주신 것은 그리스도의 몸(교회)을세우려 하심입니다(4:12).

가. 성도를 온전하게 하려 함입니다(for the equipping of saints).

나. 봉사의 일을 하게 하려 함입니다(for the work of service).

다. 그리스도의 몸을 세우려 함입니다(for the building up of the body of Christ).

우리가 받은 은사와 직분은 다양하지만 그 목적은 동일합니다. 성도를 섬기며, 교회를 세우는 것입니다. 우리는 하나님의 선물인 은사와 직분을 감사히 여겨야 합니다. 또한 은사와 직분에 담긴 하나님의 목적을 깨달아 성도가 서로 섬기며 그리스도의 몸인 교회를 든든히 세워 나가야 하겠습니다.

에베소서 강해19

교회에 다양성이 있습니다

에베소서 4장 7~12절

한 몸에 다양한 지체가 있습니다. 오장육부 사지백체가 있습니다. 세포수도 갓 태어난 아이는 2조, 어른은 70조에서 100조 가까이 있다고 합니다. 서로 다양한 지체가 각자에게 맡겨진 역할을 다하여 한 몸을 이룹니다. 하나님께서 그리스도의 몸인 교회를 위해서도 다양한 은사와 고유한 직분을 주셨습니다. 교회가 본질상 한 몸이라는 사실을 역설한(1-6절), 사도 바울은 이제 각 지체들에게 관심을 돌립니다.(7-11절) 교회의 통일성(unity)는 획일성(uniformity)을 의미하는 것은 아닙니다. 다양한 은사를 통해 유기적으로 연합을 이루는 것을 의미합니다. 다양한 은사를 통해 유기적으로 연합을 이루는 것을 의미합니다. 교회의 다양성은 우리가 받은 선물의 다양성에 의해 풍부해집니다. 우리가 받은 은사와 직분은 다양하지만 그 목적은 동일합니다. 성도를 섬기며 교회를 세우는 것입니다.

1. 교회의 다양성은 우리가 각 사람에게 그리스도의 선물의 분량대로 은혜를 주셨기 때문입니다(4:7-10).

"우리 각 사람에게 그리스도의 선물의 분량대로 은혜를 주셨나니"(7절)

가. 여기서 "은혜"는 죄인들을 용서하시고 구원하시는 은혜가 아닙니다. 교회의 성장과 관련된 은혜로 섬김을 위해 주신 은사를 가리킵니다.

① "은혜"는 "은사"와 다른 것으로, 여기서는 은사를 통해 나타나고, 주어지는 "은혜"를 말한다는 점에서 동의적으로 사용하고 있습니다.

② 로마서에서(12:6-8) 바울 사도는 우리에게 주신 은혜대로 받은 은사가 각각 다르다고 말하면서, 예언, 섬기는 일, 가르치는 일, 위로하는 일 등 다양한 은사를 열거합니다.

③ 고린도전서에서는 하나님께서 성령을 통해 주시는 은혜의 말씀, 지식의 말씀, 믿음, 병 고치는 은사, 노력 행함, 예언, 영들의 분별, 각종 방언, 방언통역을 언급합니다(고전 12:8-10).

④ 이처럼 하나님께서는 그리스도의 몸에 속한 지체들에게 다양한 은사를 주시고, 분량대로 활동하게 함으로써 온 몸이 자라게 하십니다(엡 4:16).

나. 은사는 각 사람에게 "그리스도의 선물의 분량대로" 주셨습니다(7절).

여기 "그리스도의 선물"은 그리스도를 믿어 구원 받은 각 성도에게 주어진 선물로 은사와 직분을 가르칩니다. 주님은 각 사람의 능력과 처지에 따라 다양한 은사를 주시고, 그 다양한 은사를 통해 유기적 연합을 이루기 원하십니다. 몸의 각각 다른 지체가 서로 연결되어 한 몸을 이루듯 말입니다.

다. 은사(곧 선물)을 주신 이는 하늘 위로 오르신 그리스도이십니다(8절).

"그러므로 이르기를 그가 위로 올라가실 때에 사로잡혔던 자들을 사로잡으시고 사람들에게 선물을 주셨다 하였도다"(8절) 여기 바울 사도는 그리스도께서 선물(은사)주신 분이라는 것을 입증하기 위해 시편 68:18을 인용하고 있습니다. 즉, 시편 말씀을 인용하여, 그리스도께서 각 사람에게 봉사의 은혜를 주신 것과 교회를 위하여, 사도, 선지자, 복음전하는 자, 목사와 교사를 주셨음을 언급하고 있습니다.

① 여기 "위로 올라가셨다"는 것은 그리스도의 승천을 말합니다.

시편 본문에서 말하는 것은 하나님께서 원수들에게 승리를 거두시고, 그들을 포로로 잡으셨다는 것입니다. 바울 사도는 이 시편 본문이 십자가로 인한 악한 영들을 이기시고, 그들을 사로잡아 하늘들 위로 올라가신 그리스도의 승리를 통해 성취되었음을 말해줍니다.

② 또한 "땅 아래 낮은 곳으로 내리셨다"는 것은 그리스도의 성육신을 말합니다(9절).

"올라가셨다 하였은즉 땅 아래 낮은 곳으로 내리셨던 것이 아니면 무엇이냐"(9절)

본문에서 "위" 부분은 하늘을 가리키고 "아래"부분은 땅을 말합니다. 여기 "그리스도께서 땅 아래 낮은 곳"으로 내리셨다는 것은 하나님의 아들 독생자 그리스도께서 육신을 입고 낮은 땅에 오신 성육신 사건을 말하고 있습니다.

③ 그리고 10절에서 바울 사도는 그리스도께서 육신을 입고 세상에 오셨다가 하늘들 위로 올라가신 목적이 "만물을 충만하게" 하는데 있다고 말합니다. 10절 "내리셨던 그가 곧 모든 하늘 위에 오르신 자니 이는 만물을 충만하게 하려 하심이라" 그리스도는 "만물을 충만하게"하시는 분이십니다. "충만하게 한다"는 말은 만물의 부족한 것을 채우고, 잘못된 것을 바로 잡아 온전하게 하는 것을 뜻합니다. 하나님은 십자가에 달려 온 인류의 화목제물로 돌아가신 그리스도를 다시 살려 하늘에서 자기 오른편에 앉게 하시고, 만물을 충만하게 하는 일을 그에게 위임하셨습니다. 그리스도는 만물의 부족한 것을 채우고, 잘못된 것을 바로 잡아 온전하게 하기 위해 승천하신 것입니다. 이렇게 볼 때, "은사"란 하나님께서 그리스도를 통해 신자들에게 주신 은혜의 선물로 죽은 자 가운데서 부활하셔서 하나님 보좌 우편에 올리심을 받은 그리스도께서 주시는 선물입니다. 다양한 은사를 주신 것은 그리스도의 구원 사역의 궁극적인 목적인 하나 됨을 실현하기 위한 수단입니다. 다양한 지체가 연합하여 한 몸을 이룹니다. 따라서 바울 사도는 "하나 됨"을 실천하기 위해 성도들이 자신의 은사가 무엇인지 알아 온전히 봉사함으로, 그 역할을 다 해야 함을 강조하고 있습니다.

2. 그리스도께서 교회를 위해 다양한 은사(직분)를 주셨습니다 (4:11).

11절 "그가 어떤 사람은 사도로, 어떤 사람은 선지자로, 어떤 사람은 복음 전하는 자로, 어떤 사람은 목사와 교사로 삼으셨으니"

여기 바울 사도는 승천하신 그리스도께서("그가") 친히 교회에 일꾼들을 주셨음을 강조합니다. 그리스도께서 교회에 사역자들을 주신 것은 만물을 충만하게 하시는 그의 사역의 한 부분입니다. 그리스도께서 친히 세우신 사역자들을 사도, 선지자, 복음 전하는 자, 목사와 교사입니다. 이 직분자들은 모두 "삼으셨다"(주셨다. gave)는 동사의 직접 목적어들입니다. 사역자들은 단지 교회가 세운 사람들이 아니라, 승천하신 그리스도께서 그의 몸인 교회를 위해 주신 "선물들"입니다.

가. 바울 사도가 가장 먼저 언급한 직분은 "사도"(apostles)입니다.

사도는 일정한 사명을 위해 파견된 자를 의미합니다. 그들은 사신의 자격으로 임무를 정확하게 대신 하는 만큼, 보낸 사람의 권위를 후원 받습니다. 예수님도 자신이 하나님이 보내신 자라고 말씀하셨으며(요 13:20) 히브리서 기자도 예수님을 사도라 칭했습니다. 그렇지만 당시 좁은 의미로는, 예수님이 선택하셔서 복음을 전했던 12명의 제자들을 제한하여 이르는 말이었습니다. 후에 바울도 자신을 "사도"라 칭했는데(고전 9:2), 이는 그가 다메섹으로 가는 길에 부활하신 예수님을 만난 뒤(고전 15:8–11), 부활하신 주님을 증거 하기 위해 부름받아 일하고 있었기 때문입니다. 사도는 부활하신 그리스도를 목격한 자로, 그리스도의 죽음과 부활을 전하도록 보냄 받은 자로서, 교회를 설립하는 사역을 합니다. 오늘 날에 이 "사도"의 직분은 어느 개인이 아니라 "교회 공동체"가 가지고 있습니다.

나. "선지자(prophets)"는 대변인으로, 하나님께 받은 메시지를 전하는 특별한 은사를 소유한 신약의 사역자를 가리킵니다(구약 예언자와 비슷).

이들의 주된 직무는 하나님의 계시를 전달하여, 하나님의 백성을 권면하고, 격려하는 것이었습니다(행전 15:32, 고전 14:29). 그러나 때로 미래에 일어날 일을 예언하기로 했습니다(행전 11:28, 21,9,11).

다. "복음전하는 자(evangelists)"는 말 그대로 복음전파에 헌신한 사람으로서 복음이 전해지지 않은 지역에 복음을 전하는 일종의 순회 사역자를 가리킵니다.

① 선교의 차원에서 복음을 전했던 빌립집사(행 8:4–7)가 이에 해당됩니다.

② 또 바울사도가 디모데의 사역과 관련하여, "복음전도자의 일"을 언급하고 있는데, 이는 교회나 교회가 있는 지역에서 복음 전하고, 가르치는 사역자도 "복음전하는 자"(evangelist)라고 할 수 있음을 보여줍니다.

③ 오늘 날 전도는 은사입니다.

라. 바울사도가 마지막으로 언급하고 있는 "목사(pastors)와 교사(teachers)"입니다.

이 두 단어는 관사 하나로 연결되어 있습니다. 그리하여 어떤 주석가들은 "목사와 교사"를 하나의 직분으로 "교사의 직무를 수행하는 목사"를 가리키는 것으로 간주합니다. 목사의 중요한 기능이 말씀을 가르치는 것이므로 이렇게 해석할 수 있습니다. 그러나 본문에서 두 직분으로 보는 것이 더 타당해 보입니다.

"목사"(牧師, ποιμην포이멘) 은 본래 양을 치는 "목자"를 가리키는 말입니다.

① 구약 성경에서 "목자"라는 말은 때로 하나님을 가리킵니다(시편 23편).

② 때로는 이스라엘의 지도자들이나 선지자들을 가리킵니다(에스겔 34장).

③ 신약성경에서는 예수님께서 자신을 가리켜 양들을 위해 목숨을 버리는 "선한 목자"라고 말씀하셨습니다(요한 10:11,14, 히 13:20, 벧전 2:25).

④ 베드로는 부활하신 그리스도께 주님의 양무리를 치는 "목자의 사명"을 받았습니다(요21:15-17), 또 베드로는 장로들을(교회지도자들을) "목자"로 간주하고 있습니다(벧전 5:2-4).

⑤ 사도 바울도 에베소 교회의 장로들에게 "그리스도께서 자기 피로 사신 교회를 보살피게 하신 목자들"이라고 말씀하고 있습니다(행 20:28-29).

오늘 본문에서도 목자는 하나님의 양무리를 먹이고 돌보며, 인도하는 일을 하는 교회의 지도자를 가리킵니다. "목사"(牧師)라는 단어는 "보살피고"(牧)와 "가르치는"師 사람을 가리킵니다. 하나님의 양무리를 먹이고, 돌보는 목자의 역할과 가르치는 교사의 역할을 함께 수행하는 직분이 목사입니다.

마. 마지막으로 "교사"(teachers)입니다.

① "교사"는 구약성경과 사도들의 교훈을 성도들에게 가르치는 직분을 가리킵니다. 초대교회에서 "교사들"은 그리스도인들이 따라야 할 가치와 규범을 제시하고 복음에 합당한 삶의 방식을 규정하기도 했습니다. 이런 이유에서 "교사들"은 특별한 지혜와 지식의 은사가 필요하였습니다.

② 오늘날 신학자들은 교사의 범주에 포함됩니다. 또 목사는 강단에서 하나님의 말씀을 선포하고, 성도들에게 말씀을 가르치는 사역을 한다는 점에서 교사이기도 한 것입니다.

③ 사도인 바울도 교사의 직무를 수행하였으며(행 13:1) 복음을 위해 반포자와 사도와 교사로 세우심을 입은 사람이라고 자신을 소개하시고 하였습니다(딤후 1:11).

④ 모름지기 교회지도자들은 하나님의 말씀을 잘 가르치는 교사가 되어야 합니다. 하나님의 양무리를 보살피는 사역에서 하나님의 말씀을 먹이는 것이 가장 중요하기 때문입니다. 오늘날 목사, 전도사, 장로, 권사, 안수집사, 집사, 찬양대, 찬양팀, 교사, 목자, 멀티실, 차량관리, 사무실, 관리인, 다양한 일꾼들을 주셨습니다. 그러면 그리

스도께서 교회에 다양한 일꾼들을 주신 목적은 무엇입니까?

3. 다양한 직분을 주신 것은 그리스도의 몸(교회)을세우려 하심입니다(4:12).

"이는 성도를 온전하게 하여 봉사의 일을 하게 하며 그리스도의 몸을 세우려 하심이라"(12절)

바울 사도는 교회 안에 다양한 직분을 세우신 목적에 대해서 3가지로 설명합니다.

가. 성도를 온전하게 하려 함입니다(for the equipping of saints).

① 여기 "온전하게 한다"(카라르티스모스, καταρτισμοξ)는 원래 외과 의학에서 "부서진 뼈를 맞추는 것"을 의미합니다. 또 "찢어진 그물을 수리할 때"(마 4:21), 그리고 "범죄한 자를 바로 잡는다" 할 때(갈 6:1)사용되었습니다.

② 즉 "성도를 온전하게 한다"는 것은 복음을 선포하고 가르치는 목적을 실현하며, 성도들이 온전하게 되도록 회복시키고, 훈련시키는 것을 의미합니다. 완전한 자격을 갖게 만드는 것입니다.

③ 오늘 본문 말씀에서는 특별한 목적 즉 봉사의 일을 수행하는데 조금도 부족함이 없도록 성도들을 구비시는 것을 가리킵니다. 그리스도께서 직분자들을 세우신 목적은 말씀사역과 훈련을 통해 성도들을 적절하게 구비시켜서 봉사의 일을 하게 하는 것입니다.

나. 봉사의 일을 하게 하려 함입니다(for the work of service).

① 여기 "봉사"라고 번역한 "디아코니아"(διακονια)는 보낼 식탁 시중을 뜻하는 말입니다.

② 본문에서는 다른 사람을 섬기는 것을 가리킵니다. 그리스도의 몸에 속한 지체들을 살든지 죽든지 다른 지체를 위한 존재가 되어야 합니다. 성도들을 구비시켜 봉사의 일을 하게 하는 것은 단지 성도들이 맡은 일을 능숙하게 할 수 있게 하는 것이 아니라, 자기 인격을 바쳐 다른 사람을 섬기는 존재가 되게 하는 것입니다. 서로 유기적으로 역할을 감당합니다.

③ 이렇게 하나님께서 우리에게 직분을 주신 것은 다른 지체를 섬기는 "봉사의 일"을 하게 하려는 것입니다.

다. 그리스도의 몸을 세우려 함입니다(for the building up of the body of Christ).

① 여기 적절하게 구비된(훈련된) 성도들이 봉사의 일(섬기는 일)을 하는 궁극적인 목표를 나타냅니다. 성도들은 그리스도의 몸에 속한 지체들로서 자신들이 맡은 은사에 따라 봉사의 일을 함으로써 그리스도의 몸을 세워야 합니다.

② 그리스도께서 성도들에게 주신 은사는(직분은) 개인의 유익을 위해서가 아닙니다. 다른 성도들의 유익을 위해서 주신 것입니다. 궁극적으로는 그리스도의 몸(교회)을 세우기 위해서 주신 것입니다.

③ 그러므로 성도들을 사역자들에게 가르침과 훈련을 받으면서 자기 개인의 유익보다 다른 성도들의 유익을 먼저 구해야 합니다. 그리

고 오직 그리스도의 몸을 세우고자 힘써 노력해야 합니다. 그리스도의 몸(교회)을 세우는 것은 훈련받은 일반 성도들만의 목표가 아니라 그들을 적절하게 구비시키는 사역자들의 목표이기도 합니다.

말씀을 정리합니다.

① 오늘 본문 말씀에 보면, 사역자들만 아니라 성도 각 사람에게 그리스도의 선물의 분량에 따라 은혜가 주어졌습니다(7절). 따라서 지체들이 자기 분량대로 활동함으로써 몸을 세워야 합니다. 목회자 한 사람이나 직분을 맡은 몇 사람만이 아니라, 모든 지체가 그리스도께서 주신 은사들을 활용하여 맡은 역할을 충실히 수행해야 합니다. 그때 그리스도의 몸(교회)을 든든히 세울 수 있습니다.

② 우리가 받은 은사와 직분은 다양하지만 그 목적은 동일합니다. 성도를 섬기며, 교회를 세우는 것입니다. 우리는 하나님의 선물인 은사와 직분을 감사히 여겨야 합니다.

③ 또한 은사와 직분에 담긴 그리스도의 목적을 깨달아 성도가 서로 섬기며, 그리스도의 몸인 교회를 든든히 세워 나가야 하겠습니다.

④ 그것이 "성전을 완성하라"는 주님의 명령을 따라 제4차 성전 건축에 온 힘을 기울이는 우리 모든 성도들이 해야 할 일입니다. 주님이 각자에게 부여해 주신 은사와 사역을 모두 충실히 감당해야 합니다. 모든 성도가 교회의 지체로서 각자 맡은 일을 기쁨으로 감당할 때 교회가 건강해지고, 온전하게 자라나며, 성숙해지게 되는 것입니다.

우리가 받은 은사와 직분은 다양하지만 그 목적은 동일합니다. 성도를 섬기며, 교회를 세우는 것입니다. 우리는 하나님의 선물인 은사와 직분을 감사히 여겨야 합니다. 또한 은사와 직분에 담긴 하나님의 목적을 깨달아 성도가 서로 섬기며 그리스도의 몸인 교회를 든든히 세워 나가야 하겠습니다.

교회는 성장해야 합니다

에베소서 4장 13~16절

기독교는 생명의 종교입니다. 하나님은 생명이십니다. 예수님께서도 말씀하셨습니다. "… 내가 온 것은 양으로 생명을 얻게 하고 더 풍성히 얻게 하려는 것이라"(요 10:10). 생명이 있다는 증거는 움직이고, 자라고, 활동하고, 또 변화하는 것입니다. 생명은 자라서 성숙해질 때 그 아름다움이 있고, 맛이 있습니다. 영적인 생명도 그렇습니다. 우리는 물과 성령으로 거듭나 하나님의 자녀가 되었습니다. 거듭난 어린아이는 영적으로 성장하고 성숙해야 합니다. 신앙적으로 성숙해져야 아름다움이 있고 맛이 있습니다. 사람들은 성숙한 신앙인을 좋아합니다. 하나님께서도 성숙한 사람을 귀하게 사용하십니다.

1. 신앙생활의 목표는 성숙한 신앙인이 되는 것 입니다(4:13).

가. 하나님을 믿는 것과 아는 일에 하나가 되도록

나. 온전한 사람을 이루도록

다. 그리스도의 장성한 분량이 충만한 데까지 이르도록

2. 우리가 왜 성숙한 신앙인이 되어야 합니까?(4:14~15).

가. 더 이상 어린 아이가 되지 아니하도록(14절상, 고전 3:1~3)

① 젖으로 먹이고 밥으로 아니합니다.

② 시기와 분쟁이 있습니다.

③ 자기중심적입니다.

나. 요동하지 아니하도록(14절하)

① 사람의 속임수에 빠져

② 간사한 유혹에 빠져

③ 온갖 교훈의 풍조에 밀려

다. 그리스도를 닮도록(15절): 그리스도에게까지 자라가도록

① 사랑 안에서 살면서

② 참된 것을 하여

③ 범사에

3. 성숙한 신앙인이 된다는 것은 머리되신 그리스도를 닮아가는 것입니다(4:16).

가. 그리스도는 교회의 머리이십니다.

나. 온 몸이 머리에 의존합니다.

다. 각 지체는 머리를 중심하여 서로 연결되어 있습니다.

라. 각 지체는 분량대로(자기 역할을 다함으로) 역사 합니다.

그리스도의 몸 된 교회는 그리스도의 완전하신 충만에 이르는 것을 목표로 하여야 합니다.

에베소서 강해20

교회는 성장해야 합니다

에베소서 4장 13~16절

기독교는 생명의 종교입니다. 하나님은 생명이십니다. 우리 주님 예수 그리스도도 생명이십니다. 예수님은 말씀하십니다. "내가 온 것은 양으로 생명을 얻게 하고, 더 풍성히 얻게 하려는 것이라"(요 10:10) "생명"이 있는 것은 자랍니다. "생명"이 있다는 증거는 움직이고, 자라고, 활동하고, 또 변화하는 것입니다. "성장"이란 작은 것에서부터 큰 것으로 점차 확대되는 것을 의미합니다. 생명이 자라서 성숙해 질 때, 비로소 그 아름다움이 있고, 맛이 있습니다. 잘 익은 과일은 먹으면 아주 맛이 좋습니다. 그러나 덜 익은 것을 먹으면 떫고, 시고, 쓰고, 맛이 없습니다. 그러기에 사람들은 잘 익은 과일 먹기를 좋아합니다. 사람도 인격적으로 잘 익은 사람(성숙한 사람)이 맛이 있습니다. 평안합니다. 푸근합니다. 인격적으로 성숙한 사람은 남에게 덕을 끼칩니다. 그러기에 하나님과 사람 앞에 은총과 귀중히 여김을 받습니다. 그러나 인격적으로 성숙하지 못했을 때, 왠지 불편합니다.

유명한 심리학자이면서, 의사인 Carl Rogers(칼 로저스)는 인간의 성숙한 감정의 여덟 가지 과정을 말합니다. 첫째는, 독립심과 책임감을 가지고 남에게 무엇인가를 주는 생산적인 마음을 가진 사람 둘째는, 협력할 줄 알고, 자기중심적인 것을 피하면서 남과 조화해 가는 사 람 셋째는, 열등감을 버리고, 자기 양심과 잘 조화해 가는 사람 넷째는, 남과 쉽게 사교할 줄 알고, 환경에 잘 적응하면서 살아가는 사람 다섯째는, 생활에 만족을 느끼며, 책임성과 건설적인 삶을 살아가는 사람 여섯째는, 자기 이웃에 대하여, 적개심을 가지지 않고, 서로 사랑할 줄 아는 사람 일곱째는, 자기 현실을 분명하게 바라볼 줄 알며, 유아기적인 환상을 버리고 살아가는 사람 여덟째는, 융통성이 있고, 순응할 줄 아는 사람, 이상의 여덟 가지가 성숙한 사람의 특징이라 했습니다.

영적 생명도 그렇습니다. 우리는 물과 성령으로 거듭나 하나님의 자녀가 되었습니다. 그러나 거듭난 것(구원 받은 것)은 영적으로 어린 아이일 뿐입니다. 거듭난 어린 아이는 영적으로 성장하고, 성숙해야 합니다. 신앙적으로 성숙해져야 아름다움이 있고, 맛이 있습니다. 그래야 하나님과 사람 앞에 귀중히 여김을 받고, 쓰임을 받게 됩니다. 사람들은 성숙한 신앙인을 좋아합니다. 하나님께서도 성숙한 사람을 귀하게 사용하십니다.

1. 그러기에 신앙생활의 목표는 성숙한 신앙인이 되는 것입니다 (13절).

"우리가 다 하나님의 아들을 믿는 것과 아는 일에 하나가 되어 온전한 사람을 이루어 그리스도의 장성한 분량이 충만한 데까지 이르리니"(13절)

가. 하나님의 아들을 믿는 것과 아는 일에 하나가 되도록 성숙한 신앙인이 되어야 합니다.

① 성도는 예수 그리스도에 관하여 알고 있으며, 또 그를 믿는 사람들입니다. 그러나 성도는 그리스도를 아는 것과 믿는 것에서 지속적으로 성장해야 합니다. 이것은 특정한 사람들에게만 해당되는 것이 아니라, 모든 성도들에게 해당됩니다. 성도들은 모두 그리스도를 바르게 알고, 바르게 믿음으로써, 그리스도를 아는 지식과 그리스도를 믿는 믿음에서 하나가 되어야 합니다.

② 이것은 교회의 하나 됨을 지키는 데 필수적인 것입니다. 교회의 하나 됨은 제도나 기구의 일치에 의해서가 아니라, 예수 그리스도에 대한 지식과 믿음의 일치로 유지되며, 지켜지기 때문입니다. 따라서 성도들은 반드시 그리스도에 대한 믿음과 지식의 하나 됨에 도달해야 합니다. 승천하신 그리스도께서 세우신 사역자들은 무엇보다도 예수 그리스도의 삶과 죽음과 부활을 증언하고 바르게 가르쳐서 성도들이 그 분에 대한 바른 지식과 바른 믿음을 갖게 해야 합니다.

나. 온전한 사람을 이루도록 성숙한 신앙인이 되어야 합니다.

① 교회가 지향해야 할 영적 목표는 성도들이 모두 "온전한 사람"에 도달하는 것입니다. 여기 "온전한"이라고 번역한 텔레이오스(τέλειος)는 "성숙한"(mature)이라는 의미로 사용되었습니다. 성숙한 사람은 14절에 등장하는 "어린 아이"와 대조적인 개념입니다. 미성숙한 어린 아이와 같은 성도들은 잘못된 교훈의 풍조에 이리저리 떠밀려 다니지만, 영적으로 성숙한 성도들은 진리 위에 굳게 서서 결코 흔들리지 않는 것입니다.

② 본문에서 "온전한 사람"(성숙한 사람)이라는 표현은 성도들의 공동체를 가리키는 집합적 개념입니다. 성도들이 모인 신앙공동체가 영적으로 성숙한 성인과 같은 공동체가 되어야 한다는 것입니다. 그러나 이렇게 되려면 구성원 개개인이 영적으로 성숙하는 것이 필수적입니다.

③ 또 한편으로 "온전한 사람"은 예수 그리스도 한분뿐이십니다. 그러기에 온전한 사람이 된다는 것은 "그리스도를 닮은 사람"이 되는 것입니다.

다. 그리스도의 장성한 분량이 충만한 데까지 이르도록 성숙한 신앙인이 되어야 합니다.

① 사도 바울은 교회가 지향할 목표를 "그리스도의 충만의 성숙한 분량"에 도달하는 것으로 표현합니다. 여기 "그리스도의 충만"이라는 표현은 교회 성장의 목표로서 그리스도의 완전한 상태를 가리킵니다. 우리 성경의 "장성한"(ἡλικία, 헬리키아)이란 말은 키, 신장 또는

나이, 성숙을 다 뜻합니다. 본문에 교회의 외적 성장이 아니라 내적 성숙을 말합니다. 교회는 그리스도의 충만한 성숙한 분량에까지 도달해야 합니다.

② 이는 온전한 사람은 그리스도를 조금 닮은 사람이 아니라, 성숙한 분량에까지 닮은 사람을 말하는 것입니다. 성숙한 신앙인이란 말입니다.

③ 다른 각도에서 말하자면, 성숙한 신앙인이 된다는 의미는 예수의 참 제자가 되어, 주님이 분부하시고, 가르치신 것을 지켜 행하는 사람이 되는 것입니다.

2. 그러면 우리가 왜 성숙한 신앙인이 되어야 합니까(14~15절).

가. 더 이상 어린 아이가 되지 아니하도록(14절상, 고전 3:1~3).

① 이는 우리가 이제부터 어린 아이가 되지 아니하여…(14절) 여기 "어린 아이"라는 표현은 앞 절의 "온전한 사람"이라는 표현과 대조를 이룹니다. 그러면 어린 아이는 어떤 상태에 있습니까?

② 고린도전서 3:1~3절에는 그리스도 안에서 어린 아이를 육신에 속한 자로 부르고 있습니다. "형제들아 내가 신령한 자들을 대함과 같이 너희에게 말할 수 없어서 육신에 속한 자 곧 그리스도 안에서 어린 아이들을 대함과 같이 하노라 내가 너희를 젖으로 먹이고 밥으로 아니하였노니 이는 너희가 감당하지 못하였음이거니와 지금도 못하리라 너희는 아직도 육신에 속한 자로다 너희 가운데 시기와 분쟁이 있으니 어찌 육신에 속하여 사람을 따라 행함이 아니리요"(고전 3:1~3)

여기 영적 어린 아이의 특징이 세 가지가 있습니다. ㄱ. 젖을 먹고, 밥을 먹지 못합니다. 쉬운 것만 감당하고, 어려운 것은 소화하지 못합니다. 영광은 좋아하지만, 고난은 싫어합니다. 축복은 받으려 하지만, 헌신은 하려하지 않습니다. ㄴ. 시기와 분쟁이 있습니다. 육신에 속하여 사람을 따라 행합니다. 쉽게 삐쭉빼쭉합니다. 남이 잘되는 것을 못 봅니다. 좀 싫은 소리도 못 듣습니다. ㄷ. 자기중심적입니다. 남을 배려하거나 생각해 주지 않고, 자기 좋은 대로 합니다. 그 뿐 아닙니다. 사람은 남의 도움을 필요로 합니다. 헌데 어린 아이는 남을 돕지는 않고, 늘 남의 도움을 요구합니다. 자기만 위하라고 합니다. 어린 아기처럼 말입니다.

성도 여러분, 여러분은 영적으로 어떤 상태에 있습니까? 어린 아이의 상태에 있습니까? 아니면 성숙해 있습니까? 모두 성숙한 그리스도인들이 다 되시기 바랍니다. 머리 되신 그리스도에게까지 자라 가시기 바랍니다.

나. 요동하지 아니하도록(14절하)

"사람의 속임수와 간사한 유혹에 빠져 온갖 교훈의 풍조에 밀려 요동하지 않게 하려 함이라"(14절하)

① "사람의 속임수"는 주사위 놀음으로 눈속임 당하는 것을 뜻합니다. 쉽게 속는 사람, 쉽게 사기 당하는 사람은 분별력이 없습니다.

② "간사한 유혹"은 거짓 교사들이 그럴듯한 교훈으로 교활하게 유도하는 것을 뜻합니다. 성숙한 신앙인이 되지 못하면, 이단 사설에 쉽게 넘어갑니다.

③ “온갖 교훈의 풍조에 밀려”는 조타장치가 없는 배처럼, 바람 부는 대로 이리저리 흔들리는 모습입니다. 어린 아이의 특징은 분별력이 없다는 것입니다. 영적 미숙의 특징도 분별력이 없이, 이리저리 흔들리고 요동하는 것입니다. 그러나 성숙한 사람은 진리를 분별하는 능력을 가지고 있습니다. 어떤 거짓 교훈이나 풍조에도 흔들리지 아니합니다.

성도 여러분, 여러분은 어떤 상태에 있습니까? 쉽게 요동하십니까? 조금만 바람이 불어와도 흔들리지 아니하십니까? 성숙한 신앙인이 되시어, 믿음을 굳게 하여, 이 모양 저 모양으로 유혹하고, 넘어뜨리려는 대적 마귀와도 싸워 이기시는 성도님들이 되시기 축원합니다. (벧전 5:8~9 참조)

다. 그리스도를 닮도록(15절): 그리스도에게까지 자라가도록

“오직 사랑 안에서 참된 것을 하여 범사에 그에게까지 자랄지라 그는 머리니 곧 그리스도라”(15절)

① “사랑 안에서 살면서”: 성도는 영적 어린 아이의 상태에서 벗어나는 것만으로는 부족합니다. 성도는 적극적으로 사랑 안에서 살면서 머리이신 그리스도에게까지 자라야 합니다.

② “참된 것을 하여”: 성도는 적극적으로 사랑 안에서 참된 것을 하여(진리를 말하면서) 머리되신 그리스도에게까지 자라나야 합니다. 여기서 “참된 것을 하여”는 단순히 일반적인 진리를 말하는 것이 아니라 복음의 진리를 말하는 것을 가리킵니다. 성도는 복음의 진리를

"사랑 안에서" 말해야 합니다. 이것은 진리를 사랑의 방식으로 드러내는 것을 뜻합니다. 세상 사람들이 복음의 진리를 인식 할 수 있게 하려면, 그 진리를 말과 함께 사랑의 삶으로 표현해야 합니다.

③ "범사에"(in every respect, in every way): 모든 면에, 모든 방법에, 삶의 구석구석에 그리스도처럼 살아야 된다는 것입니다. 모든 면에, 사랑과 공의로, 인자와 진리로 행하라는 것입니다. 인자와 진리, 사랑과 공의, 이 두 가지는 하나님의 중요한 성품이기도 합니다. 인자와 진리, 사랑과 공의 이 두 기둥이 든든히 서 있을 때, 성숙하여 요동치 아니합니다. 예수 그리스도는 인자(은혜)와 진리가 충만하신 분이십니다(요 1:14). 이 인자와 진리가 충만할 때(범사에 오직 사랑 안에서 참된 것을 할 때), 하나님 앞에서와 사람 앞에서 귀중히 여김을 받게 되는 것입니다(잠 3:3~4).

④ 그에게(그리스도에게)까지 자라가야 합니다. 여기 "그리스도에게까지 자라가야 한다"는 말은 그리스도가 성도들의 영적 성장의 궁극적 목표임을 말해 줍니다. 성도들이 그리스도에게까지 자라는 것은, 13절에서 말하는바 그리스도에게까지 이르는 것입니다. ㄱ. 그리스도를 믿는 믿음과 지식에 하나 됨에 이르는 것입니다. ㄴ. 성숙한 사람에 이르는 것입니다. ㄷ. 그리스도의 충만의 성숙한 분량에 이르는 것입니다.

이것은 하나님의 능력을 힘입어 믿음과 지식과 도덕적 삶에서 성숙하는 것을 의미합니다. 궁극적으로는 그리스도를 닮는 것을 가리킵니다. 그러면 질문이 생깁니다. 과연 성도들이 모든 면에서 그리스도의 온전하심과 같이 온전해 지는 것이 가능할까요? 물론 이것은 하나님께서 자기 백성을 완전히 구속하시는 마지막 날에 실현될 것입니다. 그러나 성도들은 구속이 완성되는 날을 고대하면서 부단히 머리되신 그리스도에게까지 자라가야 합니다.

3. 마지막으로, 성숙한 신앙인이 된다는 것은 머리되신 그리스도를 닮아가는 것입니다(16절).

"그에게서 온 몸이 각 마디를 통하여 도움을 받음으로 연결되고 결합되어 각 지체의 분량대로 역사하여 그 몸을 자라게 하며 사랑 안에서 스스로 세우느니라"(16절)

가. 그리스도는 교회의 머리이십니다.

앞 절에서 바울 사도는 그리스도가 "머리"라고 하였습니다. "그는 머리니 곧 그리스도라"(15절하) 그리스도는 만물 위에 계신 "머리"이자(1:22), 동시에 교회의 "머리"이십니다(5:23, 골 1:18). 그리스도는 교회 성장의 목표일 뿐 아니라 성장의 원천이기도 합니다. "그에게서" 온 몸이 각 지체와 연결되고, 각 지체가 자기가 맡은 역할을 다하여, 몸을 자라게 합니다.

나. 온 몸이 머리에 의존합니다.

몸이 머리에 붙어 있어야 생명이 유지되고, 성장할 수 있습니다. 그처럼 그리스도의 몸인 교회는 반드시 머리인 그리스도께 연결되어야 합니다. 그래야만 교회는 생명을 유지할 수 있고, 성장에 필요한 모든 자양분, 즉 성령의 은사들, 지혜, 능력을 그리스도께 공급받을 수 있는 것입니다. "온 몸이 머리로 말미암아 마디와 힘줄로 공급함을 받고 연합하여 하나님이 자라게 하시므로 자라느니라"(골 2:19 중반부터)

다. 각 지체는 머리를 중심으로 서로 마디를 통해 연결되어 있습니다.

몸의 성장과 관련하여 중요한 것은 지체들이 성장에 필요한 것들을 공급해 주는 마디(즉 사역자들)을 통해 함께 연결되고 결합되는 것입니다.

① "함께 연결된다"는 말은 지체들이 서로 생명의 관계로 밀접하게 연결되는 것을 나타냅니다. 에베소서 2:21절에서 바울 사도는 이 "함께 연결된다"는 단어를 사용하여 전체 교회가 함께 연결되어 주 안에서 거룩한 성전으로 지어져 간다고 말씀하였습니다.

② "함께 결합된다"는 말은 지체들이 머리되신 그리스도를 통해 함께 결합되어 한 몸을 이루는 것을 나타냅니다. 머리되신 그리스도는 성장에 필요한 자양분을 공급해 주는 각 마디를 통해 지체들을 함께 연결하고, 함께 결합시킵니다.

③ 여기서 "마디"(ἁφή, 하페)는 몸의 다양한 부분들을 연결하며, 생명과 힘을 공급하는 구실을 합니다. 본문을 통해 볼 때, 지체들을 연결하는 마디는 그리스도께서 세우신 사역자들을 가리킵니다. 사역자들은 말씀 사역을 통해 지체들을 함께 연결하며, 성장에 필요한 것들을 전달하는 구실을 하기 때문입니다. 그러므로 교회에서 "말씀 사역자"와 잘 연결되어 있을 때, 좋은 관계를 가질 때, 머리되신 그리스도

께서 주시는 자양분을 잘 공급받아 성장하게 됩니다.

라. 각 지체는 분량대로(자기 역할을 다함으로) 역사합니다.

① 여기서 몸의 성장과 관련하여 중요한 것은 몸을 구성하는 지체들이 그리스도께 생명을 공급받으면서 자기 역할을 제대로 수행하는 것입니다. 교회는 생명을 가진 지체들이 마디로 서로 연결되고 결합하여 이룬 몸, 곧 살아있는 유기체(living organism)이기 때문입니다. 바울 사도는 "각 지체가가 자기 분량대로(자기가 맡은 역할대로) 활동함으로써" 그 몸을 자라게 한다고 분명히 말합니다. 각 지체는 그리스도의 선물의 분량대로, 봉사의 은혜를 받았으므로(7절) 받은 분량대로 활동하여 온 몸이 성장하는데 기여해야 합니다. 교회의 성장은 단지 목회자들의 사역만으로 이루어 질 수 없습니다. 목회자와 함께 몸에 속한 모든 지체들이 받은 은사의 분량대로 자기 역할을 다할 때, 성장하게 되는 것입니다.

② 마지막으로 몸의 성장과 관련하여 중요한 것은 사랑입니다. 바울 사도는 온 몸이 "사랑 안에서" 그 몸을 자라게 하여 스스로 세운다고 말합니다. 사랑이 없으면 성장도 없습니다. 온 몸이 성장하려면 반드시 지체들이 "사랑 안에" 뿌리가 박혀야 하며(3:17), "사랑 가운데서" 행해야 하며(5:2), "사랑으로" 서로 용납해야 하며(2절), "사랑 안에서" 진리를 말해야 하며(15절), 자기가 받은 역할을 "사랑 안에서" 수행해야 합니다(16절). 사랑은 오래 참는 것입니다(고전 13:4). 무례히 행치 아니하는 것입니다(고전 13:5). 사랑은 짐을 서로 지는 것입니다(갈 6:2). 서로 같이 돌보는 것입니다(고전 12:25). 사랑이란

하나님의 은혜를 맡은 선한 청지기같이 봉사하는 것입니다(벧전 4:10). 몸에 속한 지체들이 서로 사랑하며, 자기 받은 봉사의 은혜를 다른 지체들의 유익을 위해 사용할 때, 비로소 그리스도의 몸이 온전히 자라는 것입니다.

말씀을 정리합니다. 그리스도의 몸 된 교회는 그리스도의 완전하신 충만에 이르는 것을 목표로 해야 하여야 합니다. 그것을 위해 교회에 허락하신 직분과 은사가 풍성하게 발휘되어야 합니다. 그래서 성도가 온전하게 되어 하나님의 일을 감당할 때에 교회가 건강하게 세워질 것입니다. 그리스도를 닮은 건강한 교회가 되기를 축원합니다.

에베소서 강해21 요약

새 사람을 입으라

에베소서 4장 17~24절

서로 "하나"가 되도록 부름 받은 우리는 "연합"(unity)을 도모해야 합니다. 그리고, "거룩한 자들"이 되도록 부름 받은 우리는 "순결함"(purity)을 도모해야 합니다. "순결함"(purity)은 "연합"(unity)과 마찬가지로, 하나님의 백성에게서 빼놓을 수 없는 특징입니다. 교회의 두 기둥은 연합과 순결입니다. 바울 사도는 지금까지는 연합을 논의했으나 이제부터는 교회의 순결에 대해 논의 합니다. 그리스도인은 날마다 이방인(하나님 없는 사람)의 생활을 버리고, 그리스도를 닮는 삶을 살아가야 합니다.

1. 이방인(하나님 없는 사람)과 같이 생활하지 말라(17~19절).

이방인의 삶의 특징은

가. 영적 무지입니다.

① 마음이 허망해져 있습니다.

② 총명이 어두워졌습니다.

나. 영적 죽음입니다.

① 하나님의 생명에서 떠나 있습니다.

② 하나님에 대한 무지함 때문입니다.

③ 마음의 완고함, 굳어짐 때문입니다.

다. 도덕적 타락과 방탕입니다.

① 감각 없는 자가 되었습니다.

② 자신을 방탕에 방임하여 삽니다.

③ 더러운 것을 욕심으로 행합니다.

2. 그러면, 그리스도인의 생활은 무엇입니까?(20~24절).

가. 그리스도를 배우는 생활입니다(20~21절).

① 그리스도를 배움

② 그리스도 안에 있는 진리를 듣고, 가르침을 받음

나. 옛 사람을 벗어 버리는 생활입니다(22절).

*옛 사람의 속성은...

① 유혹의 욕심을 따라 삽니다.

② 썩어져 가는 구습을 따릅니다.

다. 새 사람을 입는 생활입니다(23~24절).

① 마음에 거하시는 성령으로 새롭게 되는 것입니다.

② 새 사람은 하나님을 따라 의와 진리와 거룩함으로 지으심 받은 사람입니다.

우리는 그리스도 안에서 날마다 새로워지는 삶을 살아가야 할 것입니다. 그리하여 "순결함"(purity)을 이루어야 합니다. 순결한 교회가 건강한 교회입니다.

에베소서 강해21

새 사람을 입으라

에베소서 4장 17~24절

우리 그리스도인들은 하나님의 부르심에 합당한 생활을 해야 합니다. 하나님은 우리를 하님의 자녀로 불러 주셨습니다. 하나님의 자녀답게 살아야 합니다. 하나님은 우리를 하나님의 백성으로 불러 주셨습니다. 하나님의 백성답게 살아야 합니다. 서로 "하나"가 되도록 부름 받은 우리는 "연합"(unity)을 도모해야 합니다. 그리고 "거룩한 자들"이 되도록 부름 받은 우리는 "순결함"(purity)을 도모해야 합니다.

"순결함"은 "연합"과 마찬가지로, 하나님의 백성에게서 빼놓을 수 없는 특징입니다. 교회의 두 기둥은 연합과 순결입니다. 바울 사도는 지금까지는 연합을 논의 했으나, 이제부터는 교회의 순결에 대해 논의 합니다. 그리스도인은 날마다 이방인(하나님 없는 사람)의 생활을 버리고, 그리스도를 닮는 삶을 살아가야 합니다. 그리스도인의 삶은 날마다 옛적 이방인이었을 때의 삶을 벗어버리는 것입니다. 마치 더러운 옷을 벗는 것과 같습니다. 그리고 그리스도인의 삶은 날마다 그리스도의 새 옷을 입는 것입니다. 새 삶, 순결의 삶, 깨끗한 삶이 곧 그리스도인의 삶입니다.

1. 우리는 먼저 이방인(하나님이 없는 사람)과 같이 생활하지 말아야 합니다(17~19절).

본 단락에서 바울 사도는 하나님을 믿지 않는 이방인의 모습을 매우 부정적인 필치로 그리고 있습니다. 이방인(하나님이 없는 사람)의 세 가지 특징은, 영적 무지, 영적 죽음, 도덕적 타락과 방탕입니다.

가. 먼저 이방인의 삶의 특징은 영적 무지입니다(17~18절상).

"그러므로 내가 이것을 말하며 주 안에서 증언하노니 이제부터 너희는 이방인이 그 마음의 허망한 것으로 행함 같이 행하지 말라 그들의 총명이 어두워지고"(17~18절상)

① 마음이 허망해져 있습니다(17절하). 인간의 "마음"(νοῦς, 누스)은 본래 하나님의 계시를 인식하고 이해할 수 있도록 창조되었습니다. 그러나 타락하여 더는 그렇게 할 수 없게 되었습니다. "허망하여졌습니다." 방향이 없습니다. 목표가 없습니다. 오늘을 사는 사람들의 문제는 마음의 방향이 없다는 것입니다. 그저 돈 많이 벌어 잘 살았으면 좋겠다는 것뿐입니다. 한 유명한 문예 평론가가 현대인의 정신문화에 대해 이렇게 평가했습니다. "현대의 문화는 많은 수단과 방법을 개발했지만, 목적과 목표는 개발하지 못했다."

현대는 잘 살기 위한 수단, 잘 살기 위한 방법들은 개발해 가고 있지만, 인간의 삶의 목적과 목표를 제시하는 일에는 실패하고 있습니다. 그래서 오늘날 사람들은 마음의 방향이 없습니다. 하나님이 없기 때문입니다. 그 마음이 허망합니다. 어쩔 줄 모릅니다. 인생의 참 목적을 발견하지 못하고 허망해 질 때, 모든 인생의 타락한 삶이 시작되는 것입니다. 이는 범사에 그리스도에게까지 자라야 하는 성도들의 삶과 대조되는 것입니다(15절).

② 총명이 어두워졌습니다(18절상). 이방인들은 총명(지각, διάνοια, 디아노이아)이 어두워져 있어서, 하나님을 알지 못하며, 하나님의 뜻을 이해하지도 못합니다. 하나님을 알지 못하는 탓에 그들은 하나님 대신 자기를 영화롭게 하고, 자기를 절대적인 존재처럼 생각합니다. 심지어 그들은 스스로 지혜가 있다고 주장하지만, 조물주(창조주 하나님)보다 피조물을 더 경배하고 섬깁니다(롬 1:21~25). 하나님이 없는 이방인은 스스로를 똑똑하다고 자랑하나, 영적 소경일 뿐입니다. 마음이 어두워져서 궁극적인 진리를 알지 못합니다.

나. 두 번째 이방인의 삶의 특징은 영적 죽음입니다(18절 하).

"그들 가운데 있는 무지함과 그들의 마음이 굳어짐으로 말미암아 하나님의 생명에서 떠나 있도다"(18절하)

① 하나님의 생명에서 떠나 있습니다. 하나님은 생명의 근원이십니다. 그러므로 그 하나님에게서 분리된 사람은 영적으로 죽은 존재입니다(엡 2:1, 골 2:13). 에베소서 2:1은 하나님이 우리를 구원하신 일을 이렇게 말씀하고 있습니다. "그는 허물과 죄로 죽었던 너희를

살리셨도다"(엡 2:1) 하나님의 생명에서 떠나있는 존재는 불행하고, 저주이기도 합니다.

② 이방인들이 하나님의 생명에서 떠난 이유는 그들 안에 있는 하나님에 대한 "무지함" 때문입니다. 이방인들은 마음이 허망해지고(무익하고), 총명이 어두워져(지각이 어두워져) 철저한 영적 무지 상태에 있는 것입니다. 그들은 하나님을 알지 못할 뿐 아니라, 하나님의 지혜인 그리스도의 십자가를 미련한 것으로 간주합니다(고전 1:23).

우리는 십자가에 못 박힌 그리스도를 전하니 유대인에게는 거리끼는 것이요 이방인에게는 미련한 것이로되 오직 부르심을 받은 자들에게는 유대인이나 헬라인이나 그리스도는 하나님의 능력이요 하나님의 지혜니라(고전 1:23~24)

③ 또한 이방인들이 하나님의 생명에서 분리되어 있는 것은 그들의 마음이 완고하기 때문입니다. 마음의 굳어짐 때문입니다. 여기서 "마음"(heart)이라고 번역한 헬라어 단어인 καρδία(카르디아)는 사람의 인격, 생각, 의지, 감정의 중심을 가리킵니다. 또 "마음이 굳어졌다"는 것은 완고함, 완강함을 뜻합니다. 따라서 "마음의 완고함"이란 표현은 하나님의 진리를 완강하게 거부하는 이방인들의 마음 상태를 가리킵니다. 이방인들은 영적으로 무지할 뿐 아니라, 하나님과 그분의 진리를 완강하게 거부하기까지 하므로, 도무지 하나님과 생명의 관계를 가질 수가 없습니다. 따라서 그들은 하나님의 생명에서 떠나, 허물과 죄 가운데 영적으로 죽어 있는 것입니다.

다. 세 번째 이방인의 삶의 특징은 도덕적 타락과 방탕입니다(19절).

"그들이 감각 없는 자가 되어 자신을 방탕에 방임하여 모든 더러운 것을 욕심으로 행하되"(19절) 여기서 바울 사도는 이방인들(하나님이 없는 사람들)이 무감각하게 되어 자신을 방탕에 내 맡기고, 온갖 더러운 것들을 탐욕스럽게 행한다고 말합니다.

① 감각 없는 자가 되었습니다. 여기 "감각이 없다", "무감각하다"는 말은 본래 피부가 굳어져서 더는 아픔을 느끼지 못하는 상태를 가리킵니다. 본문에서는 수치를 느끼는 모든 감각을 상실했음을 의미합니다. 이것은 그들의 도덕적 무감각을 반영한 표현입니다. 지각이 어두워지고, 마음이 굳어진 결과 이방인들은 자신들을 방탕에 내 맡기면서도 아무런 수치를 느끼지 못합니다.

② 자신을 방탕에 방임하여 삽니다. 그들은 사회적 관습과 도덕까지 무시하고 무절제하게 쾌락을 추구합니다. 최소한의 도덕심과 분별력도 없이 온갖 더러운 일들을 탐욕스럽게 행하는 것입니다. "방탕"이란 말은 "기준 없는 삶"이란 뜻입니다. 20세기 유명한 기독교 철학자인 프란시스 쉐퍼는 말합니다. "현대인의 가장 큰 불행은 절대성을 상실해 버렸다는 것이다." 현대는 절대적인 가치관이 없어지고 말았습니다. 모든 것이 상대화되어 버렸습니다. "왜 사람이 꼭 그렇게 행동해야 될 필요가 있는가?"라고 생각하는 포스트모더니즘(Post-modernism)의 특징인 것입니다. 이것이 현대의 가장 무서운 타락입니다. 기준이 없어진 것입니다.

③ 더러운 것을 욕심으로 행합니다. 온갖 더러운 일들을 탐욕스럽게 행한다는 것입니다. 여기 "더러운 것"은 원래 장례식 때 무덤을 덮

는 흙이나 그 밖의 내용물을 의미합니다. 도덕적 언어로는 부도덕함(특히 성적인 부정)을 의미하며, 비상식적인 악행도 포함합니다. 그런데 "모든"이란 말로 수식되어, "모든 부도덕"을 의미합니다. 갖가지 해괴망측한 성적인 부정을 행합니다. 이방인의 부도덕은 만족을 몰랐습니다. 그런데 그런 것을 하면서 부끄러움이 없었습니다. 감각이 없어진 것입니다.

④ 물론 1세기 그리스-로마 시대의 이방인들이 모두 이렇게 산 것은 아닙니다. 그들 가운데는 절제와 덕을 실천하면서 고상한 삶을 추구하는 사람들도 있었습니다. 예컨대, 로마의 정치가이며 철학자였던 세네카(Seneca, 주전 4~주후 65)는 "행복한 삶"이라는 글에서 이렇게 말하였습니다. "자연이 제 생명을 내 놓으라고 요구하거나 제 이성이 제 생명을 끊어 버릴 때, 저는 바른 양심과 노력을 사랑하였노라고, 다른 사람의 자유를 해치거나 제 자신의 자유를 해친 적이 전혀 없었노라고 증언하면서 이 세상을 떠날 것입니다."

그러나 대다수의 이방인들은 사도 바울이 말한 대로, 수치심도 없이 육체의 욕심을 따라 더러운 일들을 행하기 일쑤였습니다. 이것이 그리스도가 없고, 성령이 없고, 하나님이 없는 사람들의 삶의 모습입니다. 이방인들의 모습을 적나라하게 묘사한 바울은 그리스도인들은 이런 이방인들의 삶을 벗어버려야 한다고 강하게 권고하고 있습니다.

2. 그리스도인의 생활은 무엇입니까?(20~24절). 어떻게 이방인들의 더러움에서 순결함(purity)을 이룰 수 있습니까?

가. 그리스도를 배우는 생활입니다(20~21절).

"오직 너희는 그리스도를 그같이 배우지 아니하였느니라 진리가 예수 안에 있는 것 같이 너희가 참으로 그에게서 듣고 또한 그 안에서 가르침을 받았을진대"(20~21절)

① 그리스도를 배운다는 것은 단지 그리스도의 삶과 죽음과 부활에 관해 배우는 것이 아닙니다. 그의 인격과 삶에 관해 배우는 것이며, 또한 그의 제자가 되는 것을 의미합니다. 그러므로 그리스도를 배운 사람은 그리스도의 삶에 반영된 가치와 삶의 방식을 따라야 합니다. 그리스도가 우리의 목표입니다. 그리스도가 우리의 모법입니다.

② 우리는 그리스도 안에 있는 진리를 듣고, 가르침을 받았습니다. 우리는 진리이신 그리스도를 알고, 그 분께 가르침을 받았기에, 그리스도께서 원하시는 삶을 살아가야 합니다. 옛 사람은 허물과 죄로 죽은 사람인 반면, 새 사람은 하나님의 은혜로 인해 믿음으로 말미암아 그리스도와 함께 살리심을 받은 사람입니다. 옛 사람은 영적으로 무지하고, 하나님께 거스르고 불순종하는 사람인 반면, 새 사람은 예수 그리스도로 말미암아 생명을 얻고 그분이 보여 주신 진리를 따르는 사람입니다. 새 사람으로, 새 사람답게 살아가기 위해서는 우선 예수 그리스도 안에서 구원을 얻은 자신의 정체성을 분명히 깨달아야 합니다. 우리는 예수 그리스도를 알기에 그분께 배운 대로 살아가야 합니다. 옛 사람의 방식을 버리고, 예수 그리스도 안에 있는 정체성에

걸맞게 살아가야 합니다.

사랑하는 성도 여러분, 여러분은 그리스도를 모범으로, 그리스도에게 배운 대로, 그리스도인답게 살아가고 있으신지요? 우리는 이전에 행하던 죄악과 죄의 습성을 물리칠 수 있습니다. 그 힘은 그리스도께서 피 흘려 사신 존재라는, 우리의 정체성을 분명히 아는 것에서 나옵니다. 새 생명을 주신 그리스도께서는 우리가 그리스도인답게 살아갈 능력도 주십니다.

나. 옛 사람을 벗어 버리는 생활입니다(22절).

"너희는 유혹의 욕심을 따라 썩어져 가는 구습을 따르는 옛 사람을 벗어 버리고"(22절)

새 옷을 입기 전에는 먼저 헌 옷을 벗어야 합니다. "옷을 벗는다"는 것은 "회개한다", "돌이킨다", "떠난다"는 것입니다. 우리가 벗어야 할 옛 사람의 속성은 어떠합니까?

① 유혹의 욕심을 따라 삽니다.

② 썩어져 가는 구습을 따릅니다.

여기 "유혹"은 "거짓" 또는 "속임"을 의미합니다. 그리고 "구습"이라는 것은 "과거의 삶의 방식"을 가리킵니다. 옛 사람은 과거의 삶의 방식을 따라 사는 존재입니다. 옛 사람은 거짓된 욕심을 따라 도덕적으로, 영적으로 부패해가는 존재입니다. 본문에 보면, 옛 사람이 부패하는 원인은 거짓에서 비롯된 욕심에 있습니다. 옛 사람(그리스도 밖에 있는 사람)의 중요한 특징은 "육체의 욕심대로" 사는 것입니다. 그들이 욕심을 부리는 까닭은, 자신들이 원하는 것을 얻기만 하면,

만족과 행복을 누릴 수 있을 것이라고 생각하기 때문입니다. 그러나 이것은 거짓이며, 기만이며, 속임수입니다. 유혹입니다. 아무리 욕심을 부리고 자기가 원하는 것을 손에 넣을지라도 참된 만족과 행복을 누릴 수 없습니다. 중생하지 못한 사람(하나님이 없는 사람)은 거짓 환상에서 비롯된 욕심을 따라 자기만족을 구하면서 살다가 점차 도덕적으로 부패해가고, 마침내 죽음으로 삶을 마감하게 되는 것입니다.

그러나 우리 성도들은 하나님의 부르심을 받고 회심할 때, 이미 옛 사람을 벗어 버렸습니다. 옛 사람을 벗어 버린다는 것은 옛 사람이 그리스도의 죽음과 합하여 그리스도와 함께 죽는 것을 의미합니다(롬 6:6, 갈 2:20). 이제 그리스도 안에 있는 우리 성도들은 더는 "옛 사람"이 아닙니다. 만일 그들이 과거의 삶의 방식을 따라 산다면, 그것은 회심하기 이전의 존재로 돌아가는 것과 다름없는 일입니다. 거듭난 성도는 세상 속에서 그리스도를 따르는 사람답게 살기 위해 먼저 옛 사람의 태도와 습관과 가치관을 벗어 버려야 합니다.

다. 새 사람을 입는 생활입니다(23~24절). 옛 생활을 벗어버렸으면 새 사람을 입어야 합니다.

"오직 너희의 심령이 새롭게 되어 하나님을 따라 의와 진리의 거룩함으로 지으심을 받은 새 사람을 입으라"(23~24절)

① 마음에 거하시는 성령으로 새롭게 되는 것입니다. 새 사람답게 살아가기 위해서는 또한 마음이 성령으로 새롭게 변화되어야 합니다. 하나님은 이미 성도를 새 사람으로 만들어 주셨습니다. 성령을 그 마음에 주셨는데, 성령은 내 안에 내주하십니다. 성령은 사람을

새롭게 하시는 분이십니다. 나아가 성령은 믿는 사람을 점차적으로 그리스도의 형상으로 변화시켜 영광에서 영광에 이르게 하시는 분이십니다. 성도는 이미 마음에 거하고 계신 성령님과의 관계 속에서 새로워집니다. 성령님을 의지하고 순종할 때, 우리 마음이 새로워지는 것입니다.

② 새 사람은 하나님을 따라 의와 진리와 거룩함으로 지으심 받은 사람입니다. 옛 사람을 벗고 새 사람을 입는 것은, 하나님의 부르심을 받고, 그리스도를 믿을 때 1회적으로 일어납니다. 그러나 새로워지는 것은 성도의 전 삶의 과정에서 반복적이며 지속적으로 일어납니다. 이 역시 성령님과의 관계 속에서 일어납니다. 성령님께서는 옛 사람을 벗고 새 사람을 입은 성도들을 지속적으로 새롭게 하여 그 본성과 삶에서 온전한 새 사람이 되게 하십니다.

③ 바울 사도는 더 구체적으로 새 사람을 "진리의 의와 거룩함으로 창조된 존재"라고 말합니다. 원문에 보면, "진리의"라는 소유격이 뒤에 나오는 "의와 거룩함"을 수식하는 역할을 합니다. 즉, 하나님께서는 "참된 의와 참된 거룩함으로" 새 사람을 창조하셨다는 말입니다. 의와 거룩함은 하나님의 속성입니다. 하나님은 자기 형상을 따라 창조한 새 사람에게 의와 거룩함의 특성을 갖게 하셨습니다. 그러므로 새 사람은 의와 거룩함의 존재로서, 의와 거룩함으로 하나님을 섬기고, 의와 거룩함 가운데 행해야 합니다.

여기 강조점이 무엇입니까? 성도들은 하나님의 형상을 따라 참된 의와 참된 거룩함으로 창조된 새 사람이라는 것입니다. 그들은 구원의 복음을 듣고, 그리스도를 믿을 때, 이미 옛 사람을 벗어버리고, 새 사람을 입는 경험을 하였습니다. 새 사람을 입는 것은 그리스도로 옷 입는 것입니다(갈 3:27). 그리스도 안에서 새로운 피조물이 되는 것 입니다(고후 5:17). 이제 성도들은 자기 백성을 위해 의로움과 거룩함이 되신 그리스도 예수와 연합하여, 의롭다하심과 거룩함을 얻은 사람입니다(고전 1:30, 6:11). 성도들은 마음에 거하시는 성령님으로 말미암아 날마다 새로워지고 있는 새 사람입니다. 그러므로 성도들은 자신들이 하나님을 따라 참된 의와 참된 거룩함으로 창조된 새 사람이라는 사실을 분명히 인식하고 새 사람답게 살아야 합니다.

말씀을 정리합니다. 우리는 그리스도 안에서 날마다 새로워지는 삶을 살아가야 할 것입니다. 날마다 우리 주 예수 그리스도께서 날 위해 흘리신 보혈로 씻음 받으시기 바랍니다. 또 우리 마음에 거하시는 성령님을 순간순간 의지하고, 순종하여 날마다 새롭게 되시며, 죄와 사단, 옛 생활을 이겨나가시기 바랍니다. 그리하여 "순결함"(purity)을 이루어야 합니다. 순결한 교회가 건강한 교회입니다. 하나 된 교회가 건강한 교회입니다. 다양한 지체가 서로 자기 역할을 잘 감당하는 교회가 건강한 교회입니다. 의와 거룩함을 실천해내는 교회, 순결한 교회가 건강한 교회입니다.

에베소서 강해22 요약

성령을 근심하게 하지 말라1

에베소서 4장 25~32절

그리스도인의 삶의 특색은 성령님과 함께 하는 삶입니다. 그리스도인은 복음을 믿고, 성령님으로 거듭나, 성령님 안에서 살아가는 사람입니다. 성령님과 함께 살아갈 때 그리스도를 닮아갑니다(성화). 성령님의 열매를 맺습니다. 그러나 성령님의 인도하심을 따르지 아니하면, 성령님께서 근심하십니다.

1. 성령님은 왜 근심하십니까?

가. 인격이시기 때문입니다.

① 사람들은 인격(personality)과 육체적 형체(corporeality)를 잘 이해하지 못합니다.

② 성령님은 지, 정, 의를 가지신 인격자 이십니다.

나. 거룩하시기 때문입니다.

① 성령님은 거룩한 영이십니다.

② 성령님은 죄를 멸하시는 하나님의 불이십니다.

2. 성령님은 어느 때에 근심하십니까?(25~32절)

*오늘 본문은 성령님께서 근심하시는 그리스도인의 핵심적인 문제 다섯 가지를 말씀해 주고 있습니다. 이들은 모두 우리의 인간관계와 관련되어 있습니다.

가. 거짓을 말할 때, 성령님은 근심하십니다(25절).

① 거짓을 버리라: 거짓은 마귀의 무기입니다(요 8:44, 계 12:9).

② 이웃으로 더불어 참된 것(truth)을 말하라(슥 8:16~17).

*우리가 서로 지체가 되기 때문입니다.

나. 잘못된 분을 낼 때, 성령님은 근심하십니다(26~27절).

① 분의 두 가지

ㄱ. 분은 죄에 대한 하나님의 반응을 말합니다(의분).

Ⓐ (에베소서 5:6) "하나님의 진노가 불순종의 아들들에게 임하나니"

Ⓑ (로마서 1:18) "하나님의 진로가 불의로 진리를 막는…"

Ⓒ (요한복음 2:13~17) 예수께서 성전을 청결케 하신 사건

ㄴ. 불의한 분냄(노함)-혈기에서 나오는 분노(옳지 못한 분냄)

② 분을 내라는 허락: "성내기를 더디 하라"(약 1:19~20)

③ 분을 내는 이에게 주는 3가지 제한을 말합니다(26~27절).

ㄱ. 죄를 짓지 말라.

ㄴ. 해가 지도록 분을 품지 말라.

ㄷ. 마귀에게 틈을 주지 말라.

다. 도적질 할 때, 성령님은 근심하십니다(28절).

라. 더러운 말을 할 때, 성령님은 근심하십니다(29절).

마. 용서하지 않을 때, 성령님은 근심하십니다(30~32절).

승리하는 그리스도인의 삶을 살아가려면, 성령님의 인도하심과 역사에 민감해야 합니다. 그리고 성령님께 순종해야 합니다. 성령님은 모든 일에서 하나님을 기쁘시게 할 수 있도록 우리를 자극하고, 선한 동기를 부여하고, 능력을 주시는 분입니다. 그러므로 우리는 이 성령님의 사역에서 성령님을 근심하게 하거나, 나아가 혹 성령님을 소멸하게 해서는 아니 되겠습니다.

에베소서 강해22

성령을 근심하게 하지 말라1

에베소서 4장 25~32절

그리스도인의 삶의 특색은 성령님과 함께 하는 삶입니다. 성령의 역사하심으로, 예수를 그리스도요, 주님으로 믿고, 고백하게 됩니다. 성령으로 아니하고 누구든지 예수를 주님이라 할 수 없습니다(고전 12:3). 나아가 성령께서는 예수를 주라고 믿는 자들을 그리스도의 몸인 교회에 속하게 하십니다. 이를 성령세례라 부릅니다(고전 12:13).

헌데 우리가 진리의 말씀, 곧 구원의 복음을 듣고, 믿을 때, 하나님께서는 약속의 성령으로 인치십니다(엡 1:13~14). 즉, "너는 내 것이 되었다" 도장 찍으시는 표시로 성령을 주십니다. 하나님이 예비하신 기업의 보증으로 성령을 주십니다. 우리 안에 임하신 성령께서는 우리 안에 내주하시며, 우리와 함께 하십니다. 그러면서 성령님은 예수님을 알게 하십니다. 성령님은 예수님을 사랑하게 하십니다. 성령님은 진리를 깨닫고 그를 지켜 행하게 하십니다. 성령님은 평안을 주십니다. 하늘의 평안입니다. 세상이 줄 수 없고, 세상이 빼앗을 수도 없는 그런 평안입니다. 그 성령께서 나를 온전히 다스리실 때(즉 성령으로 충만할 때), 우리는 세상과 정욕을 이기고, 승리의 생활을 하게 됩니다. 이렇게 우리가 성령 받아 성령님과 함께 살아 갈 때, 성화되어 갑니다. 그리스도를 닮아갑니다. 성령의 열매를 맺습니다. 신의 성품에 참여하는 자가 됩니다.

그런데 예수를 주님이라 고백하며, 영접한 성도가 성령으로 말미암아 우리 안에 거하시는(요일 3:24) 주님의 인도하심을 따르지 아니하면, 성령님이 근심하십니다(엡 5:30). 나아가 성령님의 역사가 소멸되어지기도 합니다(살전 5:19). 그리하여 성령의 불길이 더 이상 타오르지 못하게 됩니다. 그러면 성도들은 하나님을 믿으면서도 나약하고 무기력해 집니다. 그러기에 우리는 성령님을 근심하게 하지 말아야 합니다. 오히려 우리 안에 내주하시는 성령님과 친밀한 교제 속에 살아야 하겠습니다.

1. 성령님은 왜 근심하십니까?

가. 성령님은 인격이시기 때문입니다.

성령님은 성부 하나님, 성자 하나님과 함께 하나님이십니다.

① 그 성령님은 인격이십니다. 사람들은 인격(personality)과 육체적 형체(corporeality)를 잘 이해하지 못합니다. 잘 못 구별할 때가 있습니다. 우리가 인격이라고 할 때, 육체적 형체를 가져야 하는 것은 아닙니다. 육체적 형체가 있든지 없든지 상관없이, 인격적 속성만 가

지고 있으면 인격자가 되는 것입니다. 성령님은 영이시기 때문에 인간의 눈으로 볼 수 있는 형체는 가지고 있지 않습니다.

② 그러나 인격이 가질 수 있는 모든 속성을 다 가지고 계시므로 성령은 인격이십니다. 한 인격이 구성되기 위해서는 반드시 사물을 깨달아 아는 지(지성)와 희로애락의 정(감정)과 사물을 판단하고, 그것에 대한 자기의 태도를 결정하는 의(의지)가 있어야 합니다.

ㄱ. 성령님의 지(知): 성령님은 하나님의 깊은 것까지라도 통달하여 아십니다. 성령님은 인간의 마음과 생각을 감찰하십니다(고전 2:10, 롬 8:27). 또 생각하는 지각을 소유하고 계십니다. 성령님은 지성을 가지고 계십니다. ㄴ. 성령님의 정(情): 성령님은 풍부한 감정을 소유하고 계십니다(롬 5:5, 엡 4:30, 롬 8:26). 즉 성령님께서는 하나님의 사랑을 우리 심령 속에 부어 주시기도 하며, 우리 때문에 근심하시고, 또 탄식하시기도 하십니다. 성령님은 감정을 가지고 계십니다. ㄷ. 성령님의 의(意): 성령님은 그분의 뜻과 계획에 있어 그대로 시행하십니다. 오늘날 가장 어리석은 사람들이 바로 자기 뜻대로 성령님을 사용하려고 하는 사람들입니다. 성령이 임하시면 권능(power)을 얻습니다. 그러나 성령님은 인격이 없는 무생물이나 막연한 힘이 아니십니다. 분명한 인격을 가지고 당신의 뜻을 쫓아 일을 진행시키시고, 사람을 사용하십니다. 성령님은 의지를 가지고 계십니다. 이렇게 성령님은 우리와 함께 거하시고, 또 우리 속에 계시면서 역사하시는 하나님이시요, 지, 정, 의를 가지신 인격자이십니다. 그러므로 우리가 그 인격에 거스를 때, 성령님께서는 근심하십니다.

나. 성령님은 거룩하시기 때문입니다.

① 성령님은 거룩한 영이십니다. 영이되, 거룩한 영이십니다. 그러기에 성령님은 그 명칭이 보여 주듯이, 거룩하며 성결함을 나타내 주시는 분이십니다.

② 성령님은 죄를 멸하시는 하나님의 불이십니다. 성령님은 성도들에게 성결함(거룩함)을 가져오는 능력입니다. 그리하여 교회를 순결하게 하십니다. 우리는 오직 성령을 힘입을 때에만 죄와 불의를 이기는 승리의 생활을 할 수 있게 됩니다. 순결을 이룰 수 있게 됩니다. 그러나 이 세상에는 거룩하지 못하고, 악하고 추하고 더러운 영이 불순종의 자녀들 속에 역사하고 있습니다. 그러므로 성령님은 거룩하신 성결의 영으로써 악하고, 추하고, 더러운 마귀에 속한 영과 구별이 됩니다. 하지만 이 거룩한 영이신 성령님을 마음에 모시고 살아가면서, 악하고, 추하고 더러운 삶을 살아갈 때, 성령님께서 근심하시게 되는 것입니다. 성령님이 충만하게 역사하시지 못하시게 됩니다. 그리하여 구원받은 백성, 즉 성령으로 거듭나 백성(자녀)인데도 힘과 능력이 없는 자로서 무기력하게 살아가게 되는 것입니다.

오늘 본문은 성령님께서 근심하시는 그리스도인의 행위에 대한 핵심적인 문제 다섯 가지를 말씀해 주고 있습니다. 이들은 모두 우리의 인간관계와 관련되어 있습니다. 그리고 각각의 항목에는 소극적인 금지와 함께, 적극적인 권면이 대칭적으로 나타나 있습니다. 한편, 오늘 본문은 지난 본문에 이어, 그리스도인이 옛 사람을 벗고, 새 사람을 입음으로, 매일 매일 새로운 삶을 살아 교회의 순결(purity)을 이루어 나감을 말씀해 줍니다. 그 중심에 성령님께서 역사하십니다.

소극적인 금지가 옛 사람을 벗는 것이라면, 적극적인 권면은 새 사람을 입는 것을 말합니다. 그 중심에 성령님께서 역사하십니다.

2. 그러면 성령님은 어느 때에 근심하십니까?(엡 4:25~32)

오늘 본문은 성령님께서 근심하시는 그리스도인의 핵심적인 문제 다섯 가지를 말씀하십니다. ① 거짓을 말할 때, 성령님은 근심하십니다(25절). ② 잘못된 분을 낼 때, 성령님은 근심하십니다(26~27절). ③ 도적질 할 때, 성령님은 근심하십니다(28절). ④ 더러운 말을 할 때, 성령님은 근심하십니다(29절). ⑤ 용서하지 않을 때, 성령님은 근심하십니다(30~32절). 이 중 이번 시간에는 처음 두 가지를 살펴보겠습니다.

가. 거짓을 말할 때, 성령님은 근심하십니다(25절).

"그런즉 거짓을 버리고 각각 그 이웃과 더불어 참된 것을 말하라 이는 우리가 서로 지체가 됨이라"(25절)

① 거짓을 버리라. "거짓"은 옛 사람의 특징 중 하나입니다(골 3:9). "거짓"은 모든 종류의 부정과 속임수 혹은 간계를 말합니다. 하나님이 제일 싫어하시는 것 중 하나가 바로 "거짓말"입니다. 그런데, 이 "거짓"은 마귀(더러운 영)의 무기입니다. 마귀는 이 "거짓말"로 교인들을 충동하고, 교회를 어지럽게 합니다. "너희는 너희 아비 마귀에게서 났으니 너희 아비의 욕심대로 너희도 행하고자 하느니라 그는 처음부터 살인한 자요 진리가 그 속에 없으므로 진리에 서지 못하고

거짓을 말할 때마다 제 것으로 말하나니 이는 그가 거짓말쟁이요 거짓의 아비가 되었음이라"(요 8:44) 요한계시록 12:9에도 보면, 마귀는 거짓으로 온 천하를 꾀는 자입니다. "큰 용이 내쫓기니 옛 뱀 곧 마귀라고도 하고 사탄이라고도 하며 온 천하를 꾀는 자라 그가 땅으로 내쫓기니 그의 사자들도 그와 함께 내쫓기니라"(계 12:9) 마귀는 거짓으로 사람을 꾀어 진리를 떠나게 하고, 진리이신 하나님을 떠나게 합니다.

② 이웃으로 더불어 참된 것(truth)을 말하라. 성령으로 거듭난 새 사람의 특징은 "참된 것을 말하는 것"입니다. 이는 구약의 스가랴 8:16~17의 인용입니다. "너희가 행할 일은 이러하니라 너희는 이웃과 더불어 진리를 말하며 너희 성문에서 진실하고 화평한 재판을 베풀고 마음에 서로 해하기를 도모하지 말며 거짓 맹세를 좋아하지 말라 이 모든 일은 내가 미워하는 것이니라 여호와의 말이니라"(슥 8:16~17) 그렇습니다. "거짓"은 하나님이 미워하시는 것입니다. 그러기에 어떤 종류이든 "거짓"을 말할 때, 성령께서는 근심하십니다. 특히 주님의 몸 된 교회는 서로가 그리스도의 몸의 지체가 되므로 성도의 교제는 진실과 신뢰 속에서 진행되어야 합니다. 그러므로 "참된 것"(진실, 진리)는 성령의 역사 속에서 성도의 교제를 강화시킵니다. 그러나 "거짓"은 하나님이 미워하시고, 성령이 근심하시므로 참된 교제를 약화시킵니다.

사랑하는 성도 여러분, 성령으로 거듭나 진리 되신 예수 그리스도를 따르는 우리는 교회 안에서만이 아니라, 사회 공동체 안에서도 정직하고, 신뢰할 만한 사람이라고 인정되어, 사람들에게 믿을 수 있는 사람들이 되어야 하겠습니다.

나. 잘못된 분을 낼 때, 성령님은 근심하십니다(26~27절).

"분을 내어도 죄를 짓지 말며 해가 지도록 분을 품지 말고 마귀에게 틈을 주지 말라"(26~27절)

① 분(ὀργή, 오르게, anger)의 두 가지가 있습니다. ㄱ. 분은 본질적으로 죄에 대한 하나님의 반응을 말합니다. 이는 하나님의 거룩하심과 의로우심에 생기는 것입니다(의분). 하나님은 본질상 거룩하신 분이요, 의로우신 분이십니다. 그러기에 죄를 보면 분노하지 않을 수 없습니다. 이를 의분이라고 합니다. "누구든지 헛된 말로 너희를 속이지 못하게 하라 이로 말미암아 하나님의 진노가 불순종의 아들들에게 임하나니"(엡 5:6), "하나님의 진노가 불의로 진리를 막는 사람들의 모든 경건하지 않음과 불의에 대하여 하늘로부터 나타나나니"(롬 1:18), "유대인의 유월절이 가까운지라 예수께서 예루살렘으로 올라가셨더니 성전 안에서 소와 양과 비둘기 파는 사람들과 돈 바꾸는 사람들이 앉아 있는 것을 보시고 노끈으로 채찍을 만드사 양이나 소를 다 성전에서 내쫓으시고 돈 바꾸는 사람들의 돈을 쏟으시며 상을 엎으시고 비둘기 파는 사람들에게 이르시되 이것을 여기서 가져가라 내 아버지의 집으로 장사하는 집을 만들지 말라 하시니 제자들이 성경 말씀에 주의 전을 사모하는 열심이 나를 삼키리라 한 것을 기억하더라(요 2:13~17 / 성전 정화 사건)

ㄴ. 불의한 분냄(노함)이 있습니다. 이는 혈기에서 나오는 분노입니다. 기준이 자기입니다. 기분이 나빠서, 혈기가 나서 내뿜는 분노

입니다. 옳지 못한 분냄입니다. 그런데 의분이든 혈기이든 두 가지 다 죄를 지을 수 있는 가능성을 가지고 있습니다.

② 그러기에 야고보 선생님은 "성내기를 더디 하라"고 하십니다(약 1:19~20). "내 사랑하는 형제들아 너희가 알지니 사람마다 듣기는 속히 하고 말하기는 더디 하며 성내기도 더디 하라 사람이 성내는 것이 하나님의 의를 이루지 못함이라"(약 1:19~20)

③ 바울 사도는 하나님의 형상을 가지고 있어, 분을 낼 수 있는 우리에게 3가지 조심할 것을 말합니다(26~27절). "분을 내어도 죄를 짓지 말며 해가 지도록 분을 품지 말고 마귀에게 틈을 주지 말라"(26~27절) ㄱ. 죄를 짓지 말라: 우리의 분냄이 자존심의 손상, 상의, 증오, 원한 및 복수심과는 분리되어야 하는 것입니다. ㄴ. 해가 지도록 분을 품지 말라: 여기서 바울 사도가 의도하는 바는 분을 오래 품지 말라는 것입니다. 나아가 우리의 분냄 속에 어떤 죄성과 이기적인 요소가 숨어있는 것이 발견된다면, 바로 그 때 분냄을 멈추고, 사과하거나 관계된 당사자와 화해해야 할 것입니다. 화가 난 채로 결코 잠자리에 들지 않는 것이 좋습니다. 그 날의 일은 그 날로 끝내는 것이 현명한 것입니다. ㄷ. 마귀에게 틈을 주지 말라: "틈을 준다"는 것은 "기회를 준다"는 것입니다. 의분과 불의한 분냄의 경계선은 아주 미묘합니다. 인간은 그의 분을 책임 있게 다루기가 아주 어렵습니다. 이 사실을 아주 잘 아는 마귀는 분내는 사람의 주위에 숨어 있다가, 그 상황을 이용하여 증오심이나 격동감, 이간질을 불러일으켜 갈등을 부채질 합니다. 그래서 처음에는 좋은 일로 시작했다가도, 마귀가 틈을 타면, 생각지 않는 엉뚱한 일로 번지게 되는 것입

니다. 이처럼 사람들은 분을 잘 다루지 못합니다. 그러므로 사람의 성내는 것은 하나님의 의를 이루지 못합니다(약 1:19~20). 또한 분을 다스리지 못할 때, 성령이 근심합니다.

말씀을 정리합니다. 승리하는 그리스도인의 삶을 살아가려면, 성령님의 인도하심과 역사하심에 민감해야 합니다. 그리고 성령님께 순종해야 합니다. 성령님은 모든 일에서 하나님을 기쁘시게 할 수 있도록 우리를 자극하고, 선한 동기를 부여하고, 능력을 주시는 분입니다. 그러므로 우리는 이 성령님의 사역에서 성령님을 근심하게 하거나, 나아가 혹 성령님을 소멸하게 해서는 아니 되겠습니다. 오히려 성령님께 온전히 맡기고, 다스리심을 받아(즉, 성령충만을 받아), 순결을 이루고 성결케 되어, 하나님을 기쁘시게 하며, 하나님께 큰 영광을 돌리시는 성도님들이 되시기 바랍니다.

에베소서 강해23 요약

성령을 근심하게 하지 말라2

에베소서 4장 25~32절

그리스도인은 옛사람을 벗고, 새 사람을 입음으로 매일 매일 새로운 삶을 살아 교회의 순결(purity)을 이루어야 합니다. 그러하기 위해 우리 안에 내주하시는 성령님과 함께 하는 삶을 살아가야 합니다. 성령님과 함께 살아갈 때 그리스도를 닮아갑니다(성화). 성령의 열매를 맺습니다. 그러나 성령의 인도하심을 따르지 아니하면, 성령님께서 근심하십니다.

1. 성령님을 근심하게 하지 말아야 합니다.

가. 성령님은 거룩한 인격이십니다.

나. 성령님 안에서 우리가 구원의 날까지 인치심을 받았습니다(30절).

2. 성령님께서 근심하시는 옛 사람의 일은 무엇입니까?(25~32절)

가. 거짓을 말할 때 성령님은 근심하십니다(25절).

나. 잘못된 분을 낼 때 성령님은 근심하십니다(26~27절).

다. 도적질 할 때 성령님은 근심하십니다(28절).

① "도적질하지 말라"는 10계명 중 제8계명입니다.

② "제 손으로 수고하여"

③ "주는 자가 되라."

라. 더러운 말을 할 때 성령님은 근심하십니다(29절).

① 그리스도인의 변화 중 가장 눈에 띄는 것은 말입니다(막 16:17, 행 2장).

② "더러운 말은 너희 입 밖에도 내지 말라."

③ "선한 말을 하라."

ㄱ. 덕을 세우는 말(good for edifying): 이로운 말

ㄴ. 상황에 맞는 말(fits the occasion): 도움의 말

ㄷ. 은혜 끼치는 말(impart grace): 축복이 되는 말

마. 용서하지 않을 때 성령님은 근심하십니다(31~32절).

① 용서하지 못할 때 생기는 6가지 일들

ㄱ. 악독(bitterness) ㄴ. 노함(wrath) ㄷ. 분냄(anger)

ㄹ. 떠드는 것(clamor) ㅁ. 비방하는 것(slander)

ㅂ. 악의(malice)

② "하나님이 그리스도 안에서 너희를 용서하심과 같이 하라"(32절).

ㄱ. 서로 친절하게 하라. ㄴ. 불쌍히 여기라.

ㄷ. 서로 용서하라.

매일 생활에서 옛 사람의 성품을 버리고 새 사람의 성품을 입음으로 변화된 삶을 살아 교회의 순결(purity)을 이루어 가시기 바랍니다. 그러기 위해 우리 안에 내주하시는 성령님의 인도하심과 역사에 민감해야 합니다. 성령님은 모든 일에서 하나님을 기쁘시게 할 수 있도록 우리를 자극하고, 선한 동기를 부여하고, 능력을 주시는 분입니다. 그러므로 우리는 이 성령님의 사역에서 성령님을 근심하게 해서는 아니 되겠습니다. 오히려, 성령님께 온전히 맡기고, 다스림을 받아(즉, 성령 충만하여) 순결을 이루고 성결하게 되어 하나님을 기쁘시게 하며, 하나님께 큰 영광을 돌리시는 성도님들 되시기 바랍니다.

에베소서 강해23

성령을 근심하게 하지 말라2

에베소서 4장 25~32절

그리스도인은 옛사람을 벗고, 새 사람을 입음으로 매일 매일 새로운 삶을 살아 교회의 순결(purity)을 이루어야 합니다. 그러하기 위해 우리 안에 내주하시는 성령님과 함께 하는 삶을 살아가야 합니다. 성령님과 함께 살아갈 때 그리스도를 닮아갑니다(성화). 성령의 열매를 맺습니다. 신의 성품에 참여하는 자가 됩니다. 그러나 성령의 인도하심을 따르지 아니하면, 성령님께서 근심하십니다.

1. 우리는 성령님을 근심하게 하지 말아야 합니다.

가. 성령님은 거룩한 인격이십니다.

① 성령님은 인격적 속성, 곧 지, 정, 의를 가지고 계신 인격이십니다. 나아가 성령님은 시간과 공간을 초월해 역사하시는 영이십니다.

거룩한 영이십니다.

② 성령님은 거룩한 성결의 영으로서 더럽고 추하고 악한 영과 구별되십니다. 우리는 이 성령님을 모시고 살아갈 때, 죄와 불의를 이기는 승리의 생활을 할 수 있습니다. 성령님은 성도들에게 성결함을 가져오는 능력이십니다. 그리하여 교회를 순결하게 하십니다.

③ 헌데 이 거룩한 영, 성령님을 마음에 모시고 살아가면서 추하고 더럽고 악한 옛 사람의 삶을 살아갈 때, 성령께서 근심하십니다.

나. 우리는 성령님 안에서 구원의 날까지 인치심을 받았습니다(30절).

"하나님의 성령을 근심하게 하지 말라 그 안에서 너희가 구원의 날까지 인치심을 받았느니라"(30절)

① 우리 성도들은 구원의 복음을 듣고, 그리스도 예수를 믿을 때, 성령으로 인치심을 받았습니다(1:13). 성령은 하나님께서 성도들은 자신의 소유로 구별하고자, 찍어 놓으신 도장과 같습니다.

② 성령으로 인치심을 받은 성도들은 이미(already) 구속을 받은 하나님의 백성입니다. 하지만 성도들의 완전한 구원은 미래에 이루어 질 것입니다. 구원은 아직(not yet) 완성되지 않았습니다.

③ 성령님은 새 사람을 입은 성도들의 구속이 완성되는 날까지, 그들 안에 거하시면서 날마다 그들을 새롭게 하시는 하나님의 영이십니다(4:23). 성령을 슬프게 하지 않도록 조심해야 합니다. 하나님의 성령을 근심하게 하고, 슬프게 하는 것은, 우리가 언약 백성의 일원이라는 신분을 망각하거나 무시하는 행동과 다름이 없는 것입니다.

2. 성령님께서 근심하시는 옛 사람의 일은 무엇입니까?(25~32절)

지난 시간, 오늘 본문인 엡 4:25~32에서 성령님께서 근심하시는 그리스도인의 행위에 대한 핵심적인 문제 다섯 가지를 말씀드렸습니다. 이들은 모두 우리의 인간관계와 관련되어 있습니다. 그리고 각각의 항목에는 소극적인 금지와 함께 적극적인 권면이 대칭적으로 나타나 있습니다. 소극적인 금지가 옛 사람을 벗는 것이라면, 적극적인 권면은 새 사람을 입는 것을 말합니다. 그 중심에 성령님께서 역사하십니다. 그리고 우리가 매일매일 성령님과 함께 하여, 옛 사람을 벗고 새 사람을 입을 때, 교회의 순결(purity)을 이루어 나가게 됩니다. 오늘 본문에 보면, 성령께서 근심하시는 다섯 가지 경우를 말씀하십니다.

① 거짓을 말할 때, 성령님은 근심하십니다(25절). ② 잘못된 분을 낼 때, 성령님은 근심하십니다(26~27절). ③ 도적질 할 때, 성령님은 근심하십니다(28절). ④ 더러운 말을 할 때, 성령님은 근심하십니다(29절). ⑤ 용서하지 않을 때, 성령님은 근심하십니다(30~32절). 이 중 지난 시간에 처음 두 가지를 살펴보았습니다. 오늘은 나머지 세 가지 경우를 살펴보며, 은혜를 나누고자 합니다.

가. 거짓을 말할 때 성령님은 근심하십니다(25절). 우리는 이웃과 더불어 참된 것(진리, 사실)을 말해야 합니다.

나. 잘못된 분을 낼 때 성령님은 근심하십니다(26~27절). 우리는 의로우신 하나님의 자녀로 의분을 가져야 하지만, 분을 내어도 죄 짓지 말며, 마귀에게 틈을 주지 말아야 합니다.

다. 도적질 할 때 성령님은 근심하십니다(28절).

"도둑질하는 자는 다시 도둑질하지 말고 돌이켜 가난한 자에게 구제할 수 있도록 자기 손으로 수고하여 선한 일을 하라"(28절)

① "도적질하지 말라"는 10계명 중 제8계명입니다. 성서학자 E. Best는 이 본문이 고대 그리스-로마 사회의 상황을 반영한다고 주장합니다. 당시에 많은 일용직 노동자들이 있었습니다. 그러나 일자리가 충분하지 않은데다가 임금이 너무 낮았습니다. 게다가 그들을 위한 사회 복지 제도도 없었습니다. 이런 어려운 상황에서 일용직 노동자들은 자신과 가족을 부양하기 위해 일터나 다른 곳에서 도둑질을 하는 일이 많았다고 합니다. E. Best에 따르면, 에베소 교회 성도들 중에도 이런 사람들이 있었다는 것입니다. 그들에게 바울 사도가 경고합니다. 지금도 계속 도둑질 하는 사람이 누구든지 간에 그는 더는 도둑질을 해서는 안 된다는 것입니다. 그런 행동은 이미 옛 사람을 벗어 버리고, 새 사람을 입은 성도에게는 어울리지 않습니다.

② 오늘날 이 도둑질은 광범위하게 적용됩니다. 다른 사람의 돈이나 물건, 귀중품을 훔치는 것, 남에게 전달해야 할 것을 전달해 주지 않는 것(배달사고), 남의 돈을 빌리고 갚지 않는 것, 정부에 당연히 바쳐야 할 세금이나 관세를 포탈하는 것, 고용주가 고용인을 부당히 대하여 착취하는 것, 고용인이 일을 제대로 하지 않거나, 규정시간보

다 짧게 일하는 것, 학생이 시험을 볼 때 cheating(컨닝) 하는 것, 논문 표절 등 지적 재산을 탈취하는 것, 나아가 하나님의 것을 도둑질 하는 것도 포함됩니다(십일조, 말 3:8~10). 이렇게 광범위한 범위에서 도둑질 할 때, 성령께서 더 근심하십니다. 도둑질은 옛 사람의 생활인 것입니다.

③ 그러면 성도는 마땅히 어떠해야 할까요? 도둑질 하는 자가 도둑질을 그만 두는 것으로는 충분하지 못합니다. 바울사도는 도둑질 하지 않는 것에 그치지 말고, 제 손으로 수고하여 적극적으로 선한 일을 하라고 촉구합니다. 여기 "선한 일"은 도덕적으로 선한 일이기 보다는 다른 사람들에게 유익을 주는 일을 가리킵니다. 도둑질하는 사람은 제 손을 사용하여 남의 물건을 탈취함으로써 다른 사람들에게 해를 끼칩니다. 그러나 이제 도둑질은 그만 두고, 제 손을 사용하여 자신과 가족을 부양할 뿐 아니라 다른 사람들에게 유익한 일을 해야 합니다.

④ 도둑질 하는 자가 해야 할 선한 일은 가난한 사람들을 돕는 것입니다. 가난한 사람들을 구제하는 것은 구약시대의 성도들 뿐 아니라, 신약 시대의 성도들이 해야 할 대표적인 선한 일입니다. 사도 바울은 심지어 도둑질하는 사람까지도 도둑질을 그만 두고, 가난한 사람들을 구제하기를 바라고 있습니다. 도둑이 선한 일을 하는 거룩한 사람으로 변화되어야 하는 것입니다. 가난한 자를 구제하고, 선한 일을 할 때, 성령께서 기뻐하십니다. 그러나 도둑질 하며 남에게 해를 주고 폐를 끼칠 때, 성령께서 근심하십니다.

라. 더러운 말을 할 때 성령님은 근심하십니다(29절).

"무릇 더러운 말은 너희 입 밖에도 내지 말고 오직 덕을 세우는 데 소용되는 대로 선한 말을 하여 듣는 자들에게 은혜를 끼치게 하라"(29절)

① 그리스도인의 변화 중 가장 눈에 띄는 것은 말의 변화입니다. "믿는 자들에게는 이런 표적이 따르리니 곧 그들이 내 이름으로 귀신을 쫓아내며 새 방언을 말하며"(막 16:17) 여기 "새 방언"은 천사의 방언, 말의 변화를 말합니다. 말의 변화는 마음의 변화에서 옵니다. 예수 믿고 성령이 내 마음에 오시어, 날 주관하실 때, 마음이 새로워지고 말이 바뀌게 됩니다. 사도행전 2장에 보면 오순절에 성령이 강림하셨습니다. "그들이 다 성령의 충만함을 받고 성령이 말하게 하심을 따라 다른 언어들로 말하기를 시작하니라"(행 2:4) 여기 "다른 언어"는 15개 지역에서 온 사람들이 다 알아들을 수 있는 말이었습니다. "우리가 우리 각 사람이 난 곳 방언으로 듣게 되는 것이 어찌 됨이냐"(행 2:8)

창세기 11장에 보면 바벨탑을 쌓은 사건이 나옵니다. 이때까지 사람들은 한 언어를 가지고, 함께 모여 살았습니다. 그러다가 바벨탑을 쌓아 하늘까지 닿게 하여 홍수를 면하고자 합니다. 그러나 하나님께서 그들의 언어를 혼잡하게 하시므로, 서로 다투고, 바벨탑도 더 쌓지 못할 뿐 아니라, 여러 지역으로 흩어져 살게 되었습니다. "말이 통한다"는 것은 "뜻이 통한다"는 말입니다. 말이 통하는 것이 "하나"될 수 있는 길입니다. 그런데 사람들 사이에 말이 하나가 되는 것은 성령의 역사입니다. 성령께서 역사할 때, 성도들은 성령으로 말미암아 같은 말을 하며 하나가 될 수 있는 것입니다.

② "더러운 말은 너희 입 밖에도 내지 말라" 여기 "더러운 말"이란 말은 원래 "썩은", "부패한"이란 뜻으로 복음서에서 "나쁜 열매를 맺는 나쁜 나무"(마 7:17~18)나 "나쁜 물고기"(마 13:48)를 묘사하는데 쓰였습니다. 본문에서는 "악한" 또는 "불건전한"이라는 의미로서 "말"과 관련되어 사용됩니다. 구원받은 성도들은 "악한 말"이나 "불건전한 말"을 해서는 안 된다는 것입니다. 교회 공동체의 분열을 조장하는 모든 종류의 불평과 중상을 포함하여 음란한 말, 비웃는 말, 냉소적인 말, 비꼬는 말이 여기에 포함됩니다. 이런 말들은 다른 사람에게 상처를 주고, 공동체를 무너뜨립니다. 우리는 남의 약점을 가지고 꼬집는 말을 해서는 안 됩니다. 뚱뚱하다, 키가 작다, 키가 크다, 못 생겼다, 옷이 이상하다 등등, 이런 말은 농담으로라도 하지 말아야 합니다. 상처받습니다. 우리는 상대방에게 무례하게 말하거나, 하대하며 함부로 말해 상대가 기분 나쁘게 해서는 안 됩니다. 또 권위주의적으로(갑질하듯) 강압적으로 말해서도 안 됩니다. 서로를 존중하고, 배려하며, 선한 말을 하여야 합니다. 예의를 지켜 말해야 합니다. 더러운 말은 성도들에게 합창치 아니합니다.

③ "선한 말을 하라" 새 사람을 입은 성도들은 몸을 세우는 데 필요한 선한 말을 해야 합니다. ㄱ. 선한 말은 "덕을 세우는 말(good for edifying)"입니다. 이는 "이로운 말"로 본문에서는 그리스도의 몸인 교회를 세우는 것과 관련되어 있습니다. 성도의 공동체를 세우는 것과 관련된 권면들입니다. 우리는 그 말이 아무리 "옳다"해도 "덕을 세우는 말"이 아니라면, "성도의 공동체인 그리스도의 몸을 세우는 것"이 아니라면 삼가야 합니다.

ㄴ. 선한 말은 "상황에 맞는 말(fits the occasion)"입니다. 이는 슬픈 일을 당한 사람들을 위로하는 말이요, 실의에 빠진 사람들을 격려하는 말이며, 불확실한 상황에 처한 사람들을 도와주는 지혜로운 조언들입니다. 이렇게 각각 처한 상황에 맞는 말은 듣는 사람들에게 영적 유익을 주고, 그들을 세워주는 선한 말들입니다. 그런 말들은 공동체를 건강하게 세우는데 이바지합니다. ㄷ. 선한 말은 "은혜 끼치는 말(impart grace)"입니다. 듣는 사람을 기쁘게 하는 말입니다. 듣는 이에게 축복이 되는 말입니다. 그러므로 구원받은 성도들은 "칼로 찌름 같이 함부로 말하는 자가 있거니와 지혜로운 자의 혀는 양약과 같으니라"는 잠언 12:18의 말씀을 기억하고, 다른 사람들의 마음에 상처를 입히는 악한 말이 아니라 다른 사람들을 도와주고, 위로하고, 격려하고, 세워주는 선한 말을 해야 할 것입니다. 성도 여러분, 우리의 언어생활은 어떠한지요? 성령의 인도하심 속에 하나님을 기쁘시게 하는 말을 하고 있는지요? 혹, 성령께서 근심하시는 그런 언어생활을 하고 있지는 않으신지요? 더러운 말을 할 때, 사람에게 상처 주는 말을 할 때, 성령님께서 근심하십니다.

마. 용서하지 않을 때 성령님은 근심하십니다(31~32절).

"너희는 모든 악독과 노함과 분냄과 떠드는 것과 비방하는 것을 모든 악의와 함께 버리고 서로 친절하게 하며 불쌍히 여기며 서로 용서하기를 하나님이 그리스도 안에서 너희를 용서하심과 같이 하라"(31~32절)

① 여기 31절의 6가지 일들은 용서하지 못할 때 생기는 것입니다.

ㄱ. 악독(πικρία, 피크리아, bitterness)은 화해를 거부하는 "몹시 강한 분노나 증오의 상채를 나타냅니다. 은밀히 품고 있는 원한 같은 것입니다. ㄴ. 노함(θυμός, 뒤모스, wrath)과 ㄷ. 분냄(ὀργή, 오르게, anger)은 동의어로 쓰이는데, 하나님이나 사람의 분노를 나타내는데 자주 쓰입니다. 두 단어를 구별한다면, "노함"은 밖으로 분출한 격렬한 분노를 의미하며, 분냄은 화가 난 상태(적대감)를 의미합니다. ㄹ. 떠드는 것(κραυγή, 크라우게, clamor)은 단순히 "떠드는 것"이라기보다는 "고함치는 것"을 뜻합니다. 서로 고함치면서 말마툼을 벌이는 상채를 나타내는 말입니다. ㅁ. 비방하는 것(βλασφημία, 블라스페미아, slander)은 하나님이나 사람을 반대하며, 악한 말이나 비방하는 말을 하는 것을 가리킵니다. 본문에서는 사람들을 욕하고 비방하는 것을 의미합니다. 특히 사람이 없는데서, 그 사람을 비방하며 그 명성을 손상시키는 것입니다. ㅂ. 악의(κακία, 카키아, malice)란 악한 태도나 악한 성향을 의미합니다. 남에게 손해를 입히기 위해 꾀를 내는 것입니다.

이런 것들을 그리스도인들이 할 때, 성령께서 근심하십니다. 성도 여러분, 혹 우리의 무력함과 자존심이 남을 용서하지 못하고, 내 안에 적개심과 분노로 남아 있어 성령님께서 근심하고 계시지는 않으신지요? 새 사람을 입은 성도들은 악한 행위들을 버리는 것만으로는 부족합니다. 적극적으로 성령님께서 기뻐하시는 행동을 해야 합니다.

② 그러면, 성령께서 기뻐하시는 일은 무엇입니까?(32절) "서로 친절하게 하며 불쌍히 여기며 서로 용서하기를 하나님이 그리스도 안에서 너희를 용서하심과 같이 하라"(32절) ㄱ. "서로 친절하게 하라":

"친절하게 하다"는 말은 죄인에게 베푸신 하나님의 인자하심을 가리킵니다. 하나님은 은혜를 모르는 자와 악한 자에게도 인자하신 분이십니다(눅 6:35). 우리도 다른 사람의 필요에 관심을 갖고, 적당한 것을 베푸는 것입니다. ㄴ. "불쌍히 여기라": "불쌍히 여기라"는 말은 연민의 감정을 가지고 자비를 베푸는 것입니다. ㄷ. "서로 용서하라": 바울 사도는 여기에서 어떻게 서로 용서해야 하는지 말씀해 줍니다.

"서로 용서하기를 하나님이 그리스도 안에서 너희를 용서하심과 같이 하라"(32절하)

하나님께서 그리스도 안에서 나를 대해 주신 것 같이 서로 용서하라는 것입니다. 본래 인자(친절)와 긍휼과 용서는 하나님께 속한 것입니다. 하나님은 자기 백성을 인자하게 대하십니다. 불쌍히 여기십니다. 그들의 죄를 용서하십니다. 구원받은 성도들은 하나님의 인자하심과 긍휼하심과 용서하심을 경험한 사람들입니다. 그러므로 성도들은 하나님께서 우리를 인자하게 대하신 것처럼, 서로 인자하게 대해야 하며, 하나님께서 우리를 불쌍히 여기신 것처럼, 서로 불쌍히 여겨야 하며, 하나님께서 우리의 죄를 용서하신 것처럼 용서해야 합니다. 이것이 바로 하나님의 형상대로 지음 받은, 새 사람을 입은 성도들이 공동체 안에서 살아가는 방식입니다. 성령의 하나 됨을 지키고, 그리스도의 몸을 세우는 방식이기도 합니다.

말씀을 정리합니다. 매일 생활에서 옛 사람의 성품을 버리고 새 사람의 성품을 입음으로 변화된 삶을 살아 교회의 순결(purity)을 이루어 가시기 바랍니다. 그러기 위해 우리 안에 내주하시는 성령님의 인도하심과 역사에 민감해야 합니다. 성령님은 모든 일에서 하나님을 기쁘시게 할 수 있도록 우리를 자극하고, 선한 동기를 부여하고, 능력을 주시는 분입니다. 그러므로 우리는 이 성령님의 사역에서 성령님을 근심하게 해서는 아니 되겠습니다. 오히려, 성령님께 온전히 맡기고, 다스림을 받아(즉, 성령 충만하여) 순결을 이루고 성결하게 되어 하나님을 기쁘시게 하며, 하나님께 큰 영광을 돌리시는 성도님들 되시기 바랍니다.

에베소서 강해24 요약

사랑가운데 행하라

에베소서 5장 1~6절

우리는 하나님의 자녀입니다. 하나님의 자녀는 마땅히 하나님을 닮아야 합니다. 바울 사도는 하나님의 사랑을 받은 에베소교회 성도들에게 하나님을 본받는 자가 되라고 권면합니다. 그 중 5:1~6은 사랑이신 하나님을 본받아 "사랑 가운데 행하라"라고 권면합니다. 그리고 5:7~14은 빛 되신 하나님을 본받아 "빛의 자녀처럼 행하라"라고 권면합니다.

1. 사랑 가운데 행하라(5:1~2).

가. 우리는 하나님의 사랑 받은 자녀입니다(1절).

① "하나님이 세상을 이처럼 사랑하사..."(요 3:16)

② "하나님의 사랑이 우리에게 부은바 됨이니..."(롬 5:5)

나. 그리스도께서 우리를 사랑하신 것같이 우리도 사랑해야 합니다(2절상, 롬5:6-10).

① "우리가 아직 연약할 때"(롬 5:6)

② "우리가 아직 죄인 되었을 때"(롬 5:8)

③ "우리가 원수 되었을 때에"(롬 5:10)

다. 우리는 그리스도의 희생을 본받아야 합니다(2절하).

① 자신을 버리셨습니다.

② 향기로운 제물로 하나님께 드리셨습니다.

③ 희생제물로 하나님께 드리셨습니다.

2. 거짓된 사랑(음행)을 버리라(5:3~6).

가. 음행을 버리라(3-4절).

① "그 이름조차도 부르지 말라"

음행(immorality), 온갖 더러운 것(all impurity), 탐욕 (covetousness)

② 마땅치 아니 합니다.

누추함(obscenity), 어리석은 말(foolish talk), 희롱의 말 (coarse joking)

③ "오히려 감사의 말을 하라"

나. 음행을 버려야 하는 이유는...(5~6절절)

① 그리스도와 하나님의 나라에서 기업을 받지 못하기에

② 헛된 말로 너희를 속이지 못하도록

③ 하나님의 진노가 불순종의 아들들에게 임하므로

우리는 거짓된 사랑을 버리고, 하나님이 우리에게 베푸신 사랑을 본받아 사랑의 삶을 살아가므로, 하나님의 자녀로서 하나님 아버지를 본받는 자의 삶을 살아가야 할 것입니다. 그렇게 할 때 교회 공동체는 순결을 이루게 될 것입니다.

에베소서 강해24

사랑 가운데 행하라

에베소서 5장 1~6절

"부전자전"이란 말이 있습니다. 그 아버지에 그 아들이란 말입니다. (모전여전: 그 어머니의 그 딸) 자녀는 부모를 닮아 갑니다. 우리는 우리의 부모를 닮았습니다. 우리의 자녀들은 부모인 우리를 닮았습니다. 우리는 하나님의 자녀입니다. 하나님의 자녀인 우리는 마땅히 아버지 되신 하나님을 닮아야 합니다. 바울 사도는 하나님의 사랑을 받은 에베소교회 성도들에게 "하나님을 본받는 자가 되라"고 권면합니다(5:1–14의 주제). 하나님의 사랑을 입은 자녀들, 곧 성령께서 내주하시는 성도들에게 하나님을 본받아야 한다는 것은 매우 높은 목표이지만, 동시에 그리스도인의 특권이기도 합니다.

만일 우리가 하나님의 자녀라면 하나님을 본받는 자들이 되어야 합니다. 하나님의 자녀라는 분명한 인식을 가진 그리스도인은 마땅히 아버지인 하나님을 본받고 닮아야 합니다. 하나님을 본받는 것은 참된 인간됨을 회복하는 것입니다. 자기 형상대로 인간을 창조하신 하나님의 본래의 목적을 이루는 것입니다. 그러나 하나님을 본받는 자가 되라는 권면은 우리를 몹시 불편하게 합니다. 예수 그리스도를 믿고, 구원 받았음에도 불구하고, 우리는 여전히 넘어지고, 연약하고, 심지어 악하기까지 합니다.

하지만 그리스도인들이 하나님을 본받는 것이 불가능한 일이라면, 사도 바울은 에베소교회 성도들에게 하나님을 본받는 자들이 되라고 권고하지도 않았을 것입니다. 우리가 하나님을 본받을 수 있는 것은 하나님의 형상으로 지음 받은 새 사람을 입었기 때문입니다. 또한 우리 안에 하나님의 영이 거주하시기 때문입니다. 하나님은 우리를 자기 앞에 거룩하고 흠이 없게 하시려고, 창세전에 우리를 택하셨습니다(엡 1:4). 아이들의 형상을 본받게 하려고 우리를 부르셨습니다(롬 8:29). 하나님은 우리를 세상에서 썩어질 것을 피하여 신의 성품에 참여하는 자가 되게 하셨습니다(벧후 1:4).

그러므로 하나님은 연약한 우리가 당신을 본받을 수 있도록 도와주실 것입니다. 엡 3:14-21절에 보면, 사도 바울은 에베소교회 성도들이 하나님의 모든 충만의 정도까지 충만하게 되도록 하나님께 기도하였습니다(19절). 이것은 그들이 하나님의 온전하심과 같이 온전해지고, 하나님의 거룩하심과 같이 거룩해 지기를 바라는 기도입니다. 다시 말해서 하나님을 본받는 자들이 되기를 바라는 기도인 것입니다. 이 기도에서 바울이 보여 준 대로, 성령을 통해 우리의 속사람이 하나님의 능력으로 강건하게 되고, 믿음으로 그리스도가 우리의 마음에 거하시고 우리가 그리스도의 사랑을 더 깊이 깨닫게 될 때 하나님을 닮아 갈 수 있습니다.

오늘 본문과 다음 주일에 살펴 볼 말씀에는 우리가 본받는 자가 되어야 하는 하나님의 두 가지 속성을 강조해 말씀하고 있습니다. 5:1-6절은 사랑이신 하나님을 본받아 "사랑 가운데 행하라" 권면합니다. 그리고 5:7-14절은 빛 되신 하나님을 본받아 "빛의 자녀처럼 행하라" 권면합니다.

1. 사랑 가운데 행하라(5:1-2)

가. 우리는 하나님의 사랑 받은 자녀입니다(1절).

"그러므로 사랑을 받는 자녀같이 너희는 하나님을 본받는 자가 되고…"

우리가 사랑 가운데 행하여야 되는 이유는, 우리가 하나님의 사랑을 받은 자녀이기 때문입니다. 우리가 하나님의 사랑을 받았다는 것은 성경 전체의 주제이지만 그 중 두 곳을 살펴봅니다.

① 요 3:16절 "하나님이 세상을 이처럼 사랑하사 독생자를 주셨으니, 이는 그를 믿는 자마다 멸망하지 않고 영생을 얻게 하려 하심이라" 하나님이 그 아들(독생자)을 주시기까지 사랑하셨습니다.

② 롬 5:5절 "소망이 우리를 부끄럽게 하지 아니함은 우리에게 주신 성경으로 말미암아 하나님의 사랑이 우리 마음에 부은바 됨이니……." 우리가 복음을 듣고 믿어, 성령으로 거듭날 때, 이 하나님의 사랑이 이미 우리마음에 부어졌습니다. 그리고 하나님의 사랑의 영이신 성령으로 충만 할 때 우리는 하나님의 사랑이 차고 넘치게 되는

것입니다. 구원받아 성령을 모신 우리는 하나님의 사랑받은 자녀입니다. 하나님의 사랑을 받은 자녀이기에 사랑가운데 행해야 합니다.

나. 그리스도께서 우리를 사랑하신 것 같이 우리도 사랑해야 합니다(2절 상).

"그리스도께서 너희를 사랑하신 것 같이 너희도 사랑가운데 행하라"

① 우리 그리스도인이 닮아야 할 사랑의 모범은 그리스도 자신이십니다. "~같이"는 모방의 기준을 나타내 줍니다. 이는 그리스도인들이 닮아야 할 사랑이 개인의 주관적 생각에 근거한 것이 아니라, 그리스도의 객관적인 사랑에 근거해야 함을 보여줍니다. 우리 그리스도인의 사랑의 객관적 기준인 그리스도의 사랑은 희생적 사랑이며, 하나님의 사랑이 그로 인해 나타나신 사라입니다.

② 로마서 5:6-10절에 보면 그리스도께서 우리를 어떻게 사랑해 주셨는지 보여주십니다. a) "우리가 아직 연약할 때"사랑해 주셨습니다(롬5:6절입니다). "우리가 아직 연약할 때에 기약대로 그리스도께서 경건하지 않은 자를 위하여 죽으셨도다" b) "우리가 아직 죄인 되었을 때" 사랑해 주셨습니다(롬5:8절입니다). "우리가 아직 죄인 대었을 때에, 그리스도께서 우리를 위하여 죽으심으로 하나님께서 우리에 대한 자기의 사랑을 확증하셨느니라" c) "우리가 원수 되었을 때" 사랑해 주셨습니다(롬5:10절입니다). "우리가 원수되었을 때에, 그의 아들의 죽으심으로 말미암아 하나님과 화목하게 되었은즉, 화목하게 된 자로서는 더욱 그의 살아나심으로 말미암아 구원을 받을

것이니라" 이렇게 볼 때, 하나님의 사랑은 먼저 한 사랑입니다(사랑의 순서에서). 죄인을 사랑하신 사랑입니다(사랑의 대상에서). 구속의 사랑입니다(사랑의 능력에서). 이런 사랑을 받은 자로서 우리도 사랑해야 한다 하십니다.

다. 우리는 그리스도의 희생을 본받아야 합니다(23절 하).

"그는 우리를 위하여 자신을 버리사, 향기로운 제물과 희생제물로 하나님께 드리셨느니라"

① 그리스도는 자신을 버리셨습니다. 연약하고, 죄인되고, 원수된 우리를 위해 자기자신을 포기하셨습니다. 버리셨습니다. 그 하나님께서 말씀하십니다(마 16:24). "이에 예수께서 제자들에게 이르시되 누구든지 나를 따라오려거든 자기를 부인하고 자기 십자가를 지고 나를 따를 것이니라"

② 그리스도는 희생제물로 하나님께 드리셨습니다. 구약제사에서 보면 짐승을 죽여서 희생제물로 하나님께 드렸습니다. 그리고 그 짐승의 희생(죽음)을 통해 하나님과 화목하게 됩니다. 예수 그리스도께서는 십자가에서 자신을 희생제물로 하나님 앞에 드려졌습니다. 죄인 된 우리와 하나님을 화해시키는 화목제물이 되신 것입니다.

③ 그리스도는 향기로운 제물로 하나님께 드리셨습니다. 구약의 제사 의식에서 "향기"는 하나님께서 제사를 기쁘시게 받으셨음을 보여주는 증거입니다. 따라서 바울 사도가 본문에서 말씀하시는 것은 그리스도가 자신을 하나님께 희생제물로 드리셨으며, 하나님께서 그를 기쁘게 받으셨다는 것입니다. 그리하여, 화해의 방편이 되신 것입

니다. 하나님께서 그 예수 그리스도를 믿음으로 나아오는 자와 화해하시고, 의롭다하시고, 은혜 베풀어 주시는 것입니다. 그리스도께서 십자가에서 향기로운 제물로 하나님께 드려진 것처럼, 그리스도인들도 하나님께서 받으시기에 합당한 삶을 살아야 합니다. 내 희생과 헌신 때문에 화해가 이루어지고, 화목이 있는 삶이 되어야 합니다. 우리는 우리의 희생과 헌신으로(십자가를 지므로)생명을 얻고, 화평을 이루는 일을 하고 있는지요? 아니면, 내가 옳다고 주장하며, 남을 정죄하므로 갈등과 분열을 가져오고 있지는 않으신지요? 우리는 그리스도의 희생을 본받아 살아야 하겠습니다.

2. 거짓된 사랑(음행)을 버리라(5:3–6)

여기 "사랑"이라 이름 되는 것들, 거짓된 사랑 즉, 자기사랑, 쾌락적 사랑, 육체적 욕망으로서의 사랑. 즉 음행을 버리라 하십니다(거짓된 사랑–자식사랑, 재물사랑도 포함됩니다.).

가. 음행을 버리라(3–4절).

① "그 이름 조차 부르지 말라" 3절 "음행과 온갖 더러운 것과 탐욕은 너희 중에서 그 이름조차도 부르지 말라 이는 성도에게 마땅한 바니라" a) 음행(immorality, πορνεία) 합법적인 결혼생활 이외에 빗어지는 모든 성적 부도덕을 가리킵니다. 특히 간음과 매춘을 가리킵니다. 이는 사랑이 아니요 음행입니다. b) 온갖 더러운 것(all impority) 이는 세속적인 존재의 특성을 말하는 것으로 윤리적으로, 종교적으로 추한 모든 행위를 말하는데, 성적인 부도덕과 관련되어 사용됩니

다. 말씀에서는 무절제한 성적행동을 가리키는 것으로 볼 수 있습니다. c) 탐욕(covefousness, πλεογεξία) 이는 성적인 욕망뿐 아니라 자기만족을 추구하는 모든 육체적 욕망을 가리킵니다. 이것은 하나님을 믿지 않는 이방인의 중요한 특성가운데 하나입니다(4:19)

이런 음행, 더러운 것과 탐욕은 매우 심각한 것들입니다. 이런 것들을 생각하고, 입에 올리다 보면, 자기도 모르게 이런 죄들을 가볍게 취급하게 되고, 이런 죄들을 지을 가능성이 높아집니다. 성도들이 음행과 온갖 더러운 것과 탐욕을 언급조차 하지 말아야 하는 중요한 이유는 하나님께서 우리를 거룩하고 흠이 없는 존재가 되게 하려고 부르셨기 때문입니다(1:4) 이미 거룩한 존재가 되었고, 계속 거룩한 삶을 살아야하는 성도들에게 음행과 더러운 것과 탐욕은 전혀 어울리지 않는 것입니다. 따라서 이런 것들의 이름조차 입에 올리지 않은 것이 성도들에게 합당합니다.

② 마땅치 아니합니다(4절). "누추함과 어리석은 말이나 희롱의 말이 마땅치 아니하니 오히려 감사하는 말을 하라" 여기 4절에서 바울 사도는 나아가 부도덕한 말도 성도들에게 마땅치 않다(합당하지 않다)고 하십니다. a) 누추함(obscenity, 아히스크로테스) 이는 "음란"이나 "추잡함"을 뜻하는 말로 본문에서는 "음탕한 말"입니다. b) 어리석은 말(foolish talk) 이는 문자적으로는 "바보들의 말"을 의미하는데, 본문에서는 공동체를 세우는데 아무런 유익이 없는 "어리석은 말"을 가리킵니다. 분별없이 뇌까리는 군소리로 공동체를 분열시키는 말입니다. c) 희롱의 말(coarse joking, 유트라펠리아) 이 말은 "값싸고 품위 없는 형태의 농담"을 가리킵니다. 본문에서는 다른 사람을

깎아내리고, 당황하게 만드는 "상스러운 농담"을 의미합니다. 음탕한 말과, 어리석은 말과 상스러운 농담은 모두가 거룩한 존재로 부름 받은 성도에게는 적합하지 않습니다. 이런 말들을 입에 올려서는 안 될 것입니다.

③ "오히려 감사의 말을 하라" 여기 본문에서 바울 사도가 감사의 내용이나 대상을 밝히지 않았습니다. 그러나 서신의 다른 부분을 고려해 볼 때, 감사의 말은 하나님께서 하신 일을 인정하고, 하나님께 감사를 표하는 것입니다(1:6, 5:20). 하나님은 성도들을 창세전에 택하시고, 예정하셨으며, 죄를 용서하셨으며, 그들을 자녀로 삼아 주셨습니다(1:5). 심지어 성도들을 그리스도와 함께 하늘에 앉게 하여 영광을 누리게 하셨습니다(2:6). 이처럼 그리스도 안에서 놀라운 구원을 이루신 하나님의 은혜에 적절히 반응하고, 하나님께서 모든 복의 근원이심을 인정하는 것이 감사입니다. 기쁨으로 하나님께 드리는 감사야 말로 그리스도인의 삶과 언어생활의 가장 중요한 표지가 되는 것입니다. 여기서 우리는 현저한 대조를 봅니다. 부도덕하고, 어리석은 말이 본질상 자기중심적 욕망을 나타낸다면 감사의 말은 하나님 중심적이요, 하나님의 크고 위대하심을 드러내는 것입니다. 우리는 "오히려(돌이켜) 감사의 말"을 하시기 바랍니다.

나. 음행(거짓된 사랑)을 버려야 하는 이유…(5-6절)

"너희도 정녕 이것을 알거니와 음행하는 자나 더러운 자나 탐하는 자 곧 우상 숭배자는 다 그리스도와 하나님의 나라에서 기업을 얻지 못하리니 누구든지 헛된 말로 너희를 속이지 못하게 하라 이로 말미암아 하나님의 진노가 불순종의 아들들에게 임하나니"

① 그리스도와 하나님의 나라에서 기업을 받지 못하기에 음행하는 자와 더러운 자란 아무 부끄러움이나 뉘우침도 없이 음란하고, 방탕한 생활양식에 자신을 내맡기는 사람을 가리킵니다. 또 탐하는 자는 육체의 욕심을 따라 자기만족을 위해 쾌락을 추구하는 사람을 가리킵니다. 사도 바울은 탐욕을 부리는 자를 "우상숭배자"로 규정합니다. 탐욕에 사로잡힌 사람은 하나님을 부인하고, 하나님대신 물질이나 쾌락을 숭배하기 때문입니다.

그래서 "탐욕은 곧 우상숭배"라고 말씀하십니다(골 3:5). 탐욕은 사람의 눈을 어둡게 하여 물질이나 쾌락에 사로잡히게 합니다. 탐욕의 대상은 쉽사리 삶의 중심을 차지하고, 하나님 대신 숭배를 받습니다. 그리고서 예수님도 모든 탐욕을 물리치라고 경고하셨습니다. 탐욕에 사로잡혀 하나님을 부정하고, 육체적 쾌락과 물질을 섬기며 사는 자들이 어떻게 그리스도와 하나님 나라에서 영원한 기업을 받을 수 있겠습니까?

② "헛된 말로 너희를 속이지 못하게 하라" 우리 그리스도인들은 그리스도와 하나님의 나라에서 이미 기업을 받아 누리고 있습니다. 그런데 음란과 더러운 것을 행하며, 탐욕을 부리는 자는 스스로 그리스도인이라고 주장 할지라도 그리스도와 하나님 나라에서 기업을 받아 누릴 수 없습니다. 사도 바울 당시 영지주의자들은 영과 육을 구분하면서 육체의 일이 영적구원에 영향을 주지 않는다면서 육체적 향락과 방종에 빠지게 했습니다. 헛된 말로 속이는 것입니다.

③ 사도 바울은 "이로 말미암아" 즉 성적인 부도덕과 더러운 일들

과 탐욕 때문에 하나님의 진노가 불순종의 아들들에게 임한다고 단호하게 말합니다(6절). 여기 "불순종의 아들들"이란 하나님을 거역하는 자들을 가리킵니다(2:2). 이 하나님의 진노를 피하기 위해서도 우리는 음행(거짓된 사랑)을 버려야 합니다.

우리는 거짓된 사랑을 버려야 합니다. 그리고 하나님이 우리에게 그리스도를 통해 베푸신 사랑을 본받아 참 사랑의 삶을 살아가야 합니다. 그리하여 하나님의 자녀로서 하나님 아버지를 본받는 자의 삶을 살아가시기 바랍니다. 그렇게 할 때 교회 공동체는 순결을 이루게 될 것입니다. 사랑가운데 행하는 성도님들 되시기 바랍니다.

빛의 자녀처럼 행하라

에베소서 5장 7~14절

우리는 하나님의 자녀입니다. 하나님의 자녀는 마땅히 하나님을 닮아야 합니다(엡 5:1-14).

하나님은 사랑이며 빛이십니다. 하나님의 사랑을 받은 우리는 사랑을 행하며 살아가야 합니다(1-6절). 그리고 하나님의 빛의 자녀가 된 우리는 세상의 어두움을 물리치는 빛으로 살아가야 합니다(7-14절).

1. "이제는 주안에서 빛이라"(5:7-8상).

가. 명령: 행악에 참여 하지 말라(7절).

나. 이유: 그리스도인은 변화된 사람이기에(8절 상).

① 전에는 어두움이었습니다.

② 이제는 주안에서 빛입니다.

Ⓐ 하나님은 빛이십니다(요일 1:5). Ⓑ 예수님도 빛이십니다(요 1:9, 8:22). Ⓒ 예수 믿고, 하나님 자녀 된 우리는 주안에서 빛입니다(마 5:14).

2. "빛의 자녀들처럼 행하라"(5:8하-10).

가. 빛의 속성

① 어둠을 밝힙니다.

Ⓐ 길을 보여 줍니다. Ⓑ 가치를 형성 합니다.

② 따뜻합니다: 생명을줍니다.

나. 빛의 열매(9-10절)

① 주님의 인격을 닮습니다(9절): "모든 착함과 의로움과 진실함"

② 주님을 기쁘시게 합니다(10절).

3. 어둠 속에 빛을비추라(5:11-14).

가. 열매 없는어두움의 일에 참여하지말라(11절상).

① 은밀히 행하는 것들입니다.

② 말하기도 부끄러운 것들입니다.

나. 열매 없는 어두움의 일을 폭로(책망)하라(11절하-13절).

① 경건한행실로 폭로합니다.

Ⓐ 악한행동에 가담하지 않습니다. Ⓑ 질적으로 다른 삶을 보여 줍니다.

② 복음의 진리를 알려주고 그들의 잘못이 무엇이지 말해 주어야 합니다.

Ⓐ 도덕적 우월감에서가 아닙니다. Ⓑ 겸손과 자비로운 마음으로 해야 합니다.

③ 성령께서 성도들과 함께 역사 하셔야 합니다.

다. 죄의 잠에서 깨어 일어나라(14절, 사 26:19, 60:1).

오늘 우리는 죄의 깊은 잠에 빠져 있지는 않은지요? 만물을 충만케 하시는 그리스도께서 우리에게 빛을 비추어 주십니다. 이 어두운 세상에 하나님의 영광을 비추는 하나님의 빛의 자녀들이 되시기 바랍니다.

에베소서 강해25

빛의 자녀처럼 행하라

에베소서 5장 7~14절

우리는 하나님의 자녀입니다. 하나님의 자녀는 마땅히 하나님을 닮아야 합니다(엡 5:1-14). 하나님은 사랑이시며 빛이십니다. 하나님의 사랑을 받은 우리는 사랑을 행하며 살아가야 합니다(1-6절). 그리스도께서 우리를 사랑하신 것 같이 우리도 사랑해야 합니다. 그리스도는 자신을 버리사 희생제물로 하나님께 드리셨습니다. 그것은 하나님께 향기로운 제물이 되었습니다. 우리는 그리스도의 희생을 본받아야 합니다. 나아가 하나님의 참사랑을 받은 우리는 거짓된 사랑(음행)을 버려야 합니다. 또한 하나님은 빛이십니다. 우리 그리스도인은 어둠에 속한 자녀가 아니라 빛에 속한 자녀입니다. 하나님의 빛의 자녀가 된 우리는 세상의 어두움을 물리치는 빛으로 살아가야 합니다(7-14절).

1. 이제는 주안에서 빛이라(5:7-8상)

본문에서 바울 사도는 빛과 어두움의 이미지를 사용하며 믿지 않는 사람들이 행하는 악한 일들에 대해서 성도들이 취해야 할 태도를 제시합니다.

가. 명령 : 행악에 참여 하지 말라(7절)

"그러므로 그들과 함께 하는 자가 되지 말라"(7절)

여기 "그들"은 "불순종의 아들들"(2:2, 5:16)이요, "진노의 자녀들"(2:3)입니다. 하나님의 사랑의 대상인 그리스도인들이, 만약에 하나님의 진노의 대상이며, "그 나라"에 속하지 않은 자들과 짝이 된다는 것은 이치에 맞지 않습니다. 5절입니다. "너희도 정녕 이것을 알거니와 음행하는 자나 더러운 자나 탐하는 자 곧 우상 숭배자는 다 그리스도와 하나님의 나라에서 기업을 얻지 못하리니" 그러기에 하나님의 사람들은 행악자들과 짝이 되어서는 아니됩니다. 이 말을 바울 사도는 빛과 어두움의 이미지로 설명하고 있습니다.

나. 이유: 그리스도인은 변화된 사람이기에(8절 상)

"너희가 전에는 어둠이더니 이제는 주 안에서 빛이라"

① 전에는 어두움이었습니다. 사도 바울은 에베소교인들에게 그들이 그리스도를 영접하기 이전에는 어두움의 상태에 있었음을 상기시키고 있습니다. 그들은 과거에 죄로 인하여 죽은 상태에 있었습니다. 하나님의 말씀이 들리지도 않았고 그러기에 불순종의 상태에 있었습

니다. 세상을 따라 살았습니다. 마귀를 따라 살았습니다. 육체(육체의 욕심)을 따라 살았습니다. 그리하여 그리스도와 하나님의 나라를 기업으로 받을 수 없는 행악자들과 똑같은 삶을 살았습니다. 어두움에 속했습니다.

② 그러나 이제는 주안에서 빛입니다. 다시 말하면 예수 그리스도를 구주로 믿어 주안에 있는 자는 빛 가운데 있는 것입니다. 왜 그렇습니까? a) 우리의 신앙의 대상이 하나님이 빛이시기 때문입니다(요일 1:5). "우리가 그에게서 듣고 너희에게 전하는 소식은 이것이니 곧 하나님은 빛이시라 그에게는 어둠이 조금도 없으시다는 것이니라"(요일 1:5) b) 우리의 중보자이신 예수님도 빛이십니다(요 1:9, 8:22). "그 안에 생명이 있었으니 이 생명은 사람들의 빛이라 빛이 어둠에 비치되 어둠이 깨닫지 못하더라"(요 1:4-5), "참 빛 곧 세상에 와서 각 사람에게 비추는 빛이 있었나니"(요 1:9), "예수께서 또 말씀하여 이르시되 나는 세상의 빛이니 나를 따르는 자는 어둠에 다니지 아니하고 생명의 빛을 얻으리라"(요 8:12) c) 그러므로 예수님을 믿고 하나님의 자녀 된 우리는 주안에서 빛입니다. 그러기에 예수님께서 그의 제자들에게 "너희는 세상의 빛이라" 말씀하신 것입니다. "너희는 세상의 빛이라 산 위에 있는 동네가 숨겨지지 못할 것이요"(마 5:14), "이같이 너희 빛이 사람 앞에 비치게 하여 그들로 너희 착한 행실을 보고 하늘에 계신 너희 아버지께 영광을 돌리게 하라"(마 5:16)

2. 빛의 자녀들처럼 행하라(5:8하-10)

빛의 자녀들이라는 새로운 선물은 글에 합당한 새로운 삶을 요청합니다. 빛의 자녀들이 되었으므로 빛의 자녀들답게 살아야 하는 것입니다.

가. 빛은 어떤 특성이 있습니까?

여러 가지가 있지만 중요한 것 몇 가지만 살펴봅니다.

① 빛은 어두움을 밝힙니다. 빛이 어둠속에 들어나면, 어둠속에 있는 모든 것을 폭로하고 드러냅니다. 빛은 a) 길을 보여줍니다. 빛은 어두움 속에 방황하는 사람들의 길을 열어줍니다. 아무리 익숙한 길도 어두운 밤에는 빛을 밝히지 않고는 바로 갈 수 없습니다. 빛은 흑암 속에 방황하는 인생들에게 "갈 길"을 밝혀줍니다. 빛 되신 주님이 오시기 전까지 사람들은 죄악 속에 번창했습니다. 어두움 속에서 헤맸습니다. 무엇이 옳고 그른지를 분별하지를 못했습니다. 우리도 그랬습니다. 빛 되신 예수 그리스도를 만나기 전에, 우리는 열심히 산다고 살았습니다. 그런데 빛 가운데 들어와 보니 헛바퀴 돈 것이었습니다. 어두움 속에서 번창한 것이었습니다. 죄악 속에서 잠시의 쾌락만 추구한 것이었습니다. 빛 되신 우리 주님. 예수 그리스도께서 말씀하십니다. "예수께서 또 말씀하여 이르시되 나는 세상의 빛이니 나를 따르는 자는 어둠에 다니지 아니하고 생명의 빛을 얻으리라"(요 8:12) 빛으로 오신 예수님은 우리 인생의 갈 길을 보여주셨습니다. 천성을 향해 가는 길입니다. 하나님께 나아가는 길입니다. 영원을 향해

가는 길입니다. 예수님이 그 “길”이기도 하십니다.

빛은 b) 가치를 형성합니다. 어두움은 모든 가치와 색깔을 삼켜버립니다. 어둠속에서는 빨간색, 노란색, 파란색, 흰색이 소용없습니다. 색깔이 어두움에 삼킴을 당합니다. 어두움 속에서는 “가치 있는 것”도 소용이 없습니다. 금이 어두움 속에서는 금인지 알 수가 없습니다. 돌멩이와 구별이 되지 않습니다. 각종 보석(다이아몬드, 루비, 사파이어 등)이 어두움 속에서는 가치를 알 수 없습니다. 빛이 비추이면 그가 지닌 “가치”를 드러내 줍니다. 인생들이 하나님이 없는 삶속에서(빛이 없는 삶속에서) “가치 있는 일”이라고 몸부림 치고 살아가지만 실상은 자신의 정욕과 탐욕과 명예를 위할 뿐입니다. 방탕과 방종은 어둠의 일입니다. 그러나 빛 되신 주님 앞에 나올 때, 하나님 앞에서 자신의 존귀함을 알게 됩니다. 어떤 것이 귀하고 값진 것인지 알게 됩니다. 그리하여 먼저 그 나라와 그 의를 구하며 살게 되는 것입니다. 빛은 어둠을 밝힙니다. 빛은 가치를 드러내 줍니다.

② 빛은 또한 따뜻합니다. 생명을 줍니다. 어두움 속에는 생명이 살아갈 수 없습니다. 빛이 줄어드는 겨울이 되면, 풍성한 생명력을 자랑하던 나무들도 움츠려 듭니다. 적은 빛(적은 따뜻함)에 적응할 수 있는 “생명”을 갖습니다. 그러나 빛이 풍성하게 비치는 여름이 되면 충성한 생명력으로 쑥쑥 자라가고 녹음이 우거지는 것을 봅니다. 빛이 있어야 생명이 있습니다. 빛 되신 우리 주님 예수 그리스도께서는 우리에게 생명 주시기 위해 오셨습니다. 빛이신 그분이 생명이십니다. 그 생명이 “사람들의 빛”이라 하십니다. 그 생명의 빛을 모시면(영접하면) 하나님의 자녀가 됩니다. 하나님의 생명, 영생을 얻어 하

나님을 아버지라 부르게 됩니다. 예수님은 생명의 빛으로 이 땅에 오셨습니다. 생명의 빛이 닿은 곳에 능력이 임했습니다. 상한 심령이 치유되고, 죄악의 쓴 뿌리가 뽑히고, 사망의 권세가 무릎을 꿇었습니다. 생명의 빛이 임하는 곳마다 하나님의 나라가 임하게 됩니다. 그러기에 빛 가운데 있다는 것은 하나님의 생명력 가운데 있다는 것입니다. 그러면 빛 가운데 있으면 어떤 열매를 맺습니까?

나. 빛의 열매(9–10)

빛의 열매들이란 주 안에서 빛이 된 성도들의 삶에서 구체적으로 나타나야 하는 행실이나 행동을 가리킵니다. 빛의 열매들은 구체적으로 "모든 착함과 의로움과 진실함"입니다. "빛의 열매는 모든 착함과 의로움과 진실함에 있느니라"(9절)

① 주님의 생명을 가진 자는 주님의 인격을 닮습니다. 착함(all goodness): 다른 사람들을 향한 어질고, 관대한 모든 행실을 가리킵니다. 의로움(righteousness): 하나님께서 창조하신 새사람의 성품입니다(4:24). 또한 하나님께서 믿는 성도들에게 부여하신 의의 선물입니다(6:14). 본문에서는 거짓이 없는 진실한 행실을 가리킵니다. 구원 받은 성도들은 그리스도 안에서 선하며, 의로우며, 진실한 존재들입니다. 예수 그리스도의 이름과 성령 안에서 씻음과 거룩함과 의롭다 하심을 얻었기 때문입니다. 또한 참된 의와 거룩함으로 창조된 새사람을 입었기 때문입니다. 그러므로 빛의 자녀가 된 성도들은 성령의 능력을 힘입어 모든 선함과 의로움과 진실함의 열매를 맺음으로써 이 세상에서 실제로 선하고, 의로우며, 진실한 사람들로 나타내

야 합니다. 모든 선하심과 의로움과 진실함은 구원받은 모든 성도들이 반드시 맺어야 하는 열매인 것입니다.

② 주님을 기쁘시게 합니다(10절). "주를 기쁘시게 할 것이 무엇인가 시험하여 보라" 빛의 열매를 맺으려면 주님을 기쁘시게 해드릴 것이 무엇인지 시험해봐야 합니다. 무슨 일을 하든지 그리스도인들에게 가장 중요한 기준은 주님의 영광이며, 주님을 기쁨입니다. 사람들이 보기에 아무리 좋은 것일지라도, 주님을 기쁘시게 해드릴 수 없는 것이라면 하지 말아야 합니다. 여기 "시험하여 보라"(δοκιμάζω)는 말은 "분별하라"는 뜻입니다. 성도는 "하나님의 선하시고 기뻐하시고, 온전하신 뜻이 무엇인지" 분별해야 합니다. a) 주님을 기쁘시게 해드릴 것이 무엇인지 시험하려면(분별하려면) 무엇보다 마음이 성령으로 새로워져야 합니다(롬 12:2). 사람은 언제나 자기중심적으로 생각하고 행동하며, 자기 유익이나 기쁨을 먼저 고려합니다. 구원받은 성도들은 매순간 성령으로 마음이 새로워지지 않으면 자기중심적인 성향과 욕심에서 결코 자유로울 수 없습니다.

b) 또한 주님을 기쁘시게 해드릴 것이 무엇인지 시험하려면(분별하려면) 복음의 진리와 사도들의 교훈에 대한 바른 지식이 있어야 합니다. 성령을 통해 새로워진 마음으로 복음의 진리를 기준으로 사용할 때, 그리스도인들은 자신이 직면하는 상황에서 주님을 기쁘시게 해드릴 것이 무엇인지 시험할 수 있습니다(분별할 수 있습니다). 그리고 성령을 의지하며 살아갈 때, 모든 선함과 의로움과 진실함의 열매를 맺을 수 있는 것입니다.

3. 어둠속에 빛을 비추라(5:11-14)

빛의 자녀들이 맺어야 할 열매들을 언급한 뒤에 바울 사도는 "열매 없는 어둠의 일에 참여하지 말고 도리어 책망하라"고 권고합니다.

가. 열매 없는 어둠의 일에 참여하지 말라(11절상)

① "열매 없는 어둠의 일들"은 "빛의 열매들"과 대조를 이루고 있습니다. 이것은 믿지 않는 이방인들의 더럽고 부끄러운 행동들을 가리킵니다.

② 그 행동들은 은밀히 행하는 것들입니다. 어둠속에서 행하는 심히 수치스럽고 혐오스러운 것들입니다.

③ 이런 것들은 말하기도 부끄러운 것들입니다. 성도들은 빛의 자녀들이므로 열매 없는 어둠의 일들에 참여해서는 안 됩니다. 그러나 어둠의 일들에 동참하지 않는 것만으로는 부족합니다. 적극적으로 그런 일들을 폭로해야 합니다.

나. 열매 없는 어두움의 일들을 폭로(책망)하라(11절하-13절)

"너희는 열매 없는 어둠의 일에 참여하지 말고 도리어 책망하라"

여기 "책망하다"(ἐλέγχω, 엘렝코)는 말은 "책망하다"는 뜻과 함께 "폭로하다", "드러내다"는 뜻을 가지고 있습니다. 그런데 본문에서는 목적어가 사람이 아니라 "열매 없는 어둠의 일들"이므로 "책망하다" 보다는 "폭로하다"로 번역하는 것이 더 자연스럽습니다. 어두움의 일들을 행하는 사람들을 책망하는 것이 아니라, 그들이 하는 어두움의 일들을 폭로하는 것입니다. 이렇게 하는 목적은 그런 일을 하는 사람들이 어두움의 일들의 실상을 깨닫고, 거기서 돌이키게 하는데 있습니다. 그러면 어떻게 어두움의 일들을 폭로할 수 있습니까?

① 경건한 행실로 폭로합니다. 성도들이 믿지 않는 사람들의 악한 행동에 가담하지 않고, 질적으로 다른 삶을 보여 줄 때, 주변 사회의 어두운 부분에 빛을 비추고, 부도덕한 행위들의 실상을 드러나게 할 수 있습니다. 예수님께서도 제자들에게 말씀하셨습니다. 마태복음 5:16절입니다. "이같이 너희 빛이 사람 앞에 비치게 하여 그들로 너희 착한 행실을 보고 하늘에 계신 너희 아버지께 영광을 돌리게 하라" 베드로 사도도 성도들에게 권면합니다. 베드로전서 2:12절입니다. "너희가 이방인 중에서 행실을 선하게 가져 너희를 악행한다고 비방하는 자들로 하여금 너희 선한 일을 보고 오시는 날에 하나님께 영광을 돌리게 하려 함이라" 구원받은 성도들의 선한 행실이 어두운 세상에서 빛의 역할을 합니다. 뿐만 아니라 사람들을 변화시키는 수단이 될 수 있습니다. 그러나 경건한 행실만으로는 부족합니다.

② 복음의 진리를 말해주고, 그들의 잘못이 무엇인지 말해주어야 합니다. a) 그러나 그들의 더러운 행실들을 지적하는 일을 하되 도덕적 우월감에서 하면 안 됩니다. b) 오히려 겸손과 자비로운 마음으로 해야 합니다. 성도들이 이렇게 하려면 먼저 복음의 진리에 따라 빛의 열매를 맺는 삶을 살지 않으면 안 됩니다. 그리스도인들이 악하고 부끄러운 일에 동참하기를 거부해야 합니다. 적극적으로는 빛의 열매를 맺는 삶을 살아야 합니다. 그때에 세상 사람들의 악한 행실들을 지적하고 폭로하는 일이 설득력을 갖게 될 것입니다. c) 그러나 무엇보

다도 성령께서 성도들과 함께 역사하셔야 합니다. 성도들이 복음의 진리를 통해 믿지 않는 사람들의 부끄러운 죄를 지적하고 폭로할 때, 성령께서 역사하시면 듣는 사람들이 죄의 추악한 모습을 깨닫고 주께 돌아와 주안에서 빛이 되는 놀라운 일이 일어날 것입니다(행 16:14).

다. 그러기에 바울사도는 마지막으로 "죄의 잠에서 깨어 일어나라"고 명하십니다(14절, 사 26:19, 66:1)

"그러므로 이르시기를 잠자는 자여 깨어서 죽은 자들 가운데서 일어나라 그리스도께서 너에게 비추이시리라 하셨느니라" (세례찬송 인용) 여기 "잠"과 "죽음"의 이미지는 그리스도를 믿기 이전 상태를 말합니다. 즉 영적으로 죽은 상태를 가리킵니다. 따라서 "깨어라", "일어나라"는 명령은 영적으로 죽은 자들을 죄와 죽음의 자리에서 벗어나 생명의 자리로 나오라고 부르는 것입니다. 그리스도께서(빛 되신 그리스도께서) 그들에게 생명의 빛을 비추어 주실 것이라 약속합니다. 여기 바울 사도가, 초대교회가 사용한 세례찬송을 인용하고 있습니다. 세례란 새로운 회심자가 그리스도와 함께 죽고 그리스도와 함께 다시 사는 것을 형상화하는 것입니다.

과거에 에베소교회 이방인 성도들은 바울 사도가 전해 준 복음을 통해 영적인 죽음에서 깨어 일어나라는 하나님의 음성을 들었습니다. 그들이 하나님의 음성을 듣고 죄와 죽음의 잠에서 깨어 일어났을 때, 그들은 그 빛을 받아 "주 안에서" 빛이 되었습니다. 바울 사도가 인용한 세례식 찬송의 가사는 에베소교회 성도들에게 그들의 회심과 세례를 상기시켜 줍니다. 뿐만 아니라 그들을 변화시킨 그리스도의 빛이 다른 사람들의 삶도 변화시킬 수 있음을 확신하게 됩니다. 우리의 말과 행실자체는 큰 능력이 없을지라도 성령을 통해 우리와 함께 하시는 그리스도는 빛의 원천이십니다. 사람들을 능히 살리고 변화시키는 만물의 주님이십니다. 그러므로 우리 성도들은 더욱 담대히 거룩한 행실과 복음의 진리로 어둠의 일들을 폭로해야 합니다.

이렇게 할 때, 그리스도께서 성령님을 통해 믿지 않는 사람들로 죄의 실상을 깨닫게 하고, 죄와 죽음의 자리에서 일어나게 하실 것입니다. 그리고 생명의 빛을 비추어 그들 또한 주 안에서 빛이 되게 하실 것입니다. 오늘 우리는 혹 죄의 깊은 잠에 빠져 있지는 않은지요? 만물을 충만케 하시는 그리스도께서 우리에게 빛을 비추어 주십니다. 이 어두운 세상에서 하나님의 영광을 비추는 하나님의 빛의 자녀들이 되시기 바랍니다.

에베소서 강해26 요약

지혜롭게 살라

에베소서 5장 15~21절

성경은 우리에게 "지혜 있는 자같이 살라"고 가르칩니다. 본문은 특별히 시대가 악할수록 지혜롭게 살아야 한다고 강조합니다. 그러면 어떻게 사는 것이 지혜롭게 사는 것일까요?

1. 지혜로운 삶은 시간을 최대한 선용 할 줄 아는 것입니다(16절).

가. "세월을 아끼라"는 것은 원어적으로 볼 때 "시간을 구속하라"는 것입니다.

① 주어진 시간을 최선을 다해 선용하는 삶을 살라는 것입니다.

② 하나님 이 인간들에게 주신 가장 공평한 선물이 시간입니다.

나. "때가 악하다"는 것은 "위기의 때"라는 것입니다.

① 흘러가는 자연스러운 시간 (크로노스)

② 사건으로서의 시간(기회) (카이로스)

2. 시간을 선용하려면 주의 뜻을 분별해야 합니다(17절).

가. 시간을 제대로 쓰려면 우선순위가 제일 중요합니다.

① 중요한 것을 먼저 처리함으로 인생이 중요한 가치에 의해

서 형성되어져 갑니다.

② 중요하지 않은 일에 바빠서 시간을 낭비 할 수 있습니다.

나. 하나님의 백성의 우선순위는 하나님의 뜻입니다.

① 그것은 우리를 향한 하나님의 기대입니다.

② 중요하지 않은 것에 몰두하다가 중요한 것을 잃어버리는 과오를 범하게 됩니다.

3. 주님의 뜻은 성령 충만한 삶을 살 때 가능합니다(18절).

가. 바울은 성령 충만을 술취함과 비교하고 있습니다.

① 술은 본래 사람의 이성을 억제하는 역할을 합니다.

② 성령님의 지배를 받으면 분명하고 확실한 사고를 하고, 바로 판단 할 수 있습니다.

나. 성령 충만에는 두 가지 유형이 있습니다.

① 갑작스럽게 임하는 성령 충만입니다.

② 지속적인 성령 충만입니다.

4. 성령 충만은 하나님의 자녀답게 사는 삶속에서 나오며, 유지됩니다(19-21절).

가. 예배하는 삶입니다(19절상).

나. 찬양하는 삶입니다(19절하).

다. 감사하는 삶입니다(20절).

라. 서로 복종하는 삶입니다(21절).

우리 모두 하나님의 뜻을 따라 지혜로운 삶을 살아가시게 되길 축원합니다.

에베소서 강해26

지혜롭게 살라

에베소서 5장 15~21절

어느 은행장이 정년퇴임을 하게 되었습니다. 성공적인 업무수행을 하고, 은행원들의 존경과 박수 속에 명예로운 퇴임을 하게 되었습니다. 새롭게 그의 후임으로 선임된 신임은행장이 그의 퇴임식 직후 이런 질문을 했습니다. "선배님, 선배님의 그 성공적인 업무수행 비결은 어디에 있습니까?" 이때, 노 은행장은 한마디로 대답했습니다. "올바른 결정이 제일 중요하지" 후배가 다시 묻습니다. "어떻게 올바른 결정을 할 수 있습니까?", "경험이 중요하지", "어떻게 경험을 쌓을 수가 있습니까?", "그야 그릇된 결정을 해보면 알지" 노 은행장은 시행착오를 통한 경험만이, 우리가 지혜를 얻는 통로인 것을 역설한 것입니다. 그의 말이 한편은 맞습니다.

그러나 성경은 경험 외에도 우리가 지혜를 얻을 수 있는 신앙적인 통로를 강조하고 있습니다. 그것은 기도입니다. 우리는 기도로 지혜를 얻을 수가 있습니다. 하나님께서는 그 자녀들이 지혜를 구하는 것을 기뻐하십니다. 후히 주시고, 꾸짖지 아니하시는 하나님께 지혜를 구하라고 성경은 가르칩니다. 설경에 보면 지혜를 구해서 지혜로운 인생을 살았던 대표적인 사람이 솔로몬입니다. 솔로몬은 왕이 된 후 하나님께 일천번제를 드렸습니다. 그때 하나님께서 말씀하십니다. "내가 네게 무엇을 줄꼬, 너는 구하라" 이때 솔로몬은 지혜를 구했습니다. 부와 영화를 구하지 아니했습니다. 하나님께서 기뻐하시며, 지혜와 총명뿐 아니라 부귀와 영화도 함께 주셨습니다.

오늘 본문 15절은 이렇게 시작합니다. "그런즉 너희가 어떻게 행할지를 자세히 주의하여 지혜 없는 자 같이 하지 말고 오직 지혜 있는 자 같이 하여" 성경은 우리에게 "지혜 있는 자 같이 살라"고 가르칩니다. 본문은 특별히 시대가 악할수록 지혜롭게 살아야 한다고 강조합니다. 그러면, 어떻게 사는 것이 지혜로운 삶일까요? 본문을 통해 살펴보면서 은혜를 나누고자 합니다.

1. 지혜로운 삶은 시간을 최대한 선용할 줄 아는 것입니다(16절).

"세월을 아끼라 때가 악하니라(16절)"

가. 여기 "세월을 아끼라"는 말은 원어적으로 볼 때, "시간을 구속하라"는 것입니다.

① "시간을 사라" 그래서 그것을 적재적소에 최대한 잘 사용하라는 의미입니다. 마치 귀중한 물건을 사는 것처럼, 시간을 사고, 그것을

그때그때 잘 사용하라는 말입니다. 시간을 낭비하지 말고, 시간을 주신 분의 의도를 따라 그 시간을 최선을 다해 선용하는 삶을 살라는 것입니다.

② 하나님은 인생들에게 많은 선물을 주십니다. 그런데 하나님이 인간들에게 주신 가장 공평한 선물이 있다면 그것이 시간입니다. 부유한 사람이나 가난한 사람, 건강한 사람이나 병든 사람, 유식한 사람이나 무식한 사람 할 것 없이 똑같은 시간을 주셨습니다. 한 시간은 60분, 하루는 24시간, 매일 1440분을 주셨습니다. 이 똑같이 공급받은 하루 1440분(24시간)을 어떻게 사용하느냐에 따라서 우리의 삶이 결정되는 것입니다. 사랑하는 성도 여러분, 이 하루 24시간(1440분)을 어떻게 사용하고 있으신지요?

나. "세월을 아끼라 때가 악하니라"

성경원어인 헬라어에 "때"를 의미하는 단어가 두 가지 있습니다.

① 하나는 흘러가는 자연스러운 시간을 뜻하는 크로노스(χρόνος)입니다.

② 또 하나는, 본문에 사용된 단어로서 카이로스(καιρον)입니다.

영어로는 이 단어가 "크라이시스"(Crisis)로 번역되는데, "위기"라는 말입니다. "때가 악하니라" 여기 이 "때"라는 것은 "위기의 때"라는 것입니다. (위험한 때 – 위기≠위대한 기회) 사랑하는 성도여러분, 세월이 악해지면 가치관이 오염됩니다. 가치관이 오염되면, 사람들은 오염된 가치관 때문에 제대로 판단하지 못합니다. 시간도, 돈도 제대로 사용하지 못하는 것입니다.

성경은 지혜로운 삶을 살기 원하면 세월을 아끼라고 가르칩니다. 지혜로운 삶은 시간을 선용할 줄 아는 삶입니다.

2. 시간을 선용하려면, 주의 뜻을 분별해야 합니다(17절).

"그러므로 어리석은 자가 되지 말고 오직 주의 뜻이 무엇인가 이해하라(17절)"

가. 시간을 제대로 쓰려면 우선순위가 제일 중요합니다("먼저").

① 우선순위를 제대로 알 때, 중요한 것을 먼저 처리함으로 인생이 그 중요한 가치에 의해서 형성되어 갑니다. 바쁘게만 산다고 해서 제대로 사는 것은 아닙니다.

② 중요하지 않은 일에 바빠서 시간을 낭비할 수 있습니다. 중요한 것을 중요한 자리에 두고 중요한 관심을 가지고 처리할 때 인생은 생산적인 삶을 살아갈 수가 있는 것입니다. 그러면, 그리스도인의 우선순위는 무엇입니까?

나. 하나님의 백성의 우선순위는 하나님의 뜻(주님의 뜻)입니다.

① 그것은 우리를 향한 하나님의 기대입니다. 그 뜻이 무엇인가를 알게 되면, 우리는 그 뜻을 이루는 일에 삶의 우선순위를 두고 열중하게 될 것입니다. 미국의 유명한 설교가 죠지 트루엣(George W. Truett)이 이런 말을 했습니다. "최선의 지식, 가장 중요한 지식은 무엇이냐? 하나님의 뜻을 아는 것이다. 최선의 성취는 무엇이냐? 하나

님의 뜻을 행하는 것이다." 그렇습니다. 최고의 지식은 하나님의 뜻을 아는 것입니다. 사람들은 성공했다고 말합니다. 그러나 나중에 창조주 하나님 앞에 서서 인생을 결산할 때가옵니다. 그 때, 하나님께서 "너는 내 뜻대로 살지 못했다"고 하시면 헛산 것입니다. 실패한 인생인 것입니다. 그러기에, 우리의 인생을 향한 하나님의 뜻을 알고, 그 뜻대로 살아가는 것이 최고의 지식이요, 최고의 성취가 아닐 수 없습니다.

② 그런데 우리는 중요하지 않은 일에 몰두하다가 중요한 것을 잃어버리는 인생의 과오를 범하게 됩니다. 1945년 6월 4일 히틀러 휘하에 있던 유명한 독일의 명장 롬멜(Rommel)이 불란서 서부해안을 거닐고 있었습니다. 날씨가 잔뜩 찌푸렸고, 앞을 분간 할 수 없는 안개가 끼였습니다. 그는 하늘을 바라보면서 혼자 이렇게 중얼거립니다. "몇 일간 아무 일도 없겠군." 그러다 갑자기 그는 가족생각이 났습니다. "아내 생일은 6월 6일인데....." 그날은 6월 4일이었습니다. 롬멜 장군은 부관을 불러 잠시 베를린에 다녀와야겠다고 말했습니다. 롬멜은 매우 중요한 시점에 전선을 이탈했습니다. 부관에게 지휘권을 맡기고 독일 베를린으로 날아갔습니다. 헌데, 6월 6일 자기 아내의 생일인 바로 그날, 연합군의 불란서 노르망디 상륙장전이 시작됩니다.

그것은 결정적으로 연합군에게 승리를 안겨다 준 소위 D-Day였습니다. 독일로서는 경정적인 패배의 날이 되었습니다. 이 롬멜 장군의 방심, 우선순위의 혼란으로 절대 양보할 수 없는 전선을 떠났던 그 순간에, 한 나라의 패배가 예견되고 있었던 것입니다. 사랑하는 성도 여러분, 지금 이 순간 여러분의 인생에서 가장 중요한 사명은 무엇입니까? 나를 향한 하나님의 기대, 그 기대를 아시는지요? 그 뜻을 알고, 그 뜻을 이루는 일에 열중하고 있으신지요? 지혜로운 삶은 시간의 선용에 있습니다. 시간의 선용은 주의 뜻을 알 때 가능합니다. 그러면, 하나님의 뜻은 어떻게 알 수 있습니까?

3. 주님의 뜻은 성령충만한 삶을 살 때 가능합니다(18절).

"술 취하지 말라 이는 방탕한 것이니 오직 성령으로 충만함을 받으라"

가. 바울은 성령충만을 술 취함과 비교하고 있습니다.

그러면서 바울은 성령충만이 술 취함과 반대되는 것을 강조하고 있습니다.

① 의사이면서 동시에 목사였던 마틴로이드 죤스 목사님은 술은 본래 촉진제, 각성제가 아니라, 사람을 억제하는 역할을 한다고 설명합니다. 술이 뇌의 고등중추기관을 마비시키는 것입니다. 자율성, 판단력, 혹은 통제력이 이루어지는 중추신경을 마비시키고 맙니다. 마비가 되면 제대로 판단하지 못하고 혼란해지며, 삶은 방탕할 수밖에 없는 것입니다. 술 취하면 개가 된다는 말도 있습니다.

② 그러나, 성령 충만은 정반대입니다. 성령님의 지배를 받으면, 분명하고, 확실한 사고를 하고, 제대로 판단할 수 있습니다. 하나님의 영이 임하시고 성령이 내 지식과 감정과 의지를 통제하고 다스릴 때, 나는 하나님의 뜻을 따라서 온전한 사고, 명확한 사고, 깨끗한 생

각을 할 수 있습니다.

나. 성경을 연구해 보면, 성령충만에 두 가지 유형이 있음을 알게 됩니다.

① 첫째, 갑작스럽게 임하는 성령 충만입니다. 이것은 성도들이 위기나 어려움에 처할 때, 하나님께서 그 어려운 상황을 감당할 수 있도록 갑작스럽게, 위에서부터 부어주시는 성령충만입니다. 예를 들면, 사도행전에서 스데반이 전도하다가 돌에 맞아 죽을 위기에 처해 있었습니다. 이 두려운 상황에서 성경은 갑자기 기록하기를 스데반이 성령으로 충만했다고 했습니다. 그는 성령충만하여, 폭도들에게 두려움 없이 당당하게 설득하고, 그들을 용서하는 기도를 하며, 천사의 얼굴을 하고 죽었던 것입니다. 이 당당한 순교가 가능했던 비밀은 성령충만했기 때문입니다.

② 둘째는, 지속적인 성령충만입니다. 18절에 나오는 "성령으로 충만함을 받으라"에서 동사는 현재 수동태입니다. 이는 우리가 성령을 주관하는 것이 아니라, 성령님의 다스림을 받도록 하라는 것입니다. 성령님은 내 안에 거하실 뿐 아니라, 순간순간 우리를 다스리기를 원하십니다. 따라서 우리가 성령님이 온전히 다스릴 수 있도록 조건을 형성하고 있으면 성령님이 우리를 다스리어 충만해지는 것입니다. 그 때, 나는 하나님의 평강과 자비와 임재를 경험하면서 하나님이 기뻐하시는 온전한 사고와 판단을 하게 되는 것입니다. 이것이 지속적인 성령충만입니다. 본문은 이런 지속적인 성령충만의 상태를 강조하고 있습니다.

그러면 성령의 충만은 어떻게 받습니까? 본문 19-21절은 일반적으로 성령충만의 결과라고 할 수 있습니다. 그러나 이것은 동시에 성령충만을 유지하는 조건적 삶이라고 할 수 있습니다. 19-21절에 나오는 4개의 현재분사가 이를 말해줍니다. 이는 한마디로 요약하면, 하나님의 자녀답게 사는 삶이라고 할 것입니다.

4. 이렇게 볼 때, 성령충만은 하나님의 자녀답게 사는 삶 속에서 나오며 또한 유지됩니다(19-21절).

하나님의 자녀답게 사는 삶은 성령충만의 결과이며, 동시에 우리가 성령충만한 삶을 살려고 할 때, 반듯이 따라와야 할 삶이기도 합니다. 본문에서 4가지를 살펴볼 수 있습니다(4가지 현재분사형).

가. 예배하는 삶입니다(19절상).

"시와 찬송과 신령한 노래들로 서로 화답하며..."(19절 상)

여기서 말하고 있는 것은 그리스도인 사이에 이루어지는 영적교제입니다. 시와 찬송과 신령한 노래로 "서로" 화답하며 교제하는 곳은 공적예배입니다. 예배를 드릴 때, 성령께서 충만하게 역사하십니다. 특히, 찬양으로 하나님께 영광 돌릴 때, 성령께서 강하게 역사하시는 것입니다. 우리는 예배를 통한 성도의 영적교제를 소중히 여겨야합니다. 예배하는 곳에 성령의 역사가 있습니다.

나. 찬양하는 삶입니다(19절 하).

"너희의 마음으로 주께 노래하며 찬송하며(19절 하)"

여기서 노래하며, 찬양하는 것은 "서로"가 아니라 "주께" 향하는 것입니다. "너희의 마음으로"는 "마음을 다하여", "전심으로", "중심에서"의 뜻입니다. 내가 마음 중심에서 주님을 즐거워하며, 경배와 찬양을 드릴 때 성령께서 충만히 역사하십니다. 나아가 여기 "찬양"하는 것은 단순히 노래하는 것만 아니라, 주께서 우리 삶속에 주신 은혜를 찬송하는 것(간증하는 것)도 포합됩니다. 진정 주님을 노래하며, 마음으로 기뻐 찬송할 때, 성령의 역사가 있습니다.

다. 감사하는 삶입니다(20절).

"범사에 우리 주 예수 그리스도의 이름으로 항상 아버지 하나님께 감사하며"

바울사도는 그의 서신에서 "범사에(항상, 쉬지 말고) 감사하라" 권고하십니다. 이는 감사하는 마음속에 성령의 역사가 있기 때문입니다. 원망, 불평, 짜증나는 마음은 성령과 조화될 수 없습니다. 사랑하는 성도여러분, 누가 원망하고, 불평하고, 짜증내는 소리에 감염되지 마시기 바랍니다. 그런 소리를 들으면, 바로 그 순간에 여러분 안에 계신 성령님이 탄식하게 하시며, 역사하지 못하게 하려는 줄 깨닫고 물리치시기 바랍니다. 그리고 할 수 있는 대로 모든 일에서 감사의 조건을 찾아 감사하시기 바랍니다. 그때, 성령의 역사가 있습니다.

라. 서로 복종하는 삶입니다(21절).

"그리스도를 경외함으로 피차 복종하라(21절)"

우리가 성령충만하면 나타나는 특성 중에 하나가, 한 사람 한 사람이 귀하게 보인다는 것입니다. 그들은 참으로 귀하고, 소중하며, 주님이 사랑하시는 사람, 그래서 십자가에서 피 흘려 죽어주신 사람입니다. 그러기에 인간이 소중하고 귀하게 보입니다. 성령충만은 인간관계에서 그리스도를 경외함으로 피차 복종할 때 역사하며 유지됩니다. 바울사도는 그리스도를 경외함으로 "피차(서로)복종해야 할" 3가지 중요한 인간관계를 이어서 설명하고 있습니다.

① 아내와 남편의 관계(5:22-23)

② 자녀와 부모의 관계(6:1-4)

③ 종과 상전의 관계(6:5-9)에서 그리스도를 경외함으로 피차 복종할 때, 성령께서 역사하십니다. 복종의 반대는 "거스림"입니다. 거스림(불순종)은 죄의 원형입니다. 거스림이 있는 곳에 성령의 역사는 중지하십니다. 사랑하는 성도여러분, 우리가 서로를 인정하고, 서로를 긍정하고, 서로의 가치를 세워주며, 서로가 서로에게 복종하는 삶을 살 때, 우리 하나님께서 기뻐하십니다. 우리의 삶을 성령으로 채워주십니다. 성령의 능력과 평안 그리고 기쁨이 흘러넘치게 됩니다.

마. 본문에 나타난 사도바울의 설명법은 일종의 체인이라고 할 수 있습니다.

① 행복한 삶을 위해서는 지혜롭게 살아야합니다.

② 지혜롭게 살기위해서는 시간을 선용해야 합니다.

③ 시간을 선용하려면 주님의 뜻을 분별할 줄 알아야 합니다.

④ 주님의 뜻을 분별하려면, 성령으로 충만해야 합니다.

⑤ 성령으로 충만하기 위해서는 진정한 하나님의 자녀답게 살아야 합니다.

그 하나님의 자녀의 삶이란, 예배하는 삶, 찬양하는 삶, 감사하는 삶, 그리고 그리스도 앞에서 피차(서로) 복종하는 삶입니다. 이런 사람은, 하늘이 어둡고, 삶이 역경과 시련 가운데 있다 할지라도 창조적인 하나님의 능력을 발휘하는 삶을 살아가게 될 줄 믿습니다. 우리 모두 하나님의 뜻을 따라 지혜로운 삶을 살아가시게 되길 축원합니다.

에베소서 강해27 요약

성령으로 충만함을 받으라

에베소서 5장 15~21절

그리스도인의 삶에 있어서 가장 큰 특징은 성령님과 함께하는 삶입니다(고전 12:3, 롬 8:9). 그리고 가장 힘 있고 능력 있는 그리스도인의 삶은 성령 충만한 삶입니다.

1. 성령충만은 무엇입니까?

가. 성령충만은 성령세례와 다릅니다(고전 12:13).

나. 성령충만은 성령의 지배(다스림)를 받는 것입니다.

2. 성령충만해야 할 이유가 무엇입니까?

가. 지혜 있는 자로 살기 위해(15-16절)

나. 주의 뜻이 무엇인지 이해하기 위해(17절)

다. 방탕한 삶을 피하기 위해(18절)

3. 성령충만은 어떻게 얻어지며 지속 됩니까?

가. 시와 찬미와 신령한 노래들로 서로 화답함으로(19절 상)

나. 마음으로 주께 노래하며 찬송함으로(19절 하)

다. 범사에 하나님께 감사함으로(20절)

라. 그리스도를 경외함으로 피차 복종함으로(21절)

① 아내와 남편 사이에(5:22-33): 존경과 사랑의 관계

② 자녀와 부모 사이에(6:1-4): 순종과 양육의 관계

③ 종과 상전 사이에(6:5-9): 성실과 돌봄의 관계

4. "성령으로 충만함을 받으라"는 동사가 내포하고 있는 의미는 무엇입니까?

가. 명령형: 성령 충만은 하나님의 뜻이요, 명령입니다.

나. 복수형: 우리 전체에게 주시는 명령입니다.

다. 수동형: "성령께서 너희를 지배하시게 하라."

라. 현재형: 늘 계속하여 성령 충만한 상태에 있으라.

성령 충만은 늘 계속하여 주님과 함께 살라는 것입니다. 거기에 인생의 참 행복이 있습니다. 하나님께서 영광을 받으십니다.

에베소서 강해27

성령으로 충만함을 받으라

에베소서 5장 15~21절

오순절 날 성령이 강림하셨습니다. 일반인에게 성령을 부어주시려 오셨습니다. 예수 그리스도께서 십자가에 달려 돌아가신 유월절 후 50일 째인 오순절에 성령께서 강림하셨습니다. 예수 그리스도의 사역을 각 사람에게 적용하고, 구원의 역사를 이루기 위해 성령께서 오셨습니다. 그리스도인의 삶의 가장 큰 특징은 "성령님과의 삶"입니다. 로마서 8장 9절을 보시겠습니다. "누구든지 그리스도의 영이 없으면 그리스도의 사람이 아니라" 고린도 전서 12장 3절을 보시겠습니다. "성령으로 아니하고는 누구든지 예수를 주시라 할 수 없느니라" 우리가 진리의 말씀 곧 구원의 복음을 듣고, 예수 그리스도를 믿으면 하나님께서 성령으로 인쳐(도장찍어) 하나님의 것임을 확증해 주십니다(엡 1:13-14). 그리고 가장 힘 있고 능력 있는 그리스도인의 삶은 성령으로 충만한 삶입니다. "성령으로 충만함." 이는 능력 있는 그리스도인으로서의 삶을 살아가려는 그리스도인들이 바라고 구하는 것입니다.

1. 성령충만은 무엇입니까?

가. 성령충만은 성령세례와 다릅니다.

① 우리는 성령의 역사하심을 통해 복음의 진리를 깨닫고, 믿어 구원함을 받습니다. 구원 받는 진리는 신령한 일로서, 성령의 역사를 통해서만 가능합니다. 성령으로 아니하고는 누구든지 예수를 주님이라고 고백할 수 없습니다(고전 12:3). 이렇게 성령을 통해 예수를 주라고 시인하여 구원받고 그리스도의 몸에 속하게 되는 것을 성령세례라 합니다. 고전 12:13절입니다. "우리가 유대인이나 헬라인이나 종이나 자유인이나 다 한 성령으로 세례를 받아 한 몸이 되었고 또 다 한 성령을 마시게 하셨느니라" 그러므로 성령세례란 성령으로 거듭나 구원받음으로 그리스도의 몸인 교회에 속하는 것입니다. 성령세례는 성령의 역사 속에서 복음의 진리를 깨닫고, 그리스도인이 되며, 성령이 우리 안에 내주하게 되는 것입니다.

② 때로는 이때, 즉 성령이 처음 임하실 때, 성령으로 충만해지는 이들도 있습니다. 오순절 성령강림 때, 성령충만의 역사가 그것입니다. 그러나 성령이 임하시어 구원의 역사를 베푸시는 성령세례와 성령이 충만하게 역사하여 능력 있는 그리스도인으로 살아가게 하는 성령충만과는 큰 차이가 있습니다. 이는 예수님께서 오시어 "양으로 생명을 얻게 하는 일"(성령세례)와 "풍성한 삶을 얻게 하는 것"(성령충

만)의 차이 이기도 합니다.

나. 성령충만은 성령의 지배(다스림)를 받는 것을 말합니다.

① 성령충만은 성령께서 우리를 온전히 다스리는 것을 말합니다.

먼저 "충만하다"는 말은 "가득하다"는 뜻입니다. ㄱ. 물질적 의미로 보시면 "차고 넘친다." 물이 컵에 차고 넘친다/충만하다는 의미를 가지고 있고 ㄴ. 인격적인 의미로 보시면 "사로잡다.", "지배하다."라는 의미를 가집니다. Taylor의 헬라어 사전에 보면 "무엇이 마음을 사로잡을 때 충만하다"고 합니다. 무엇인가가 내 마음을 꽉 사로잡고 있으면 그것(그 사람)이 내 마음에 충만하다고 말합니다. 어떤 사람이 자거나 깨거나 사업만 생각합니다. 다른 것은 거들떠보지도 아니합니다. 가정도 돌아보지 아니합니다. 그 사람 마음은 사업으로 가득차 있습니다. 사업충만입니다. 어떤 사람이 사랑을 하게 되었습니다. "앉으나 서나 당신 생각"뿐입니다. 그 사람이 그의 마음과 생각을 사로잡고 있습니다. 그의 모든 행동이, 삶이, 어떻게 하면 사랑하는 이를 기쁘게 할까 하는 생각뿐입니다. 이 사람은 그 사랑하는 사람으로 충만합니다. 그 사람이 지배하고 있습니다.

② 본문 18절입니다. "술 취하지 말라 이는 방탕한 것이니 오직 성령으로 충만함을 받으라" 이 구절은 철저히 인격적 차원에서 거론 되어야 합니다. "술 취한 사람"은 술기운의 지배를 받고 사는 사람입니다. 사람은 마땅히 술기운으로 살아서는 안 됩니다. 성령의 기운, 성령의 능력으로 살아야 합니다.

③ "성령으로 충만하다"는 의미는 "성령의 기운으로 산다", "성령

의 감동으로 산다"는 것입니다. "성령충만" 이는 우리의 전인격(지.정.의)이 성령님에 의해 온전히 지배받고 살아가는 삶을 말합니다.

사랑하는 성도 여러분, 누가(무엇이) 여러분의 삶을 주장하고(지배하고) 있습니까? 사업, 돈, 술, 도박, 건강에 대한 압박감, 무엇이 여러분의 삶을 주장합니까? 자녀, 아내, 남편, 애인, 그 누가 여러분의 삶을 다스리고 있습니까? 여러분 중에 아직 성령님을 여러분의 삶에 모셔드리지 못한 분이 계시다면 바로 이 시간 마음 문을 열고, 성령님을 영접하시기 바랍니다. 여러분 중에 예수 믿고, 성령님이 내주하고 계시지만, 여러분의 삶의 왕좌가 아닌, 한 구석에 계시다면, 그 성령님을 삶의 왕좌에 앉혀드리시기 바랍니다. 그래서 성령님께서 여러분의 삶을 지배하시게 하고, 인도하시게 해드리시기 바랍니다. 그 성령님을 기쁘시게 하며, 온전히 사로잡혀 살아보시기 바랍니다. 가장 행복한, 그리고 가장 능력 있는 그리스도인의 삶을 사시게 될 것입니다.

2. 그러면, 성도가 성령충만해야 할 이유가 무엇입니까?(5:15-18)

오늘 본문 15-18절에서 바울 사도는 우리 성도들의 새로운 삶의 내용을 말해줍니다. *이것을 3번의 "오직"을 중심으로 살펴보면 ① 15절입니다. "지혜 없는 자 같이 하지 말고, 오직 지혜 있는 자 같이 하여…" ② 17절입니다. "어리석은 자가 되지 말고, 오직 주의 뜻이 무엇인가 이해하라" ③ 18절입니다. "술 취하지 말라 이는 방탕한 것이니, 오직 성령으로 충만함을 받으라"

가. 우리는 지혜 있는 자로 살기 위해 성령으로 충만함을 받아야 합니다.

15-16절 말씀입니다. "그런즉 너희가 어떻게 행할지를 자세히 주의하여 지혜 없는 자 같이 하지 말고 오직 지혜 있는 자 같이 하여 세월을 아끼라 때가 악하니라"

① 지혜 있는 삶은 어떻게 행할지 주의하여 사는 삶입니다. "지혜"는 하나님의 관점에서 인생을 보는 것입니다. 그러기에 여호와를 경외하는 것이 지혜의 본질입니다. 하나님의 영인 성령께서 우리를 다스릴 때, 하나님을 경외하며, 하나님의 관점을 갖게 됩니다. 우리는 성령충만 할 때, 진정 하나님을 기쁘시게 하는 바른 판단의 지혜로운 삶을 살게 됩니다.

② 지혜 있는 삶은 세월을 아끼는 삶입니다. "세월을 아낀다"는 말은 "세월을 최대한 이용한다", "세월을 하나님을 위하여 산다"는 뜻입니다. 사랑하는 성도 여러분, 시간은 소중한 것입니다. 우리 모두는 똑같은 양의 시간을 가지고 있습니다. 누구에게나 한 시간은 60분, 하루는 24시간(1440분)입니다. 시간의 길이를 늘일 수 있는 사람은 없습니다. 그러나 지혜 있는 사람은 주어진 시간을 최대한으로 유익하게 사용합니다. 성령님의 다스림을 받을 때, 악한 세상에서 시간을 최대한 이용할 수 있게 합니다. 다시 말해, 성령으로 충만할 때, 우리는 시간을 가장 유용하게 사용할 수 있습니다. 성령이 충만할 때, 세월을 하나님을 위해 살 수 있는 것입니다.

나. 우리는 주의 뜻이 무엇인지 이해하기위해 성령으로 충만함을 받아야 합니다.

17절입니다. "그러므로 어리석은 자가 되지 말고 오직 주의 뜻이 무엇인가 이해하라"

여기서 "어리석은 자"는 누구입니까? 공부를 못하고, 못 배운 사람을 가리키는 말이 아닙니다. "어리석은 자"는 주의 뜻을 모르는 자입니다. 어리석은 자는 자기 뜻을 내세우는 자입니다. 자기 소견에 좋은 대로 사는 자입니다. 어리석은 자는 주의 뜻에 어긋난 삶을 사는 자입니다. 우리가 주님의 뜻을 이해하려는데 성령의 다스리심(성령으로 충만함)을 받아야 합니다. 왜 그렇습니까? 고전 2:10-11절이 말해 줍니다. "성령은 하나님의 깊은 것까지도 통달하시는 분이요, 하나님의 일은 하나님의 영 외에는 아무도 알지 못하기 때문입니다." 성령님만이 하나님의 뜻을 마로 발견하게 하시는 분이십니다. 그러므로 우리가 하나님의 뜻이 무엇인지 발견하려고 할 때, 우리는 인정이나, 이익이나, 감정에 사로잡혀서는 아니 됩니다. 오히려 하나님의 영, 성령께 사로잡혀야 합니다. 그러면 우리를 다스리시는 성령께서 우리 삶에 대한 하나님의 뜻을 가르쳐 주실 것입니다.

다. 우리는 방탕한 삶을 피하기 위하여, 성령으로 충만함을 받아야 합니다.

18절을 보시겠습니다. "술 취하지 말라, 이는 방탕한 것이니, 오직 성령으로 충만함을 받으라"

여기 술 취함과 성령으로 충만함 사이에는 외관상 유사점이 있습니다. 이는 "술 취한 사람"이 "술기운"으로 무엇을 하려고 하듯이 성령으로 충만한 그리스도인들은 성령님의 영향과 능력에 좌우되기 때문입니다. 그러나 술 취함과 성령으로 충만함은 아주 다릅니다. 영국의 Martin Lloyd Jones는 의사이며, 목사로서 술 취함과 성령으로 충만함이라는 두 상태를 잘 비교, 대조해 주고 있습니다. 술(알코홀)은 약물학적 관점에서 말한다면, 활성제가 아니고 억제제입니다. "술은 무엇보다 우선 두뇌에 있는 모든 것의 최중심부를 억제한다. 이들은 사람에게 자제력, 지혜, 이해력, 분별력, 판단력, 몸의 균형, 사물에 대한 평가력을 제공해 주는 모든 것. 다시 말해서, 그 사람을 가장 훌륭하게 만드는 모든 것을 통제한다." 그래서 술이 사람을 방탕으로 이끕니다. 이성을 마비시키고, 짐승적 본능을 자극하여, 육을 따라 살게 합니다. 그래서 "술 먹으면 개가 된다"는 말도 있습니다. 우리를 방탕과 세상에 빠지게 하는 모든 것입니다. 그러나 성령님은 우리의 모든 기능, 정신, 지성, 마음, 의지 등이 바로 작용할 수 있도록 활성화해 주시는 분이십니다. 성령님은 우리에게 하나님을 향한 마음을 일으켜 주시고, 그리스도를 닮아가게 해주십니다.

현대인은 무엇인가에 취해서 살아갑니다. 무언가의 지배를 받고 살아갑니다. 어떤 이들은 술, 담배, 마약, 도박에 취해서 방탕한 삶으로 가는 이들이 있습니다. 혹 여러분 중에 이런 것에 취해서 살고 계신 분은 아니 계신지요? 끊고 싶어도 내 힘으로는 끊을 수 없어 안타까워하시는 분은 아니 계신지요? 혹 술, 담배, 도박을 하더라고, 먼저 교회는 나오셔야 합니다. 그것들을 끊고, 교회에 나오려는 것은 불가능 합니다. 교회에 나오셔서, 은혜 받고, 성령의 도우심을 받으세요. 주님께 아뢰세요. 그런 것들을 끊어 주시라고 기도하세요. 아니, 성령으로 충만하게 해 주시길 간절히 간구하세요. 성령님께서 여러분을 온전히 다스리시면, 그 다른 모든 지배에서 여러분을 자유하게 해 주실 것입니다. 그리고 나아가 성령님께서는 의와 평강과 희락의 아름다운 삶을 가져다 주시는 것입니다. 유혹 많은 세상에서 방탕한 삶을 피하기 위해 우리는 성령으로 충만함(성령의 온전한 다스림)을 받아야만 하는 것입니다.

3. 그러면 성령으로 충만함은 어떻게 받으며, 어떻게 계속되어 집니까?(엡 5:18–21)

본문의 구조를 보면, "성령으로 충만함을 받으라"는 본동사에, 4개의 현재분사가 뒤따르고 있습니다(현재진행형/계속 진행되는 것). ① "화답하여" ② "노래하며, 찬송하며" ③ "감사하며" ④ "복종하며…" 이 4개의 현재분사는 본동사인 "성령으로 충만함을 받으라"를 수식합니다. 곧 성령께서 능력으로 우리 삶속에서 역사하시는 길을 보여 주십니다. 이 4가지 일에 우리가 계속하여 성령으로 충만함을 받으며, 계속하여, 성령의 다스림 속에 살아가기 위해 꼭 필요한 것입니다.

가. 19절 상반절을 보시겠습니다. "시와 찬송과 신령한 노래들로 서로 화답"하므로 성령충만 하라.

여기서 말하고 있는 것은 그리스도인들 사이에 이루어지는 영적교제(fellowship)입니다. 시와 찬송과 신령한 노래들로 "서로" 화답하며, 교제하는 곳은 공적 예배입니다. 예배드릴 때, 성령께서 충만하게 역사하십니다. 특히 찬양으로 하나님께 영광 돌릴 때, 성령께서 상하게 역사하십니다(시편 22:3). "이스라엘의 찬송 중에 계시는 주여 주는 거룩하시니이다" 우리는 예배를 통한 성도의 영적 교제를 소중히 여겨야 합니다. 예배 중에 성령의 임재와 성령의 강력한 역사가 있습니다.

나. 19절 하반절을 보시겠습니다. "너희는 마음으로 주께 노래하며 찬송"하므로 성령충만 하라.

여기서 노래하고 찬양하는 것은 "서로"가 아니라 "주께" 향하는 것입니다. "너희의 마음으로"는 "마음을 다하여", "전심으로", "중심에서"의 뜻입니다. 내가 마음 중심에서 주님을 즐거워하며, 경배와 찬양을 드릴 때, 성령께서 강력하게 역사하십니다. 사랑하는 성도 여러분, 찬송 부를 때, 설렁 설렁 적당히 부르지 마세요. 힘껏, 전심으로, 마음을 다해 찬양을 불러 보세요. 예배에서 찬양을 인도하는 이들은 회중이 "전심으로", "중심에서" 주께 찬송할 수 있도록 준비하여야 할 것입니다.

다. 20절을 보시겠습니다. "범사에 우리 주 예수 그리스도의 이름으로 항상 하나님 아버지께 감사"하므로 성령충만 하라.

바울 사도는 그의 서신에서 종종 "감사하라"고 권고 하십니다. "범사에 감사하라"이는 감사하는 마음속에 성령의 강력한 역사가 있기 때문입니다. 원망, 불평, 짜증내는 마음은 성령님의 역사와 조화될 수 없습니다. 성령을 보면, 하나님의 백성 이스라엘을 따라 다니며, 괴롭히던 죄 가운데 하나가 바로 원망하고 불평하는 것입니다. 그들은 줄곧 하나님과 그들의 지도자인 모세를 향하여 투덜거렸습니다. 기쁨이 없었습니다. 그러나 성령으로 충만한 성도는 불평이 아닌 감사로 충만하게 됩니다. 항상, 범사에, 쉬지 말고, 예수 그리스도의 이름으로 하나님께 감사하는 생활을 하시므로 성령으로 충만한 삶을 살아가시길 축원합니다.

라. 본문 21절을 보시겠습니다. "그리스도를 경외함으로 피차 복종"하므로 성령으로 충만하라.

성령충만은 인간관계에서 그리스도를 경외함으로 피차 복종할 때 역사하며 유지됩니다. 내가 예수 그리스도를 주님으로 섬기기에, 주님께서 맺어주신 인간관계 속에서 "주님께 하듯" 피차(서로) 자기 역할을 잘 하라는 것입니다. 바울 사도는 이어서, "그리스도를 경외함으로 피차 복종"해야 할 3가지 중요한 인간관계를 소개하고 있습니다. ① (5:22-33) 아내와 남편의 관계입니다. ② (6:1-4) 자녀와 부모의 관계입니다. ③ (6:5-9) 종과 상전의 사이입니다.

이 일상적인 인간관계 사이에, 그리스도를 경외함으로 피차 복종할 때, 성령께서 충만하게 능력으로 역사하십니다. 때로 우리 중에는 성령충만의 환상을 보고, 방언을 하고, 능력을 행하는 등의 일로 생각하는 이들이 있습니다. 그런 것도 있습니다. 은사적 역사입니다. 그러나 바울 사도는 성령충만이 일상적 삶에 있는 인간관계 속에 나타나고, 실현됨을 말하고 있습니다. 인격적 역사입니다. 생활의 성결입니다. 복종의 반대는 거스림입니다. 거스림(불순종)은 죄의 원형입니다. 거스림이 있는 곳에 성령의 역사는 중지하십니다. 우리가 그리스도인이라고 하면 서로 공격성이 강하고, 자기주장만 내세우고, 경솔할 때, 성령께서는 우리 멋대로 하도록 내버려 두십니다. 그러나 겸손히 온유함으로, 그리스도를 경외함으로, 피차(서로) 복종할 때, 성령께서 놀라웁게(충만하게) 역사하시는 것입니다. 인간관계에서 우리가 서로 복종하는 근거는 그리스도를 경외하기 때문입니다. 나와 그리스도의 관계가 나와 이웃의 관계에서 나타나야 하는 것입니다.

사랑하는 성도 여러분, 아내와 남편 사이에 그리스도를 경외함으로 피차(서로) 자기 고집을 꺾고 복종함이 있으신지요. 자녀와 부모 사이에 그리스도를 경외함으로 피차(서로) 자기 고집을 꺾고 복종함이 있으신지요. 고용인과 고용주 사이에 그리스도를 경외함으로 피차(서로) 자기 고집을 꺾고 복종함이 있으신지요. 그리스도를 경외함으로 피차 복종하므로 성령으로 충만함 받는 이 세 관계에 대하여는 다음 주부터 계속해서 자세히 살펴보도록 하겠습니다.

4. 본문 18절에 “성령으로 충만함을 받으라”는 동사(πληρουσθε 플레루스세)가 우리에게 주는 교훈은 무엇입니까?

가. 명령형입니다.

성령으로 세례 받으리라(서술형), 성령으로 충만함을 받으라(명령형) “명령으로 충만함을 받으라”는 것은 단지 제안이 아니라 권위 있는 명령입니다. 우리는 성령으로 충만해야 합니다. 이것이 하나님의 뜻이요, 명령입니다. 성령으로 충만해야 세상의 빛과 소금으로, 그리스도를 닮은 자로 살아갈 수 있습니다.

나. 복수형입니다.

"성령으로 충만함을 받으라"는 것은 교회 공동체 전체를 향해 주신 명령입니다. 오늘 이곳에 와서 예배하는 우리 모두를 향하여 주신 명령입니다. 우리 중 한 사람이라도 술 취해서 술기운으로 살아서는 안 됩니다. 우리 모두가 성령으로 충만함을 받아야 합니다.

다. 수동형입니다.

이는 "성령께서 너희를 다스리시게 하라"입니다. 그러므로 성령으로 충만하기 위해 우리가 배워야 할 기술이나 암기 공식은 없습니다. 성령님께 겸손히 우리 자신을 내어 드려야 합니다. 그러나 우리는 성령께서 근심하시는 일에서 뉘우치고 돌아서야 합니다. 그리고 성령님께 내 자신을 온전히 맡김으로, 성령께서 나를 온전히 다스려 주시도록 해야 할 것입니다.

라. 현재형입니다.

이는 한 번 성령으로 충만한 것으로 끝나는 것을 말하는 것이 아닙니다. 이는 늘, 계속하여, 성령으로 충만한 상태(성령님께 지배 받는 상태)에 있으라는 것입니다. 과거 한 때, 은혜 받은 것이 중요한 것이 아닙니다. 지금, 바로 이 시간에 성령으로 충만 하라는 것입니다. 그리고 그 성령충만이 늘 계속되도록 주님과 함께 살라는 것입니다. 거기에 인생의 참 행복이 있습니다. 풍성한 삶이 있습니다. 하나님이 영광 받으시는 삶이 있습니다. 늘 성령으로 충만하여, 하나님을 기쁘시게 하는 풍성한 삶이 있으시길 축원합니다.

존경하고, 사랑하여

에베소서 5장 22~33절

그리스도인의 가장 복된 삶은 성령께서 온전히 다스리시는 성령 충만한 삶입니다. 이는 인간의 삶에 바른 관계를 가져다줍니다. 그리스도를 경외하므로 피차 복종하여 성령 충만을 누리고 유지해야할 첫 번째 관계는 남편과 아내의 관계입니다. 남편과 아내의 관계는 인간관계의 가장 근본입니다. 이는 존경과 사랑의 관계입니다.

1. 아내가 남편에게 대할 태도는 복종과 존경입니다(5:22-24).

가. (명령): "아내들이여, 자기 남편에게 복종하라"(22절)

① 이는 남편과 아내의 관계에서 주어진 명령입니다.

② 복종의 태도는 "주께 하듯 하라"입니다.

나. (이유): 남편이 아내의 머리(지도자)이기 때문입니다(23절).

① 남편과 아내는 머리와 돕는 배필의 관계입니다.

② 남자는 존경받을 때 사랑을 느낍니다.

다. (범위): 범사에 남편에게 복종해야 합니다(24절).

2. 남편이 아내에게 해야 될 태도는 사랑과 돌봄입니다(5:25-30).

가. (첫명령): 그리스도께서 교회를 사랑하심 같이 아내를 사랑하라(25-27절).

① 자신을 주시어 사랑하십니다(25절).

② 그리스도께서 교회를 위해 자신을 내어주신 이유는(26–27절)?

Ⓐ 교회를 깨끗하고 거룩하게 하십니다.

Ⓑ 교회를 영광스럽게 하십니다.

Ⓒ 교회를 거룩하고 흠이 없게 하십니다.

나. (둘째명령): 자기 몸같이 아내를 사랑하라(28–30절).

① "자기를 사랑하듯이"

② "양육하고 보호하므로"

3. 남편과 아내의 관계는 그리스도와 교회의 관계와 같습니다 (5:31–33).

가. 남편과 아내는 한 몸입니다(31절, 창2:24).

① 독립성: "남자가 부모를 떠나"

② 연합성: "그 아내와 합하여"

③ 합일성: "둘이 한 몸을 이룰지로다"

나. 한 몸 되는 결혼은 큰 비밀(a great mystery)입니다.

다. 남편과 아내의 관계는 사랑과 존경의 관계입니다.

남편을 경외하며, 존경하고, 복종할 수 있는 아내는 행복합니다. 아내를 위해 자기 몸을 주고, 아내를 양육하고, 보호하며, 성숙케 하는 남편은 행복합니다. 남편과 아내는 사랑과 존경의 관계입니다. 이는 그리스도와 교회의 관계와 같은 것입니다. 남편과 아내가 그리스도를 경외함으로, 피차 복종할 때, 성령으로 충만한 역사가 일어나며, 계속되어질 것입니다.

에베소서 강해28

존경하고, 사랑하여

에베소서 5장 22~33절

우리 그리스도인의 가장 복된 삶은 성령 충만한 삶입니다. 성령 충만한 삶이란 성령께서 온전히 다스리시는(지배하시는)삶을 말합니다. 이는 희한한 능력으로 역사하는 것을 말하는 것이 아닙니다. 인간의 삶에 바른 관계를 가져다주는 것을 말합니다. 성령 충만은 우리를 다른 어떤 초월적 세상으로 인도하는 것이 아닙니다. 세상 속에서, 비뚤어지고, 잘못된 관계들을 바로 할 수 있는 힘을 줍니다. 그 관계의 중심은 21절에 나오는 바대로 "그리스도를 경외함으로 피차 복종하라"입니다. 그리스도를 경외함으로 피차 복종하며, 성령 충만을 이루어 나가야 할 중요한 3가지 관계가 있습니다.

① 남편과 아내의 관계(5:22-33) ② 부모와 자녀의 관계(6:1-4) ③ 상전과 종의 관계(6:5-9)입니다. 이중 오늘 남편과 아내의 바른 관계에 대하여 살펴보려 합니다. 남편과 아내의 관계는 인간관계의 가장

근본이 되는 관계입니다. 여기에도 성령의 충만하심 속에 그리스도를 경외하므로 피차 복종해야 하는 관계입니다. “피차 복종”을 좀 더 구체적으로 하면, 복종과 사랑의 관계요, 존경과 사랑의 관계입니다. 먼저 아내가 남편에게 해야 할 태도는 복종과 경외(존경)입니다. 22절 “아내들이여, 자기 남편에게 복종하기를 주께하듯 하라” 24절 “… 아내들도 범사에 자기 남편에게 복종할 지니라” 33절 “… 아내도 자기 남편을 존경하라 또한 남편이 아내에게 해야 할 태도는 사랑입니다. 25절 “남편들아 아내 사랑하기를 그리스도께서 교회를 사랑하시고, 그 교회를 위하여 자신을 주심 같이 하라” 28절 “이와 같이 남편들도 자기 아내 사랑하기를 자기 자신과 같이 할지니, 자기 아내를 사랑하는 자는 자기를 사랑하는 것이라” 이제 이 남편과 아내의 관계 즉 존경과 사랑의 관계에 대해 좀 더, 자세히, 본문을 통해 살펴보려 합니다.

1. 아내가 남편에게 대할 태도는 복종과 존경입니다(5:22-24).

여기 먼저 아내들에게 주어지는 명령(권면)이 있습니다.

가. (명령) “아내들이여, 자기 남편에게 복종하라”(22절)

① 이는 남편과 아내의 관계에서 주어진 권면이지, 남자와 여자의 관계에서 있는 것이 아닙니다. 그러기에, 우리는 남자라고 아무 여자에게나 복종을 요구해서는 안됩니다. 복종은 하나님이 허락하신 지도력을 인정하는 것입니다. 지도자의 말에 귀를 기울이는 것입니다.

문제의 마지막 결정전이 지도자에게 있음을 뜻합니다. 주님을 나타내는 삶의 태도입니다.

② 아내가 남편에게 복종하는 태도는 "주께 하듯하라"입니다. 주께 하듯 하라! 이는 종이 주인에게 하듯하라는 것입니다. 신하가 왕께 하듯하라는 것입니다. 교회가 주님께 하듯하라는 것입니다. 성도가 주님께 하듯하라는 것입니다. 사랑하는 "아내 여러분" 여러분은 여러분의 남편을 주께 하듯 복종하고 계신지요? 남편을 주님을 섬기듯 그렇게 섬기고 계신지요? 복종이 축복의 길이요, 성령께서 충만하게 역사하시는 길입니다. 그러면, 아내들이 남편에게 복종해야 하는 이유가 무엇입니까?

나. (이유) 남편이 아내의 머리(지도자)이기 때문입니다(23절).

23절 "이는 남편이 아내의 머리됨이 그리스도께서 교회의 머리됨과 같음이니, 그가 바로 몸의 구주시리라"

① 남편과 아내는 한 몸 안에서 머리와 돕는 배필의 관계입니다. 한 여자가 한 남자를 남편으로 맞이한다는 것은 "머리"(지도자)로 맞이한다는 것입니다. 부부가 된다는 것은 한 몸이 되는 것입니다. 한 몸에는 머리가 "하나" 있습니다. 머리가 "둘"이면 괴물이 됩니다. 남편과 아내는 하나님 앞에서 인격적으로 동등합니다. 그런데, 둘이 한 몸을 이룬다는 것은 서로 다른 역할을 담당하면서 그리스도를 경외함으로 피차 복종하여, 한 몸을 이루는 것입니다. 이때, 남편이 "머리"(지도자)역할을 하고, 아내는 돕는 배필이 됩니다.

이는 마치 우리가 예수님 믿는 다는 것이, 예수님을 주님으로 (머리로, 지도자로) 모시고, 복종하고, 따르는 것과 같습니다. 복종은 하나님이 허락하신 지도력을 인정하는 것입니다. 아내가 남편에게 복종한다는 것도, 하나님께서 남편을 머리로 세우신 것에 순종하는 태도입니다. (창 2:18) "여호와 하나님이 이르시되, 사람이 혼자 사는 것이 좋지 아니하니, 내가 그를 위하여 돕는 배필을 지으리라 하시니라" (창 3:16하) "너는 남편을 원하고 남편은 너를 다스릴 것이니라 하시고…" 우리가 머리를 머리고 인정하지 않을 때, 혼란이 옵니다. 몸의 지체가 머리의 지시를 따르지 않으면, 불구(장애)가 됩니다. 교회가 머리되신 예수 그리스도의 뜻에 복종하지 않을 때 혼란하듯이 가정도 머리되는 남편을 복종하지 않을 때 혼란합니다. 그러기에 남편(머리)의 역할이 얼마나 중요한지 모릅니다.

② 남편들에게는 존경받고 싶은 심리가 있습니다. 남자는 존경 받을 때 사랑을 느낍니다.

다. (범위) 범사에 남편에게 복종해야 합니다(24절).

(24절) "그러므로 교회가 그리스도에게 하듯 아내들도 범사(in everything)에 자기 남편에게 복종 할 지니라"

① 아내는 모든 일에 남편에게 복종해야 한다고 했습니다. 여기 "복종"은 문제의 모든 결정권은 남편(지도자)에게 있다는 것입니다. 나아가 "복종"은 주님이 세운 질서를 인정하므로 주님을 드러내는 것입니다.

② 여기 중요한 문제가 있습니다. 남편(지도자)이 바르지 않은 길로 나가는데 어떻게 복종하느냐는 것입니다. 그러기에, 아내들은 늘

남편의 바른 지도를 위해 기도해야 합니다. 언제나, 범사에 복종하며 따라가도 기쁠 수 있는 그런 남편을 만난 아내는 진정 행복한 사람입니다. 우리 말에 머리가 나쁘면 손발이 고생한다는 말이 있습니다. 남편이 잘 못하면, 그를 따르는 아내와 가족이 고생인 것입니다. 혹 아직 미혼이시거나, 미혼인 딸을 가지신 분은 어떠한 신랑감을 구해야 할까요? "범사에" 그에게 복종해도 될 만한 그런 인격과 판단력을 가진 사람입니다. 그러기에 존경하고 따를 수 있는 남편(머리, 지도자)를 얻은 여인은 행복한 사람입니다.

2. 남편이 아내에게 해야 할 태도는 사랑과 돌봄입니다(5:25-30).

성경은 남편이 아내를 사랑하는 길을 2가지 면에서 말해주고 있습니다.

가. (첫명령) 그리스도께서 교회를 사랑하신 것처럼 아내를 사랑하라(25-27절).

그러면 그리스도께서 교회를 어떻게 사랑하셨습니까?

① 자신을 주시어 사랑하셨습니다(25절).

(25절) "남편들아 아내 사랑 사랑하기를 그리스도께서 교회를 사랑하시고, 그 교회를 위하여 자신을 주심같이 하라"

여기 그리스도께서 교회를 위하여 자신을 주셨다는 것은 그리스도의 십자가 사건을 의미합니다. 하나님의 원하시는 가정을 이루기 위해, 남편은 그리스도께서 교회를 사랑하시듯이 자기 아내를 사랑해야 합니다. 여기서 사랑의 기준은 그리스도의 사랑입니다. 즉, 그리스도께서 우리를 위해 십자가 지심으로 생명을 바치신 것처럼 사랑해야 합니다. 남편은 그리스도의 희생적 사랑을 가정에서 실천해야 합니다. 남편 여러분, 아내를 위하여, 십자가를 지고, 자신을 희생하시는지요?

② 그러면, 그리스도께서 교회를 위하여 자신을 내어주신 이유(목적)는 무엇입니까? ㄱ. 교회를 깨끗하고 거룩하게 하십니다(26절) 26절 "이는 곧 물로 씻어 말씀으로 깨끗하게 하사 거룩하게 하시고" 교회를 물로 씻어 깨끗하게 하고, 거룩하게 한다는 것은 교회를 모든 죄와 불의에서 정결하게 하여, 하나님께 헌신된 새 언약의 백성이 되게 하는 것을 의미합니다. 그리스도는 자기 종들을 통해 복음의 진리를 선포하지 않고는 결코 죄인들을 정결하고 거룩하게 하지 않으십니다. 먼저, 복음의 진리가 전파되어야 합니다. 그리고 복음의 진리를 듣는 이들이 마음으로 믿고 입으로 예수를 주로 시인해야 합니다(롬 10:9-15). 그리스도는 복음의 진리를 듣고 믿는 이들을 자기 보혈로(십자가의 보혈로)정결하고, 거룩하게 하십니다. 이런 점에서 바울 사도는 그리스도께서 교회를 자기 피로 씻어 거룩하고, 정결하게 하시는 일이 복음의 진리를 통해 일어난다고 말하는 것입니다. 남편 여러분, 영적 지도력을 찾아, 아내들을 진리로 정결하게 하고, 믿음에 굳게 서도록 도와주어야 하겠습니다.

ㄴ. 교회를 영광스럽게 하십니다(27절상) 27절상 "자기 앞에 영광스러운 교회로 세우사 티나 주름 잡힌 것이나 이런 것들이 없이" 그리스도께서 정결하고, 거룩하게 하신 교회는 "영광스러운 교회" 또는

"찬란한 교회"로 그리스도 앞에 서게 될 것입니다. 그때 교회는 얼룩(티)나 주름이나 또는 이런 것들이 전혀 없이 완벽하게 될 것입니다. 남편 여러분, 아내들을 세워주시는지요? 허물이나 약점을 대신 맡아주고 영광스럽게 세워주시는지요? 아니면 혹시나 아내를 무시하고, 면박주어야 권위 있는 남자가 된다는 착각을 하고 계시지는 않는지요? 아내가 "티나 주름 잡힌 것이 없도록" 세워준다는 것은 무슨 말입니까? 주눅들거나 그늘지지 않고, 밝게 피어나도록 세워주는 것을 말합니다.

ㄷ. 교회를 거룩하고 흠이 없게 하십니다(27절하) 27절하 "거룩하고 흠이 없게 하려 함이라" 여기 바울 사도는 교회의 거룩함을 다시 한 번 강조합니다. 그리스도께서 교회를 위하여 자기를 내어주신 목적은 교회를 거룩하고 흠이 없게 하는데 있습니다. 그리스도께서 교회를 거룩하고 흠이 없는 영광스러운 신부로 자기 앞에 세우시는 것은 새로운 인류를 창조하신 하나님의 구속 역사의 절정입니다. 그리스도는 교회를 위하여, 자기를 내어주셨을 뿐 아니라, 성령과 말씀을 통해 교회를 정결하고, 거룩하게 하시는 일을 이미 시작하셨습니다. 지상의 교회는 죄 많은 인간들이 모인 공동체이므로, 죄와 허물로 오염되며, 세상의 비난과 조롱과 멸시를 받기까지 합니다. 그러나 그리스도는 교회의 모든 약점들과 문제들을 아시면서도 교회를 여전히 자기 신부로 대하십니다. 그리고 계속해서 교회를 말씀과 성령을 통해 정결하고, 거룩하게 하며, 마침내 티나 주름이 없이 찬란히 빛나는 영광스러운 신부로 자기 앞에 세우실 것입니다. 지상의 교회는 불안전하고 흠이 많음에도 불구하고 여전히 그리스도의 거룩한 신부인 것

입니다. 사랑하는 남편 여러분, 아내의 부족과 허물을 끊임없이 돌아보아 거룩한 신부로 세워나가시기 바랍니다.

나. 남편이 아내를 사랑하는 두 번째 길은 (둘째명령)

"자기 몸같이 아내를 사랑하라"(28-30절)

① "자기를 사랑하듯이"

28절 "이와 같이 남편들도 자기 아내 사랑하기를 자기 자신과 같이 할지니, 자기 아내를 사랑하는 자는 자기를 사랑하는 것이라"

여기 "이와 같이"라는 부사는 그리스도께서 교회를 거룩하고 영광스럽게 하시려고 교회를 위하여 자신을 내어주신 희생적 사랑을 가리킵니다. 그리스도는 교회의 머리지만 교회 위에 군림하여, 섬김을 받으시기보다, 교회를 사랑하시고, 교회를 위하여 자신을 내어 주셨습니다. 이와 같이 남편들도 아내의 머리라고 해서 아내위에 군림하거나, 아내에게 희생을 요구할 것이 아니라, 오히려 아내를 사랑하고, 아내를 위해 자신을 내어 주어야 한다는 것입니다. 남편들은 자기 아내가 비록 순종적이지 않다고 하더라도, 아내를 무조건적으로 사랑해야 합니다. 남편들이 자기 아내를 사랑해야 하는 것은 아내에 대한 의무이기 이전에 주님에 대한 의무이기 때문입니다.

② "양육하고 보호하므로"

29절 "누구든지 언제나 자기 육체를 미워하지 않고, 오직 양육하고 보호하기를 그리스도께서 교회에게 함과 같이 하나니…"

그리스도께서 자기 몸인 교회를 사랑하여, 교회를 먹이고 보살피시는 것처럼, 남편들도 자기와 한 몸인 아내를 먹이고, 보살펴야 하는 것입니다. 여기 "양육하다"(nourishes)는 성장에 이르기까지 계속 하여 돌아보는 것입니다. 또 "보호하다"(cherishes)는 소중히 하다. 따뜻한 애정을 갖고 양육하다는 것입니다. 그리스도께서 교회가 성숙하도록 애정을 갖고, 소중히 돌아보시는 것처럼, 남편들은 아내를 돌보고, 보호하여, 성숙하도록 인도해야 합니다. 아내는 남편이 자기의 성장을 위해 관심하고 돌본다는 것을 깨달을 때 행복합니다.

3. 남편과 아내의 관계는 그리스도와 교회의 관계와 같습니다(5:31–33).

가. 남편과 아내는 한 몸이 되어야 합니다(31절, 창2:24).

(창 2:24) "이러므로 남자가 부모를 떠나 그의 아내와 합하여 둘이 한 몸을 이룰지로다"

① 독립성: "남자가 부모를 떠나…" 이제 부모의 보호와 통제로부터 떠나, 한 가정을 책임지는 성숙한 존재로 살아가야 합니다. 이는 "거리"를 떠나 살라는 것이 아닙니다. 정신적 문제입니다. 부모를 의존하는데서 떠나 독립하라는 것입니다.

② 연합성: "그 아내와 합하여" 남자와 여자가 어느 한 쪽이 지배하거나, 예속되는 것이 아닙니다. 동등한 두 인격체가 서로를 존중하는 가운데, 자기의 역할을 잘 감당하여, 연합을 이루어야 합니다.

③ 합일성: "둘이 한 몸을 이룰지로다" 이는 외적으로 육체적 합일을 의미합니다. 나아가 모든 것을 함께 나누는 전인격적 합일을 의미합니다. 그리하여 촌수가 없는 한 몸을 이루는 것입니다(부모의 자녀

1촌, 형제 2촌, 부부는 남남이 만나 촌수 없는 합이 이른). 그러기에 결혼은 신비입니다.

나. 한 몸되는 결혼은 큰 비밀(a great mystery)입니다(32절).

32절 " 이 비밀이 크도다 나는 그리스도와 교회에 대하여 말하노라"

남자와 여자가 결혼해 한 몸을 이루는 일에는 하나님의 놀라운 계획이 들어 있습니다. 남편과 아내의 관계는 그리스도와 교회의 신비를 보여주는 통로이기 때문입니다. 남편과 아내에 관한 말씀과 그리스도와 교회에 관한 말씀이 함께 나오며, 그들이 서로 긴밀하게 연결되어 있습니다. 그러면서 그리스도와 교회의 관계를 통해 남편과 아내의 이상적인 관계를 규정해 주고 있습니다. 남편과 아내의 하나 됨은 전 인류와 우주 만물을 위한 하나님의 목적인 하나됨, 즉 현재 그리스도와 교회의 관계 안에 실현되고 있는 하나됨을 반영합니다. 따라서 그리스도와 교회가 영적으로 하나된 것처럼, 남편과 아내도 서로 복종하고 사랑함으로 온전히 하나가 되어야 합니다.

다. 남편과 아내의 관계는 사랑과 존경의 관계입니다(33절).

33절 "그러나, 너희도 각각 자기의 아내 사랑하기를 자신같이 하고, 아내도 자기 남편을 존경하라"

여기 결론부분에서 바울사도는 남편과 아내가 서로 사랑하고 존경할 것을 권면합니다. 여기 주의해야 할 것은 바울 사도가 남편에 대해 아내가 갖추어야 할 태도를 "복종하다"에서 "존경하다"로 바꾸었다는 것입니다. 이는 남편에 대한 아내의 바른 태도가 상명하복 관계에서의 복종이 아닌, 남편의 권위에 대한 인정과 "존경"임을 보여 줍니다.

결혼은 하나님의 선물이자 구원을 드러내는 신비입니다. 가정은 하나님의 아름다움을 드러내는 이 땅의 천국입니다. 우리 가정이 천국이 되도록 주의 말씀에 순종해야 합니다. 남편을 경의하며, 존경하고, 복종할 수 있는 아내는 행복합니다. 아내를 위해 자기 몸을 주고, 아내를 양육하고, 보호하며, 성숙케 하는 남편은 행복합니다. 남편과 아내는 사랑과 존경의 관계입니다. 이는 그리스도와 교회의 관계와 같은 것입니다. 신비로운 관계입니다. 남편과 아내가 그리스도를 경외함으로 피차 복종할 때 성령으로 충만한 역사가 일어나며, 계속 되어질 것입니다.

공경하고, 양육하여

에베소서 6장 1~4절

그리스도인의 가장 복된 삶은 성령께서 온전히 다스리시는 성령 충만한 삶입니다. 이는 인간의 삶에 바른 관계를 가져다줍니다. 그리스도를 경외하므로 피차 복종하여 성령 충만을 누리고 유지해야할 두 번째 관계는 부모와 자녀의 관계입니다. 이는 공경과 양육의 관계입니다.

1. 자녀가 부모에게 대할 태도는 순종과 공경입니다(6:1-3).

가. (명령) 자녀의 부모에 대한 책임과 의무는 순종입니다(1절 상).
① "순종"이란 "청종하다" 혹은 "말을 귀담아 듣고 복종한다"는 뜻입니다.
② "순종"이란 나아가 공경하는 것입니다.

나. (이유) 자녀가 부모를 순종하고 공경하는 것을 마땅히 해야 할 일입니다(1절 하).
① "이것이 옳으니라"는 말은 "마땅하다", "당연하다"는 의미입니다.
② 우리는 그 마땅하고 당연한 것을 가르치지도 않고 있지는 않는지요?

다. (제한) 부모를 순종하되 "주안에서 하라" 하십니다(1절 중).
① 이는 주님과의 바른 관계 속에서 부모를 따르라는 것입니다.
② 주님의 사랑으로 부모를 순종하라는 것입니다.

라. (순서) 부모를 순종하는 것은 약속 있는 첫 계명입니다(2절).

① 사람과 사람에 대한 수평적인 계명 중 첫째가 되는 계명이라는 것입니다.

② "네 부모를 공경하라"는 계명은 그 뒤에 나오는 계명보다 더 중요한 것입니다.

마. (축복의 약속) 부모를 순종하는 자에게 하나님의 축복이 약속되어 있습니다.

① 잘되는 축복입니다. ② 장수하는 축복입니다.

2. 부모가 자녀에게 해야 될 태도는 노엽게 하지 않고 바로 양육하는 것입니다(6:4).

가. 부모가 자녀를 양육할 때 노엽게 하지 말아야 합니다(4절 상).

① 육체적 확대 ② 심리적 확대

③ 무관심의 확대 ④ 몰이해의 확대

⑤ 부모의 과욕으로 인한 학대

⑥ 부모들이 자신들의 과오를 인정하지 않는 학대

나. 부모가 자녀를 양육할 때, 주의 교훈과 훈계로 해야 합니다(4절 하).

① 양육할 때 주의 교훈으로 해야 합니다: 훈련이나 체벌을 통한 책망

② 양육할 때 주의 훈계로 해야 합니다: 주로 말로써 하는 교훈이나 교정

"마땅히 행할 길을 아이에게 가르치라. 그리하면 늙어도 그것을 떠나지 아니하리라"(잠22:6) 자녀들이 순종 잘하는 부모는 복 있는 부모입니다. 부모들이 바로 양육해 주는 자녀는 복 있는 자녀입니다. 부모와 자녀가 그리스도를 경외함으로 피차 복종하여 성령의 충만한 역사 속에 행복한 가정을 이루어 가시기 바랍니다.

에베소서 강해29

공경하고, 양육하여

에베소서 6장 1~4절

그리스도인의 가장 복된 삶은 성령께서 온전히 다스리시는 성령 충만한 삶입니다. 그리하여 바울 사도는 명령합니다(엡 5:18). "술 취하지 말라 이는 방탕한 것이니 오직 성령으로 충만함을 받으라" 그리고 성령 충만을 얻고, 유지하기 위해 하여야 할 일들을 4가지 말씀하십니다. 시와 찬미와 신령한 노래들로 서로 화답함으로 성령 충만하라. 마음으로 주께 노래하며 찬송하므로 성령 충만하라. 범사에 하나님께 감사함으로 성령 충만하라. 그리스도를 경외함으로 피차 복종함으로 성령 충만하라. 특히 성령 충만은 인간의 삶에 바른 관계를 가져다줍니다.

① 지난주에 우리는 그리스도를 경외함으로 피차 복종해야 하는 첫 번째 관계인 남편과 아내의 관계를 살펴보았습니다. 남편과 아내는 서로 존경하고 사랑하는 관계이어야 합니다.

② 그리스도를 경외함으로 피차 복종하여 성령 충만을 누리고 유지해야 할 두 번째 관계는 부모와 자녀의 관계입니다. 부모와 자녀는 서로 공경하고, 양육하는 관계입니다. 우리는 이 땅에 태어날 때, 부모와의 관계 속에서 태어납니다. 그리고 그 부모와의 관계에서부터 형제관계, 친척관계, 이웃관계로 퍼져갑니다. 결혼안하고 아내 없이, 남편 없이 사는 사람은 있습니다.

그러나 부모 없이 사는 사람은 없습니다. 부모를 모를 수는 있어도 없는 사람은 없습니다. 그러기에 가장 기본적인 인간관계가 부모와 자녀의 관계입니다. 부모와 자녀의 관계에서 그리스도를 경외함으로 피차 복종하므로 성령 충만하라고 하실 때, 부모와 자녀의 관계에서 서로의 책임과 의무는 무엇일까요? 인간관계는 쌍방이 서로의 책임과 의무를 깨닫고, 잘 수행할 때, 복된 관계가 됩니다.

1. 자녀가 부모에게 대할 태도는 순종과 공경입니다(6:1-3).

가. (명령) 자녀의 부모에 대한 책임과 의무는 순종입니다(1절).

(1절) "자녀들아 주 안에서 너희 부모에게 순종하라 이것이 옳으니라"

① "순종"이란 "청종하다" 혹은 "말을 귀담아 듣고 복종한다"는 뜻입니다. 자녀들은 마땅히 부모의 말을 잘 듣고 따라야 합니다. 그런데 요즈음 우리 자녀들을 보면, 부모의 말을 듣기 보다는 친구들의 말을 더 잘 듣고 따라갑니다. 어떤 경우에는, 친구들의 말이나, 자기 고집 때문에 부모를 거스리기도 합니다. "거스리는 것" 그것은 불순종이며, 반항이며, 죄의 본질입니다. 나아가 어떤 자녀들은 거꾸로 부

모들이 자기들의 말을 들어주길 바랍니다. 떼를 쓰며, 결국 부모가 자기 말을 들게 합니다. 그러나 성경은 말합니다. "자녀들아 너희 부모를 주 안에서 순종하라" 자녀들이 부모의 말을 잘 듣고 따르는 부모가 복됩니다.

② 순종이란 공경하는 것입니다. "공경한다"(honor)는 것은 귀히 여기고 존중히 여긴다는 것입니다. 존경심도, 귀중히 여김도 없이 복종하는 것은 종들이 하는 것입니다. 그러나 자녀들이 부모를 복종(순종)함에도 공경함이 따라야 하는 것입니다. 요즈음에 보면, 부모들은 자녀들을 귀중히 여기는데도, 자녀들은 부모를 소중히 여기는 일이 없는 가정들도 봅니다. 그러나 자녀들이 부모를 귀중히 여기고, 존중하는 부모들은 복됩니다.

나. (이유) 자녀가 부모를 순종하고, 복종하는 것은 마땅히 해야 할 일입니다(1절).

(1절) "자녀들아 주 안에서 너희 부모에게 순종하라 이것이 옳으니라"

여기서 "이것이 옳으니라"하는 말은 "이것이 마땅하니라", "당연하리라"는 의미입니다. 즉, 자녀가 부모를 순종하고 공경하는 것은 옳은 일이요, 마땅한 일이고, 당연한 일입니다. 그런데 우리는 그 마땅하고, 당연한 것을 못하고 있지는 않은지요? 우리는 그 마땅하고 당연한 것을 가르치지도 않고 있지는 않은지요?

다. (제한) 그런데, 오늘 본문을 자세히 보면, 부모를 순종하되, "주 안에서 하라"는 것입니다.

그러면, "주 안에서 부모를 순종한다"는 뜻은 무엇입니까?

① 이는 주님과의 바른 관계 속에서 부모를 따르라는 것입니다. 이 말은 부모를 섬기되, 하나님과의 바른 관계 속에서 섬기라는 것입니다. 부모님이 하나님을 믿지 않는 가정에서 신앙 생활하셨던 분들 중에는 교회 다닌다고 매도 맞고, 밥도 굶고, 집에서 쫓겨나신 분도 있을 것입니다. 왜 그렇게 부모를 거역하면서도 교회에 나가셨습니까? "주 안에서" 부모를 순종하려는 것입니다. 부모님이 주 안에 들어오시면 이해하실 것이기에 안타까워하며 인내합니다.

② 주 안에서 부모를 순종하라는 것은 주님의 사랑으로 부모를 순종하라는 것입니다. 어떤 경우에는 공경할 가치가 없는 부모님들도 많이 있을 것입니다. 자녀교육도 제대로 못시켜주고 가난에 찌들리는 고생을 시킨 부모도 있을 것입니다. 또 날마다 술에 취하여, 자기 부인이나 때리고 괴롭히는 아버지를 모신분도 계실 것입니다. 혹은 자식은 돌보지 않고 날마다 계하러 다니고, 놀러 다니는 어머니를 모신 분도 있을 것입니다. 바람난 나간 아버지, 어머니도 있을 것입니다. 그런데 어떻게 그런 부모님을 공경할 수 있겠습니까?

그러기에, "주 안에서", "주의 사랑으로" 부모를 공경하고, 순종하라 하시는 것입니다. 그것이 옳은 것입니다. 그것이 마땅한 것입니다. 그러기에 우리는 이 마땅한 일을 실행하며, 또 자녀들에게 가르쳐야 합니다.

라. (순서) 부모를 순종하는 것은 약속 있는 첫 계명입니다(2절).

(2절) "네 아버지와 어머니를 공경하라. 이것은 약속이 있는 첫 계

명이니…"

① 여기서 "첫계명"이라는 말씀이 중요합니다. 출애굽기 20장에 보면, 하나님께서 10계명을 주셨습니다. 그 중 제1계명부터 제4계명까지는 하나님께 대한 수직적 관계를 위한 계명입니다. 그리고 제5계명부터 제10계명까지는 사람과 사람에 대한 수평적인 계명입니다. 본문에서 부모를 공경하는 것이 첫 계명이라고 하는 것은, 사람과 사람에 대한 수평적인 계명 중 첫째가 되는 계명이라는 것입니다.

② 여기서 우리는 "부모를 공경하라"고 하는 계명이 인간에 대한 계명 가운데, 가장 중요한 것임을 깨달아야 합니다. 우리는 보통 살인하는 것, 간음하는 것, 도적질하는 것을 큰 죄라고 여기고 중한 벌을 내립니다. 그러면서도, 부모에게 불효하고, 거스리는 사람은 별로 대수롭지 않고 생각하는 경향이 있습니다. 잘못입니다. "네 부모를 공경하라"는 제5계명은, "살인하지 말라"고 하는 제6계명보다 더 중요하고, "간음하지 말라"는 제7계명보다 더 앞서 있는 중요한 계명이고, "도적질하지 말라"고 하는 제8계명보다 더 앞서있는 중요한 것입니다.

다시 말하면, 부모에게 불효하는 죄는 살인죄보다 더 크고, 간음죄보다 더 크고, 도적질하는 죄보다 더 크다는 것을 깨달아야 합니다. 그러기에 우리는 이 먼저해야 할 일을 실행하며, 또 자녀들에게 가르쳐야 합니다.

마. (축복의 약속) 부모를 순종하는 자에게 하나님의 축복이 약속되어 있습니다(3절).

(3절) "이로서 네가 잘되고 땅에서 장수하리라"

① 잘 되는 축복입니다. 부모와의 관계는 우리가 이 세상에 태어나서 처음으로 맺는 인간관계입니다. 이 관계에서 실패하기 시작하면, 우리 주변의 모든 관계에서 우리는 비틀거리게 됩니다. 따라서 부모와의 좋은 관계를 맺는 것은 다른 모든 인간관계에 있어서 훌륭한 관계를 맺는 근거가 됩니다. 부모님께 순종하고, 좋은 관계를 갖으십시오. 그러면, 다른 모든 인간관계와 일에서도 확실히 잘 될 수가 있습니다.

② 장수하는 축복입니다("땅에서 장수하리라"). 이 말씀은 부모에게 잘하고 공경하면, 무조건 90-100세 이상 산다는 기계적인 보증은 아닙니다. 우리가 같은 건강을 가지고 있고, 같은 삶의 조건과 환경에 처할 때, 확실히 부모를 순종하는 사람은 기쁨과 그 삶에 충만한 즐거움을 통해서 보다 장수할 수 있는 삶의 조건을 가지고 있다는 것입니다. 사랑하는 성도 여러분, 우리가 자녀들이 잘되고, 땅에서 장수하는 축복을 하나님께로부터 받기를 원한다면, 우리는 우리 자녀들에게 부모를 순종하고, 부모를 공경하도록 가르쳐야 할 것입니다. 가장 귀한 가르침은 우리가 모범을 보이는 것입니다.

2. 부모가 자녀에게 해야 될 태도는 노엽게 하지 않고, 바로 양육하는 것입니다(6:4).

가. 부모가 자녀를 양육할 때, 노엽게 하지 말아야 합니다(4절상).

(4절 상) "또 아비들아 너희 자녀를 노엽게 하지 말고 …"

자녀들이 비록 나의 자녀지만, 그들도 인격을 가지고 있습니다. 하나님의 형상입니다. 그러기에 사실 자녀는 내 자녀라기보다는, 하나님이 나에게 맡겨주신 기업입니다. 그러면, 자녀들은 어떠한 때 낙심하며, 실망하며, 노여워할까요?(시 127편) 진 게이츠는 그의 책 "가정생활 세미나"에서 6가지 학대를 자녀들이 부모에게 대해 노여워하는 예로 들고 있습니다.

① 육체적 학대: 자녀들을 훈계한다고 하면서 화풀이로, 잔인하게, 거칠고, 난폭하게 대하는 것입니다. 아무데나 마구 때리는 이들도 있습니다.

② 심리적 학대: 불공평한 것입니다. 편애입니다. 어느 아이는 더 사랑하고, 어느 아이는 덜 사랑하는 불공평이 있어서는 안 됩니다. 남 앞에서 챙피주거나, 억누르는 것도 심리적 학대에 해당됩니다. 부모들이 부부간에 화난 것을 아이들에게 화풀이하는 경우도 있습니다.

③ 무관심의 학대: 현대사회에서 부모들이 사업, 사회생활, 교회생활에 너무 바쁘기 때문에, 자녀들에게 조금 밖에 관심하지 못하고, 방치해 둡니다. 방목입니다. 이런 무관심이 자녀들에게, 울분과 비통감을 맞게 합니다. 종종 교회 중직자들의 자녀들이 삐뚤어지고, 그 부모에게 반항하고, 나아가 적개심을 품게 되는 것은 관심을 받지 못하기 때문입니다. 그분들이 남을 위해서는 시간을 내어 주면서 자녀들에게는 소홀하기 때문입니다.

④ 몰이해의 학대: 자녀들의 의견이나, 그들의 뜻을 일방적으로 묵살하고, 부모들이 자신들의 의견으로 결정을 내리고, 그 결정을 자녀들로 하여금 따르도록 강요하는 것입니다. 그러기에 부모님들은 자

녀들과 상의하고 설득도 해야 합니다. 또한 그들의 문화가 사고방식도 이해해 주어야 합니다.

⑤ 부모의 과욕으로 인한 학대: 어떤 부모님들은 자신이 처하고 있는 사회적 위치에다 표준을 두고 그 자녀의 능력이나 적성에 관계없이 지나친 요구를 하는 것입니다. 불합리한 요구입니다. 결국 자녀들에게 지나친 부담과 좌절감을 낳게 하는 것입니다. 부모는 개개인 그 자녀들의 능력과 적성에 따라 현실적인 요구를 해야 합니다. 자신이 못 이룬 꿈을 자녀를 통해서 이루려고 해서는 아니 됩니다.

⑥ 부모들이 자신들의 과오를 인정하지 않는 학대: 아무리 어린 자녀들이라도, 부모가 잘못을 범하고 있는 것을 쉽게 알아차릴 수 있습니다. 그런데 부모들이 자녀들 앞에서 가장 힘든 것 중의 하나가 자신의 과오를 인정하고 사과하는 것입니다. 부모들이 "미안하구나!", "내가 잘못했다" 사과하지 못한다는 것입니다. 부모가 과오를 범했을 때, 그것을 인정한다고 해서, 부모로서 자존심이 상한다거나, 권위가 떨어지는 것이 아닙니다. 오히려, 더 친근감을 느끼고, 더 신뢰감을 갖게 됩니다. 부모들이 자신의 실수와 과오를 인정하려고 하지 않고, 은폐하거나 변명하려 할 때, 자녀들은 실망하며 노여워하게 되는 것입니다. 부모가 자녀를 양육할 때, 노엽게 하지 말아야 합니다.

나. 부모가 자녀를 양육할 때, 주의 교훈과 훈계로 해야 합니다(4절 하).

(4절 하) "또 아비들아… 오직 주의 교훈과 훈계로 양육하라"

① 여기 "양육한다"(εκτρεφετε)는 말은 문자적으로 "기르

다"(nourish) 또는 "먹이다"(feed)란 뜻이 있습니다. 자녀를 양육하는 목적은 자녀들이 가정이란 둥지를 떠나서도 자력으로 살아갈 수 있도록 준비시키는 작업을 말합니다.

② 양육할 때, "주의 교훈으로"해야 합니다. 여기 "교훈"(παιδεια)는 징계(discipline), 더 나아가 책벌에 의하여 훈련시키는 것을 의미합니다. 자녀들이 잘못된 것을 교정하는 것에 강조점을 둔 말입니다.

③ 또 양육할 때, "주의 훈계"로 해야 합니다. 여기 "훈계"(νουθεσια)는 주로 말로서 하는 교훈이나 교정을 의미합니다. 부모들은 자녀들에게 진리와 선에 대한 기독교 가치관을 가르쳐 이것들이 받아들여져 바른 삶을 살도록 양육해야 합니다. 이렇게 부모는 주의 교훈과 주의 훈계로 자녀들을 양육해야 합니다. 요즈음 젊은 부모들은 "자녀를 때려서는 안 돼, 지금은 봉건적으로 자녀를 다루는 시대가 아니야"라고 말합니다. 왜 이런 사고방식이 만연하고 있을까요? 이는 부모들이 자녀를 하나님의 말씀으로 교육하려고 노력하지 않는데서 오는 현상입니다. 하나님의 말씀은 자녀들이 잘못을 범했을 때, 징계하여 바로 잡아야 한다고 가르칩니다. 자녀를 사랑하는 부모는 그 자녀가 잘못했을 때, 합당한 징벌을 할 수 있어야 합니다. 많은 부모들이 이러한 점에서 실패를 하고 있습니다. 자녀가 잘못을 범했을 때, 그 자녀를 징계하지 않기 때문에 도리어 자녀가 잘못되어 가는 경우가 더욱 많은 것입니다.

아이들이 울며 떼쓰는 것, 음식점 같은데서 천방지축 뛰어 다니는 것, 벽에 낙서하는 것, 주일날 아이가 법석을 떨고 교회 기물을 파손하는 것등 잘못하는 태도, 아이들이 다 그런 거라고 하며 그냥 넘어

갑니다. 또, 아이가 너무 귀엽고 예쁘고 사랑스러워 징계하지 못하는 사람들도 많습니다. 우리 속담에 "미운 자식 떡 하나 더 주고, 이쁜 자식 매한대 더 때린다"는 말도 있습니다. 우리가 자녀들의 잘못을 징계할 권위를 잃어버리고, 징계할 정당한 이유를 납득시킬 수 없다면, 우리의 자녀 교육은 인격 교육이라기보다는 아이들을 가지고 노는 것에 지니지 않을 것입니다. 아동심리학자들이 말합니다. 어린아이가 1-2살 때 벌써 부모에게 도전하는 심리가 싹튼다고 합니다. 3살 이하에 자녀들을 못 잡으면, 평생 그 뒤를 눈물지으며 쫓아다니게 된다고 말합니다.

감리교 창시자인 요한 웨슬리의 어머니이자, "만입이 내게 있으면 그 입다 가지고 내 구주 주신 은혜를 늘 찬송하겠네"등 주옥같은 찬송을 지은 찰스 웨슬리의 어머니 수산나는 19명의 자녀를 훌륭하게 키워낸 어머니입니다. 그 수산나 웨슬리가 말합니다.

"자녀들의 고집을 즉시 꺾어 버리라. 이것을 빨리 꺾을수록 더욱 좋다. 자녀들에게 지나치게 친절하고, 그들을 제 멋대로 하게 버려두는 부모는 사실상 잔인한 사람이다. 이런 부모는 타파되어야 할 악습을 자녀들에게 기르게 한다. 자녀들을 제 멋대로 버려두는 부모는 마귀의 일을 하는 사람이며, 신앙을 무의미하게 하며 구원을 불가능하게 하고, 자녀들의 영혼과 육신을 멸망하게 하는 사람이다"

자녀들에게 징계하고 깨우쳐 주어야 할 몇 가지 경우를 봅니다.

① 하나님의 규율이나 사회의 규율을 어겼을 때, 고통이 오는 것을 깨우쳐 주어야 합니다.

② 부모에게 불순종하거나 반항할 때는 반드시 그 고집을 꺾어놔

야 합니다. 부모에게 자기 고집을 꺾지 않는 사람은 하나님께도 불복종하는 사람이 됩니다.

③ 거짓말하거나 속이는 버릇은 어려서부터 고치도록 하고 징계해야 합니다.

④ 출처를 모르는 물건을 가져왔을 때, 묵인하지 말고, 반드시 그 근거를 캐내어 징계해야 할 때, 징계를 해야 합니다.

어느 흉악범이 법의 심판을 받아 사형을 받게 되었습니다. 죽기 전에 어머니를 보자고 하더니 철장 속에서 어머니 얼굴을 끌어당기더니 그 코를 이로 물어뜯더랍니다. 그 이유는 자기가 어렸을 때 잘못하는 것도 무관심하게 내버려 두었다는 것입니다.

우리가 징계하며, 자녀에게 고통을 주는 방법은 여러 가지가 있을 것입니다.

① 육체적인 고통을 주던지

② 방안에서 혼자 벽을 향하여 한 시간씩 앉아서 반성하게 한다든지

③ 좋아하는 것을 하루나 혹은 일주일 동안 못하게 한다든지 해서 반드시 잘못할 때 벌이 따른다는 것을 깨닫게 하고, 악습을 고쳐주어야 합니다.

사랑하는 성도 여러분, 자녀를 징계하는 것을 두려워하지 마시기 바랍니다. 그러나 징계 받는 자녀가 원망 없이 달게 징계 받을 수 있도록 해야 합니다. 이는 징계 받는 자녀를 사람대우 하라는 것입니다. 인격적 대우를 해줘야 합니다. 이때 부모가 명심해야 할 것이 있습니다. 그것은 부모 된 우리가 훈계나 징계를 하기 전에 인격과 삶을 가지고 자녀에게 먼저 모범을 보여야 한다는 것입니다. 자녀들이

부모를 볼 때, 신뢰할 수 있고, 부모의 사랑을 분명히 확신할 수 있도록 삶의 본을 보여야 합니다. 부모를 신뢰하는 자녀는 부모가 징계하고, 매를 때려도, 그 사랑을 의심하지 않습니다. 부모가 책망하더라도 그 부모를 이해합니다. 더 존경합니다.

문제는 그렇게 하려면 부모가 자녀에게 모범을 보여야 하는데, 이것이 쉬운 일이 아닙니다. 저나 여러분이나 대단히 힘든 일입니다. 그러나 우리가 절대로 피할 수 없는 책임입니다. 이 부모와 자녀의 관계는 확대된 가정인 교회에서도 적용되는 질서입니다. 몇 가지 부탁이 있습니다.

① 영아를 가진 어머니들, 아이들이 잘 떨어지지 않더라도, 아이를 영아부, 유치부에 맡기고 훈련시키며, 예배에 참석하시기 바랍니다.

② 아이들, 중 고등학생들을 예배에 보내 놓고, 우리 어른 예배가 먼저 끝났을 때 아이들 빨리 나오라고 문자 보내거나 전화하지 마시고 기다려 주시기 바랍니다. 잠언 22:6 "마땅히 행할 길을 아이에게 가르치라 그리하면 늙어도 그것을 떠나지 아니하리라" 자녀들이 순종 잘하는 부모는 복 있는 부모입니다. 부모들이 바로 양육해 주는 자녀는 복 있는 자녀입니다. 부모의 자녀가 그리스도를 경외함으로 피차 복종하여 성령의 충만한 역사 속에 행복한 가정을 이루어 가시기 바랍니다.

부모세대, 자녀세대

에베소서 6장 1~4절

우리나라 국민들에게 살아가면서 가장 기뻤던 순간은 "자녀 탄생"의 순간이며, 또 기혼자들의 가장 큰 고민은 "자녀 문제"라고 합니다. 가장 큰 이유는 바로 부모 세대와 자녀 세대 간에 존재하는 세대 차이 때문입니다. 우리 가정은 어떻게 이 세대 차이를 극복하고 화목한 가정을 이룰 수 있을까요?

1. 세대 차이를 인정하여야 합니다.

가. 세대 차이(generation gap)를 인정하는 것이 이해의 첫걸음입니다.

① 부모 세대가 자기들 세대의 이야기를 반복하여 강조하는 것은 설득력이 없습니다.

② 물론 자녀 세대들의 행동 양식이 무조건 옳다는 것은 아닙니다.

나. "한 세대는 가고 한 세대는 오되"(전도서 1:4) 하는 말씀이 있습니다.

① 어느 세대건 영원하지 않다는 것입니다.

② 인간 역사는 세대와 세대가 끊임없이 바통을 이어가면서 변천하고 있다는 것입니다.

2. 서로 존중하고 이해하여야 합니다.

가. "부모"라고 하는 것은 그 자체만으로도 존중받아야 할 충분한 이유가 됩니다.

① 부모에 대한 존중의 여부가 곧 보이지 않으시는 하나님께 대한 신앙의 순종과도 밀접히 연관되어 있습니다.

② 부모를 공경하고 순종하는 것이 "약속 있는 첫 계명"이라고 말씀하셨습니다.

나. 존중하는 것은 윗사람이 아랫사람에게 대해서도 동일하게 실천해야 할 덕목입니다.

① 부모 역시 자녀를 인격적으로 존중하라는 것입니다.

② 자녀의 인격이나 성향을 존중하지 않고 권위로만 억압할 경우 노엽게 만듭니다.

3. 다양성 속에 조화를 이루어야 합니다.

가. 세대 간의 차이를 통해 아름다운 조화를 이루어 갈 수 있습니다.

① 이는 각 세대는 다른 세대에게 상관도 말고 내버려 두라는 것이 아닙니다.

② 옷을 비슷하게 입고, 행동을 비슷하게 한다고 하나 되는 것은 아닙니다.

나. 각 세대 간의 특징과 장점을 살리고, 인정하는 것이야말로 세대 간의 갈등을 극복하는 좋은 방법입니다.

① 자녀 세대를 통해서도 배울 것은 배운다는 자세를 가지십시오.

② 부모 세대의 지혜와 경험을 존중하고 따르려는 자세를 가지십시오.

우리는 급격한 변화의 시대를 살고 있습니다. 그러한 만큼 세대와 세대 간의 차이가 큰 시대를 살고 있습니다. 이 "세대 차이"를 극복하지 못해, 부모와 자녀 간에는 점점 대화가 단절되고 감정의 교류가 끊기고 있습니다. 그러나 이 같은 세대 간의 차이는 각 세대가 서로를 인정하고 존중하기만 하면, 아름다운 조화를 이루는 요소가 됩니다. 부모와 자녀가 다양성 가운데 조화를 이루므로 행복한 가정을 이루시기를 바랍니다.

에베소서 강해30

부모세대, 자녀세대

에베소서 6장 1~4절

오늘은 어린이 주일 어버이 주일을 함께 보내며, 온 세대 예배를 드리고 있습니다. 최근 한 신문에 보니 요즈음 5-60대 중에서도 신문보기를 싫어하는 사람들이 제법 많다고 합니다. 그 이유는 신문에 자신들이 이해하기 어려운 분야의 이야기들이 너무 많이 나오기 때문입니다. 끊임없이 쏟아지는 새로운 인터넷 용어나 컴퓨터 관련 보도에 이들은 스트레스를 받고 있습니다. 대부분의 부모 세대들은 컴퓨터를 모르는 "컴맹"입니다. 인터넷에 대해 무지한 "넷맹"입니다. 그나마 시대의 흐름을 따라가기 위해 비교적 "앞서가는" 5-60대의 어른들이 컴퓨터와 인터넷을 배웁니다. 그런데 그게 어디 쉽습니까? 안간힘을 써야 겨우 초보적인 수준에 이를 수 있을 뿐입니다.

그런데 N 세대들은 어떻습니까? Net Generation(정보통신세대)를 의미하는 이 N 세대들은 컴퓨터가 너무나 좋기만 합니다. N 세대들은 컴퓨터, 비디오 게임과 같은 디지털 미디어를 가지고 오락, 학습, 의사소통, 쇼핑, 친교 등 거의 모든 것을 하며 성장했습니다. 그렇기 때문에 디지털 기술은 자연스럽게 이들의 문화가 되어 버렸습니다. N 세대들은 "컴퓨터를 왜 배워요, 그냥 하는 거지!"라고 말합니다. 즉, 그들에게는 컴퓨터와 인터넷이 배워야 할 대상이 아닙니다. 일상생활의 자연스러운 일부분이 된 것입니다.

컴퓨터나 인터넷에 대한 기성세대와 신세대의 이러한 현격한 차이는, 다름 아닌 우리 부모세대와 자녀 세대들의 간격의 폭이 얼마나 큰가를 잘 대변해 주는 단면이라 할 수 있습니다.

어느 세대에나 부모와 자녀들 간의 세대 차이가 있었습니다. 서로가 속해 있는 문화와 언어가 다릅니다. 마치 전혀 다른 문화와 언어를 가진 두 개의 종족이 한 지붕 아래 공존하고 있는 양상입니다. 우리나라 국민들에게 살아가면서 가장 기뻤던 순간은 "자녀탄생"의 순간이며, 또 기혼자들의 가장 큰 고민은 "자녀문제"라고 합니다. 부모에게 있어 자녀는 커다란 기쁨과 사랑의 대상입니다.

그런데, 자녀가 성장해 가면서 커다란 근심과 염려거리가 되기도 한다는 것입니다. 여기에는 물론 많은 이유들이 있을 수 있을 것입니다. 그러나 가장 큰 이유는 바로 부모세대와 자녀세대간에 대화가 단절 되고, 애정과 감정의 교류가 단절되었기 때문입니다. 오늘 우리는 온 세대가 함께 하나님께 예배드리고 있습니다. 엄청난 세대차이가 존재하는 현실 속에서, 이 세대 차이를 어떻게 극복하고, 화목한 가정, 화목한 교회 공동체를 이룰 수 있는지 살펴보려 합니다.

1. 세대 차이를 인정하여야 합니다.

가. 세대차이(generation gap)를 인정하는 것이 이해의 첫 걸음입니다.

① 부모세대가 자기세대의 이야기를 반복하여 강조하는 것은 설득력이 없습니다. 자녀 세대들에게 "구닥다리" 즉 고지식하고, 완고한 어른이라고 낙인찍히는 사람들이 어떤 사람들인 줄 아십니까? "요즘 아이들은 왜 이런지 모르겠어!", "내가 너만 했을 때는 …", "옛날엔 안 그랬어" 주로 이런 유의 말을 자주하는 사람입니다. 이런 말을 듣고, 수긍하는 아이들은 거의 없습니다. 오히려 자녀들을 자극하여 반항적인 요소만 키울 뿐입니다. 겉으로 표현은 안 할지라도 들아서면 "쉰 세대"라고 투덜댑니다. 좀 더 반항적인 아이들이라면, "아버지 어머니 하고는 이야기가 안통해요"라고 돌아서 버립니다. 도무지 지금 세대의 현실을 인정하지 않고 부모 세대의 가치관과 행동 양식만을 강조하는 것은 자녀세대를 노엽게 할 뿐입니다.

② 물론 자녀 세대들의 행동 양식이 무조건 옳다는 것은 아닙니다. 다만 부모세대와 자녀 세대 간에 커다란 차이가 있다는 것을 인정해야 한다는 것입니다. 세대 차이를 분명히 인정하는 것이 이해의 첫걸음입니다. 미국에서는 세계 2차 대전 후, 약 46년에서 64년 사이에 태어난 세대를 "베이비부머", 그리고 65년에서 76년 사이에 태어난 자기중심적이며, 그 특징을 한 두 마디로 정의할 수 없는 세대를 X세대 그리고 베이비부머 세대가 낳은 자녀들의 세대로서 2000년 시대의 주역이 될 청소년 세대를 Y세대 등으로 구분합니다.

그런데 이 용어들은 모두 세대 간의 단절을 강조하기 위한 용어는 아닙니다. 오히려 세대간의 "특징"을 강조하기 위한 용어입니다. 영어에 있는 "generation gap"이라는 말 자체가 우리 말의 "세대차이"라는 뉘앙스와는 달리, 세대와 세대 사이에는 차이가 있다는 것을 인정하는 용어라고 할 수 있습니다. 우리나라에게 6.25세대, 4·19세대, 386세대, X세대, N세대 등 세대를 구분 짓는 많은 용어들이 생겨났습니다. 그런데 우리나라에서는 세대와 세대 간의 특징이 강조되기 보다는 차이가 강조되어 세대 간 갈등과 반복이 적지 않게 있는 것이 현실입니다. 이런 사회적인 양상들이 가족관계에도 그대로 반영되어, 부모세대와 자녀 세대 간에 갈등이 있고 단절감이 있는 것입니다.

나. 전도서에 보면, "한 세대는 가고 한 세대는 오되"(전 1:4)하는 말씀이 있습니다.

① 어느 세대이건 영원하지 않다는 것입니다.

② 인간 역사는 세대와 세대가 끊임없이 바통을 이어가면서 변천하고 있다는 것입니다. 이 말씀을 뒤집어보면 각 세대는 다른 세대를 존중하고 인정해야 한다는 것을 알 수 있습니다. 기성세대는 새로이 오는 세대를 인정해야 합니다. 또 새로운 세대는 지나가는 기성세대의 역할과 공로를 인정해야 합니다. 따라서 기성세대인 우리 부모세대들은 자녀 세대가 우리가 살던 시대와는 다른 새로운 세대라는 차이점을 인정해야 할 것입니다. "내가 너만 했을 때에는 안 그랬어!"가 아니라 "내가 너만 했을 때와는 많이 달라졌구나"라고 인정할 때, 막혔던 대화의 문이 열리고, 감정과 애정의 교류가 시작될 수 있습니

다. 그렇다고 이러한 이해를 부모세대에게만 요구하는 것은 아닙니다. 자녀들 역시 부모에게서 이해만 받으려고 할 것이 아니라, 부모세대 편에서 생각하고 인정할 것은 인정하는 노력이 필요한 것입니다. 부모세대와 자녀세대간에 사랑과 신뢰의 관계가 회복하기 위한 첫걸음은 바로 서로가 세대 차이를 인정하는 것에 있음을 명심하시기 바랍니다.

2. 서로 존중하고 이해하여야 합니다.

링컨 대통령의 아버지는 구두를 만드는 사람이었습니다. 귀족들은 그런 링컨이 대통령에 당선된 것에 매우 못마땅하게 생각했습니다. 링컨이 상원위원회에서 대통령 취임 연설을 하는 첫날이었습니다. 그가 단상에 서자 늙은 귀족이 그에게 모욕을 주려고 일어났습니다.

"미스터 링컨, 어쩌다 당신이 이 나라의 대통령이 되기는 했지만, 예전에 당신이 당신의 아버지와 함께 우리 식구들의 구두를 만들기 위해 우리 집을 드나들곤 했다는 사실을 잊지 말아 주기 바랍니다. 또한 여기에 당신의 아버지가 만든 구두를 신고 있는 상원의원들이 있다는 것을 명심하시오. 당신의 출신을 잊지 마시오" 이때 링컨은 모든 사람들의 기억에 남을 만한 대답을 했습니다.

"내가 첫 연설을 하기 직전에 나에게 아버지를 생각하게 해주어서 감사를 드립니다. 나의 아버지는 매우 멋진 창조적인 예술가였습니다. 아버지보다 더 아름다운 구두를 만들 줄 아는 사람은 이 세상에 없습니다. 내가 앞으로 어떤 정치를 하든, 내 아버지가 위대한 예술

가였듯이, 그런 위대한 대통령이 되지 못하리라는 것을 나는 잘 압니다. 나는 결코 나의 아버지를 능가할 수 없습니다. 하지만 당신들 귀족 여러분에게 한 가지 말씀드리고 싶습니다. 만일 나의 아버지가 만들어 드린 구두가 여러분의 발에 잘 맞지 않거든, 나도 아버지에게 배운 기술이 조금 있으니, 나에게 말씀하십시오. 나는 훌륭한 제화공은 아니지만 최소한 여러분의 구두는 수선해 드릴 수 있습니다. 연락만 주십시오. 그러면 언제라도 여러분의 집으로 달려가겠습니다."

은근히 링컨을 비난하고 야유하던 분위기는 갑자기 숙연한 분위기로 바뀌었습니다. 구두 제화공인 아버지의 직업을 부끄러워하지 않고, 오히려 그런 아버지를 존경하는 링컨의 인격에 상원의원들은 모두 머리를 숙이게 된 것입니다. 흔히들 우리 자녀들은 부모가 "존경할 수 있을 때에만" 부모를 존경하려는 경향이 있습니다. 또한 부모가 사회적으로, 경제적으로, 힘이 있을 때에는 존경하지만, 부모가 직업이나 수입이 보잘 것 없으면 부끄러워합니다. 그러나 우리 자녀들은 아버지가 직업이 어떻더라도 어머니가 컴퓨터에 대해 무지하더라도 그것이 부모를 무시하는 이유가 될 수 없다는 것을 알아야 합니다.

가. "부모"라고 하는 것은 그 자체만으로도 자녀로부터 존중받아야 할 충분한 이유가 됩니다.

① 특히 기독교인 자녀들에게는 보이는 부모에 대한 존중의 여부가 곧 보이지 않으시는 하나님께 대한 신앙의 순종과도 밀접히 연관되어 있습니다. 오늘 본문 1, 2절은 무엇이라고 말씀하고 있습니까? 자녀들에게 주 안에서 부모를 순종하라고 말씀하고 있습니다. "자녀

들아 주 안에서 너희 부모에게 순종하라 이것이 옳으니라 네 아버지와 어머니를 공경하라 이것은 약속이 있는 첫 계명이니 …"

② 여기 부모를 공경하고 순종하는 것이 "약속이 있는 첫 계명"이라고 말씀하셨습니다. 물론 부모 공경의 계명만이 축복의 약속을 따르는 유일한 계명이 아닙니다. 사실 이 계명 뿐 아니라 하나님의 모든 계명의 말씀에는 그 말씀을 지키고 따를 때 하나님의 복을 받게 되는 약속의 정신이 포함되어 있습니다. 또한 부모 공경의 계명이 십계명 중 첫 번째 계명이 아닙니다. 그렇다면 이 말씀은 무엇을 의미할까요? 그것은 바로 부모를 존중하라고 하는 계명이 기독교인 자녀들이 하나님의 축복 가운데 살기 위해서 가장 첫 번째로 배우고 실천해야 할 계명이라는 것입니다. 기독교인 자녀들이 하나님을 경외하는 신앙을 배워가는 것은 바로 주 안에서 부모를 순종하는 것을 통해서 이루어집니다.

어린아이가 처음부터 보이지 않는 하나님을 믿고 순종하는 삶을 살 수 없습니다. 그러나 보이는 부모에게 순종하는 것을 통해 보이지 않는 하나님께 순종하는 것을 자연스럽게 배우고, 보이는 부모를 공경하는 것을 통해 보이지 않는 하나님을 경외하는 법을 배우게 된다는 것입니다. 그러므로 우리 자녀들은 주 안에서 부모 세대들에 대해 마음에서 우러나오는 존경과 사랑을 보여야 할 것입니다. 그것이 바로 보이지 아니하시는 하나님께 대한 우리의 신앙의 표현이기도한 때문입니다. 그러나 여기서 한 가지 짚고 넘어가야 할 것이 있습니다.

나. 우리가 "존중한다"는 것은 윗사람이 아랫사람에게 대해서도 동일하게 실천해야 할 덕목입니다.

4절입니다. "또 아비들아 너희 자녀를 노엽게 하지 말고, 오직 주의 교훈과 훈계로 양육하라"

자녀들을 노엽게 하지 말라는 것이 무슨 의미입니까?

① 곧 부모 역시 자녀를 인격적으로 존중하라는 것입니다.

② 부모가 자녀의 인격이나 성향을 존중하지 않고 권위로만 억압할 경우 자녀들을 노엽게 만듭니다. 부모가 자녀의 현재 능력이나, 취향, 의견 등을 깡그리 무시하고 부모 자신의 가치관이나 목표를 강요할 때, 자녀들은 좌절하거나 아니면 반발하게 되는 것입니다. 자녀세대 여러분, 부모세대를 진정으로 존중하고 이해하시기 바랍니다. 그리고 부모세대 여러분, 여러분 역시 자녀 세대를 존중하고 이해하시기 바랍니다. 서로 존중하고 이해할 때, 세대 차이를 극복하고 화목할 수 있습니다.

3. 다양성 속에 조화를 이루어야 합니다.

가. 세대 간의 차이를 통해 아름다운 조화를 이루어 갈 수 있습니다.

우리가 세대 차이를 인정하고, 서로 존중하고 이해해야 한다고 말씀드렸습니다.

① 이는 각 세대는 다른 세대에게 상관도 말고 내버려 두라는 것이 아닙니다.

② 옷을 비슷하게 입고, 행동을 비슷하게 한다고 하나 되는 것은 아

닙니다. 혹 부모세대 중에 어떤 이들은 세대 간의 차이를 없애야 자녀들에게 접근할 수 있다고 생각하고, 10대들처럼, 옷 입고 행동하는 분들이 있습니다. 그러나 사실 이런 생각은 세대 간의 장벽을 허무는데 별 도움이 되지 못합니다. 옷을 비슷하게 입고, 행동을 비슷하게 한다고 해서 자녀들이 부모세대들에게 마음을 열고 다가오는 것이 아닙니다.

나. 오히려 각 세대 간의 특징과 장점을 살리고, 인정하는 것이야말로 세대 간의 갈등을 극복하는 좋은 방법입니다.

한 가지 예를 들어, 부모세대들은 자녀들에게 컴퓨터를 가르쳐 달라고 한 번 부탁해 보십시오. 과거에는 오랜 세월을 통해 지식과 경험을 쌓은 기성세대가 새로운 세대들을 일방적으로 교육하고 훈계하는 것이 우리의 삶의 방식이었습니다. 그러나 그 틀을 깨서, 자녀 세대들에게 배울 것이 있으면 배우려는 자세를 가져보시기 바랍니다.

① 자녀세대를 통해서도 배울 것은 배운다는 자세를 가질 때, 부모와 자녀세대는 한결 가까워져 있음을 느낄 수 있을 것입니다.

② 자녀세대들 역시 부모세대의 지혜와 경험을 존중하고 따르려는 자세를 가져야 합니다. 인생의 풍부한 경험에서 나오는 부모세대들의 조언은 인생의 격량을 헤쳐 나가는데 있어서 훌륭한 "키"의 역할을 할 수 있습니다. 그러나 반면, 자기 젊음과 지식만 믿고, 부모 세대들의 경험에서 나오는 조언을 무시할 때, 인생의 커다란 어려움에 봉착할 수 있습니다. 겸손한 가운데 마음을 열고, 부모세대에게 삶을 배우시기 바랍니다. 부모세대는 자녀 세대의 장점과 특징을 인정하

고, 동시에 자녀세대는 부모세대들의 경험에서 나오는 지혜와 충고에 귀를 기울일 때, 가정은 조화를 이루어 가게 될 것입니다.

사랑하는 성도 여러분, 우리는 급격한 변화의 시대를 살고 있습니다. 그러한 만큼 세대와 세대 간의 문화와 언어 습관과 가치관 등에서 차이가 큰 시대를 우리는 살고 있는 것입니다. 이 "세대차이"(generation gap)라는 것을 극복하지 못해 부모와 자녀 간에는 점점 대화가 단절되고, 감정의 교류가 끊기고 있는 것입니다. 그러나 이와 같은 세대 간의 차이는 각 세대가 서로를 인정하고 존중하기만 하면, 갈등과 반복의 요소가 아니라 아름다운 조화를 이루는 요소가 될 수 있습니다. 부모 세대와 자녀세대가 다양성 가운데 조화를 이루므로 행복한 가정을 이루시길 바랍니다.

주께 하듯 하라

에베소서 6장 5~19절

그리스도인의 가장 복된 삶은 성령께서 온전히 다스리시는 성령 충만한 삶입니다. 이는 인간의 삶에 바른 관계를 가져다줍니다. 그리스도를 경외하므로 피차 복종하여 성령 충만을 누리고 유지해야할 세 번째 관계는 종과 주인의 관계입니다. 이는 성실과 돌봄의 관계입니다.

1. 종(고용인)이 주인(고용주)에게 대할 태도는 성실입니다(6:5-8).

가. 육체의 상전에게 순종하라(5절).

① 두려움과 떨림으로(with fear and trembling)

② 성실한 마음으로(in singleness of heart)

③ 그리스도께 하듯 하며(as obedient to Christ)

나. 그리스도의 종으로서 마음으로 하나님의 뜻을 행하라(6절).

① 사람을 기쁘게 하는 자처럼 하지 말라: 눈가림만하여

② 그리스도의 종처럼 하라: 마음으로 하나님을 기쁘시게 하는

다. 기쁜 마음으로 섬기라(7절).

① 주께 하듯 하라

② 사람에게 하듯 하지 말라

라. 행한 대로 받을 줄 알고 행하라(8절).

① 각 사람에게 행한 대로 주에게서 그대로 받습니다.

② 종이나 자유자나 구별 없이 행한 대로 주에게서 그대로 받습니다.

2. 주인(고용주)이 종(고용인)에게 해야 될 태도는 돌봄입니다 (6:9).

가. 종들을 돌아보아라.

① 종들에게 선을 행하라: "너희도 그들에게 이와같이 하고"

② 위협을 그치라: 권력을 남용하지 말라

나. 하늘에 계신 우리의 상전(주님)을 기억하라

① 우리 주님은 종이나 자유자의 진정한 상전이십니다.

② 그 상전은 사람을 외모로 취하지 아니하십니다.

고용인(종)이나 고용주(주인)는 그리스도 안에서 비인격적인 주종 관계를 넘어서 한 형제자매로서 인격적인 하나 됨을 이루어 나가야 합니다. 그러면서 종(고용인)은 주안에서 성실히 일해야 하고, 상전(고용주)은 선으로 종들을 돌보아 주어야 합니다. 종과 주인이 그리스도를 경외함으로 피차 복종하여 성령으로 충만한 삶을 살아가시기 바랍니다.

에베소서 강해31

주께 하듯 하라

에베소서 6장 5~9절

그리스도인의 가장 복된 삶은 성령께서 온전히 다스리시는 성령으로 충만한 삶입니다. 그리하여, 바울 사도는 성도들에게 권면합니다. "술취하지 말라. 이는 방탕한 것이니, 오직 성령으로 충만함을 받으라"(엡 5:18)

① 성령충만은 "시와 찬송과 신령한 노래들로 서로 화답하므로"(즉 예배하므로) 받으며, 유지합니다.

② "마음으로 주께 노래하며 찬송하므로" 성령충만을 받으며 유지합니다.

③ "범사에 우리 주 예수 그리스도의 이름으로 항상 아버지 하나님께 감사하므로" 성령충만을 받으며 유지합니다.

④ "그리스도를 경외함으로 피차 복종할 때" 성령 충만을 받으며 유지합니다. 성령충만은 인간의 삶의 바른 관계를 가져다 줍니다. 그

리스도를 경외함으로 피차 복종하여 성령 충만을 누리고 유지해야 할 첫 번째 관계는 아내와 남편의 관계입니다. 이는 복종과 사랑의 관계입니다. 그리스도를 경외함으로 피차 복종하여 성령충만을 받고 유지해야 할 두 번째 관계는 자녀와 부모의 관계입니다. 이는 공경하고 양육하는 관계입니다. 그리스도를 경외함으로 피차 복종하여 성령충만을 받고 유지해야 할 세 번째 관계는 종과 주인의 관계입니다. 이는 성실과 돌봄의 관계입니다. 이는 고대사회에 있었던 노예제도 속에서 준 교훈입니다. 그러나 이는 오늘날 고용주와 고용인(employer와 employee)의 관계에 적용 될 수 있습니다. 좀 더 넓게는 상사와 부하직원과의 관계이기도 합니다.

1. 종(고용인)이 주인(고용주)에게 대해야 할 태도는 한 마디로 성실입니다(6:5-8).

가. 육체의 상전에게 순종하라(5절).

(5절) "종들아 두려워하고, 떨며, 성실한 마음으로 육체의 상전에게 순종하기를 그리스도께 하듯하라"

이 말씀은 바울 당시에 종들이(노예들이) 기독교 공동체의 일원으로 받아들여졌으며, 공적 예배에 참석하여 서신이 낭독되는 것을 들었음을 알려줍니다. 본 단락을 시작하면서 바울 사도는 그리스도께 하는 것처럼 두려움과 떨림으로, 전심으로 육체의 상전들에게 순종하라고 종들에게 권면합니다. 여기 "육체의 상전"이라는 표현은 그들이 하늘에 계신 주님과 대조적으로 단지 지상의 영역에서, 인간관계의 영역에서 주인임을 의미합니다. 궁극적으로 그리스도를 믿는 종들은 육체의 상전에 속한 사람들이 아니라 한 주님(즉, 예수 그리스도)께 속한 사람들입니다. 여기 5절에서 사도는 육체의 상전에게 어떻게 순종해야 할지 그 자세를 세 가지로 이야기 합니다.

① 그들은 "두려움과 떨림으로"(with fear and trembling) 순종해야 합니다. 성경에서 "두려움과 떨림"은 거의 항상 사람이 하나님 앞에서 가져야 하는 경외감을 나타냅니다. "두려움"이 상전의 권위를 인정하는 마음의 상태이며, "떨림"이란 두려움의 외적 표현입니다. 그러나 이것이 종들이 상전들 앞에서 실제로 두려움에 사로잡혀, 떨어야 한다는 말이 아닙니다. 육체의 상전을 상전으로 인정하고, 그 앞에서 그 권위를 인정하는 적절한 자세를 가져야 한다는 말입니다. 주인을 업신여기지 말라는 말입니다. 주인을 주인으로 여기고, 존중하는 마음으로 순종해야 합니다.

② 종들은 "성실한 마음으로(in singleness of heart)" 육체의 상전들에게 순종해야 합니다. 여기 "성실한 마음으로"는 직역하면 "마음의 단일함으로"란 뜻입니다. 이는 위선이나 다른 저의가 없는 순전한 마음의 상태를 가리킵니다. "마음의 단일함으로"(in singleness of heart)는 우리식으로 표현하자면 "일편단심"이라고 할 수 있을 것입니다. 두 마음으로 품지 말라는 것입니다. 이는 종이 거짓됨이 없이 순전한 마음으로 주인에게 순종하라는 것입니다.

③ 종들은 그리스도께 하는 것처럼(as to Christ)육체의 상전들에게 순종해야 합니다. 이것은 육체의 상전을 하늘의 상전인 그리스도와 같은 존재로 여기거나, 혹은 지상에서 그리스도를 대신하는 대리

자들처럼 간주하라는 뜻이 아닙니다. 육체의 상전은 결단코 그리스도와 같은 존재도 아니며, 그리스도를 대리하는 존재도 아니기 때문입니다. 일상생활에서 종들이 하는 모든 일은 그들의 삶을 지배하시는 그리스도와 관련이 있습니다. 그들이 무슨 일을 하든지 그리스도의 주 되심의 영역안에서 행해야 하며, 그리스도를 기쁘게 해 드리기 위해 행해야 합니다. 종들이 육체의 상전에게 순종하는 것도 사실상 그리스도를 섬기는 일의 일부분입니다. 따라서 그들은 그리스도께서 요구하시는 자세로 그리스도를 기쁘게 하는 마음으로 육체의 상전들에게 순종해야 합니다. 그리스도를 믿는 종들은 궁극적으로 육체의 상전을 섬기는 종들이 아닙니다. 하늘의 상전을 섬기는 종들(즉, 그리스도의 종들, 6절)입니다. 인간의 시각으로 볼 때 그들은 여전히 종의 신분을 지닌 존재입니다. 그러나 그리스도 안에서는 더는 사람을 기쁘게 하는 종들이 아니라 그리스도를 기쁘게 하는 종들입니다. 그러기에 그리스도를 믿는 종들은 모든 일을 그리스도를 섬기는 자세로, 그리스도를 기쁘시게 하는 마음으로 해야 합니다.

나. 그리스도의 종으로서 마음으로 하나님의 뜻을 행하라(6절).

(6절) "눈가림만하여 사람을 기쁘게 하는자처럼 하지 말고, 그리스도의 종들처럼 마음으로 하나님의 뜻을 행하고"

여기 6절에서 바울 사도는 그리스도를 믿는 종들이 피해야 할 태도를 언급합니다.

① 육체의 상전을 섬길 때, "사람을 기쁘게 하는 이처럼 눈가림으로 하지 말아야" 한다는 것입니다. 여기 "눈가림"은 단지 주인의 호의

를 얻으려고, 또는 주인의 비위를 맞추려고 주인이 지켜보고 있을 때만 열심히 일하는 것을 말합니다. 당시 종들은 굳이 최선을 다해 주인을 섬길 필요가 없었을 것입니다. 그러나 그리스도를 믿는 종들은 달라야 합니다. 그들이 섬기는 하늘의 상전은 사람들의 숨은 동기와 마음의 은밀한 부분까지 감찰하시며, 육체의 상전이 보지 않을 때에도 일하는 것을 모두 지켜보시기 때문입니다.

② 더 적극적으로 사도 바울은 종들에게 "그리스도의 종들처럼 마음으로 하나님의 뜻을 행하십시오"하고 권합니다. 그리스도를 믿는 종들은 하나님의 뜻을 행하는 존귀한 그리스도의 종들입니다. 하나님의 뜻은 구원과 만물과 관련이 있을 뿐 아니라 가정의 일상사들과도 관련이 있습니다. 그러기에, 자신을 그리스도의 종으로 간주하는 사람들을 가정과 사회에서도 마음으로 하나님의 뜻을 수행합니다. 여기 "마음으로"라는 표현은 사람의 비위를 맞추려고, 겉으로만 열심히 일하는 것과 반대되는 내적 자세입니다. 그리스도를 믿는 사람들은 자신이 맡은 일이 하나님의 뜻과 일치하거나, 또는 하나님을 기쁘시게 해 드릴만한 것이라면 최선을 다해, 진심으로, 그 일을 수행해야 합니다.

다. 기쁜 마음으로 섬기라(7절).

(7절) "기쁜 마음으로 섬기기를 주께 하듯 하고, 사람들에게 하듯 하지 말라"

여기 종들의 일과 관련하여, 기독론적 동기가 다시 나타납니다. 사도 바울은 그리스도를 믿는 종들은 5절에서는 그리스도께 하는 것처럼 순종하라 했고, 6절에서는 그리스도의 종처럼 자신이 맡은 일을 감당해야 한다고 권면했습니다. 그리고 여기 7절에서 다시 바울사도는 "주께 하는 것처럼" 육체의 상전을 열심히 섬겨야 한다고 권면하고 있습니다. 물론 여기서 주님은 예수 그리스도를 가리킵니다. 그리스도를 믿는 종들은 단순히 의무감이나 두려움 때문에, 육체의 상전을 섬길 것이 아니라, 주님 예수 그리스도께 하는 것처럼 자원하는 마음으로 열심히 그들을 섬겨야 한다는 것입니다.

단지 사람을 섬기는 것이라면 적당히 할 수도 있고, 겉으로만 열심히 일하는 척할 수도 있을 것입니다. 그러나 모든 것을 아시고, 지켜보시는 주님을 섬긴다면 자세가 달라져야 합니다.

육체의 상전을 통해, 하늘의 상전을 섬기는 것이므로, 그리스도를 믿는 종들은 하늘의 상전을 섬기는 자세로 육체의 상전을 열심히 섬겨야 하는 것입니다. 즉, 기쁜 마음으로 섬기기를 주께 하듯 해야 합니다.

라. 행한 대로 받을 줄 알고 행하라(8절).

(8절)"이는 각 사람이 무슨 선을 행하든지 종이나 자유인이나 주께로부터 그대로 받을 줄을 앎이라"

여기, 바울사도는 그리스도를 믿는 종들이 주께 하듯, 육체의 상전들에게 순종해야 하는 이유를 밝히고 있습니다.

① 각 사람이 행한 대로 주에게서 그대로 받습니다. 즉, 그들은 "각 사람이 무슨 선을 행하든지 종이나 자유인이나 주께 그대로 받을 줄을 알기" 때문입니다. 여기 "선"(αγαθος)이란 도덕적으로 옳은 일이

자 사람들에게 유익을 주는 선한 일을 가리킵니다(엡 2:10, 4:28-29). 바울 당시에 종들이 선한 일을 했음에도 불구하고, 육체의 상전들이 그것을 미처 알지 못하거나 혹은 알았다고 하더라도 적절히 보상하지 않는 경우가 허다했을 것입니다. 이런 경우에 종들은 무엇 때문에 주인에게 전심으로 순종해야 하며, 무엇 때문에 주인을 위해 열심히 일해야 하는가 질문할 것입니다.

바울 사도는 하늘에 계신 상전이 선한 일을 하는 사람들에게 보상하신다는 사실을 상기시킵니다. 비록 육체의 상전들은 종들의 수고를 무시하고, 보상하지 않는다고 하더라도 하늘의 상전은 반드시 갚아 주실 것입니다. 그러므로 종들은 육체의 상전들의 인정을 받으려 하거나 그들의 시선을 끌려고 애쓸 필요가 없습니다. 육체의 상전이 보지 않을 때도, 최선을 다해 자신이 맡은 일을 전심으로 수행하면, 하늘에 계신 상전께서 인정해 주실 것입니다. 그 상전(하늘에 계신 상전)은 종이나 자유자나 구별 없이 행한 대로 갚으십니다.

② 종이나 자유자나 구별 없이 행한 대로 주에게서 그대로 받습니다. 여기 "받는다"(κομιζω)는 동사의 미래시제가 사용되고 있습니다. 이는 선한 일을 하는 사람들에게 주어지는 보상이 미래에 (아마도 마지막 날에) 이루어 질 것임을 암시합니다. 종들은 다른 성도들과 함께 하나님의 심판대 앞에서 자신들이 행한 선한 일들에 대해 보상을 받게 될 것입니다(고후 5:10). 여기 본문에 "종이나 자유인이나"가 언급되고 있는 것은 모든 사람들이 마지막 날에 그리스도 앞에 서서 자신들이 한 일에 대해 동일한 심판을 받게 될 것임을 알려줍니다. 그 날에 사회적인 신분은 사라질 것입니다. 하늘에 계신 상전은 어떤 사

람에게도 특별하게 대우하지 않으실 것입니다. 하늘에 계신 상전이 심판하시는 날에는 "종이나 자유인이나" 혹은 "종이나 상전"의 차이는 없을 것입니다. 하나님은 사람을 외모로 취하지 아니하십니다.

2. 주인(고용주)이 종(고용인)에게 해야 될 태도는 돌봄입니다(6:9).

(9절)"상전들아, 너희도 그들에게 이와 같이 하고 위협을 그치라. 이는 그들과 너희의 상전이 하늘에 계시고 그들에게는 사람을 외모로 취하는 일이 없는 줄 너희가 앎이라"

가. 종들을 돌아보아라.

여기 9절에서 바울 사도는 종들에게서 상전들에게로 권면의 방향을 돌립니다.

① "상전들아, 너희도 그들에게 이와 같이 하고", "이와 같이"란 종들에게 요구되는 것들에 상응하는 태도와 행동들을 의미합니다. 종들과 마찬가지로 상전들의 태도와 행동들도 하늘에 계신 상전들과의 관계에서 결정되어야 합니다. 다시 말해, 상전들은 자신들이 그리스도께 하는 것처럼 종들을 존중해야 하고, 그들을 그리스도 안에서 형제와 자매로 대해야 합니다. 또한 상전들은 자신들도 그리스도의 종들임을 알고 하나님의 뜻을 행해야 하며, 종들에게 자신의 권위를 남용하거나 자기의 뜻을 강요하지 말아야 합니다. 사도바울의 이러한 권면은 1세기 그리스-로마 사회의 상황에 비추어 볼 때, 매우 충격적

인 것이었습니다.

철학자 아리스토텔레스는 주인과 종 사이에는 우정도 있을 수 없다고 하며, 종을 살아있는 도구 정도로 생각하였습니다. 바울과 동시대에 살던 세네카는 종들을 인간으로 취급하도록 촉구했습니다. "당신보다 신분이 높은 사람이 당신을 대하기를 바라는 것과 같은 방식으로 당신보다 신분이 낮은 사람들을 대하십시오" 그러나 일반적으로 그리스-로마 사회에서 종들은 인격 없는 소유물이나 재산의 일부로 간주되었고, 주인들은 종들에 대해 절대적인 권한을 행하였습니다. 주인들은 종들을 채찍질하고 가둘 수 있었고, 심지어 죽일 수도 있었습니다. 일부 노예들이 자유노동자들 보다 나은 생활조건에서 살았고, 때로 가족의 일원처럼 사랑을 받기도 했습니다. 그러나 노예들(종들)은 결코 인간으로서의 정당한 권리를 갖지는 못했습니다. 이런 상황에서 사도는 그리스도를 믿는 상전들에게, 종들을 자신들과 동등한 존재로 대하라고 권면하는 것입니다.

② 위협을 그치라. 그뿐 아니라 사도 바울은 상전들에게 종들을 위협하는 것을 중단하라고 촉구합니다. 여기 "위협"(απειλη)이란 말은 "공갈", "협박", "위협"을 의미합니다. 바울 당시에 위협은 종을 다루는 중요한 방법이었습니다. 실제로 당시의 상전들은 여러 가지 방식으로 종들을 위협하고 겁을 주었습니다. 구타하는 것은 물론, 성적으로 학대하고, 다른 사람에게 팔아넘기겠다고 위협하기도 하였습니다. 그러나 그리스도인 상전들은 비록 종들에게 명령하고, 그들을 벌할 수 있는 권한이 있을지라도 종들을 구타하거나, 학대하는 일, 종들을 위협하고 겁을 주는 따위의 일은 하지 말아야 합니다. 권력을 남

용하지 말아야 합니다.

나. 그리스도인 상전들이 종들을 존중하고, 그들을 선대해야 하는 이유는 무엇입니까? 우리의 상전이 하늘에 계시기 때문입니다.

① 우리 주님은 종이나 자유자의 진정한 상전이십니다. 종들과 상전들의 주님이 하늘에 계시다는 것은 그들이 같은 주님을 섬기고 있으며, 따라서 그들이 하늘에 계신 주님의 종들임을 의미합니다. 하늘에 계신 주님은 하나님의 우편에 앉아 만물을 다스리는 그리스도를 가리킵니다(1:20-22). 육체의 상전들과 종들은 하늘에 계신 주님을 함께 섬기는 "그리스도의 종들"인 것입니다. 이런 가르침이 상전들에게 주는 의미는 무엇입니까? 자신들도 그리스도의 종들임을 인정하고, 자기 육체의 종들을 그리스도를 함께 섬기는 동무 종들로 여겨야 한다는 것입니다.

② 하늘에 계신 우리 상전은 사람을 외모로 취하지 아니하십니다. 여기 "외모로 사람을 취하는 일"은 순전히 표면상의 가치나 외적 요소들에 근거하여 사람을 판단하는 것을 의미합니다. 세력 있는 자리고 해서 그를 두둔하거나, 가난한 자라고 해서 그를 차별하는 것이 이런 일에 해당됩니다. 하늘에 계신 그분 앞에서는 사회적인 신분의 차이가 아무것도 아님을 의미합니다. 그리스도는 사람들을 대하실 때, 사회적 신분이나, 지위나 재산을 전혀 고려하지 않으십니다. 상전이라고 해서 우대하지 않으시며, 종이라고 해서 무시하지 않으십니다. 따라서 하늘의 상전인 그리스도 앞에서 종들과 상전들은 완전히 동등합니다. 종들을 인격이 없는 소유물 정도로 여기던 당시의 사회 분

위기에 익숙한 상전들에게 사도 바울의 권면은 매우 심각한 도전이었을 것입니다. 그러나 그들은 삶의 방식은 물론 사람을 보는 관점도 바뀌지 않으면 안 됩니다. 실제로, 하나님의 새로운 인류 안에서 사회적 신분과 지위와 상관이 없는 새로운 관계가 시작되었습니다.

하나님의 새로운 인류 안에서는 모든 구성원이 하나님의 자녀들입니다. 그리스도를 믿는 종들도 하나님을 따라 참된 의와 거룩함으로 지으심을 받은 새사람들이며, 하나님의 사랑을 받는 자녀들입니다. 그리스도를 믿는 육체의 상전들과 종들은 단지 동무 종들이 아니라 형제요 자매들이기도 합니다. 그런데 어떻게 종들이라고 해서 그들을 위협할 수 있으며, 구타하거나, 학대할 수 있겠습니까? 그리스도를 믿는 상전들은 종들을 하나님의 사랑을 받는 자녀요, 자신들의 형제자매로 인정하며, 그들의 인격과 감정과 의사를 존중해야 합니다. 종이나 주인은(고용인이나 고용주는) 그리스도 안에서 비인격적인 주종관계를 넘어서, 한 형제자매로서 인격적인 하나 됨을 이루어 나가야 합니다. 그러면서 종(고용인)은 주 안에서 주님께 하듯이 성실히 일해야 하고, 상전(고용인)은 선으로 주 안에서 주님께 하듯이 종들을 돌보아 주어야 합니다. 우리의 직장 생활은 아주 중요합니다. 고용인과 고용주, 부하직원과 상사의 관계가 아주 중요합니다. 주 안에서 피차 주께 하듯 해야 합니다. 종과 주인이(고용인과 고용주가) 그리스도를 경외함으로 피차 복종하여(주께 하듯하여) 성령으로 충만한 삶을 살아가시기 바랍니다.

영적 전쟁1: 대적을 알라

에베소서 6장 10~12절

그리스도인이 살아가는 삶의 현장은 놀이터(play ground)가 아니라 전쟁터(battle ground)입니다. 우리가 전쟁터에 나가기를 좋아하든 좋아하지 아니하든 간에 모든 그리스도인은 군사로서 "선한 싸움을 싸우라"(딤후 6:12)는 부르심을 받았습니다. 에베소서 6:10-20절에서 바울 사도가 촉구하는 악한 영들과의 싸움은 하나님의 부르심에 합당하게 사는 새로운 삶과 밀접한 관련이 있습니다. 영적전쟁에 승리하려면, 세 가지를 갖추어야 합니다.

① 우리의 대적에 대하여 알아야 합니다(6:10-12).

② 장비(하나님의 전신갑주)를 잘 갖추어야 합니다.

③ 하나님께서 공급하시는 힘을 의존해야 합니다(기도, 6:18-20).

오늘은 영적 전쟁의 첫 번째 시간으로 우리의 대적이 누구인지 살펴보려 합니다.

1. 대적을 알아야 합니다(6:10-12).

가. 싸움의 대상이 누구입니까?(12절)

① 인간이 아닙니다: "우리의 씨름은 혈과 육을 상대하는 것

이 아니요"

② "하늘에 있는" 영적 존재들(악한 영들)입니다.

Ⓐ 통치자들(the rulers)

Ⓑ 권세들(the authorities)

Ⓒ 이 어둠의 세상 주관자들(the power of this dark world)

Ⓓ 악의 영들(the spiritual forces of evil)

나. 우리의 대적 마귀의 특징은 무엇입니까?(11-12절)

① 힘이 강합니다. 그러나 피조물이기에 전능하지는 않습니다.

② 사악합니다: "어둠", "악"

③ 교활합니다: "마귀의 간계"(참고, "온 천하를 꾀는 자", 계 12:9)

2. 싸움에 앞서 귀 담아 들어야 할 권면이 있습니다(6:10-11).

가. "강건하라"(10절)

① "주 안에서"

② "그 힘의 능력으로"

나. "하나님의 전신갑주를 입으라"(11절)

① "마귀의 간계를 능히 대적하기 위하여"

② "하나님의 전신갑주"(14-17절)

우리는 승리하기 위해 싸우는 것이 아닙니다. 바로 승리한 자리에서 싸우는 것입니다. 그리스도께서 이미 우리를 위해 승리를 거두셨습니다. 그러므로 마귀와의 싸움에서 우리가 할 일은 주 예수 그리스도로 말미암아 얻게 된 영토와 유업을 계속 주장하며 붙드는 것입니다.

에베소서 강해32

영적전쟁1: 대적을 알라

에베소서 6장 10~12절

그리스도인이 살아가는 삶의 현장은 놀이터(play ground)가 아니라 전쟁터(battle ground)입니다. 우리가 전쟁터에 나가기를 좋아하든 좋아하지 않든 간에 모든 그리스도인은 군사로서 "선한 싸움을 싸우라"(딤후 6:12)는 부르심을 받았습니다. 에베소서 6:10-20절에서 바울 사도가 촉구하는 악한 영들과의 싸움은 하나님의 부르심에 합당하게 사는 새로운 삶과 밀접한 관련이 있습니다. 영적 전쟁은 하나님의 새로운 인류로서 성령께서 하나 되게 하신 것을 지키고, 거룩한 삶을 사는 것과 밀접하게 연관되어 있습니다. 비록 그리스도께서 마귀와 악한 영들을 정복하셨을지라도(1:20-21, 4:8), 그들이 아직 "불순종의 아들들" 가운데 활동하면서(2:2) 온갖 궤계와 술책을 동원하여 사람들을 하나님에게서 떼어놓고 서로 불화하게 합니다. 구원받은 성도들은 이 세상에 사는 동안에 지속적으로 마귀와 악한 영들에게 공격을 받고 있습니다(4:27, 6:11, 약 4:7, 벧전 5:8). 악한 영들은 탐심, 분노, 악의, 거짓 교훈 등을 통에 성도들을 불화하게 하고, 성령께서 하나 되게 하신 것을 파괴하려 합니다. 또 성도들이 새 사람의 거룩한 삶을 버리고, 옛 사람의 더럽고 부끄러운 삶으로 돌아가게 하려 합니다. 따라서 우리 그리스도인들은 하나님의 새로운 인류의 구성원으로서 성령께서 하나 되게 하신 것을 지키고, 지속적으로 거룩한 삶을 살아가기 위해 악한 영들을 대적해야 합니다. 영적 전쟁에서 승리해야 합니다. 영적 전쟁에서 승리하려면 세 가지를 갖춰야 합니다.

① 우리의 대적에 대하여 알아야 합니다(6:10-12).

② 장비(하나님의 전신 갑주)를 잘 갖추어야 합니다(6:13-17).

③ 하나님께서 공급하시는 힘을 의존해야 합니다(6:18-20). 기도로서 싸웁니다.

오늘은 영적 전쟁의 첫 번째 시간으로 우리의 대적이 누구인지 살펴보려 합니다.

1. 대적을 알아야 합니다(6:11-12).

가. 싸움의 대상(12절)은 누구입니까?

① 인간들이 아닙니다. "우리의 싸움은 혈과 육을 상대하는 것이 아니요" 어떤 분쟁과 문제가 발생했을 때 사람들이 겪는 애로는 그 사람 때문이 아닙니다. 그 사람 안에서 그 사람을 통해 역사하는 사탄 때문입니다. 사탄은 신자들 속에서 역사 할 수 있습니다. 사탄은

예수의 제자 베드로도 이용했습니다. 예수님께서 사역 말기에 제자들에게 묻습니다. "너희는 나를 누구라 하느냐?" 이에 베드로가 대답합니다. 마태복음 16장 16절입니다. "주는 그리스도시요 살아계신 하나님의 아들이시니이다" 이에 예수님께서는 기뻐하시면 베드로를 축복하십니다. "바요나 시몬아 네가 복이 있도다. 이를 네게 알게 한 이는 혈육이 아니요 하늘에 계신 내 아버지시니라. 또 내가 네게 이르노니 너는 베드로라 내가 이 반석 위에 내 교회를 세우리니 음부의 권세가 이기지 못하리라. 내가 천국 열쇠를 네게 주리니 네가 땅에서 무엇이든지 매면 하늘에서도 매일 것이요 네가 땅에서 무엇이든지 풀면 하늘에서도 풀리리라"(마 16:17-19).

엄청난 축복입니다. 그리고 예수님께서 인류를 위한 구원 계획을 말씀하십니다. 예수 그리스도께서 자기가 예루살렘에 올라가 장로들과 대제사장들과 서기관들에게 많은 고난을 받고 죽임을 당하고 제삼일에 살아나야 할 것을 제자들에게 비로소 나타내셨습니다(마 16:21). 그러자 베드로가 "예수님이 고난 받고 죽임당하는 것"을 막으려고 말합니다. 주여 그리마옵소서. 이 일이 결코 주께 미치지 아니하리이다. 그때 예수께서 십자가에 달려 인류를 구원하시려는 계획을 만류하는 베드로를 향해 외치십니다. "사탄아 내 뒤로 물러가라. 너는 나를 넘어지게 하는 자로다 네가 하나님의 일을 생각하지 아니하고 도리어 사람의 일을 생각하는 도다" 예수님은 베드로를 통해 역사하는 사탄의 궤계를 아셨던 것입니다. 이것만이 아닙니다. 사탄은 계속하여 베드로를 넘어뜨리려고 공격합니다. 누가복음 22장 31-32절 말씀을 봅니다. "시몬아, 시몬아, 보라 사탄이 너희를 밀 까부르듯

하려고 요구하였으나, 그러나 내가 너를 위하여 네 믿음이 떨어지지 않기를 기도하였노니 너는 돌이킨 후에 네 형제를 굳게 하라"

이 말을 들은 베드로는 인간적인 다짐을 합니다. "주여 내가 주와 함께 옥에도, 죽는 데에도 가기를 각오하였나이다" 그 다짐에도 불구하고 "사탄이 밀까 부르듯" 베드도에게 역사하고 있음을 아셨기에 주님은 말씀하십니다. "베드로야 내가 네게 말하노니 오늘 닭 울기 전에 네가 세 번 나를 모른다고 부인하리라"(마 16:34). 그렇습니다. 사탄은 어떤 추상적인 존재가 아니라, 실재하는, 실제로 존재하는, 인격체입니다. 그리고 사탄은 성도들뿐만 아니라, 모든 사람들을 통해 하나님을 대적하며, 하나님의 일을 거스르려 하고 있는 것입니다. 우리는 깨어 있어서 우리도 모르는 사이에 사탄에게 이용당하지 말아야 합니다. 우리는 하나님을 위한다고 하면서도 사실은 사탄에게 이용당하지 말아야 합니다.

② 우리의 싸움의 상대는 영적 존재들(악한 영들)입니다. 성도들이 싸워야 할 대상은 혈과 육을 가진 인간이 아니라, 하늘에 있는 통치자들과 권세들, 이 어둠의 세상 주관자들, 그리고 악의 영들입니다. 여기서 "하늘에 있는"이라는 전치사 구는 마지막에 제시된 "악의 영들"만이 아니라, 앞에 제시된 세 영적 존재들을 수식하는 것으로 보아야 합니다. 에베소서 3장 7절을 보면, 바울 사도는 동일한 전치사구를 사용하여 통치자들과 권세들이 하늘에 존재하는 것으로 언급했습니다. 본문에서 성도들이 싸워야 할 대상 역시 모두 하늘에 존재하는 영적 존재들입니다. 성경 전체를 통해서 '마귀'라는 단어가 복수로 기록된 적은 한 번도 없습니다. 언제나 '단수'로 기록되어 있습니다.

마귀는 하늘의 존재입니다. '마귀'의 문자대로의 뜻은 '참소자'입니다. 물론 이 마귀는 영적 존재입니다. 눈에 보이지 않지만, 눈에 보이는 역사를 하는 영적 존재입니다. C.S.루이스는 "마귀가 가장 조정하기 쉬운 존재는 마귀의 존재를 믿지 않는 사람들이다."고 말했습니다.

마귀에게 그 하수인이 있습니다. 이들을 총칭하는 한 단어가 있는데 그것이 '귀신'입니다. '귀신'은 언제나 복수로 기록되어 있습니다. 하나님과 대적하는 마귀(사탄)라는 영적 존재가 있습니다. 이 마귀의 심부름을 하고 있는 수많은 하수인들이 곧 귀신들입니다.

③ 12절에 나오는 네 가지 영역 존재들은 바로 귀신들입니다. ⓐ "통치자들", "하나의 조직을 가지고 다스리고 통치하는 세력"을 말합니다. 악령들은 하나의 조직을 가지고 있습니다. 일사불란한 조직력을 형성에서 인간의 세계에 침투하여 사람들을 다스리는 세력이 곧 통치자들입니다. 이들은 힘이 있습니다. 궤계를 쓰는 지혜가 있습니다. ⓑ "권세들" 마귀는 능력이 있습니다. 권세가 있습니다. 그러나 전능한 존재는 아닙니다. 오직 하나님만 전능하십니다. ⓒ "이 어둠의 세상 주관자들" 이들은 세상에서 역사합니다. 세상 주관자들의 특징은 "어두움"입니다. "어둠"은 빛이신 하나님이 없는 삶의 특징이요, 빛이신 그리스도가 없는 삶의 특징입니다. "어둠"은 에베소교회 성도들이 그리스도를 영접하기 이전의 악이 지배하던 삶을 가리킵니다(2:2, 5:8,11). "어둠"은 우리가 그리스도를 알기 전에 살던 삶의 모습이기도 합니다. "어둠"은 현세대와 이 세상을 가리키기도 합니다(골 1:13). ⓓ "악의 영들" 이들은 하늘에서도 역사합니다. 지구의 대기권 너머에서도 역사합니다. 이들은 "공중의 권세 잡은 자들"(엡 2:2)입

니다. 이 공중의 권세 잡은 자들은 인간의 참된 행복과 인간에 대한 하나님의 목적을 방해하는 초자연적인 악의 세력들인 것입니다. 사단은 종횡무진으로 기 귀신들을 거느리고 전 우주 속에서 반란을 꾀합니다. 이 "하늘에 있는 악한 영들"의 특징은 "악함"입니다. 여기서 "악하다"는 말은 "부패한 행동"으로 하나님의 인간에 대한 계획과 대치되는 행동을 가르칩니다. 이렇게 우리의 영적 전쟁의 대상으로 소개된 "통치자들", "권세들", "이 어둠의 세상 주관자들", "악의 영들"은 지상에 속한 존재가 아니라 하늘의 영역에 속한 초자연적인 존재들입니다. 이들은 모두 하나님과 그의 백성들을 대접하면 강력한 힘을 가지고 불순종의 아들들 가운데서 역사합니다. 하나님을 떠난 인간은 이런 초자연적인 존재들에게 대항하지 못하며, 단지 무기력하게 종노릇 할 뿐입니다(엡 2:2, 참고 고후 4:4).

나. 우리의 대적 마귀의 특징은 무엇입니까?(11-12절)

① 힘이 강합니다. 인간은 사탄과 대적해서 힘으로 이길 수 없습니다. 그러나 이들은 피조물이기 때문에 전능하지는 않습니다. 전능하신 이는 오직 여호와 하나님 한 분 뿐이십니다. 그렇기 때문에 하나님이 대장 되시고 그 하나님의 능력을 힘입을 때 마귀를 이길 수 있습니다.

② 사악합니다. 그들은 어두움으로 빛 되신 하나님과 그리스도를 대적합니다. 그들은 악하기에 참 선이신 하나님의 뜻에 대항합니다.

③ 교활합니다. 마귀는 얼마나 지혜로운지 모릅니다. 우리 인간보다 더욱 지혜롭습니다. 그래서 교묘한 꾀를 가지고 와서 사람들을 속

입니다. 계시록 12장 9절에 구절에 보면, 마귀(사탄)은 "온 천하를 꾀하는 자(the deceiver of the whole world)"라고 했습니다. 마귀는 에덴동산에서 아담과 하와를 꾀어 선악을 알게 하는 나무의 열매를 따먹고, 하나님을 반역하고 거스리게 하였습니다. 가룟 유다가 예수님을 파는 과정을 성경은 어떻게 요약합니까? 누가복음 22장 3절입니다. "열둘 중의 하나인 가룟인이라 부르는 유다에게 사탄이 들어가니" 아주 교묘하고 교활하게 작은 생각을 넣어 침투해서 마침내 사람을 무너뜨립니다. 마귀는 심리학 박사입니다. 그는 우리의 마음과 생각을 다 압니다. 교묘하게 인간의 생각 속에 들어와 속임수를 베풉니다. 그러면 어떻게 "마귀의 간계"를 깨닫고 물리칠 수 있습니까?

2. 이를 위해 바울 사도는 두 가지 권면을 주십니다.

영적전쟁에 앞서 귀담아 들어야 할 권면입니다(6:10–11).

가. "주 안에서 강건하라"(10절) (Be strong in the Lord)

10절 말씀입니다. "끝으로 너희가 주 안에서와 그 힘의 능력으로 강건하여지고"

여기서 "강건하라"(be strong)는 말은 "성장하라"는 말과 같은 의미입니다. 성장하지 않으면 어떤 일이 있을까요? 어린아이 상태에 있습니다. 어린아이의 상태 있으면 어떤 일을 있습니까? 에베소서 4장 13–14절 말씀을 보겠습니다. "우리가 다 하나님의 아들을 믿는 것과 아는 일에 하나가 되어 온전한 사람을 이루어 그리스도의 장성한 분량이 충만한 데까지 이르리니, 이는 우리가 이제부터 어린아이가 되지 아니하여 사람의 속임수와 간사한 유혹에 빠져 온갖 교훈의 풍조에 밀려 요동하지 않게 하려 함이라" 어린아이는 분별력이 없어 사탄의 간계와 유혹에 잘 넘어갑니다. 잘못된 교훈에도 쉽게 요동합니다. 이것이 성장하지 못한(건강하지 못한) 성도의 모습입니다. 그렇기 때문에 우리는 구원 받은 것으로 다 된 것이 아니라 성장해야 합니다. 강건해야 합니다. 에베소교회 성도들은 이미 그리스도와 연합하여 신령한 복을 누리고 있습니다. 그리스도의 은혜로 다스림을 받고 있습니다. 성도들은 그리스도 안에 거하면서 그의 힘의 능력으로 강하게 됩니다. 그리스도를 떠나서는 아무것도 아니며, 또 아무것도 할 수 없기 때문입니다. 여기 성도들이 강건해야 할 장소는 어디입니까?

① "주 안에서"(In the Lord)입니다. "주 안에서" (in the Lord, ejn kurivw 엔 퀴리오) 이것이 승리의 자리입니다. 주안에 있을 때 우리는 마귀의 간계를 깨달아 알게 됩니다. 주안에서 전능하시고 전능하신 하나님 아버지와 교통 할 때, 우리는 강건합니다. 요한복음 15장에 보면, 예수께서 말씀하십니다. "내 안에 거하라. 나도 너희 안에 거하리라" 어떻게 주님 안에 거합니까? ⓐ 주 안에 거하는 것은 주님의 말씀 안에 거하는 것입니다. 요한복음 15장 7절 말씀입니다. "너희가 내 안에 거하고, 내 말이 너희 안에 거하면 무엇이든지 원하는 대로 구하라. 그리하면 이루리라" 우리가 하나님의 말씀을 읽고 배우고 묵상하여, 그 말씀이 내 안에 있어 나를 지배하고 인도할 때, 내가 주의 말씀 안에 거하고, 주 안에 거하는 것입니다. 그때 강건함이 있습니다. 우리에게 하나님의 말씀이 있으신지요?

ⓑ 주 안에 거하는 것은 주님의 사랑 안에 거하는 것입니다. 계명을 지키는 것입니다. 요한복음 15장 9-10절입니다. "아버지께서 나를 사랑하신 것 같이 나도 너희를 사랑하였으니 나의 사랑 안에 거하라. 내가 아버지의 계명을 지켜 그의 사랑 안에 거하는 것 같이 너희도 내 계명을 지키면 내 사랑 안에 거하리라" 우리가 주님의 계명(하나님 사랑, 이웃 사랑, 서로 사랑하라.)을 지켜 행하면, 주의 사랑 안에 거하고, 주 안에 거하는 것입니다. 그때 강건함이 있습니다. 우리에게 사랑의 실천(하나님의 계명을 지켜 행하는 것)이 있는지요?

② "그 힘의 능력으로" 강건해집니다(Be strong in his mighty power). 우리는 내 힘으로는 마귀를 대적하여 이길 수 없습니다. 우리 힘으로 마귀를 이길 수 있다고 생각하는 순간부터 우리는 넘어져 패배의 자리에 서게 됩니다. 우리는 늘 하나님 영역으로 공급받아야 합니다. 그때 영적으로 힘이 있어서 "주 안에서 강건"하게 됩니다. 그 힘을 공급받는 통로는 기도입니다. 하나님과의 교제입니다. 성도 여러분, 하나님 앞에서 그분과 교제하심으로 늘 하나님의 능력을 힘입고 계신지요?

나. "하나님의 전신갑주를 입으라."(11절, Put on the whole armor of God)

① "하나님의 전신갑주를 입으라"는 권면이 11절과 13절에 두 번이나 반복됩니다. 전신갑주는 중무장한 보병이 갖춘 전투 장비 일체를 가리킵니다. 고대 로마군대에서 전신갑주는 깃 장식이 달린 투구, 가슴막이, 방패, 칼 그리고 탄창 두 개를 포함합니다. 본문에 나오는 "하

나님의 전신 갑주"는 하나님 자신이 입은 전신갑주가 아닙니다. 악한 영들을 대적해야 하는 성도들에게 하나님께서 부여하시는 준비하신 방어와 공격을 위한 일체의 영적 전투장비를 가리킵니다. 하나님께서는 우리의 대적 마귀가 어떻게, 무엇을 가지고, 공격해 오는지 아시기에 그에 대항할 수 있는 전신갑주를 준비하셨습니다. ⓐ 진리로 허리 띠를 띠고 ⓑ 의의 호심경을 붙이고 ⓒ 평안의 복음이 준비한 것으로 신을 신고 ⓓ 믿음의 방패를 가지고 ⓔ 구원의 투구를 쓰고 ⓕ 성령의 검 곧 하나님의 말씀을 가지라고 하셨습니다(엡 6:14-17). 이에 대해서는 다음 주일에 자세히 살펴보겠습니다.

② 성도들이 하나님의 전신갑주를 무장해야 하는 목적은 "마귀의 간계를 능히 대적하기 위하여"(11절)입니다. "마귀"(diavbolo, 디아블로스)는 악한 영들의 우두머리로서 처음부터 범죄 한 자요(요일 3:8), 처음부터 살인한 자입니다(요 8:44). 또 마귀는 거짓말쟁이며, 거짓의 아비입니다(요 8:44). 사도 요한은 마귀를 온 천하를 속이는 자, 사탄이라고 부릅니다(계 12:9, 20:2). 마귀는 사탄의 다른 이름입니다. 마귀는 자신을 "광명의 천사"로 가장하며(고후 11:14), "간계"(간교한 계책)로 성도를 속이고 넘어지게 합니다(고후 2:11). 마귀는 온갖 교활하고 교묘한 술책들을 동원하여 속이고, 죄와 타협하도록 유혹합니다. 무절제한 분노(4:26), 거짓(4:25), 도둑질(4:28), 악한 말(4:29) 등 옛사람에 속한 악한 행실을 통해 역사하며, 또 그런 행동을 부추깁니다. 성도들을 서로 불화하고, 교회의 하나됨을 깨뜨립니다. 교회가 다툴 때 마귀가 역사하기 때문입니다. 성도들은 마귀의 교활하고 교묘한 간계를 능히 대항하기 위해 하나님의 전신 갑주를 입어

야 합니다.

어떤 면에서 보면, 우리는 승리하기 위해 싸우는 것이 아닙니다. 바로 승리한 자리에서 싸우는 것입니다. 그리스도께서 이미 우리를 위해 승리를 거두셨습니다. 우리가 할 일은 주 예수 그리스도로 말미암아 얻게 된 영토와 유업을 계속 주장하며 붙드는 것입니다. 오스카 쿨만(Oscar Cullmenn)은 그의 "그리스도와 시간"(Christ and Time) 이란 책에서 제2차 세계대전의 그림을 이용하여 하나님과 영적 존재들과의 싸움을 설명합니다. 1944년 6월 6일, 연합군이 노르망디에 상륙하던 날(D-Day, Decisive Day, 결정적인 날) 제2차 세계대전의 승리가 결정되었습니다. 그러나 연합군이 최종적인 승리를 거둔 날(V-Day, Victory Day, 승리의 날)은 그로부터 거의 일 년이 지난 1945년 5월 8일이었습니다. 노르망디 상륙작전으로 결정적인 승리를 거둔 이후에도 연합군은 수많은 전투를 해야 했고, 많은 사상자들이 생겨났습니다. 그러나 독일군은 연합군의 진격을 막아낼 수 없었습니다.

이와 유사하게 하나님은 그리스도의 십자가와 부활을 통해, 악한 영들과의 싸움에서 결정적인 승리를 거두셨습니다(D-Day, 골 2:15). 사탄의 군대는 치명타를 맞았고, 다시는 세력을 회복할 수 없게 되었습니다. 사탄의 강력한 지배력을 꺾으신 하나님은 사탄이 권세 아래에 있는 사람들을 건져내어 자신의 사랑의 아들의 나라로 옮기십니다(골 1:13). 그러나 하나님의 최종적인 승리의 날은 아직 오지 않았습니다. 그리스도께서 영광중에 재림하실 때 비로소 최종적인 승리가 선포될 것입니다(V-Day). 그때까지 사탄과 악한 영들은 여전히 불순종의 아들들 가운데 역사하면서 성도 개인과 교회를 공격할 것입니다. 전투가 아직 끝나지 않았습니다. 따라서 지금은 위험한 시대며 계속해서 악한 영들과 전투해야 하는 시대입니다. 그리스도를 통해서 하나님이 승리하신 것을 붙잡고, 날마다의 영적전쟁에서 승리하시는 우리 성도님들, 우리 김해제일교회 되기를 축원합니다. (골 2:15) "통치자들과 권세들을 무력화하여 드러내어 구경거리로 삼으시고 십자가로 그들을 이기셨느니라." (골 1:13) "그가 우리를 흑암의 권세에서 건져내사 그의 사랑의 아들의 나라로 옮기셨으니"

에베소서 강해33 요약

영적전쟁2: 하나님의 전신갑주를 입으라

에베소서 6장 13~17절

하나님께서는 그의 자녀들이 영적전쟁을 잘 수행하도록 전신갑주를 예비하셨습니다. 마귀의 전략을 잘 아시는 하나님께서 그에 대항하기 위해 만드신 것입니다.

1. 하나님의 전신갑주를 입는 목적(6:13).

가. 악한 날에 능히 대적하기 위함입니다.

나. 모든 일을 행한 후에 서기 위함입니다.

2. 하나님의 전신갑주는 어떠합니까?(6:14-17)

가. 허리띠: "진리의 허리띠"(14절 상)

① 허리띠의 역할: 옷을 단단히 동이고, 아울러 검을 붙들어 매는 데 사용

② 마귀의 술책: 속임수를 통한 분열, 거짓말

③ 진리의 허리띠: 헌신된 군사의 진실하고 성실한 마음, 진리, 복음

나. 호심경: "의의 호심경"(가슴막이, 14절하)

① 호심경의 역할: 가슴을 보호하는 데 사용

② 마귀의 술책: 송사를 통한 참소, 두렵고 가슴 떨리게 함

③ 의의 흉배: 그리스도 안에서 얻은 선물로서의 의와 윤리적 덕목으로서의 의

다. 신발: "평안의 복음이 준비한 것으로 신을 신고"(15절)

① 신발의 역할: 굳건히 서며, 움직이는 데 필요한 것

② 마귀의 술책: 싸움(다툼)을 통한 파괴(옳고 그름을 따지게 함)

③ 평안의 복음의 신: 복음을 통한 하나님과의 화해, 이웃과의 화해

라. 방패: "믿음의 방패"(16절)

① 방패의 역할: 적군의 창과 화살로부터 몸을 보호(불화살)

② 마귀의 술책: 의심을 통한 무력화 (의심의 불화살)

③ 믿음의 방패: 하나님과 그의 능력에 대한 신뢰

마. 투구: "구원의 투구"(7절상)

① 투구의 역할: 머리를 보호하는 데 사용

② 마귀의 술책: 낙심을 통해 침체시킴(나쁜 생각을 넣음)

③ 구원의 투구: 구원의 체험과 확신

바. 검: "성령의 검"(17절하)

① 검의 역할: 방어와 공격에 모두 쓰며, 적군을 찌를 수 있는 유일한 공격무기

② 마귀의 술책: 왜곡을 통한 공격, 하나님 말씀을 자의로 해석하여 왜곡함

③ 성령의 검(곧 하나님의 말씀): 말씀의 능력으로 사단을 이김

우리는 하나님의 전신갑주를 입어 마귀의 공격을 이겨내야 합니다. 어느 것 하나 빠지지 말고, 다 갖추어야 합니다. 그때, 대적 마귀를 이길 수 있습니다. 그리고 그리스도께서 주신 구원의 축복을 마음껏 누릴 수 있습니다.

에베소서 강해33

영적전쟁2 : 하나님의 전신갑주를 입으라

에베소서 6장 13~17절

우리는 전쟁 중에 있습니다. 영적 전쟁입니다. 마귀와의 전쟁입니다. 악과 싸우는 전쟁입니다. 어둠과의 전쟁입니다. 우리가 예수 그리스도를 구주로 믿고 구원받아 하나님의 백성이 된 순간부터 우리는 우리가 원하든 원하지 않든 전쟁에 참여하게 됩니다. 영적 전쟁입니다. 마귀와의 전쟁입니다. 하나님께서는 그의 자녀들이 영적 전쟁을 잘 수행하도록 전신갑주를 예비하셨습니다. 전신갑주는 중무장한 보병이 갖춘 전투 장비 일체를 가리킵니다. 마귀의 전략을 잘 아시는 하나님께서 그에 대항하기 위해 만드신 것입니다. 우리는 하나님이 주신 전신갑주의 모든 부분을 다 갖추어 입어야 합니다. 그중 일부만 취해서는 안 됩니다. 만일 우리가 하나님의 전신갑주(장비)를 모두 갖추지 않는다면, 사단은 바로 그 비어있는 부분을 통해 공격해 올 것입니다.

1. 하나님의 전신갑주를 입어야 하는 목적은 무엇입니까?(6:13)

"그러므로 하나님의 전신 갑주를 취하라 이는 악한 날에 너희가 능히 대적하고 모든 일을 행한 후에 서기 위함이라"(13절)

가. 악한 날에 능히 대적하기 위함입니다.

① 여기서 "악한 날"이란 성도들이 악한 영들의 공격에 직면하는 매일매일을 가리킵니다.

② 동시에 "악한 날"은 "악한 영들이 더욱 강한 힘으로 공격을 감행하는 특별한 박해나 시험의 때를 가리킵니다.

③ 그런데 악한 마귀의 공격은 우리 주님 예수 그리스도께서 재림하시는 날까지 계속될 것입니다. 그러므로 성도들은 악한 영들의 공격에 직면하여 굴복하거나 물러서지 않고 능히 대적하기 위해 하나님의 전신갑주를 취해야 합니다.

나. 모든 일을 행한 후에 서기 위함입니다.

① 여기서 "모든 일을 행한 후에 설 수 있기 위해"라는 구절은 마치 악한 영들과의 싸움을 모두 끝내고, 의의 면류관을 받으러 하나님 앞에 서는 것을 의미하는 것처럼 보입니다.

② 그러나 본문에서 바울 사도는 싸움에 결과가 아니라 싸움의 준비를 강조합니다. "서는 것"은 그리스 로마 시대에 전투에서 군인들이 취해야 할 기본자세였습니다(한국 육군의 기본자세는 "차려 자세" 입니다.). 적과 싸울 때 군인들은 견고하게 서서 자기 자리를 사수해

야 합니다.

③ 성도들의 삶에서도 "서는 것"은 매우 중요합니다. 바울 사도는 여러 서신들에서 성도들에게 "굳게 서라"고 권면합니다.

④ 무엇보다 바울 사도는 성도들이 "주 안에" 서기를 바랍니다. 영적 전투에 참여하는 그리스도의 군사들이 서야 할 자리는 바로 십자가와 부활을 통해 마귀와 악한 영들을 이기신 "주 예수 그리스도 안에"입니다. 마귀와 악한 영들은 강력하지만, 결코 전능하지는 않습니다. 성도들이 하나님의 전신갑주로 무장하고, 주 예수 그리스도 안에 굳게 서기만 하면 능히 마귀와 악한 영들을 대적할 수 있는 것입니다. 마귀의 간계를 대적하는 하나님의 전신갑주를 취할 때(무장할 때) 성도는 두려움 없이 담대하게 서서 대적할 수 있는 것입니다.

2. 그러면 하나님의 전신갑주는 어떠합니까?(6:14-17)

여기 6가지 장비를 하나님께서 준비하셨습니다. 이는 마귀의 전술에 대항하시고자 하는 것입니다.

가. 허리띠: "진리로 너희 허리띠를 띠고"

① 허리띠는 옷을 단단히 동이고, 아울러 검을 붙들어 매는 데 사용되었습니다. 그렇게 함으로써 행진하거나 전투할 때 아무런 지장을 받지 않게 됩니다. 병사가 허리에 띠를 띠게 되면, 이는 병사에게 솟아오르는 힘과 자신감을 더해 줍니다. "허리띠를 띤다"는 말은 "어떤 행동을 준비한다"는 뜻이 됩니다.

② 마귀의 술책은 속임수를 통한 분열입니다. 충성심을 분열시킵니다. 마귀는 분열시키는 자입니다. 마귀는 속이는 자(deceiver)입니다. 마귀는 속임수(거짓)를 써서 우리가 영적 싸움에 집중하지 못하도록 우리의 충성심을 분열시켜 놓기만 한다면, 능히 우리를 패배시킬 수 있음을 알고 있습니다. 마귀는 우리에게 두 마음을 품게 하고, 영적 싸움에 집중하지 못하게 합니다. 그렇기에 예수께서 이중적인 생활에 대해 우리에게 강력히 경고하십니다. 한 사람이 두 주인을 섬기지 못할 것이니 혹 이를 미워하고 저를 사랑하거나 혹 이를 중히 여기고 저를 경히 여김이라 너희가 하나님과 재물을 겸하여 섬기지 못하느니라(마 6:24). 우리는 하나님과 세상이 두 방향을 동시에 쳐다볼 수가 없습니다. 이와 마찬가지로 동시에 하늘과 땅에 마음과 생각을 둘 수가 없습니다. 왜냐하면 "두 마음을 품은 사람은 모든 일에 정함이 없는 자이기"(약 1:8) 때문입니다.

③ 그러면 성도들이 허리를 동여야 할 진리(ajlhvqeia, 알레데이아)란 무엇입니까? ㉠ 이사야서 11장 5절에 보면, 메시아는 공의(righteousness)로 허리띠를 삼고, 성실(faithfulness)로 몸의 띠를 삼는 분으로 등장합니다. ㉡ 에베소서에서도 이 "진리"라는 단어는 하나님을 따라 창조된 새사람의 특성을 가리키며(4:24), 또한 빛의 자녀가 된 성도들이 맺어야 할 빛의 열매를 가리킵니다(5:9). 그런 점에서 성도들이 허리를 졸라매야 할 영적 장비는 마음과 행동의 진실성을 가리킵니다. 진리의 허리띠는 성도의 거짓 없는 진실한 마음을 의미합니다. 믿음의 진리를 믿고, 그 영향력 아래에 사는 성도들은 모든 거짓을 버리고, 이웃과 더불어 진실을 말해야 하며, 진실하게 살아야 합

니다(4:25, 5:9). 이렇게 함으로써 마귀가 공격할 여지를 주지 말아야 합니다. ⓒ 동시에 그리스도의 군사들이 허리를 동여매야 할 "진리"는 복음 안에서 나타난 하나님의 진리를 가리킵니다. 이럴 경우 진리로 허리를 동이라는 것은 말씀의 진리를 굳게 의지하라는 권면입니다. 마귀는 온갖 술책을 동원하여 성도들을 속이고 미혹하려 합니다. 그래서 성도들은 복음의 순전한 진리를 굳게 붙들고 지켜야 하는 것입니다. 그것은 마치 다른 모든 것을 붙들어 매고 제자리 있게 하는 허리띠와 같기 때문입니다.

나. 호심경: "의의 호심경을 붙이고"(가슴막이, 14절하)

① 호심경은 "갑옷의 가슴 쪽에 호신용으로 붙이는 구리 조각으로 가슴막"이라 할 수 있습니다. 가슴과 폐 그리고 심장을 보호하기 위해 군인들의 가슴 부위에 붙이는 놋쇠로 만든 방어용 장구를 가리킵니다.

② 마귀는 참소자입니다. 마귀(사단)은 하나님 보좌 앞에서 하나님의 자녀들을 송사하기를 좋아합니다. 그는 또한 우리 양심 속에서도 역사하여, 우리의 지난 실수와 죄들을 계속적으로 기억하도록 합니다. 그래서 두렵고 가슴 떨리게 합니다. 우리 형제들을 참소하던 자 곧 우리 하나님 앞에서 밤낮 참소하던 자가 쫓겨났고(계 12:10b)

③ 그러면 악한 영들을 대적하기 위해 성도들이 입어야 할 "의의 호심경"이란 무엇입니까? ㉠ 먼저는 하나님께서 주시는 의, 즉, 하나님께서 그리스도 안에 있는 성도들에게 주권적으로 선언하신 그의 판결입니다. 하나님께서 주신 의보다 더 확실한 영적 보호 장비가 어디

있습니까? 그리스도를 믿어 의롭다 함을 얻는 것, 그리스도의 의로 옷 입는 것, 이것이야말로 마귀와 악한 영들의 정면 공격에서 성도들을 보호해주는 굳건한 가슴막이(호심경)인 것입니다. 만일 우리가 그리스도 안에서 믿음으로 의롭게 되었다는 것을 확신하지 못한다면, 그러한 때 우리는 사단의 송사에 대해 아무런 답변도 하지 못할 것입니다. ㉡ 나아가 현재 본문에서 "의"는 그리스도인의 윤리적인 의를 의미합니다. 에베소서에서 의(dikaiosuvnh, 디카이오쉬네)는 하나님을 따라 창조된 새사람의 특성을 나타내며(4:24), 또한 빛의 자녀인 성도들이 맺어야 할 열매, 즉, 의로운 성품이나 행동을 가리킵니다(5:9). 우리가 주님을 믿어 의롭다 함을 얻었다는 확신이 있다 할지라도 윤리 도덕적으로 잘못을 행하고 허물이 있다면, 마귀가 그것에 대해 송사하며, 정죄하여 두렵고 가슴 떨리게 합니다. 그렇기에 하나님의 의를 선물로 받고, 하나님과 바른 관계를 회복한 성도들은 의를 행하며, 의의 열매를 맺어야 합니다. 하나님께서 성도들에게 부여하신 의와 윤리적 도덕적 의가 날줄과 씨줄처럼 함께 엮여서 뚫을 수 없는 "의의 호심경"(의의 가슴막이)를 이루는 것입니다.

다. 신발: "평안의 복음이 준비한 것으로 신을 신고"

하나님의 전신갑주의 세 번째 장비는 신발입니다.

① 신발은 "굳건히 서며 움직이는 데 필요한 것"입니다. 그 신발은 발이 편한 것이어야 합니다. 그래야 기동성 있게 움직일 수 있습니다.

② 마귀의 술책은 싸움(다툼)을 통한 파괴입니다. 마귀는 파괴자입니다. 마귀는 싸움과 다툼, 분쟁 속으로 우리를 이끌어가서 파괴 시

키려고 합니다. 옳고 그름을 따지며, 서로 상처를 주고 받고, 죽어가게 만듭니다. 그래서 마귀는 가정도 어지럽힙니다. 교회도 시끄럽게 합니다. 사회에도 지역적이나 인종적이나 여러 일로 인해 갈등이 생기게 합니다. 가정이고 교회고 사회이고 갈등이 생기고, 문제가 생기면, 평안할 수 없습니다. 그리고 평안이 없을 때, 우리는 힘써 복음을 전할 수 없습니다. 주의 일을 할 수 없습니다.

③ 그러면 "평안의 복음이 준비한 것으로 신을 신는다."는 것은 무슨 뜻입니까? 성도들이 영적 싸움을 할 때, 하나님께서 어디로 인도하시든지 평안의 복음(평화의 복음, 하나님과 평화하고, 이웃과 평화하는 복음)을 선포할 준비를 해야 한다는 말입니다. 사람에게 복음을 선포하는 것은 마귀와 악한 영들을 공격하는 것과 다름없기 때문입니다. 이사야서 52:7절에 선지자가 이렇게 말합니다. 좋은 소식을 전하며 평화를 공포하며, 복된 좋은 소식을 가져오며, 구원을 공포하며, 시온을 향하여 이르기를 "네 하나님이 통치하신다."하는 자의 산을 넘는 발이 어찌 그리 아름다운가? 여기 "평화의 좋은 소식"과 "발"이 하나님의 구원과 이스라엘의 회복을 다루는 문맥에서 등장합니다. 반면에 본문에서는 악한 영들과의 싸움을 다루는 문맥에서 등장합니다. 튼튼한 군화가 그것을 신은 군인을 견고하게 설 수 있게 하는 것처럼 복음이 그것을 믿는 사람에게 주는 견고성이나 확고부동함을 가리킵니다. 고대의 로마의 군인들은 바닥에 징이 박힌 튼튼한 군화를 신음으로써 견고하게 서서 적과 싸울 수 있었습니다. 이와 마찬가지로 성도들도 평화의 복음을 바르게 이해하고, 그 복음 안에 굳게 서서(즉, 복음을 군화처럼 단단히 신고) 악한 영들과 싸울 준비를

해야 합니다. 평화의 복음을 굳게 붙드는 사람들은 악한 영들의 공격 앞에서 결코 두려워하거나 요동하지 않으며, 뒤로 물러서지 않습니다. 성도들이 복음을 통해 하나님과 평화를 누리는 것, 그리고 성도들과 평화를 누리는 것은 악한 영들과 싸울 수 있는 가장 튼튼한 신발, 곧 견고한 발판인 셈입니다.

라. 방패: "모든 것 위에 믿음의 방패를 가지고 이로써 능히 악한 자의 모든 불화살을 소멸하고"(16절)

① 방편은 적군의 창이나 화살로부터 몸을 가리는 것입니다. 고대 로마군인들은 길이가 대략 120cm, 폭이 대략 75cm 가량의 직사각형 모양의 큰 방패를 가졌는데, 두께는 손바닥 넓이 정도였습니다. 이 방패는 두꺼운 나무판 두 개를 붙여 만들었으며, 겉면에는 철을 씌우고, 그 위에 송아지 가죽을 덮었습니다.

② 마귀는 우리를 넘어뜨리고자 그 무기로 "의심"을 사용합니다. 마귀는 격렬한 의심의 "불화살"을 마구 쏘아 대는 것입니다. 그 의심의 불화살에 맞으면, 모든 사실이 이상해 보입니다. 사실을 그리고 사람을 바로 보지 못하게 합니다. 회의적이 됩니다. 무기력하게 만듭니다. 의심만큼 무서운 게 없습니다. 단단한 인간관계도 의심의 불화살을 맞으면, 신뢰가 깨어지고, 맥이 풀립니다.

③ 이런 "의심의 불화살"을 막기 위해 우리는 "믿음의 방패"로 무장해야 합니다. 그리스도의 군사들이 취해야 할 방패가 바로 믿음이라는 것입니다. 여기서 "믿음"은 그리스도의 능력을 의지하는 온전한 신뢰를 의미합니다. 나아가 사람과 사람 사이의 "이간질"등을 통한

의심도 믿음으로, 서로 신뢰함으로 이겨야 합니다. 부부, 친구, 교우 관계에도 동일하게 적용됩니다. 믿음만이 의심나게 하는 마귀의 공격을 저지하고 이기게 합니다. 힘을 줍니다. 종교개혁자 마틴 루터(Martin Luther)가 말했습니다. “새가 머리 위를 날아다니는 것은 어찌할 수 없지만, 머리 위에다 둥지를 틀지 못하게 할 수 있다.” 우리는 맹렬한 의심의 불화살이 우리에게 날아오는 것을 어찌할 수 없겠지만, 믿음의 방패를 가지고 자신을 보호할 수는 있습니다. 이는 과연 무엇을 근거로 한 믿음입니까?

그것은 하나님의 말씀에 근거한 믿음입니다. 그리고 말씀 속에 자신을 계시하신 신실하신 하나님을 근거한 믿음입니다. 하나님께서 말씀하십니다. 창세기 15:1입니다. “아브람아 두려워하지 말라 나는 네 방패니라.” 시편 84:9에서는 “우리 방패이신 하나님이여…” 하나님의 말씀과 신실하신 하나님을 신뢰할 때, 그분은 사단(마귀)의 의심의 불화살이란 공격에서 우리를 지켜 승리하게 해주실 것입니다. 성도들은 믿음의 방패로 능히 악한 자(마귀)의 모든 불화살들을 막아내고 승리하게 될 것입니다.

마. 투구: “구원의 투구”(17절 상)

① 투구는 청동이나 철과 같은 단단한 금속으로 만들어 머리를 보호합니다.

② 마귀의 술책은 낙심을 통해 침체시키는 것입니다. 사단은 우리를 침체시키는데 능한 자입니다. 마귀는 우리가 포기할 때까지 방해하고 좌절시키며 절망하게 하려 합니다. 사단은 그리스도의 군사가

"소망"을 잃게 될 때, 싸움에 실패한다는 것을 잘 압니다. "절망"은 죽음에 이르는 병입니다(키에르 케고르).

③ 그러면 성도가 영적 전쟁을 위에 써야 하는 "구원의 투구"는 무엇입니까? ㉠ "구원"이란 말은 "승리"(victory)의 의미를 담고 있습니다. 이는 우리가 이미 얻은 구원의 방편을 의미합니다. 즉, 죄 사함 받음, 사단의 굴레로부터 해방 받음, 하나님의 가족으로 받아들여짐 등입니다. 그리스도 안에서 하나님의 은혜로 믿음으로 말미암아 구원 받았다는 확신은 악한 자의 불화살이 쏟아지는 전장 한가운데서도 한없는 안도감을 줍니다. ㉡ 나아가 그리스도의 군병이 쓰는 투구는 "구원의 소망의 투구"입니다. "우리는 낮에 속하였으니 정신을 차리고 믿음과 사랑의 호심경을 붙이고 구원의 소망의 투구를 쓰자"(살전 5:8). 이는 마지막 날에 얻게 될 온전한 구원에 대한 확신이 있는 기대감을 의미합니다. 즉, 부활의 영광, 하늘나라에서 영원히 하나님과 함께 함 등입니다. 하나님의 구원에 대한 체험과 확신이 낙심의 수렁에서 우리를 지켜주는 소망입니다.

구원은 3차원입니다.

① 우리는 예수 그리스도를 믿어 구원 받았습니다. 중생입니다. 영적 구원입니다. 죄 사함입니다. 과거에서부터 구원입니다.

② 우리는 예수 그리스도를 믿어 구원 받아가고 있습니다. 영생이 시작되었습니다. 그리스도를 닮아 갑니다. 현재적 삶의 변화라는 구원입니다. 성결(성화)입니다.

③ 우리는 예수 그리스도를 믿어 구원을 받을 것입니다. 영화입니다. 몸의 구원입니다. 그리스도의 몸처럼 영화 됩니다. 미래적 구원

입니다. 이 구원에 대한 체험과 확신이 원수 마귀가 머리를 깨려는 공격을 하는 중에서 이기게 하는 "투구"입니다. 여러분은 구원에 대한 확신이 있는지요?

바. 검: "성령의 검, 곧 하나님의 말씀을 가지라."

① 검은 방어와 공격에 모두 쓰이지만, 적군을 찌를 수 있는 유일한 공격 무기입니다. 로마 군인들은 적과 싸울 때, 길이 60cm, 폭 5cm 정도의 비교적 짧고 예리한 칼을 사용했습니다. 로마 군인들은 왼손으로 방패를 들고, 오른손으로 칼을 들고 적들과 싸웠습니다.

② 마귀는 왜곡을 통해 공격합니다. 하나님의 말씀을 저 좋은 대로 해석하여 찍어다 붙이므로 왜곡하고 부인합니다. 믿음을 부인합니다. 십자가의 능력도 부인합니다. 부활도 부인합니다. 천국과 지옥도 부인합니다. 하나님의 말씀을 바로 믿지 못하게 합니다.

③ 이때 우리는 성령의 검인 하나님의 말씀을 사용하여 싸워야 합니다. "성령의 검"이란 성령의 감동하심으로 된 하나님의 말씀을 말합니다. 이 성령의 검(하나님의 말씀)은 능력이 있습니다. 히브리서 4:12절입니다." 하나님의 말씀은 살아 있고, 활력이 있어, 좌우에 날 선 어떤 검보다도 예리하여 혼과 영과 및 관절과 골수를 찔러 쪼개기까지 하며, 또 마음의 생각과 뜻을 판단하나니" 하나님의 말씀은 "좌우에 날 선 어떤 검보다도 예리하여" 쪼개는 능력이 있습니다. 그러기에 우리는 이 말씀을 부끄러워하지 말고 사용해야 합니다. 하나님의 말씀(성경)이 성령의 검임을 인정해야 합니다. 마태복음에 4:1-10절에 보면, 예수님께서 광야에서 마귀에게 시험을 받으실 때, 바로

이 검을 사용하셨습니다. 3번의 시험을 모두 "기록되었으되"라는 하나님의 말씀으로 답하셨습니다. 예수님은 신명기 말씀을 인용하여 사단(마귀)의 거짓과 잘못된 술수를 드러내고 그의 공격을 무력화했습니다. 나아가 예수님은 마귀를 하나님의 말씀으로(말씀의 검으로) 무찔렀습니다. 그러기에 우리는 늘 말씀을 읽고 배우고 묵상하고 삶에 실천하여 성령의 검, 곧 하나님의 말씀으로 무장해야 하겠습니다.

우리는 영적 전쟁을 하고 있습니다. 마귀와의 싸움입니다. 우리는 하나님의 전신갑주를 입어, 마귀의 공격을 이겨내야 합니다. 진리의 허리띠, 의의 호심경, 평안의 복음이 준비한 신, 믿음의 방패, 구원의 투구, 성령의 검(곧, 하나님의 말씀) 어느 것 하나 빠지지 말고 다 갖추어야 합니다. 그때 대적 마귀를 이길 수 있습니다. 그리고 그리스도께서 주신 구원의 축복을 마음껏 누릴 수 있습니다. 우리 주님께서 승리하여 준비하신 축복을 빼앗기지 마시기 바랍니다!

에베소서 강해34 요약

영적 전쟁3: 기도로 싸우라

에베소서 6장 18~20절

우리가 영적전쟁을 바로 잘 수행하기 위해서는 우리의 대적이 누구인지 알아야 합니다(10-12절). 또한 우리는 하나님의 전신갑주를 입어야 합니다(13-17절). 그러나 이러한 장비들을 잘 사용할 힘이 있어야 합니다. 이 힘은 기도를 통해 하나님께 얻습니다. 졸고 자면 싸울 수가 없습니다. 그러므로 기도로 영적 싸움을 싸우는 것입니다(참고 출 17:8-16).

1. 기도로 영적 싸움을 싸우라(6:18).

가. 기도의 종류: "모든 기도와 간구로 하되"

할 수 있는 한 모든 기도를 다 동원하여 기도하십시오.

① 기도의 ACTS: Adoration(존경, 경배, 찬송의 기도), Confession(고백의 기도), Thanksgiving(감사의 기도), Supplication(간구의 기도)-Intercession(중보기도)와 Petition(간청의 기도)

② 기도의 형태: 보통으로 하는 기도, 통성으로 하는 기도, 묵상기도

나. 기도의 시간과 방법: "항상 성령 안에서 기도하고"

① 언제 기도하나?: "항상"(at all times, 참고 데살로니가전서 5:17)

② 어떻게 기도하나?: "성령 안에서"(in the Spirit, 참고 로마서 8:26-27)

다. 기도의 자세: "이를 위하여 깨어 구하기를 항상 힘쓰며"

① "깨어서" 기도해야 합니다.

② "모든 인내로 끝까지 참으며 깨어 기도해야 합니다."(참고 마 26:36-46)

라. 기도의 대상: "여러 성도를 위하여 구하고"(중보기도)

① 나만이 아니라 우리 공동체가 굳게 서야 합니다.

② 손가락 중보기도

2. 기도로 영적 싸움을 도우라(6:19-20).

가. 대사도의 기도 부탁: "나를 위하여 구할 것은…"(19절 상)

나. 부탁한 기도의 내용

① 말씀을 주옵소서: "내게 말씀을 주사"(19절 중)

② 복음의 비밀을 담대히 전하게 하소서(19절 하).

③ 쇠사슬에 매임도 감당케 하소서(20절).

기도하지 않는 것은 전쟁 중에 싸움을 중지하는 것입니다. 기도하지 않는 것은 전쟁 중에 졸고 자는 것과 같은 것입니다. 그러므로 우리는 깨어 기도하므로 영적 전쟁을 싸워 이겨야 하겠습니다.

에베소서 강해34

영적전쟁3: 기도로 싸우라

에베소서 6장 18~20절

우리는 영적 전쟁 중에 있습니다. 우리가 예수 그리스도를 구주로 믿고 구원받아, 하나님의 백성이 된 순간부터, 우리는 우리가 원하든 원하지 않든 전쟁에 참여하게 됩니다. 마귀와의 영적 전쟁입니다.

① 우리는 그리스도인들이 영적 전쟁을 바로 잘 수행하기 위해서는 우리의 대적이 누구인지를 알아야 합니다. 우리의 대적은 사람들이 아닙니다. 우리의 대적은 사단(마귀)와 그의 졸개인 귀신들입니다. 그런데 그 마귀와 그의 졸개인 귀신들은 영물이기 때문에 쉽게 생각해서는 안 됩니다. 그렇다고 그리스도 안에 있는 우리가 그들을 너무 두려워해서도 안 됩니다.

② 또한 우리가 영적 전쟁을 바로 잘 수행하기 위해서는 하나님의 전신갑주를 입어야 합니다. 진리의 허리띠, 의의 호심경, 평안의 복음이 준비한 신, 믿음의 방패, 구원의 투구, 성령의 검, 곧, 하나님의

말씀을 그 어느 것 하나 빠지지 말고 다 갖추어야 합니다. 그때 간교한 대적 마귀를 이길 수 있습니다.

③ 그러나 적에 대해 완벽하게 알고, 적과 맞서는데 필요한 장비를 갖추었다고 곧 승리하는 것은 아닙니다. 이제 싸움을 잘해야 합니다. 그 장비들을 잘 사용해야 할 힘이 있어야 합니다. 이러한 힘은 기도를 통해 생겨납니다. 우리는 기도로 영적 싸움을 싸우는 것입니다. 기도하지 않는 것은 무장을 하고, 졸고 자는 것과 마찬가지 입니다. 아무리 최신 장비로 무장을 하고 있어도, 졸고 자는 병사는 싸움에서 이길 수 없습니다. 그러기에 사도 바울은 "기도하라"(항상 쉬지 말고 범사에 기도하라.) 명령하십니다. "기도하라"는 말은 "기도로 영적전쟁을 수행하라", "기도로 싸우라"는 것입니다.

William Cowper는 그의 기도에 대한 시에서 다음과 같이 노래합니다. "기도를 중지하는 것은 곧 싸움을 중단하는 것이기에, 기도는 그리스도인의 갑옷을 빛나게 한다. 가장 연약한 성도가 무릎을 꿇을 때, 그때 사탄의 무릎은 떨리라." 기도를 통해 전쟁을 승리로 이끈 기도의 능력에 관한 아주 극적인 이야기가 있습니다. 출애굽기 17:8-16에 보면, 이스라엘 백성들이 르비딤에서 아말렉과 전투를 하게 되었습니다. 여호수아는 군대를 이끌고 아말렉과 싸우러 나갔습니다. 백성의 지도자인 모세는 산에 올라가 손을 들고 하나님께 기도했습니다. 모세가 손을 들 때(기도할 때) 이스라엘은 싸움에 이깁니다. 그런데 모세가 피곤하여 팔을 내리면(기도를 쉬면), 이스라엘이 싸움에서 밀리며, 패배 합니다. 그래서 모세와 함께 한 아론과 훌이 하나는 이편에서, 하나는 저편에서 모세의 팔을 붙들어 올렸습니다. 해가 지도록 손이 내려오지 않았습니다. 계속, 쉬지 않고 기도했습니다. 그렇게 해서 여호수아가 아말렉을 무찌르고 승리하게 되었습니다. "여호와 니시" 여호와는 나의 깃발, 여호와는 나의 승리입니다. 이 승리는 기도로 싸워 이긴 승리입니다.

사랑하는 성도 여러분! 치열한 전투의 현장에서 기도의 팔을 든 모습, 이 얼마나 아름다운 모습인지요? 오늘 우리는 인생의 영적 싸움터에서 승리하기 위해 기도의 팔을 들고 있으신지요? 살아계신 하나님의 능력을 의지하고 기도하시는지요? 형제, 자매들을 위해 그런 기도를 해 주고 계신지요? 오늘 본문에 보면, 사도 바울은 우리에게 영적 싸움을 기도로 싸우라고 명령하십니다. 그리고 지금 복음을 증거하면서, 치열한 영적 싸움을 싸우고 있는 바울 자신을 위해 기도해 달라고(중보 기도해 달라고) 부탁하고 있는 것입니다.

1. 기도로 영적 싸움을 싸우라(6:18).

"모든 기도와 간구를 하되 항상 성령 안에서 기도하고 이를 위하여 깨어 구하기를 항상 힘쓰며 여러 성도를 위하여 구하라"

가. 기도의 종류: "모든 기도와 간구를 하되..."

할 수 있는 모든 기도를 다 동원하여 기도하라 하십니다.

① 기도의 ACTS가 있습니다. ㉠ Adoration(숭경/존경, 경배, 찬송의 기도) ㉡ Confession(고백의 기도, 사죄의 기도) ㉢ Thanksgiving(감사의 기도) ㉣ Supplication (간구의 기도)-Intercession(중보

기도): 남을 위한 기도, Petition(간청의 기도)

② 기도의 형태 ㉠보통으로 하는 기도: 대화하듯, 방언기도 ㉡통성으로 하는 기도: 부르짖어 기도하며 쏟아내는 기도(회개하거나 간청하는 데 좋음. 그러나 하나님의 세미한 음성을 듣는 데는 약함.) ㉢묵상기도: 조용히 그러나 깊이 들어가는 기도(한나의 기도) (통성기도를 할 줄 모르는 이는 묵상기도를 바로 하지 못함.)

③ 예배의 지도 ㉠묵도: 예배를 시작하며 마음을 모으는 기도 (묵도/잠시, 시편을 읽음, 간단한 기도) ㉡ 예배기도: 예배를 위한 기도 (일반 기도, 목회 기도와 다름), 3-4분 정도 (성전 건축을 위한 기도) ㉢목회기도: 목회자가 교우 전반에 걸쳐 기도하는 것 ㉣ 축도: 목회자가 손을 들고, 성부 성자 성령의 이름으로 축복기도하는 것

나. 기도의 시간과 방법: "항상, 성령 안에서 기도하고…"

① 언제 기도해야 합니까?: "항상"(at all times, on all occasions)(살전 5:17) "쉬지 말고 기도하라."(Pray constantly, always, in all circumstances) ㉠ 쉬지 말고 기도하라: 호흡을 쉴 수 없듯이, 기도는 영혼의 호흡입니다. ㉡ 항상 기도하라: 늘 항상 기도하는 마음으로 살아가야 합니다. ㉢ 범사에 기도하라: 좋을 땐든, 나쁜 때든, 어떤 상황에서도 기도해야 합니다. 어떤 이유에서든지 기도하기를 그만두지 말아야 합니다.

② 어떻게 기도해야 합니까?: "성령 안에서" (Pray in the Spirit) 내 생각이나 의지나 뜻대로 기도하는 것이 아니라, 성령의 인도하심 속에서 기도하라 하십니다. "성령 안에서" 기도하는 것은 황홀경 속

에서 드리는 신비로운 기도나 방언이 아닙니다. 성령의 감화와 그의 도우심으로 기도하는 것을 의미합니다. 성령은 돕는 자(Helper)로 성도들 가운데 거하시면서 성도들이 무엇을 간구해야 할지 모를 때조차 그들을 도우시고 그들을 위해 간구하십니다. 로마서 8:26-27입니다. "이와 같이 성령도 우리의 연약함을 도우시나니, 우리는 마땅히 기도할 바를 알지 못하나, 오직 성령이 말할 수 없는 탄식으로 우리를 위하여 친히 간구하시느니라. 마음을 살피시는 이가 성령의 생각을 아시나니, 이는 성령이 하나님의 뜻대로 성도를 위하여 간구하심이니라" 하나님의 뜻을 가장 잘 아시는 성령님, 우리의 연약함을 도우시는 성령님, 그 성령님이 우리의 기도를 인도해주시도록 간구하며 맡겨야 하겠습니다.

다. 기도의 자세입니다. "이를 위하여 깨어 구하기를 항상 힘쓰며..."

(표준 새 번역) "일을 위하여 늘 깨어서 끝까지 참으며... 간구하십시오."

깨어서 기도해야 합니다. 그런데 "깨어 기도하기"가 얼마나 힘든지 "모든 인내로 끝까지 참으며 깨어 기도하라" 하십니다. 세상에서 제일 무거운 것이 졸릴 때의 "눈꺼풀"이란 말이 있습니다. 졸리고, 또 기도하기 싫을 때, 쳐져 있지 말고, 힘을 내어 기도 깨어 기도하라 하십니다. 마태복음 26:36-46절에는 우리 주님 예수 그리스도의 겟세마네 동산의 기도가 나옵니다. 십자가를 지셔야 하는 일 때문에 매우 고민하여 힘드신 주님께서 제자들에게 부탁합니다. "나와 함께 깨어 있으라." 예수님께서 얼굴을 땅에 대시고, 엎드려 간절히 기도하시고 제자들에게 오십니다. 그때 베드로를 비롯한 제자들은 졸고 자고 있었습니다. 주님이 안타까워 말씀하십니다. "너희가 나와 함께 한 시간도 이렇게 깨어 있을 수 없더냐? 시험에 들지 않게 깨어 기도하라 마음에는 원이로되 육신이 약하도다"(40하-41절) 마음의 원을 이루기 위해 모든 인내로 깨어 기도해야 합니다. 악한 영들과의 싸움에서 가장 중요한 것은 깨어 있으면서 경계를 늦추지 않는 것입니다. 겟세마네 동산에서 "나와 함께 깨어 있으라"는 부탁을 받았지만, 깨어 있을 수 없어 졸고 자면서, 마귀의 유혹에 넘어가 통곡했던 베드로 사도는 훗날 그의 서신에서 이렇게 성도들을 권면합니다.

"근신하라 깨어라. 너희 대적 마귀가 우는 사자 같이 두루 다니며 삼킬 자를 찾나니...'(벧전 5:8) 깨어 있지 않으면 영적 위기 상황이나 위험이 닥쳐도 그것을 알지 못하고 기도의 필요성을 느끼지 못합니다. 영적 싸움의 현장에서 성도들은 기도로 둘러싸여 있어야 합니다. 이렇게 하기 위해 지속적으로 깨어 기도해야 합니다.

라. 기도의 대상: "여러 성도를 위하여 구하라"

① 성도들은 악한 영들을 대적할 때, 다른 성도들을 위에 간구해야 합니다. 영적 싸움은 단지 성도 개인과 마귀와의 싸움이 아니라, 모든 하나님의 백성과 어두움의 세력과의 싸움이기 때문입니다.

② 우리가 남을 위해 기도할 때(여러 성도들을 위에 중보 기도할 때) "손가락 중보기도"를 사용하면 좋습니다. ㉠ 음지: 친한 사람(가족, 친척, 친구) ㉡ 검지: 가르치는 사람 (목사, 교사) ㉢ 장지: 지도자

들(나라의 지도자, 교회의 지도자(교육자, 장로) 회사 지도자) ㉣ 약지: 약한 자들(병든 자, 마음이 상한 자, 어려움에 처한 자) ㉤ 애기지: 자기 자신을 위해

2. 기도로 영적 싸움을 도우라(6:19-20).

가. 대사도의 기도 부탁이 있습니다. "나를 위하여 구할 것은..."

우리 성도는 그 어떤 사람이든지 성도들의 기도에 협력이 필요합니다. 특별히 말씀 전하는 사역자들을 위한 기도가 필요합니다. 선교의 일선에서 복음 전하는 이들을 위한 중보기도가 필요합니다. 설교의 대가인 스펄전 목사님의 교회에 방문객들이 찾아와 어떻게 그렇게 설교를 잘할 수 있냐고 물어봤습니다. 그랬더니 스펄전 목사님은 "중보기도실"을 보여주며 자신이 설교하는 동안 이 기도실에서 간절히 기도하는 성도들 때문이라고 대답했던 것입니다.

나. 바울 사도가 부탁한 기도의 내용은 무엇이었습니까?

우리는 복음 전도자를 위해(말씀 사역자를 위해) 무엇을 기도해야 하나요?

① 말씀을 주옵소서: "내게 말씀을 주사..." 말씀은 생명의 말씀을 말합니다. 말씀은 복음의 비밀입니다. 우리가 전하는 말씀은 내 경험이나 생각에서 나온 것이 아니라, 하나님께로부터 오는 것이어야 합니다. "내게 말씀을 주사" 하나님이 말씀을 주셔야 합니다. 그 말씀이 생명입니다. 그 말씀이 능력입니다. 그 말씀이 하나님의 신비한 경륜

이요 계획이요 뜻입니다.

② 복음의 비밀을 담대하게 전하게 하소서. (19절 하) "나로 입을 열어 복음의 비밀을 담대히 알리게 하옵소서" 할 것이라. 바울은 하나님의 말씀을 전하는 사자로서 담대히 효과적으로 전할 수 있기를 기도해 달라고 요청하고 있습니다. 바울 사도의 이러한 소원은 골로새서 4:3절에 더욱 분명히 드러납니다. 또한 우리를 위하여 기도하되, 하나님이 전도할 문을 우리에게 열어 주사 그리스도의 비밀을 말하게 하시기를 구하라. 내가 이 일 때문에 매임을 당하였노라. 그가 바라는 것은 자기 몸에서 쇠사슬이 풀려지거나, 감옥 문이 열리는 것이 아닙니다. 말씀의 문이 열리는 것입니다. 그의 몸은 쇠사슬에 매여 있지만, 그의 심령은 복음의 비밀에 붙들려 있습니다. 그래서 그는 죽든지 살든지 자신을 통에 오직 복음의 비밀이 충만히 전파되길 바랄 뿐입니다.

③ 쇠사슬의 매임도 감동케 하옵소서(20절). "이 일을 위하여 내가 쇠사슬에 매인 사신이 된 것은 나로 이 일에 당연히 할 말을 담대히 하게 하려 하심이라" 바울은 복음 때문에 쇠사슬에 매여 옥에 갇히게 되었습니다. 담대한 복음 전도는 환영만 받는 것이 아닙니다. 오히려 고난과 매임이 있습니다. 그러나 그 고난과 매임이 있을지라도 당연히 할 말을 담대히 전하게 해달라는 것입니다. 바울 사도는 지금 쇠사슬에 매여 있지만, 고난을 면하거나 감옥에서 풀려날 수 있도록 기도해 달라고 말하지 않습니다. 그의 간절한 소원은 그가 입을 열 때, 하나님께서 그에게 말씀을 주셔서 복음의 비밀을 담대히 알릴 수 있게 해달라는 것입니다.

요즘에는 고난 때문에 두려워 당연히 할 말을 못하는 일보다 사람들의 비위를 맞추려 하거나, 먹고 살아가기 위해 당연히 할 말도 담대히 못하는 경우들이 있습니다. 그렇기 때문에 우리는 어떤 위험 속에서도 복음 전도자들이, 또한 목회자들이, 설교자들이, 당연히 할 말을 담대히 잘 할 수 있도록 기도해주어야 할 것입니다. 그렇게 기도해줌으로써 우리는 영적 싸움에 지원부대로 참여할 수 있는 것입니다. 하나님의 군대에 속한 성도들은 다른 모든 구성원들이 주의 힘의 능력으로 강해지도록, 그리고 하나님의 전신 갑주를 입고 능히 마귀와 악한 영들을 대적할 수 있도록 기도해야 합니다. 특히 영적 전쟁의 최전선에 서서 말씀 전하는 사역자들을 위해 기도해야 합니다. 기도하지 않는 것은 전쟁 중에 싸움을 중지하는 것입니다. 기도하지 않는 것은 전쟁 중에 졸고 자는 것과 같은 것입니다. 그러므로 우리는 깨어 기도하므로 영적 전쟁을 싸워 이겨야 하겠습니다. 기도로 영적 전쟁에 승리하시는 주에 군사들이 다 되시기 바랍니다.

에베소서 강해35 요약

주 안에서 진실하라

에베소서 6장 21~24절

에베소서 강해 마지막 시간입니다. 본문에서 우리는 하나님의 구원역사로 시작된 새로운 인류 공동체인 교회의 삶의 모습이 "진실함"(성실함)을 봅니다. 그리고 또한 하나님의 언약공동체인 교회가 살아가기 위해 꼭 필요한 것은 하나님께로부터 오는 평안과 믿음을 겸한 사랑, 그리고 은혜임을 봅니다. 우리의 삶은 하나님의 은혜로 시작해서 하나님의 은혜로 끝난다 할 것입니다.

1. 우리는 신실한 주님의 일꾼들을 봅니다(6:21–22).

가. 먼저, 신실한 주님의 일꾼은 바울 자신입니다.

① 30여 년간 목숨을 걸고 주님과 복음과 교회를 위해 헌신적으로 수고했습니다.

② 그 수고의 대가는 "고난"(로마 옥중에 갇힘)이었습니다.

③ 그럼에도 불구하고 성도를 염려하며 위로하고 있습니다.

나. 두기고도 신실한 주님의 일꾼입니다(21–22절).

① 두기고는 사도 바울의 동역자입니다(딤후 4:11–12, 디도서 3:12, 골 4:7).

② 사도 바울은 에베소 교인들에게 두기고를 어떻게 소개합니까?

Ⓐ 사랑받는 형제(the beloved brother) 입니다.

Ⓑ 주 안에서 진실한 일꾼(the faithful servant in the Lord)입니다.

③ 사도 바울이 에베소 교인들에게 두기고를 보내는 이유는 무엇입니까?

Ⓐ 바울 자신의 사정을 알게 하기 위하여 보냈습니다.

Ⓑ 에베소 교회 성도들의 마음을 위로하기 위하여 보냈습니다.

다. 바울 사도와 두기고의 헌신은 오늘의 성도들에게도 동일한 자세로 주님과 복음과 교회를 위해 헌신할 것을 요청합니다.

2. 신실한 공동체를 위한 사도의 간구가 있습니다(6:23–24).

가. 평화가 형제들에게 있기를 간구합니다(23절상).

① 우리 자신들이 하나님과 더불어 누리는 평화

② 모든 성도들이 서로 온전히 나누는 평화

나. 믿음을 겸한 사랑이 형제들에게 있기를 간구합니다(23절하).

① 사랑은 믿음에서 비롯됩니다.

② 믿음은 반드시 사랑을 수반합니다.

③ 믿음이 깊어질수록 사랑도 함께 깊어집니다.

④ 우리의 믿음과 사랑은 더 온전해져야 하며, 더 깊어져야 합니다.

다. 믿음을 겸한 사랑이 형제들에게 있기를 간구합니다(23절하).

① "주 예수 그리스도를 변함없이 사랑하는 모든 자에게"

② 우리의 삶은 하나님의 은혜로 시작하여 하나님의 은혜로 마치는 것입니다.

"우리 가운데 역사하시는 능력대로 우리가 구하거나 생각하는 모든 것에 더 넘치도록 능히 하실 이에게 교회 안에서와 그리스도 예수 안에서 영광이 대대로 영원무궁하기를 원하노라. 아멘"(엡 3:20–21).

에베소서 강해35

주 안에서 진실하라

에베소서 6장 21~24절

에베소서 강해의 마지막 시간입니다. 에베소교회 성도들(예수 그리스도를 믿어 하나님의 백성이 된 이들)에게 하나님의 전신갑주를 입고, 악한 영들을 대적하라고 명령하고 기도로 싸우라. 이어서 자신을 위해 기도해 달라고 부탁한 뒤에 바울 사도는 마침내 서신의 마지막 부분에 도달합니다. 여기서 바울은 그의 편지를 가지고 직접 에베소 교인들을 찾아갈 두기고를 소개하고 추천합니다(21-22절). 아울러 언제나 그렇듯이 편지를 받는 이들을 위에 축복기도로 마칩니다. 우리는 여기서 하나님의 구원 역사로 시작된 새로운 인류 공동체인 교회의 참모습이 "진실함(성실함)"임을 봅니다. 그리고 또한 하나님의 언약 공동체인 교회가 살아가기 위해 꼭 필요한 것은 하나님께로부터 오는 평안과 믿음을 겸한 사랑 그리고 은혜임을 봅니다. 우리의 삶은 하나님의 은혜로 시작해서 하나님의 은혜로 끝나야 할 것입니다.

1. 우리는 본문에서 신실한 주님의 일꾼들을 봅니다(6:21-22).

가. 먼저 신실한 주님의 일꾼은 사도 바울 자신입니다.

① 사도 바울은 30여 년 가까운 세월 동안, 목숨을 아끼지 않고, 주님과 복음과 교회를 위해 헌신적으로 수고하였습니다.

② 하지만 수고의 대가로 편안한 여생을 보내기는커녕, 나이 많은 노인의 몸으로 로마의 옥에 갇혀 고난을 당하고 있습니다. 인간적으로 생각하면, 고난 중에 있는 노사도 바울 자신이야말로 위로가 가장 필요한 사람일 것입니다.

③ 그럼에도 불구하고 바울은 자신을 위에 위로를 구하지 않습니다. 오히려 에베소 교회 성도들을 염려하며, 그들을 위로하려 합니다. 그래서 그들을 위해 기도하고, 그들에게 편지를 쓰고, 그들에게 그 편지를 전달하고 자기 사정을 알리도록 두기고를 보내기까지 합니다. 그의 교회를 위한 마음은 고린도 교회 성도들에게 보낸 편지에서도 볼 수 있습니다. "날마다 내 속에 눌리는 일이 있으니 곧 모든 교회를 위하여 염려하는 것이라"(고후 11:28하). 바울 사도는 옥에 갇혀 있으면서도 교회를 염려하는 그의 마음은 변함이 없습니다. 사도 바울은 신실한 주님의 일꾼입니다.

나. 두기고도 신실한 주님의 일꾼입니다(21-22절).

① 먼저, 두기고는 바울의 동역자입니다. 바울은 에베소 교인들에게 두기고를 보내고 있습니다. 두기고는 소아시아 지방의 대표자로서 바울과 함께 예루살렘을 방문하였습니다. 사도행전 20:4입니다.

"아시아까지 함께 가는 자는 베뢰아 사람 부로의 아들 소바더와 데살로니가 사람 아리스다고와 세군도와 더베 사람 가이오와 및 디모데와 아시아 사람 두기고와 드로비모라" "두기고"(Tychicus, Tucikov, 튀키코스)는 "행운"이란 뜻입니다. 두기고는 바울에 의해 에베소와 그레데에 파견된 자로서의 바울 사도의 충실한 동역자였습니다. "누가만 나와 함께 있느니라 네가 올 때에 마가를 데리고 오라. 그가 나의 일에 유익하니라. 두기고는 에베소로 보내었노라"(딤후 4:11-12), "내가 아데마나 두기고를 네게 보내리니 그 때에 네가 급히 니고볼리로 내게 오라. 내가 거기서 겨울을 지내기로 작정하였노라"(딛 3:12), "두기고가 내 사정을 다 너희에게 알려 주리니 그는 사랑 받는 형제요 신실한 일꾼이요 주 안에서 함께 종이 된 자니라"(골 4:7). 이렇게 두기고는 바울의 동역자로써 신실한 주님의 일꾼입니다.

② 본문에서 사도 바울은 에베소 교인들에게 두기고를 어떻게 소개합니까? ㉠ 먼저 "사랑받는 형제"(the beloved brother)입니다. 두기고는 바울은 물론 그를 아는 모든 사람으로부터 사랑받는 형제였습니다. 사랑은 아무나 받는 것이 아닙니다. 그에게 사랑받을 만한 신앙과 행위가 있어야 합니다. 하나님 나라의 일꾼이 되려면 사랑받는 자, 곧 칭찬받는 자라야 합니다. 초대 예루살렘 교회가 사도를 도와 구제사역을 감당할 7명의 집사(오늘날의 안수 집사)를 세울 때, "칭찬받는 사람"을 그 자격 요건에 넣고 있음을 봅니다. 사도행전 6:3-4절입니다. "형제들아 너희 가운데서 성령과 지혜가 충만하여 칭찬 받는 사람 일곱을 택하라 우리가 이 일을 그들에게 맡기고, 우리는 오로지 기도하는 일과 말씀 사역에 힘쓰리라 하니..."

잠언 3:3-4장에 보면, 하나님과 사람에게 칭찬받는 삶에 대해 말해줍니다. "인자와 진리가 네게서 떠나지 말게 하고 그것을 네 목에 매며 네 마음판에 새기라. 그리하면 네가 하나님과 사람 앞에서 은총과 귀중히 여김을 받으리라" 여기서 "인자와 진리"는 하나님의 성품의 두 기둥입니다. 우리가 하나님의 자녀로 진정 하나님의 성품을 닮아 살아갈 때, 하나님과 사람 앞에서 은총과 귀중히 여김을 받게 될 것입니다. 두기고는 사람들에게 사랑받는 사람이었습니다. ㉡ 나아가 두기고는 "주 안에서 진실한 일꾼"(the faithful servant in the Lord)입니다. 두기고는 주 안에서 복음 전파사역을 잘 감당하며, 바울 사도를 도와 주의 일을 하는 진실한(신실한) 일꾼이었습니다. 사람만 좋을 뿐 아니라, 일을 맡길 때 틀림없이 수행하는 믿을 수 있는 일꾼(faithful servant)이었습니다. 그래서 바울 사도가 두기고에게 거듭 거듭 사역을 맡깁니다. 에베소교회에 편지를 전하고 바울의 사정을 전하는 일도 맡기고 있는 것입니다. 사도 바울은 이렇게 두기고를 소개하면서, 두기고가 자기 자신과 매우 친밀한 관계에 있으며, 복음 사역에 있어서 신뢰할 수 있는 자임을 에베소 교인들에게 밝히고 있습니다.

③ 그러면 사도 바울이 에베소 교인들에게 두기고를 보내는 이유는 무엇입니까?(22절) "우리 사정을 알리고 또 너희 마음을 위로하기 위하여 내가 특별히 그를 너희에게 보내었노라" ㉠ 먼저, 바울의 사정을 알게 하기 위해서입니다. "우리 사정을 알리고": 내가 어떻게 지내는지 알게 하려고입니다. 에베소 교인들은 바울이 복음을 전하다 감옥에 투옥된 사실을 인하여, 상당히 어려움과 실의에 빠져 용기를

잃어버릴 위험에 처해 있었습니다. "그러므로 너희에게 구하노니 너희를 위한 나의 여러 환난에 대하여 낙심하지 말라. 이는 너희의 영광이니라"(엡 3:13). 그래서 바울은 두기고를 보내어서 비록 자신이 감옥에 갇혀 있을지라도 그 현실을 통해 하나님의 복음을 이방의 중심지요, 당시 세계의 중심지인 로마에 선포하려는 자신의 계획을 알리려는 것입니다. 옥중에 갇혀 있으나, 주 안에서 당당한 바울 사도, 옥중에 갇혀 있으나, 그 매임이 오히려 복음의 진보가 될 줄 믿는 바울 사도, 그의 믿음을 알리려고 하는 것입니다. ㉡ 그 결과로 에베소 교인들의 마음을 위로하기 위해서입니다. "또 너희 마음을 위로하기 위하여 내가 특별히 그를 너희에게 보내었노라"(6:22).

바울 사도는 비록 옥중에 있으나, 주 안에서 가진 비전을 나눔으로 그를 염려하는 에베소 교인들의 마음을 위로하고 용기를 북돋우어 주려는 것입니다. 두기고는 바울과 함께 사역하고 있는 자로서, 바울의 모든 사정을 잘 알고 있습니다. 그리하여 바울 사도를 위에 염려하고 있는 에베소교회 성도들을 위로할 사명을 갖고 떠나게 된 것입니다. 우리는 늘 두기고처럼 남을 위로하고 용기를 주는 사역을 감당해야 하겠습니다. 로마에서 소아시아까지 멀고 험한 길을 마다하지 않고 달려가서 서신을 전달했습니다. 옥에 갇힌 사도를 대신하여 에베소 교회 성도들의 마음을 위로한 두기고의 헌신적 수고가 있었습니다. 그러기에 사도 바울의 사역이 결실을 맺을 수 있었던 것입니다. 그런데 주 안에서 사랑받는 형제요 신실한 일꾼이었던 두기고의 헌신과 희생을 기억하는 사람들이 얼마나 될까요? 온 천하에 어디서든지 에베소서와 골로새서가 읽혀지는 곳에는 두 기고가 행한 일도 말하여 저를 기념해야 할 것입니다.

다. 바울과 두기고의 헌신은 오늘의 성도들에게도 동일한 자세로 주님과 복음과 교회를 위해 헌신할 것을 요청합니다.

① 복음과 교회에는 성도들의 눈물 어린 기도와 피땀 어린 헌신이 필요합니다. 특별한 사명을 위해 부름 받은 사역자들뿐만 아니라, 우리 모든 성도들은 자신을 위해 사는 사람들이 아닙니다. 우리를 대신하여 죽었다가 다시 사신 주님을 위해 사는 사람들입니다. 복음과 교회를 위해 사는 사람들입니다. 오늘날 교회 안에는 주님과 복음과 교회를 위해 산다고 목청을 높이면서도 실상은 자기를 위해 살고, 주의 이름을 빙자하여 자기의 영광과 자기 이익을 추구하는 사람들이 너무 많습니다.

② 진정 우리는 주님을 위해 사는 사람인지요? 진정 우리는 눈물 어린 기도와 피땀 어린 수고를 통해 주님의 교회를 든든히 세우며, 복음 진리를 빛나게 하는 신실한 일꾼들인지요? 마지막 날, "그 때에 내가 그들에게 밝히 말하되 내가 너희를 도무지 알지 못하니 불법을 행하는 자들아 내게서 떠나가라 하리라"(마 7:23)는 주님의 무서운 선언을 듣지 않으려면 더 늦기 전에 자신의 모습을 돌아보고 잘못을 고쳐야 할 것입니다.

2. 신실한 공동체를 위한 사도들의 간구가 있습니다(6:23-24).

두기고에게 본 서신을 들려 보내면서 에베소교회 성도들에게 자신의 사정을 소상히 일러주고, 또 그의 개인적인 당부가 위로의 말을 전하게 한 바울 사도는 그의 편지를 받게 될 에베소교회 성도들을 위해 3가지 축복을 기도하고 있습니다. 23-24절입니다. "아버지 하나님과 주 예수 그리스도께로부터 평안과 믿음을 겸한 사랑이 형제들에게 있을지어다. 우리 주 예수 그리스도를 변함없이 사랑하는 모든 자에게 은혜가 있을지어다"

가. 평화가 형제들에게 있기를 간구합니다.

① 여기서 "평안"(eijrhvnh, 에이레네)이라는 단어는 개인적이며, 내적인 의미를 지닌 "평안"이란 말보다, 관계적인 의미까지 포함하는 "평화"가 더 적절합니다. 평화는 에베소서의 특성을 가장 잘 나타내는 단어들 가운데 하나입니다. 예수 그리스도께서 성취하신 이중적 화회와 밀접한 관련이 있습니다. 예수 그리스도는 유대인들과 이방인들을 하나 되게 하여 새로운 인류를 참조하시고, 둘 사이의 평화를 이루셨습니다.

② 또 이들은 한 몸으로 하나님과 화목하게 하셨습니다. 그것뿐 아니라 예수 그리스도는 자기 종들을 통해 유대인들과 이방인들에게 평화를 전하였습니다(2:14-18). 이렇게 하여 예수 그리스도는 "우리의 평화"가 되셨습니다(2:14). 에베소교회 성도들은 사도 바울에게서 평화의 복음을 듣고, 그리스도를 믿음으로 그리스도께서 이루신 평화

를 경험하였습니다. 예수 안에서 그들은 하나님과 더불어 화평을 누리며, 성도들과 함께 평화의 교제를 나눕니다. 그러나 세상에서 그들이 누리는 평화는 제한적일 수밖에 없습니다. 비록 그리스도께서 십자가를 통해 완전한 평화를 이루셨을지라도 세상에서 육신을 입고 살아가는 성도들은 그 변화를 완전히 누리지 못합니다. 허물과 죄로 하나님과의 관계가 깨어지며, 성도들과의 관계에 심각한 문제가 생기기도 합니다.

③ 하지만 성도들은 하나님의 새로운 인류로서 평화의 공동체를 이루어야 합니다. 세상을 향해 하나님의 평화를 드러내는 사명을 감당해야 합니다. 이 사명을 위해 하나님과 더불어 누리는 평화가 더 깊어져야 합니다. 성도들과 함께 나누는 평화의 교제 또한 더 온전해져야 합니다. 따라서 사도 바울이 하나님 아버지와 주 예수 그리스도께로부터 오는 평화를 구하는 것은 주 예수 그리스도와 에베소교회를 통해 성도들이 평화를 더 온전하고 더 풍성히 체험하고 누리게 해달라는 간구인 것입니다. 하나님과 더불어 더 온전한 평화를 누림으로써 그들은 심령의 깊은 평안을 맛볼 것입니다. 그리고 성도들과도 온전한 평화의 교제를 누림으로써 교회의 하나 됨을 더 잘 유지하고 더 분명히 드러낼 수 있을 것입니다.

나. 믿음을 겸한 사랑이 형제들에게 있기를 간구합니다(23절 하).

본문에서 바울 사도가 구하는 사랑은 하나님 자신의 사랑, 즉, 성도들을 위한 하나님의 사람을 가리키기보다는 성도들 자신의 사랑을 가리킵니다. 본문에서 사랑이 믿음이라는 말과 함께 등장하는 것이 이 점을 분명히 보여줍니다. 믿음이 자신의 것이 아니라, 성도들의 것이듯 믿음과 함께 언급된 사랑도 성도들의 것입니다.

① 바울 사도가 "믿음을 겸한 사랑"이라는 표현을 사용한 것은 사랑이 믿음에서 비롯되기 때문입니다.

② 또한 믿음은 반드시 사랑을 수반합니다. 하나님께서 그리스도 안에서 사랑을 베푸셨음을 믿고, 그것을 받아들이는 것에서 사랑이 시작됩니다. 믿음을 가진 사람들은 곧 하나님의 사랑을 깨닫는 사람들입니다. 그들은 하나님의 사랑에 대한 응답으로서 하나님을 사랑하며 성도들을 사랑합니다.

③ 그래서 믿음이 깊어질수록 사랑도 함께 깊어지는 것입니다. 그렇기에 사도 바울의 간구는 하나님 아버지와 주 예수 그리스도를 통해 에베소교회 성도들이 믿음이 깊어지고, 믿음이 깊어짐에 따라 그들의 사랑이 함께 깊어지고, 온전해지기를 구하는 것입니다. 그런데 바울 사도는 엡 1:15-16절에서 에베소교회 성도들이 믿음과 모든 성도들을 향한 사랑을 소유하고 있음을 듣고, 하나님께 감사하였습니다. 그렇다면 왜·바울은 서신을 마감하면서 그들을 위해 "믿음을 겸한 사랑"을 간구하는 것일까요? 지금 그들이 가진 믿음과 사랑도 칭찬할 만한 것이고, 하나님께 감사할 만한 것이지만, 그 수준에 머물러 있어서는 안 되기 때문입니다.

④ 우리의 믿음과 사랑은 더 온전해져야 하며 더 깊어져야 합니다, 그리하여 우리가 서로 사랑하기를 하나님께서 그리스도 안에서 우리를 용서하신 같이 해야 합니다(4:32). 그리스도께서 우리를 사랑하신 것 같이, 우리도 사랑 가운데 행해야 합니다(5:2).

다. 하나님의 은혜가 공동체에 임하길 간구합니다(24절).

"우리 주 예수 그리스도를 변함없이 사랑하는 모든 자에게 은혜가 있을지어다"

① "은혜"는 "평화"와 마찬가지로 에베소서의 특징을 잘 나타내는 단어 가운데 하나입니다. 하나님과 사람들 사이의 화해를 뜻하는 "평화"는 예수 그리스도의 위대한 업적이고, "은혜"는 예수 그리스도께서 그 일을 하신 이유이자 방편이기 때문입니다. 본래 "은혜"란 자기 아들의 죽음을 통해 죄인들을 구원하신 하나님의 희생적인 사랑을 일컫는 말입니다. 영원히 형벌을 받아 마땅한 죄인들을 구원하시려고, 하나님은 죄 없는 자기 아들을 십자가에 달려 죽게 하는 희생을 치르셨습니다. 하나님의 희생적인 사랑 덕분에 죄인들은 값을 지불하지 않고도 구원을 받게 된 것입니다. 우리는 이 하나님의 은혜로 구원 받았습니다. 그러나 하나님의 은혜, 즉, 아무 자격이 없는 자들에게 베푸시는 하나님의 특별한 호의는 구원받은 이후에도 여전히 필요합니다. 그래서 히브리서 기자는 우리에게 이렇게 권면 합니다. 히브리서 4:16절입니다. "그러므로 우리는 긍휼하심을 받고 때를 따라 돕는 은혜를 얻기 위하여 은혜의 보좌 앞에 담대히 나아갈 것이니라"

② 본문에 "우리 주 예수 그리스도를 변함없이 사랑하는 모든 자에게"라는 표현을 사용한 것은 에베소교회 성도들에게 그리스도를 지속적으로 사랑할 것을 촉구하고 도전하기 위한 것입니다. 그들은 이미 그리스도의 사랑을 체험한 사람들입니다(5:2). 사랑을 받은 사람들로서 우리는 지식을 뛰어넘는 그리스도의 사랑을 깨달아야 하며, 또한 그리스도를 사랑해야 합니다(3:18-19). 예수 그리스도에 대한

성도들이 가져야 할 사랑은 영원한 사랑이요 불변의 사랑입니다. 하나님의 새로운 인류의 구성원들(교인, 성도들)에게 가장 기본적인 것은 주 예수 그리스도를 사랑하는 것입니다. 하나님의 새로운 인류로서 우리를 하나로 묶는 것은 바로 예수 그리스도에 대한 사랑이기 때문입니다.

③ 그러나 하나님의 은혜가 없이는 아무도 예수 그리스도를 변함없이 사랑할 수 없으며, 형제자매를 온전히 사랑하거나 용납할 수 없습니다. 구원받은 성도들도 지상에서 연약한 육신을 입고 사는 동안에는 자주 넘어지고 실패하기 때문입니다. 그래서 사도 바울은 서신의 앞머리에서도 하나님의 은혜를 구하고(1:2), 서신의 마지막에서도 하나님의 은혜를 구합니다(6:24).

④ 성도들의 개인적인 삶은 물론, 성도들의 공동체(교회)도 하나님의 은혜로 시작하여 하나님의 은혜로 마치는 것입니다. 하나님께서 불완전하고 연약한 성도들을 불쌍히 여기시고 도와주실 때(즉, 은혜주실 때), 비로소 우리는 예수 그리스도를 온전히 사랑하고, 주 안에서 형제자매를 사랑하며, 서로 용납할 수 있습니다. 또한 하나님께서 은혜주실 때, 우리는 성령께서 하나 되게 하신 것을 지키며, 거룩한 삶을 살면서, 하나님의 새로운 인류의 영광과 아름다움과 평화를 온 세상에 드러낼 수 있는 것입니다.

에베소서 강해를 마치면서, "하늘과 땅에 있는 각 족속에게 이름을 주신" 하나님 아버지 앞에 에베소서 3:20-21절 말씀으로 기도드립니다. 우리 가운데서 역사하시는 능력대로 우리가 구하거나 생각하는 모든 것에 더 넘치도록 능히 하실 이에게 교회 안에서와 그리스도 예수 안에서 영광이 대대로 영원무궁하기를 원하노라. 아멘.